W0225474

Recursos humanos y responsabilidad social corporativa

Eugenio Ruiz Otero
María Lourdes Gago García
Carmen García Leal
Soledad López Barra

Revisión técnica
Brígida Rubio Bergón

McGraw Hill

MADRID · BOGOTÁ · BUENOS AIRES · CARACAS · GUATEMALA · MÉXICO
NUEVA YORK · PANAMÁ · SAN JUAN · SANTIAGO · SÃO PAULO · AUCKLAND
HAMBURGO · LONDRES · MILÁN · MONTREAL · NUEVA DELHI · PARÍS
SAN FRANCISCO · SÍDNEY · SINGAPUR · ST. LOUIS · TOKIO · TORONTO

Todas las actividades de este libro deben realizarse en un cuaderno aparte.
Los espacios incluidos en las actividades son meramente indicativos y su finalidad, didáctica.

Recursos humanos y responsabilidad social corporativa. Ciclo formativo. Grado superior

McGraw-Hill/Interamericana de España, S. L.
Edificio Valrealty, 1.ª planta
Basauri, 17
28023 Aravaca (Madrid)

ISBN: 978-84-486-2245-9
Depósito legal: M-8798-2021

Autores: © Eugenio Ruiz Otero, María Lourdes Gago García, Carmen García Leal, Soledad López Barra
Equipo editorial: Iria Marañón, Olga Ferran, Daniel Montanyà, Cristina Castellano, Iñaki Sanz
Revisión de estilo: Ester Carrasco
Revisión ortotipográfica: Josep Vila
Diseño de cubierta: Diego Mir y Javier Aguilera
Diseño interior: Marta Girabal
Fotografías: 123RF y archivo McGraw-Hill
Ilustraciones: M.ª Carmen Fuente Canalda, Pablo Vázquez, Noemí López
Composición: produccioneditorial.com

0312456789 - 2625242322

IMPRESO EN ESPAÑA - *PRINTED IN SPAIN*

Certificado PEFC
Este producto procede de bosques gestionados de forma sostenible y fuentes controladas
PEFC
www.pefc.es

Índice

Índice

Cómo se utiliza este libro

Presentación de la unidad

Aquí se encuentran los **contenidos** que se van a desarrollar en la unidad.

Además se avanzan las **competencias** que se van a adquirir.

Una breve **introducción** que adelanta los contenidos a partir de casos cotidianos.

Desarrollo de los contenidos

CASO PRÁCTICO

Actividades resueltas que guían al alumno en el desarrollo de las competencias profesionales.

ACTIVIDADES

Permiten trabajar los contenidos a medida que se van explicando, y aseguran un aprendizaje progresivo.

PONTE A PRUEBA

Aplican los conocimientos aprendidos a problemas y situaciones reales del entorno profesional.

Exposición clara y concisa de la teoría, acompañada de recuadros que ayudan a la comprensión de los aspectos más importantes:

- ¿SABÍAS QUE...?
- WEB
- VOCABULARIO
- IMPORTANTE

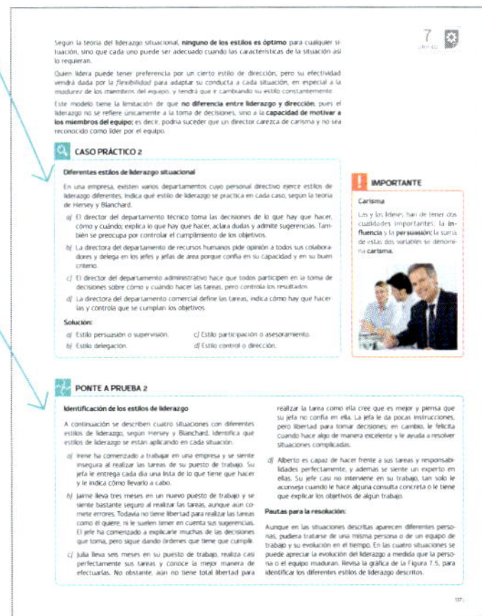

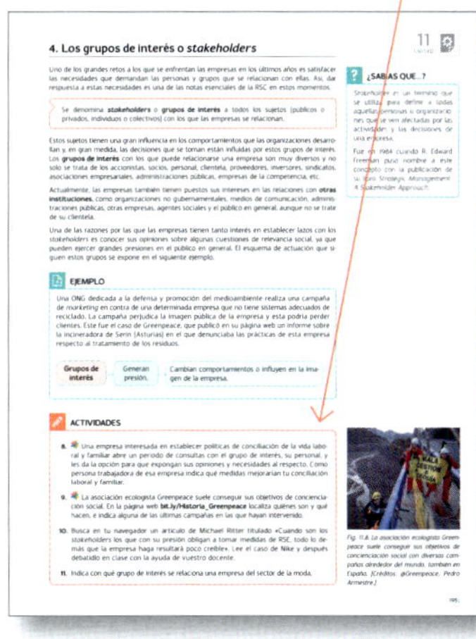

Cierre de la unidad

Síntesis: esquema resumen de los contenidos estudiados en la unidad.

Investigación: actividades cuya resolución requiere la consulta de una o varias páginas web.

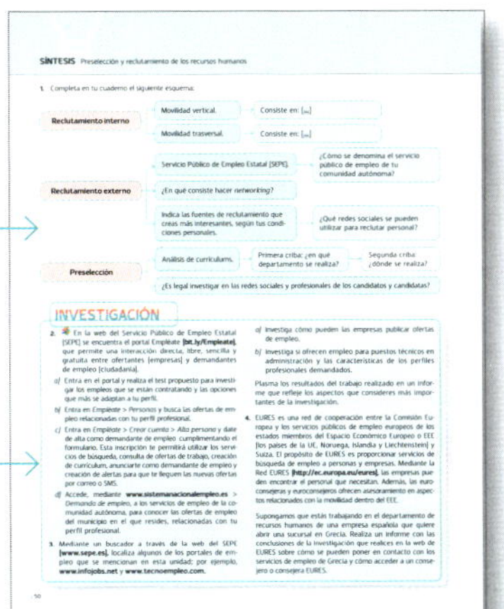

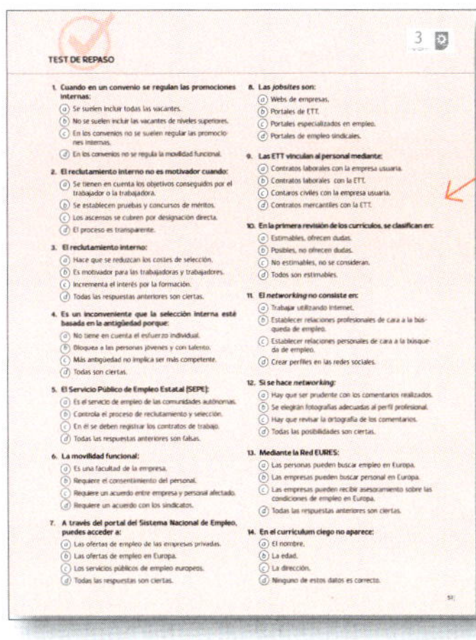

Test de repaso: ayuda a detectar cualquier laguna de conocimientos.

Comprueba tu aprendizaje: actividades finales para repasar todos los contenidos de la unidad.

1 UNIDAD

Los recursos humanos en las empresas

Para realizar sus funciones, las empresas necesitan elementos que en economía se denominan factores de producción. Los factores de producción pueden ser materias primas, maquinaria, energía, tecnología, personas, etc.

Las personas (recursos humanos) son el recurso más importante de la empresa, puesto que son clave para lograr los objetivos empresariales.

¿Realmente crees que los recursos humanos son el factor de producción más importante?

¿Crees que actuaciones como mejorar la formación del personal son un gasto o bien constituyen una inversión de cara al futuro?

ESTUDIARÁS

- Los recursos humanos en la empresa. Organización formal e informal.
- El departamento de recursos humanos.
- Modelos de gestión de recursos humanos.

Y SERÁS CAPAZ DE

- Coordinar los flujos de información del departamento de recursos humanos a través de la organización mediante la aplicación de habilidades personales y sociales en procesos de gestión de recursos humanos.

a) ¿Sabes cómo se organizan habitualmente las empresas?

b) ¿Piensas que en todas las empresas existe un departamento de recursos humanos?

c) ¿Sabrías indicar alguna actividad que se realice en el departamento de recursos humanos?

1. La organización de las empresas

Todas las organizaciones tienen una **estructura diseñada y planificada** de forma consciente por la dirección, en función de los objetivos que se quieren conseguir y de los medios disponibles. Esta organización se denomina **organización formal.** Para desarrollar sus funciones muchas empresas se organizan en las áreas que aparecen en la Tabla 1.1.

Técnica o de producción	Consiste en llevar a cabo las actividades relacionadas con la elaboración y fabricación de los productos; también se puede incluir la I+D+i.
Administrativa	Mediante ella se realizan las actividades relativas a la administración de la empresa, como elaboración de documentación, contabilidad, fiscalidad, etc.
Comercial	Comprende las actividades relacionadas con los estudios de mercado, compras, ventas, almacenamiento y comercialización.
Financiera	Abarca las actividades relacionadas con la búsqueda de recursos económicos, estudios de la rentabilidad de las inversiones realizadas y el control de las entradas y salidas de capital.
Social	Desarrolla las actividades de planificación, reclutamiento, selección, administración de personal, retribución, desarrollo de recursos humanos y servicios sociales.

Tabla 1.1. Áreas en las que tradicionalmente se organizan las empresas.

ABC VOCABULARIO

Departamentalización

Es una forma de estructurar la empresa dividiendo el trabajo en unidades más pequeñas que se encargan de la realización de una actividad concreta dentro de la empresa. La dirección de la empresa es quien define las tareas o funciones que se desarrollan en los departamentos y cómo se coordinan entre ellos.

1.1. La organización formal: los departamentos

La organización formal es la que diseña y planifica la dirección en función de los objetivos programados.

La organización formal indica la posición de cada trabajador en la empresa y su situación respecto al resto de la plantilla, sus tareas, con quién se comunica, quiénes supervisan su trabajo y quiénes son las personas a las que debe coordinar. Una forma de organización formal consiste en estructurar la empresa en áreas establecidas en función de las actividades que realicen; esto se denomina **departamentalización.**

Las áreas funcionales más importantes en las que se estructura la empresa dan lugar a los siguientes departamentos: financiero, comercial, técnico de producción o de recursos humanos y administrativo.

La estructura que surge por la división en departamentos se representa mediante organigramas.

ACTIVIDADES

1. ¿Sabrías determinar a qué áreas funcionales corresponden las siguientes tareas?:

a) Llevar a cabo la investigación y el estudio de mercado.

b) Gestionar el pago de las nóminas.

c) Establecer un plan de prospección de posible clientela.

d) Realizar el plan de tesorería.

e) Establecer un plan de beneficios sociales.

f) Fabricar el producto.

ABC VOCABULARIO

El área *staff*

Está constituida por personas o departamentos especializados, como asesoría jurídica, fiscal, comercial, realización de estudios, etc.

Su misión es **asesorar** o apoyar a la dirección sobre la forma de conseguir los objetivos.

Quienes pertenecen al *staff* no tienen autoridad sobre el resto de departamentos y personas que trabajan en la empresa.

1.2. Organización de las empresas de gran dimensión

Cuando las empresas alcanzan una determinada dimensión, la organización se va haciendo cada vez más compleja y surgen diferentes estructuras organizativas; dos de las más frecuentes son la **organización por divisiones** y la **organización mixta.**

A. Organización por divisiones

La **organización por divisiones** o **divisional** consiste en dividir la empresa en áreas semiautónomas y mantener una administración central encargada de diseñar las estrategias de la empresa y el control de la organización.

Las divisiones pueden realizarse según diferentes criterios: los **productos o servicios** que ofrezca la empresa, los **tipos de clientela** (mayoristas, minoristas, particulares, administraciones públicas) o los **mercados** (locales, nacionales o internacionales).

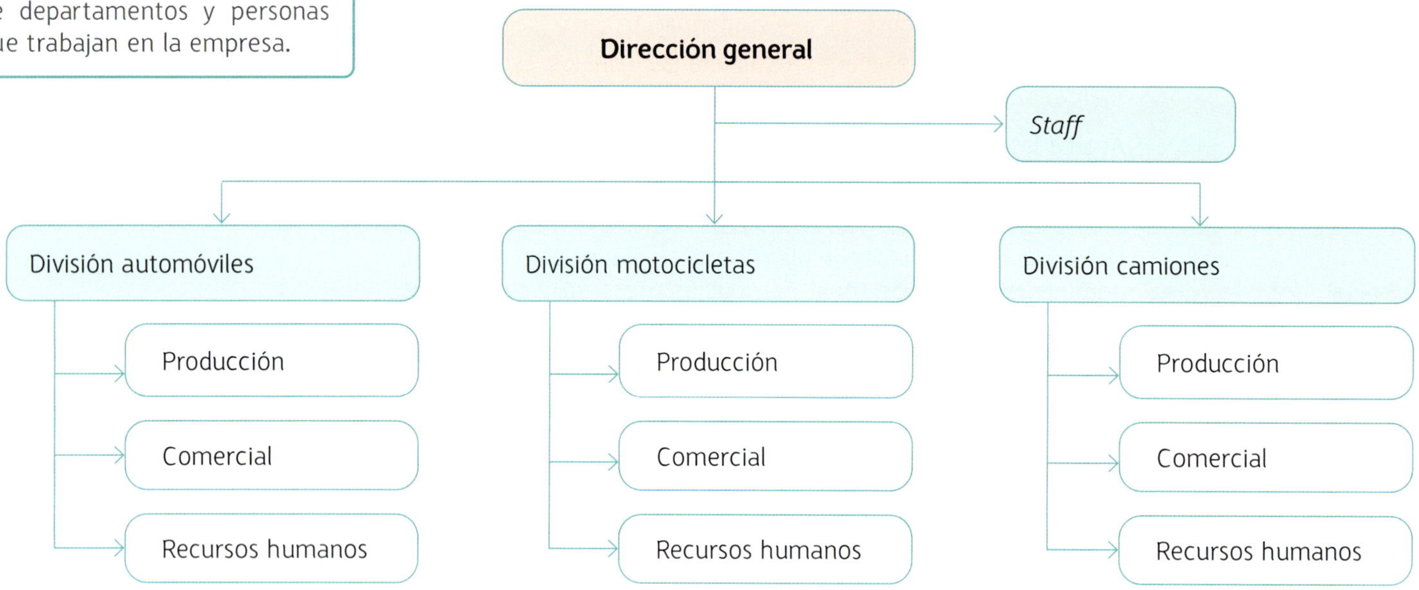

Fig. 1.1. Ejemplo de organización divisional por productos.

B. Organización mixta

La **organización mixta** aparece cuando confluyen productos, mercados y clientes muy diferentes entre sí que han de gestionarse por separado.

Por ejemplo, una empresa que desarrolla su actividad en varios continentes puede adoptar una **organización geográfica** por zonas y, dentro de cada zona, se puede organizar **por clientela** o **por productos** y, a su vez, estos se estructuran **de forma funcional.**

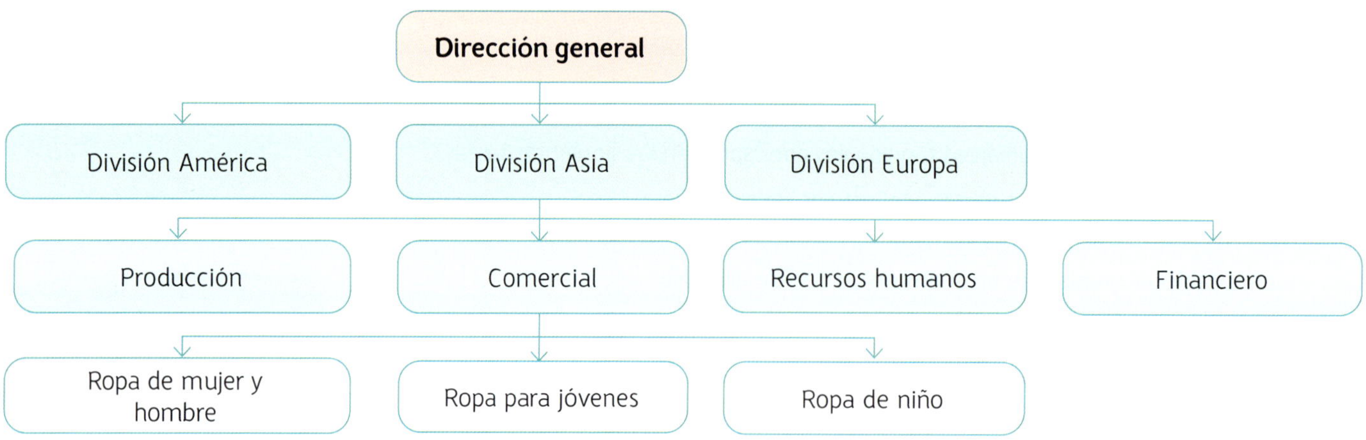

Fig. 1.2. Organigrama de una empresa organizada de forma mixta.

1.3. Organización informal de las empresas

> Paralelamente a la organización formal, existe una **organización informal** que surge como consecuencia de las relaciones personales entre la plantilla (a causa de la amistad, el antagonismo, los intereses, las aficiones comunes, las simpatías personales, etc.).

Un ejemplo de organización informal son las relaciones que existen entre el personal de una empresa que se reúne los fines de semana para practicar deporte.

La unión de la organización formal y la informal conforma la **estructura organizativa real** de una empresa (Fig. 1.3).

La organización informal influye en la organización formal: en muchas ocasiones, al establecerse la organización formal, se ha de conocer el funcionamiento de la estructura informal, ya que esto puede mejorar el funcionamiento de la formal. Por ejemplo, la dirección de las empresas debe procurar conocer la organización informal para conseguir que la información circule de forma más rápida. En la Tabla 1.2 se recogen las características de los dos tipos de organización.

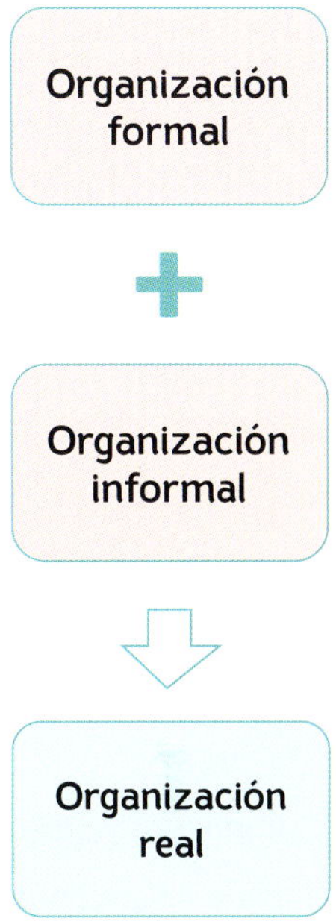

Fig. 1.3. Formas de organización que confluyen en la empresa.

Organización formal	Organización informal
La establece la dirección.	Surge espontáneamente.
Las relaciones las marca la posición jerárquica.	Las relaciones se establecen por amistad, afinidad, enemistad, etc.
Las actividades las marca la dirección.	Las actividades se realizan voluntariamente.
Persigue fines empresariales.	No tiene por qué perseguir los fines de la empresa.
La comunicación sigue cauces jerárquicos.	La comunicación se establece por conversaciones espontáneas, rumores, contactos en los descansos, etc.
Los grupos de trabajo se forman por departamentos.	Los grupos se forman espontáneamente.
La autoridad la ejercen los directivos.	Las personas con capacidad de liderazgo pueden ser consideradas por el resto como una autoridad.

Tabla 1.2. Características de las organizaciones formal e informal.

CASO PRÁCTICO 1

Utilización de la organización formal e informal

La directora de recursos humanos de la empresa en la que trabajas os ha convocado porque desea conocer el grado de aceptación entre la plantilla de una medida que están planteando implantar: prolongar la jornada laboral media hora más cada día para poder trabajar en verano solo por las mañanas.

¿Cómo utilizarías la organización formal e informal de la empresa para observar y evaluar la reacción del personal ante la posible medida?

Solución:

Se puede utilizar la organización formal realizando reuniones *(focus group)*, lanzando la propuesta mediante anuncios, solicitando las opiniones de los jefes de departamento, mediante buzones de sugerencias, encuestas *on-line*, etc.

Se puede utilizar la organización informal de diferentes maneras; por ejemplo, la directora de recursos humanos podría hablar de forma «casual» con personas de su departamento o de otros departamentos, comentado las medidas; la noticia podría extenderse a través de la organización informal de la empresa.

La dirección, a partir de la información extraída tanto de la organización formal como de la informal, evaluará cuál ha sido la reacción de la plantilla y actuará en consecuencia.

2. Funciones y estructura del departamento de recursos humanos

En las grandes empresas, el **departamento de recursos humanos** es un órgano próximo a la dirección de la empresa, con funciones más estratégicas que administrativas.

2.1. Funciones del departamento de recursos humanos

En el departamento de recursos humanos, las actividades de naturaleza similar se agrupan en funciones; cada empresa integra las funciones de acuerdo con sus necesidades y posibilidades.

Planificación, reclutamiento y selección

Tiene como objetivo **proporcionar** a la empresa el **personal necesario** en cada momento.

Esta función comprende actividades como las siguientes:

- Estudios del mercado laboral.
- Planificación de las plantillas.
- Realización de los perfiles profesionales de los puestos de trabajo.
- Reclutamiento y selección de nuevos trabajadores.
- Acogida e inserción de las personas recién contratadas.
- Relaciones con las empresas de trabajo temporal.
- Acciones tendentes a la recolocación *(outplacement)*.

Administración de personal

Se ocupa de los **trámites administrativos** que surgen desde que una persona se incorpora a una empresa hasta que deja de formar parte de esta. Cabe destacar las actividades siguientes:

- Realización, firma y registro de los contratos de trabajo.
- Gestión del expediente personal de los trabajadores.
- Elaboración de recibos de salarios.
- Gestión de los documentos de cotización a la Seguridad Social y retenciones a cuenta del IRPF.
- Gestión de la incapacidad temporal.
- Gestión de las incidencias: absentismo, permisos, vacaciones, horas extraordinarias, excedencias, etc.

Relaciones laborales

Es la función responsable de garantizar las **correctas relaciones** entre las empresas y los trabajadores.

Dentro de esta función se encuadran actividades como:

- Negociación de los convenios colectivos.
- Relaciones con los representantes de los trabajadores.
- Gestión de la disciplina, quejas y reclamaciones de las personas empleadas.
- Negociación y tramitación de los paros y las huelgas.
- Representación de la empresa ante los tribunales laborales.
- Tratamiento de los despidos.

Seguridad y salud laboral

La **seguridad** agrupa las medidas técnicas, formativas, médicas y psicológicas para prevenir accidentes laborales. La **salud** hace referencia al diagnóstico y prevención de las enfermedades laborales. Esta función comprende las siguientes actividades:

- Revisiones médicas periódicas.
- Asistencia en caso de enfermedad y accidente durante la jornada laboral.
- Establecimiento de medidas de prevención de accidentes laborales y enfermedades profesionales.
- Puesta en marcha de campañas de sensibilización para prevenir los accidentes y enfermedades laborales.

ACTIVIDADES

2. Mediante un buscador de Internet, localiza el convenio colectivo de Banca vigente y extracta la siguiente información:

a) ¿Cuáles son los conceptos por los que se retribuye el trabajo?

b) Enumera los beneficios sociales a los que tienen derecho la plantilla.

c) ¿Cuántas pagas extraordinarias existen y de qué importe? ¿A cuántos días de vacaciones tiene derecho la plantilla?

d) ¿En cuántos tipos se clasifican las faltas y cuál es la sanción mayor que acarrean?

Compensación y beneficios sociales

Dentro de esta función se encuadrarían las siguientes actividades:

- Realización de estudios salariales.
- Establecimiento de sistemas retributivos.
- Elaboración de sistemas de medición de resultados individuales y grupales.
- Elaboración de un sistema de incentivos, primas, bonos, etc.

En muchas empresas, la función de compensación es concebida desde un punto de vista más amplio, pues entienden como compensación los beneficios sociales.

En este caso se denomina **compensación y beneficios** e incluiría los beneficios sociales o servicios a las personas contratadas con medidas para mejorar su calidad de vida como las siguientes:

- Mejora de las prestaciones de la Seguridad Social, en caso de accidente y enfermedad.
- Seguros colectivos de vida.
- Fondos de pensiones a cargo de la empresa.
- Becas de estudios para el personal y sus hijas e hijos.
- Guarderías y cuidado de niños y niñas.
- Facilidades para cuidar a personas mayores y a los hijos e hijas.
- Flexibilidad horaria.
- Préstamos y anticipos.
- Comedores de empresa.
- Residencias de vacaciones y viajes.
- Actividades sociales y recreativas.

Desarrollo de los recursos humanos

Se refiere a la necesidad de que los empleados estén motivados para trabajar más y mejor con el fin de desempeñar puestos de trabajo de mayor responsabilidad, lo que permite aumentar su productividad. El desarrollo abarca actividades como:

- Estudio de la motivación laboral e implantación de métodos de motivación.
- Detección de las necesidades de formación de la plantilla.
- Diseño de planes formativos generales o específicos.
- Puesta en marcha de planes de formación, con el objeto de que el personal mejore las competencias laborales.
- Diseño y establecimiento de planes de carrera profesional.
- Diseño e implantación de sistemas de evaluación del desempeño de las personas contratadas.

Responsabilidad social de la empresa

La responsabilidad social se considera una de las políticas estratégicas de las empresas. Mediante esta política, las empresas adquieren **compromisos con sus empleados y con su entorno social**, más allá del beneficio inmediato, generalmente con el objetivo de mejorar su situación competitiva y su valor añadido.

A la responsabilidad social le corresponde generar **confianza** y **credibilidad** en el entorno: consumidores, instituciones y sociedad en general.

Habitualmente, en la responsabilidad se integran **valores sociales** y **medioambientales.**

La responsabilidad cabe entenderse no como un coste, sino como una inversión de la que se obtendrán beneficios a medio y largo plazo.

PONTE A PRUEBA 1

Los Objetivos de Desarrollo Sostenible

La responsabilidad social corporativa (RSC) es una filosofía sobre las actuaciones que llevan a cabo las empresas para impactar positivamente sobre la sociedad, el medioambiente, el bienestar de la clientela y del personal de la empresa. En este sentido, las actuaciones de las compañías deben estar en línea con los Objetivos de Desarrollo Sostenible, aprobados por la ONU en la Agenda 2030 sobre el Desarrollo Sostenible.

Haz una búsqueda en Internet y realiza una enumeración de los Objetivos de Desarrollo Sostenible:

- Selecciona el objetivo que, en tu opinión, afecta en mayor medida a la actividad de las empresas.
- Señala cuatro metas del objetivo seleccionado con las que se deben comprometer las empresas en el marco de sus acciones de RSC.
- El objetivo 8 tiene como prioridad promover el crecimiento económico inclusivo y sostenible, el empleo y el trabajo decente para todos. Infórmate de lo que se entiende por *trabajo decente* y explícalo con tus palabras.

Pautas para la resolución:

Investiga en internet en qué consisten los objetivos de desarrollo sostenible. Puedes acceder a la web de la ONO que trata sobre este tema: **bit.ly/Objetivos_desarrollo_sostenible.**

¿SABÍAS QUE...?

Recursos humanos

La expresión *recursos humanos* surgió en Estados Unidos a finales de la década de 1970 e inicios de la década de 1980. Algunos autores sostienen que la dirección de recursos humanos fue la respuesta estadounidense a las eficientes políticas de personal japonesas.

2.2. Estructura del departamento de recursos humanos

Independientemente del tamaño y de la actividad, en todas las empresas se realizan actividades relacionadas con las personas que trabajan en ellas, algunas de ellas desarrolladas a nivel interno y otras que normalmente se suelen subcontratar o externalizar.

EJEMPLO

En el departamento de recursos humanos se tiende a diseñar la política retributiva y la planificación de la plantilla, pero no la realización de contratos, nóminas, seguros sociales, etc. Estas tareas pasan a un segundo plano o pueden subcontratarse.

Este modelo de gestión de los recursos humanos implica la integración del departamento dentro del **nivel estratégico** de la empresa, **al mismo nivel que otras áreas** (administrativa, técnica, comercial y financiera). En consecuencia, recursos humanos se convierte en un departamento que opera al máximo nivel e interviene en la planificación a medio y largo plazo de la empresa.

En los departamentos **pueden existir uno o varios niveles jerárquicos,** según el número de trabajadores y de la actividad de la empresa. Por lo general, existe una persona que dirige el departamento, del cual dependen diferentes secciones y, en cada una de ellas, se desarrollan una o varias funciones.

En algunas empresas, las diferentes funciones pueden ser llevadas a cabo creando departamentos específicos, en otras pueden ser subcontratadas, mientras que otras empresas optan por una solución intermedia.

La Figura 1.4 representa un **modelo de departamento de recursos humanos** de una gran empresa, que comprende diferentes secciones. A cada sección se le asigna una función específica.

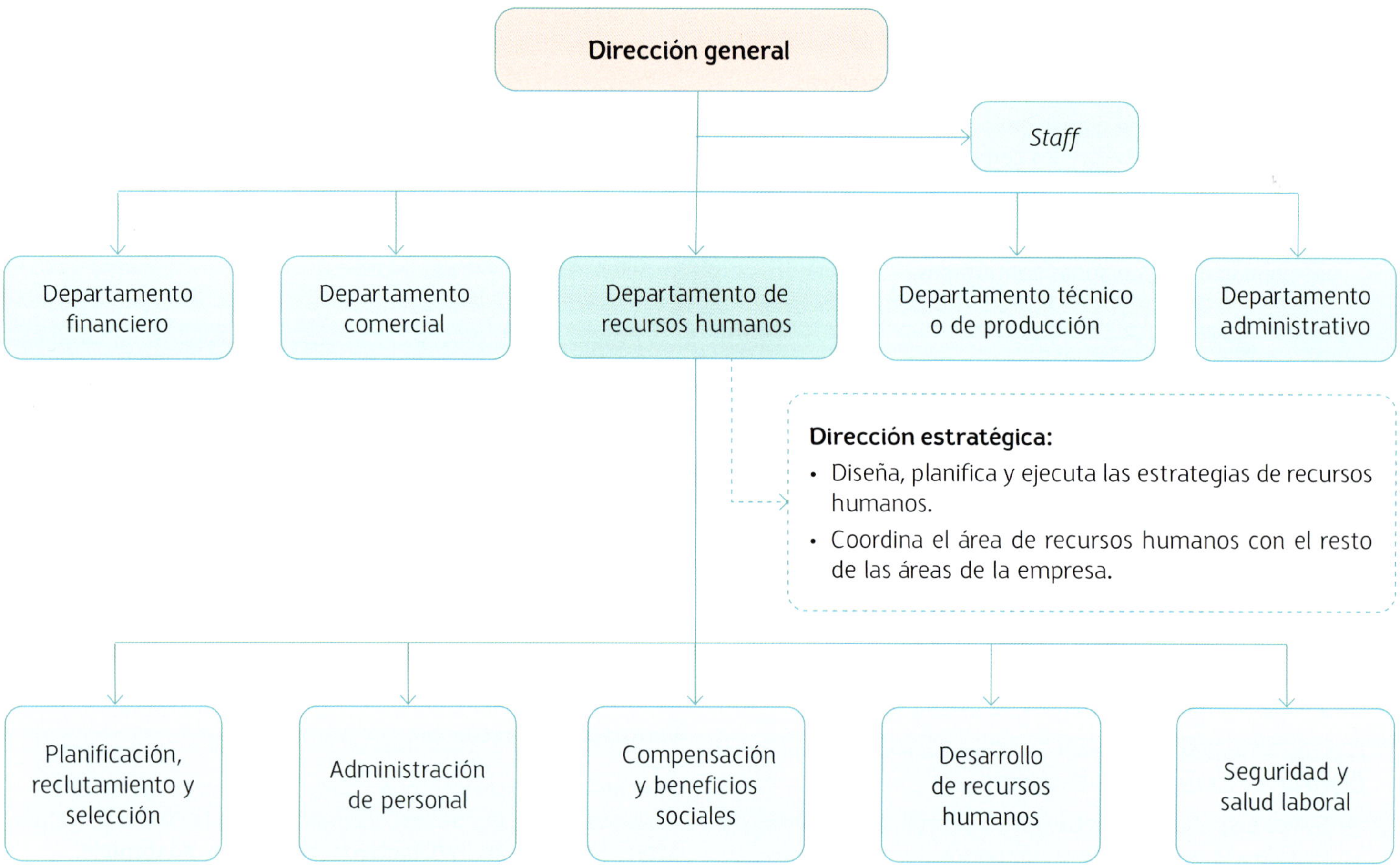

Fig. 1.4. Representación del departamento de recursos humanos de una gran empresa.

2.3. El departamento de recursos humanos según el tamaño de la empresa

La estructura del departamento de recursos humanos no es la misma en todas las empresas. Esta estructura dependerá, entre otros factores, del tamaño de la empresa, por lo que se pueden presentar diferentes situaciones.

Pequeñas y medianas empresas	En las pequeñas empresas, las funciones de gestión de personal las lleva a cabo la dirección, subcontratándose muchas de ellas con consultorías, asesorías o gestorías. A medida que crece la dimensión de la empresa, surge la necesidad de crear puestos de trabajo específicos para las tareas administrativas de personal. Suelen ser puestos multifunción que también se encargan de tareas de contabilidad y fiscalidad.
Grandes empresas	Se crea un departamento exclusivo de dirección de personas para que realice funciones como administración, compensación, relaciones laborales, etc. No obstante, se suelen apoyar en empresas especializadas (consultoras de RR. HH.) en actividades como selección, formación y prevención de riesgos laborales.
Empresas con varios centros de trabajo	En el departamento de recursos humanos de cada centro de trabajo se realizan tareas administrativas y de dirección de personal, pero dependerá de la dirección general de la empresa, que conserva las funciones estratégicas.
Empresas multinacionales	Existirán departamentos de recursos humanos en cada país para gestionar las diferencias culturales y legislativas de carácter local, pero siempre dentro de la estrategia general de la empresa.

Tabla 1.3. El departamento de recursos humanos según el tamaño de la empresa.

2.4. La externalización en el área de recursos humanos

La **externalización**, u ***outsourcing***, consiste en la contratación externa de algunas funciones propias de la empresa, para que sean realizadas por empresas especializadas.

Por ejemplo, una empresa transformadora de productos agrarios tiene como actividad central la elaboración de conservas, pero de la realización de las nóminas se encarga una gestoría externa.

La **decisión de externalizar** dependerá de:

- Si el **coste de la actividad** que se externaliza es mayor si lo realiza la propia empresa que si lo realiza una empresa externa especializada.
- La **falta de continuidad de las actividades**; es decir, no se sabe si van a permanecer en el tiempo y no es conveniente aumentar el tamaño de la empresa para prestarlas.
- Que el **área o servicio** que se externaliza **permanezca inactivo** durante largos periodos de tiempo y los costes fijos que se ahorran con su supresión (salarios, seguros sociales, etc.) superen el coste de la empresa que se contrate.

CASO PRÁCTICO 2

Tareas externalizables

En el departamento de recursos humanos de una empresa, en la que trabajan 200 personas, han decidido externalizar algunas funciones para poder centrarse internamente en otras políticas. ¿Qué tipo de tareas se suelen externalizar en el departamento de recursos humanos?

Solución:

Aunque la decisión de externalizar debe tomarla el responsable del departamento, sí que existen tareas que —sobre todo en grandes empresas— suelen externalizarse. Algunas de estas tareas son: reclutamiento y selección de personal, gestión de la contratación, realización de nóminas y seguros sociales, prevención de riesgos laborales, impartición de los cursos de formación, asistencia sanitaria, evaluación del personal o estudios de clima laboral.

Fig. 1.5. La externalización permite a los departamentos centrarse en los procesos clave de negocio sin tener que atender actividades que aportan menos valor.

3. Modelos de gestión de recursos humanos

La Revolución Industrial se considera el punto de partida de la gestión de las funciones de personal en las empresas. En las primeras etapas, la gestión de los recursos humanos estaba orientada hacia el control y la disciplina, y **se consideraba a los trabajadores como un coste que se debía minimizar.**

La consideración de los recursos humanos ha evolucionado enormemente hasta que, en los últimos tiempos, se ha tomado conciencia de la importancia que tienen para el desarrollo de las empresas, especialmente cuando ya se ha relacionado **la motivación de la plantilla con** los **incrementos** en la **productividad** y en la **competitividad.**

3.1. Evolución de la función de los recursos humanos

El denominado *departamento de recursos humanos* comenzó teniendo unas funciones muy limitadas, tales como contratación, confección de nóminas y otras tareas de carácter administrativo; estas funciones se han ido ampliando hasta el momento actual, en el que han pasado a formar parte de la estrategia de las empresas.

Algunas empresas van dejando paso a nuevas denominaciones, como *dirección de personas; personas y valores,* o *capital humano.* Hay empresas que toman la decisión de cambiar la denominación de sus departamentos de gestión de personal para subrayar un cambio de orientación. En cambio, otras le han cambiado el nombre por dar una imagen de modernidad, pero sin modificar el contenido.

Las funciones de personal en las empresas han pasado por **diferentes etapas,** que aparecen resumidas en la Tabla 1.4.

Etapa	Denominación	Características
Finales del siglo XIX, principios del siglo XX	**Dirección de administración de personal**	• La dirección de personal se orienta hacia el control, los estímulos retributivos y la disciplina. • La administración de personal tenía menor importancia respecto a otras áreas; las tareas que desempeñaban eran fundamentalmente administrativas y la persona responsable del área se consideraba una directiva de segundo orden. • En esta época se consideraba a los **empleados como un coste que se debía minimizar.**
Hasta los años 60 del siglo XX	**Dirección de relaciones laborales o industriales**	• Las empresas comienzan a implantar las ideas de la Escuela de Relaciones Humanas y se empiezan a valorar cuestiones de orden social y psicológico para mejorar el rendimiento de los trabajadores (motivación, facilidades para la conciliación con la vida personal, etc.). • En esta etapa **se comienza a considerar a los trabajadores como un recurso que se puede potenciar,** más que como un coste.
Décadas de 1970 y 1980	**Dirección de recursos humanos**	• En esta etapa se reconoce que el papel de la dirección de recursos humanos es clave para conseguir los objetivos empresariales. • Se toma conciencia de la importancia que tienen las **personas** para el desarrollo de las empresas; estas comienzan a ser relacionadas con la competitividad y consideradas **un recurso que se debe optimizar.**
Finales de la década de 1990, principios del siglo XXI	**Dirección estratégica de recursos humanos**	• La función de recursos humanos pasa a calificarse de **estratégica,** a tener presencia en los órganos de dirección de la organización y a colaborar en la definición de los objetivos y los planes de la empresa. • **Los recursos humanos se consideran el recurso competitivo más importante:** la empresa debe motivar a sus empleados porque aporta efectos positivos sobre la producción y, por lo tanto, debe realizar inversiones que fomenten este aspecto.

Tabla 1.4. Principales etapas de la evolución de los recursos humanos.

3.2. Los recursos humanos como ventaja competitiva

Los actuales modelos de gestión tienen como **fin común ser competitivos**, y los recursos humanos actualmente se consideran uno de los **factores competitivos más importantes:** el papel de recursos humanos es clave para la motivación de la plantilla. La empresa debe invertir recursos para fomentar esta motivación.

> En este contexto, **la función de recursos humanos se califica de estratégica** y, por ello, debe tener presencia en los órganos de dirección de la organización, para colaborar en la definición de los objetivos y los planes de la empresa.

Fig. 1.6. Actualmente, las personas son consideradas un recurso al que se debe potenciar y motivar, por lo que el papel de recursos humanos es clave para la empresa.

En los nuevos modelos de gestión de los recursos humanos, se reconoce que estos son un **recurso estratégico que constituye una ventaja competitiva** para la empresa, y establecen que existe una clara relación entre la competitividad de las empresas y las políticas que consideran los recursos humanos como un factor clave para el éxito empresarial.

En la actualidad, la plantilla es algo más que recursos al servicio de la empresa. Hoy, una compañía necesita contar con las ideas y la imaginación de todos sus miembros, ya que de su **inteligencia colectiva** depende en gran medida su capacidad de innovación, la adaptación al entorno y su competitividad. La dirección de recursos humanos debe contribuir al desarrollo de esta ventaja competitiva mediante sus políticas; por ejemplo, implantando planes de formación, permitiendo la compatibilización de la vida personal y familiar, definiendo las carreras profesionales o estableciendo políticas de igualdad.

Si los trabajadores crecen personal y profesionalmente, incrementan su compromiso y su aportación a la empresa, y esta será más competitiva (Fig. 1.7).

Fig. 1.7. Círculo de la ventaja competitiva de la dirección de personas.

ACTIVIDADES

3. En una empresa dedicada al diseño y fabricación de equipos de refrigeración se están implantando políticas de desarrollo de los recursos humanos, con el objetivo de conseguir una mayor satisfacción de la clientela y una mejora de los resultados económicos de la empresa. Algunas de las medidas que han implantado son las siguientes:

a) Cursos de robótica dirigida al personal del área de I+D+i.

b) Creación de un grupo de investigación para fabricar equipos más respetuosos con el medio ambiente.

c) Posibilidad de teletrabajar dos días a la semana.

d) Negociar con la plantilla los objetivos a alcanzar anualmente y asociar a estos objetivos una retribución económica.

Explica cómo estas intervenciones pueden constituir una ventaja competitiva para la empresa.

> **IMPORTANTE**
>
> La formación y el desarrollo profesional están relacionados con las metas del objetivo 4 de Desarrollo Sostenible («Educación de calidad»).

3.3. Nuevos modelos de gestión de los recursos humanos

Partiendo de la consideración de que las actividades y funciones del departamento de recursos humanos son estratégicas para conseguir los fines de las empresas, se han desarrollado diferentes modelos de gestión de personal; a continuación se describen dos de los más utilizados en la actualidad.

A. Modelo de Idalberto Chiavenato

Este autor considera la gestión de recursos humanos como un proceso constituido por **subsistemas interdependientes** integrados como sigue:

Proceso de gestión de los recursos humanos

1. **Subsistema de alimentación:** incluye la planificación de las plantillas, el reclutamiento y la selección.
2. **Subsistema de aplicación:** incluye el análisis y la descripción de los puestos de trabajo, la integración, la evaluación del desempeño y los movimientos del personal.
3. **Subsistema de mantenimiento:** abarca la remuneración, los beneficios sociales, la seguridad y salud laboral y los controles del personal.
4. **Subsistema de desarrollo:** incluye la formación y los planes de desarrollo del personal.
5. **Subsistema de control:** comprende la gestión de las bases de datos del personal, los sistemas de información y la auditoría de recursos humanos.

Fig. 1.8. Modelo de Idalberto Chiavenato.

> Este modelo considera **al personal como el capital más valioso**, destacando las relaciones humanas como eje y punto de partida de una administración innovadora.

B. Modelo de gestión por competencias

Las **competencias** son el conjunto integrado de conocimientos, destrezas, habilidades, aptitudes, actitudes, rasgos de personalidad y motivaciones que posee una persona y que le predisponen para desempeñar con éxito los requisitos y exigencias de un puesto de trabajo.

Los procesos más habituales en que se aplica el modelo son:

Aplicación de competencias

- **Selección.** La selección basada en las competencias permite, a través de la descripción de puestos y de los perfiles profesionales, comparar las características del puesto ofertado con las competencias de los candidatos.
- **Planes de carrera.** Son un mecanismo para favorecer la motivación e implicación de los profesionales en la empresa. Mediante la formación continua de la plantilla, se puede dar respuesta a los cambios y necesidades de la empresa y potenciar los planes de carrera.
- **Formación y desarrollo.** Mediante el análisis de adecuación entre el personal y los puestos, es posible desarrollar planes de formación específicos, individuales o colectivos.
- **Política retributiva.** Las competencias pueden ser una referencia para fijar el salario en función del desempeño realizado, siempre utilizando parámetros de medición de objetivos.
- **Evaluación del desempeño.** Es un proceso en el cual se analiza y valora, utilizando parámetros objetivos, el grado de eficacia con el que el personal realiza las tareas de sus puestos de trabajo.

Fig. 1.9. Modelo de gestión por competencias.

3.4. Nuevas formas de organización

La implantación de nuevos modelos de gestión de los recursos humanos ha dado lugar a la aparición de **nuevos modelos organizativos** que aportan mayor flexibilidad a las estructuras clásicas. Algunos de estos modelos se exponen en la Tabla 1.5.

Organización en pirámide invertida		• Parte de la idea de que **la clientela** representa un elemento fundamental de la empresa. • Los pilares fundamentales de esta forma de organización los constituyen la atención a los clientes y la incentivación del personal del área de ventas. • En la cima de la pirámide invertida aparece la clientela, seguida del personal en contacto con esta, por debajo la dirección de los departamentos y, finalmente, en la base, la dirección general.
Organización en red o virtual		• Las estructuras en red surgen fundamentalmente por la **subcontratación.** • La organización virtual la constituye un pequeño grupo ejecutivo encargado de contratar al exterior la mayoría o la totalidad de sus actividades, tanto productivas como comerciales, así como de I+D+i. • Un ejemplo lo encontramos en la construcción y todas las empresas auxiliares que se encargan de los encofrados, la cimentación, las instalaciones eléctricas, la fontanería, etc. En muchas ocasiones estas estructuras se crean para realizar un proyecto concreto y, cuando este finaliza, se disuelven.
Organización en trébol		La estructura organizativa en trébol está formada por tres grandes áreas (hojas): • **Núcleo.** Está integrado por el personal mejor cualificado cuyas funciones son esenciales para la empresa. • **Subcontratación.** Lo constituye todo el trabajo no esencial para la empresa, que se subcontrata con empresas o profesionales independientes, especialistas en estas tareas. • **Trabajo flexible.** Lo constituyen la plantilla que tiene contratos temporales o a tiempo parcial que son contratados en función de las necesidades de la producción. En algunos tipos de empresas, o de actividades, hay que añadir una cuarta área u hoja: el trabajo que realiza **la clientela,** que no supone ningún coste para la empresa; por ejemplo, el trabajo que tenemos que hacer la clientela en autoservicio, en restaurantes, cafés, gasolineras o centros de lavado de coches.

Tabla 1.5. Nuevos modelos de organización de los recursos humanos.

PONTE A PRUEBA 2

Planes de igualdad

En el departamento de recursos humanos de la empresa dedicada a la fabricación de perfumes y cosméticos, van a comenzar a elaborar planes de igualdad para evitar cualquier tipo de discriminación laboral entre mujeres y hombres.

a) ¿En qué consisten los planes de igualdad?

b) Previamente a la fijación de los objetivos de igualdad, el departamento de recursos humanos debe realizar un diagnóstico para obtener datos por sexos en relación con las condiciones de trabajo. Busca el convenio colectivo de las empresas cuya actividad es la fabricación de perfumes y cosméticos, localiza el capítulo que trata sobre la igualdad e identifica las materias sobre las que se debe realizar el diagnóstico de igualdad.

c) Indica las áreas del departamento de recursos humanos responsables de realizar el diagnóstico de cada una de las materias señaladas en el convenio colectivo.

Pautas para la resolución:

– El convenio lo pues localizar en **boe.es.**

– Estudia el Capítulo XIV.

– Relaciona las materias a diagnosticar con las funciones de recursos humanos que se han estudiado en este capítulo.

1. Completa en un documento aparte la siguiente tabla:

Función	Definición
Planificación, reclutamiento y selección.	[...]
[...]	Se ocupa de los trámites administrativos del personal de la empresa.
Desarrollo de recursos humanos.	[...]
[...]	Es el área responsable de garantizar las correctas relaciones entre empresas y personal.
Beneficios sociales.	[...]
[...]	Compromiso de la empresa en el que se integran valores sociales y medioambientales.

2. Completa en un documento aparte la siguiente tabla:

Concepto	Definición
[...]	Si recursos humanos crecen personal y profesionalmente, incrementan su compromiso y su aportación a la empresa y esta será más competitiva.
Función estratégica.	[...]

3. ¿Qué funciones de recursos humanos subcontratarías en estas empresas de diferente tamaño?

a) Una empresa con 3 personas en plantilla.

b) Una empresa con 20 personas en plantilla.

c) Una empresa con 200 personas en plantilla.

d) Una empresa con 1000 personas en plantilla.

INVESTIGACIÓN

4. Las competencias que debe tener una persona que ha realizado un ciclo de Administración y Finanzas están establecidas en el decreto que regula el título del ciclo. Localiza el decreto por el que se establece el título de técnico superior en Administración y Finanzas y se fijan sus enseñanzas mínimas, en la web **todofp.es**. Lee el artículo en el que se enumeran las competencias profesionales, personales y sociales del título.

a) Realiza una enumeración de las competencias que, en tu opinión, están relacionadas con el trabajo administrativo en el departamento de recursos humanos.

b) En el mismo decreto localiza las ocupaciones y puestos de trabajo más relevantes que permite este título e indica cuáles consideras más interesantes para tu futuro laboral.

c) Investiga a qué estudios relacionados con los recursos humanos puedes acceder cuando hayas obtenido el título de técnico superior en Administración y Finanzas.

5. Para conseguir los objetivos empresariales, el modelo de gestión por competencias busca dirigir de manera integral los recursos humanos mediante el aprovechamiento y desarrollo de las competencias de cada persona. Las competencias del título de técnico superior en Administración están establecidas por decreto; no obstante, cada puesto de trabajo requiere unas competencias diferentes. También, existen una serie de competencias que son compartidas por diferentes profesionales y en diferentes puestos de trabajo, independientemente de la estructura de la actividad de la empresa; estas competencias se denominan *competencias clave* (*core* en inglés). Algunas de estas competencias clave son las siguientes: trabajo en equipo, iniciativa, orientación al cliente, flexibilidad, tenacidad y aprendizaje.

a) Busca información en Internet para definir el significado de cada una de las competencias mencionadas.

b) Indica, según tu criterio, cuáles de las competencias clave son imprescindibles para el trabajo administrativo en una empresa.

6. Merco (Monitor Empresarial de Reputación Corporativa) es un instrumento de evaluación reputacional con presencia en doce países: España, Colombia, Argentina, Chile, Ecuador, Bolivia, Brasil, México, Perú, Costa Rica, Panamá y, en proceso, en Portugal. Merco elabora una clasificación de empresas con mejor responsabilidad y gobierno corporativo. Localiza la web de Merco España (**merco.info**) y responde a las siguientes cuestiones:

a) ¿Cuáles son las empresas españolas mejor situadas en esta clasificación?

b) Accede a la web de la empresa que lidera la clasificación e identifica las líneas estratégicas en materia de responsabilidad social corporativa.

c) Localiza en la clasificación, por sectores, qué empresas son líderes en los sectores de moda y distribución.

TEST DE REPASO

1. Los recursos humanos son:

(a) Toda la plantilla de las empresas.
(b) Toda la plantilla, excepto el personal directivo.
(c) Toda la plantilla, excepto los mandos intermedios.
(d) Todas las respuestas anteriores son falsas.

2. La estructura formal de las empresas:

(a) Es la establecida según la legislación mercantil.
(b) Surge espontáneamente.
(c) Es diseñada por la dirección.
(d) No es diseñada por la dirección.

3. De las intervenciones del departamento de recursos humanos que aparecen a continuación, indica cuáles favorecen la ventaja competitiva de la empresa:

(a) Políticas de formación del personal.
(b) Favorecimiento de la conciliación personal y profesional.
(c) Políticas de igualdad.
(d) Todas las respuestas anteriores son ciertas.

4. La responsabilidad social corporativa:

(a) No se considera una política estratégica.
(b) Integra valores sociales y medioambientales.
(c) Tiene como objetivo conseguir salarios competitivos.
(d) Comprende políticas de motivación.

5. La función de recursos humanos se considera estratégica por:

(a) Participar en la elaboración de las políticas de la empresa.
(b) Coordinar el área de recursos humanos con el resto de áreas de la empresa.
(c) Participar en las decisiones empresariales estratégicas.
(d) Todas las respuestas anteriores son ciertas.

6. Una política que no contribuye a que los recursos humanos sean una ventaja competitiva es:

(a) La política de control y disciplina.
(b) La conciliación de la vida personal y laboral.
(c) Los planes de formación.
(d) La evaluación de los resultados.

7. Dentro de la función de administración de personal podemos considerar la tarea de:

(a) Gestión de nóminas.
(b) Gestión de los servicios sociales.
(c) Negociación de los convenios colectivos.
(d) Gestión de la disciplina.

8. Son actividades relacionadas con el desarrollo de los recursos humanos:

(a) El diseño de planes de carrera.
(b) La planificación de plantillas.
(c) La selección de personal.
(d) La elaboración de los sistemas retributivos.

9. La función de seguridad y salud laboral abarca medidas como:

(a) Seguros médicos complementarios.
(b) Mejora de las prestaciones de la Seguridad Social.
(c) Prevención de accidentes.
(d) Prestaciones por maternidad o paternidad.

10. La gestión por competencias se puede aplicar a:

(a) La selección y evaluación del desempeño.
(b) La política retributiva y la formación.
(c) Los planes de carrera.
(d) Todas las respuestas anteriores son ciertas.

11. La organización en red se fundamenta en:

(a) Considerar a la clientela un pilar fundamental.
(b) El trabajo flexible.
(c) La subcontratación.
(d) Un núcleo de personas cualificadas.

12. Se considera un área de la organización en red:

(a) La subcontratación.
(b) El núcleo.
(c) El trabajo flexible.
(d) La atención a la clientela.

13. La forma de organización en la que la clientela es el elemento fundamental de la empresa se denomina:

(a) Gestión por competencias.
(b) Organización en red.
(c) Organización en trébol.
(d) Organización en pirámide invertida.

COMPRUEBA TU APRENDIZAJE

1. Las empresas se suelen estructurar en departamentos, en cada uno de los cuales se desarrolla una función diferente.

   Indica en qué departamento se realiza cada una de las actividades que se señalan a continuación:

   - Contabilidad de compras y ventas.
   - Facturación a la clientela.
   - Gestión de los medios de cobro y pago.
   - Estudios de mercado.
   - Gestión de las ventas y compras.
   - Selección de personal.
   - Gestión de los pagos a proveedores.
   - Montaje de los productos.
   - Desarrollo de nuevos productos.
   - Establecimiento de planes de formación.

2. La estructura y las funciones del departamento de recursos humanos no es la misma en todas las empresas, pues depende de múltiples factores como la actividad a la que se dediquen y su tamaño.

   Investiga el tamaño de la plantilla que debe tener una empresa para clasificarla como microempresa, pequeña empresa, mediana empresa o gran empresa.

   Indica qué funciones de recursos humanos crees que se realizan en empresas de diferente tamaño.

3. No todas las empresas se organizan de la misma forma; su estructura dependerá principalmente del tamaño y de su actividad; no obstante, las funciones que se realizan son muy similares.

   a) Basándote en una estructura funcional, ¿qué departamentos tendría un taller de reparación de automóviles en el que trabajan cinco personas. ¿Tendrá departamento de recursos humanos?

   b) ¿Qué departamentos puede tener un concesionario de automóviles de ámbito nacional? ¿Tendrá departamento de recursos humanos?

4. Dibuja un organigrama para representar la estructura de una empresa que tiene forma jurídica de sociedad anónima, en la que trabajan 250 personas.

   Esta empresa se dedica al diseño y distribución de productos tecnológicos (teléfonos, tabletas, libros electrónicos y reproductores de música, etc.).

   Asimismo, diseña un organigrama para el departamento de recursos humanos de esta pequeña empresa, indicando las características siguientes:

   - Qué funciones de las estudiadas se realizarían en este departamento.
   - Qué funciones, tareas o actividades subcontratarías a empresas especializadas.

5. Señala si las siguientes relaciones corresponden a la organización formal o a la informal:

   - La directora de contabilidad reúne a las personas del equipo cada lunes para planificar el trabajo.
   - El jefe del departamento administrativo suele comer con los asesores fiscales y aprovechan para coordinar su trabajo.
   - La directora de recursos humanos comparte la afición al montañismo con dos técnicos de la cadena de montaje, y aprovecha una de las salidas a la montaña para pedirles opinión sobre aspectos concretos de la organización del trabajo.
   - Se ha de nombrar a una nueva directora financiera y la dirección general encarga al director de recursos humanos que prepare el proceso para elegir al candidato idóneo.
   - Los hijos del personal de planta comparten colegio con los del personal del *staff*, con los que suelen coincidir en las reuniones.

6. En una empresa dedicada al diseño y realización de aplicaciones informáticas intervienen desde el departamento de recursos humanos con el objetivo de conseguir una mayor satisfacción de la clientela y una mejora de los resultados de la empresa. Explica cómo las siguientes intervenciones pueden constituir una ventaja competitiva para la empresa:

   a) Formación de los ingenieros e ingenieras informáticas en inteligencia artificial.

   b) Subscripción de un convenio con un colegio infantil próximo a la empresa para que la plantilla envíe ahí a sus hijos e hijas, haciéndose cargo la compañía del coste de la enseñanza.

   c) Posibilidad de realizar teletrabajo desde casa.

   d) Los miembros del departamento comercial se reúnen para jugar al baloncesto y aprovechan para intercambiar información.

7. En la sede central de una gran empresa estudian la posibilidad de crear una escuela infantil para los hijos e hijas del personal, menores de tres años. La empresa cuenta con un espacio que, con una remodelación, puede convertirse en idóneo para albergar el colegio. La dirección de la empresa encarga al departamento de recursos humanos un estudio de viabilidad del proyecto y la elaboración de propuestas para, posteriormente, tomar la decisión final. En el informe emitido se presentan tres opciones para que decida la dirección:

   a) Contratar a cuatro personas que hayan finalizado el ciclo formativo de Educación Infantil, una de las cuales ejercerá la dirección.

   b) Contratar a una empresa especializada para la puesta en marcha y ejecución del proyecto educativo.

   c) Negociar con un centro educativo cercano a la empresa para que presten este servicio.

   Se desea saber en qué criterios se basará la toma de decisiones de la dirección de la empresa. Explica, razonadamente, cuál sería la decisión que tomarías tú.

COMPRUEBA TU APRENDIZAJE

8. Una pequeña empresa dedicada a la hostelería tiene como actividad principal preparar comidas y repostería para servir cáterin en eventos. La empresa está dividida en tres áreas:

- Cocina, en la que trabajan cuatro personas con contrato indefinido.
- Servicio de cáterin, para lo que suelen contratar a varios camareros y camareras, dependiendo del evento.
- Una persona que realiza *marketing* telefónico, relaciones públicas y atención al cliente.

La directora/administradora de la empresa se ha propuesto varios objetivos: mejorar los resultados económicos, mejorar la satisfacción de los clientes y mejorar la calidad de vida de sus empleados.

a) ¿Crees que en esta empresa habrá un departamento de recursos humanos?

b) ¿Qué funciones, tareas o actividades se subcontratarán?

c) Indica qué intervenciones se puede realizar, desde el punto de vista de los recursos humanos, para conseguir los objetivos que se ha marcado la dirección.

d) ¿Se podrá dar a esta empresa una estructura en forma de trébol o en red?

9. La empresa Nestlé ha sido considerada en varias ocasiones la mejor empresa para trabajar de la industria española de alimentación y bebidas. Asimismo, ha sido elegida por la revista *Fortune* como la empresa líder en el sector alimentario en la clasificación de las 50 empresas más admiradas a nivel mundial.

Nestlé considera que, para que una empresa tenga éxito a largo plazo y genere valor para los accionistas, debe, además, crear valor para la sociedad. Es lo que la compañía denomina *creación de valor compartido.*

Investiga cuáles son las tres áreas en las que la compañía hace especial hincapié en cuanto a la responsabilidad social empresarial.

10. En una empresa tecnológica necesitan un equipo de personas especializadas para diseñar la imagen visual de un videojuego. Están valorando tres posibilidades:

a) Contratar directamente a nuevo personal para esta tarea.

b) Subcontratar esta actividad con una empresa especializada.

c) Contratar a través de una ETT.

Explica qué elementos se tendrán que valorar para tomar una u otra decisión.

En el caso de que decidan que la empresa contrate directamente a los trabajadores, indica:

Las secciones del departamento de recursos humanos que intervendrán en el proceso de contratación y las actividades que se realizarán en cada una de ellas.

11. En una empresa de distribución comercial han fijado como objetivos para los dos próximos años incrementar las ventas en un 10 % y mejorar la calidad de vida de la plantilla. Para contribuir a lograr este propósito, han pedido a la dirección del departamento de recursos humanos que presente una batería de medidas que contribuyan a su consecución.

Indica qué tipo de políticas y de intervenciones pueden proponer desde el departamento de recursos humanos para conseguir estos objetivos, considerando que estas actuaciones pueden generar una ventaja competitiva para la empresa.

Realiza la actividad considerando que los recursos humanos son una ventaja competitiva para la empresa.

12. Localiza el decreto por el que se establece el título de técnico superior en Administración y Finanzas.

Lee el artículo 5, en el que se enumeran las competencias profesionales, personales y sociales del título. Realiza una relación de las que, en tu opinión, se corresponden con las actividades y tareas que desarrollará un administrativo en el departamento de recursos humanos.

13. Las grandes empresas incluyen la responsabilidad social como una función de recursos humanos y otras veces crean un departamento específico que desarrolle la estrategia de la empresa en RSC. Por ejemplo, la responsabilidad social corporativa de Mercadona se centra en el desarrollo de prácticas que mitigan el impacto de sus actividades en los entornos y promueven el bienestar social.

Busca información para explicar en qué consisten, al menos, cuatro de esas prácticas.

14. Realiza una relación de las tareas y actividades que podría ejercer una persona que trabaja en el área de recursos humanos de una empresa y que posee el título de técnico superior en Administración y Finanzas.

15. Varias personas han constituido una sociedad para la construcción de un edificio de oficinas. Realiza un esquema que represente cómo te imaginas la organización en red de esta empresa.

16. Una de las funciones del departamento de recursos humanos es establecer sistemas de retribución, primas, incentivos, etc. Una forma de aumentar la motivación y el rendimiento de la plantilla es mediante la retribución variable; con ella se pretende premiar la cantidad y calidad del trabajo realizado y la consecución de determinados objetivos, de forma individual o grupal.

Investiga en Internet qué conceptos retributivos puede presentar la retribución variable.

2 UNIDAD

La planificación de los recursos humanos

El término *estratégico* se aplica a una función o a una decisión empresarial para indicar que está relacionada con la adaptación de la empresa a su entorno buscando el éxito a largo plazo. La planificación estratégica es una guía que ayuda a las empresas en la toma de decisiones y en la distribución de sus recursos en el futuro próximo.

La planificación estratégica de los recursos humanos consistente en analizar las necesidades de recursos humanos de las empresas, a medida que cambia el entorno, para asegurar su disponibilidad en cada momento.

La excelente planificación de los recursos humanos facilita el desarrollo de la estrategia de la empresa, además de la adecuada planificación en las otras áreas empresariales (producción, administración, financiera...).

¿Cómo crees que puede influir la planificación estratégica de la empresa en la planificación estratégica de los recursos humanos?

¿Crees que la planificación de áreas como producción o el área comercial influyen en la estrategia de recursos humanos?

ESTUDIARÁS

- La planificación de los recursos humanos.
- El análisis y la descripción de los puestos de trabajo.
- Los perfiles profesionales.
- La evaluación de las necesidades de personal.
- Los métodos y técnicas utilizados para el análisis de los puestos de trabajo.

Y SERÁS CAPAZ DE

- Valorar la importancia de la planificación de los recursos humanos.
- Reconocer el concepto de perfil del puesto de trabajo para gestionar adecuadamente los recursos humanos.

a) ¿Alguna vez has escuchado la expresión *perfil profesional*?

b) ¿Para qué crees que sirven los perfiles profesionales?

c) ¿Crees que las empresas pueden prever las necesidades de personal que tendrán en el futuro?

1. Planificación de los recursos humanos

El éxito a largo plazo de una empresa depende, en gran medida, de que cuente con las personas más adecuadas para cada uno de los puestos. Para conseguir las personas adecuadas, se debe planificar tanto su número como las competencias necesarias para desempeñar los puestos de trabajo.

> La **planificación de los recursos humanos** es un proceso, integrado dentro de la planificación general de la empresa, que consiste en elaborar e implantar planes que aseguren un **número suficiente de personas empleadas,** con las **competencias** necesarias para diferentes puestos de trabajo en el **momento** y con el **coste preciso.**

De la planificación estratégica de los recursos humanos se desprenden las siguientes actividades:

Analizar y describir los puestos de trabajo	Se recopila y analiza la información sobre los puestos para identificar las tareas, obligaciones y responsabilidades de estos así como los requisitos: formación, habilidades, experiencia...
Elaborar los perfiles profesionales de los puestos	El perfil profesional es el conjunto de características que identifican la adecuación de una persona para asumir las responsabilidades y realizar las tareas de un puesto de trabajo.
Detectar las necesidades de personal	Se detectan partiendo de los objetivos estratégicos de la empresa, el inventario de personal y los perfiles de los puestos de trabajo. Así, ante incrementos o disminuciones de la producción, se pueden anticipar las necesidades de personal.
Planificar la selección e incorporación de nuevo personal	En el proceso de selección se utilizan dos instrumentos principales: las pruebas y la entrevista de trabajo. Según el puesto que se pretende cubrir, se utiliza un instrumento, otro o ambos.
Planificar la promoción interna	Muchas empresas siguen la política de cubrir sus vacantes recurriendo al personal existente en la empresa. Este aspecto se suele incluir en los planes de carrera profesional.
Planificar la formación	La formación es el proceso por el que las personas actualizan o adquieren las competencias necesarias para lograr un óptimo desempeño en su puesto de trabajo.
Estimar los costes de personal	Los costes están determinados por la negociación de los contratos individuales y lo establecido en los convenios colectivos.

Fig. 2.1. Actividades que se planifican en el departamento de recursos humanos.

¿SABÍAS QUE...?

«Failing to plan is planning to fail». («Errar en la planificación es planear el fallo».)

B. FRANKLIN

ACTIVIDADES

1. Para comprender la incidencia de la planificación estratégica de la empresa sobre la planificación de los recursos humanos, completa en un documento a parte la tabla en la que se relaciona la estrategia de la empresa con la actividad productiva y con la incidencia en la plantilla de personal.

Incidencia	Estrategia			
	Crecimiento	Diversificación	Reconversión	Desinversión
Incidencia en la producción	Mayor producción	Nuevas actividades productivas	Cambio de actividades	Menos actividad
• **Incidencia en la plantilla** • **Actividades a planificar**	[...]	[...]	[...]	[...]

ABC VOCABULARIO

- **Puesto de trabajo:** conjunto de funciones que son realizadas por el personal.
- **Funciones:** conjunto de tareas homogéneas y próximas.
- **Tareas:** actividades que se realizan en un puesto de trabajo.
- **Proceso:** conjunto de tareas que se realizan en un puesto y que se interrelacionan con las tareas de otros puestos.
- **Carrera profesional:** secuencia de puestos que un individuo ocupa a lo largo de su vida laboral.

2. Análisis y descripción de los puestos de trabajo

El primer paso para planificar los recursos humanos es la realización del **análisis** y la **descripción** de los puestos de trabajo.

El **análisis de puestos de trabajo** es un proceso mediante el cual se recopila y analiza la información sobre los puestos, con la intención de identificar las tareas, obligaciones y responsabilidades de estos, así como los requisitos (formación, habilidades, experiencia) que han de poseer los integrantes de dichos puestos.

Este análisis sirve para establecer el **perfil profesional** de las personas que ocuparán los puestos de forma óptima.

Mediante el análisis de los puestos se quiere conocer

- Las **tareas que se llevan a cabo** en un puesto de trabajo.
- **Para qué** se llevan a cabo.
- **Cómo** se llevan a cabo.
- Las **relaciones con otros puestos** de trabajo en la empresa.
- Los **requisitos y cualificaciones** exigibles a los integrantes del puesto (formación, habilidades, experiencia, etc.).

Fig. 2.2. Finalidades del análisis y de la descripción de los puestos de trabajo.

Del análisis de puestos de trabajo se obtienen los datos necesarios, que se materializan en dos documentos, estrechamente relacionados: la **descripción** de puestos de trabajo y los **perfiles profesionales** de los puestos de trabajo.

Análisis de puestos de trabajo

- **Interno**: Departamento de recursos humanos
- **Externo**: *Outsourcing* (Empresa consultora de recursos humanos)

Mediante:

- Observación directa
- Entrevistas
- Cuestionarios
- Diarios
- Reunión de expertos

→ **Descripción de los puestos de trabajo**

→ **Perfiles profesionales**

Fig. 2.3. Proceso derivado del análisis de los puestos de trabajo.

2.1. Utilidad del análisis y la descripción de los puestos de trabajo

Los resultados que se obtienen con el análisis se utilizan para:

- **Ayudar al proceso de reclutamiento y selección.** A partir de las descripciones de los perfiles profesionales, se conocen las características personales y profesionales que deben poseer los candidatos.
- **Ayudar a trazar los itinerarios profesionales** dentro de la empresa.
- **Establecer planes de carrera profesional**, pues estos sirven para motivar e implicar a la plantilla en su futuro profesional en la empresa.
- **Descubrir las necesidades de formación.** Comparando los requerimientos de los puestos con la formación de las personas que los ocupan, se detectan las necesidades formativas.
- **Evaluar el desempeño.** El análisis y la descripción servirán para determinar si la plantilla tiene un rendimiento acorde con las exigencias del puesto.
- **Valorar los puestos**, para determinar el valor de los puestos en la organización, especialmente de cara al establecimiento de la política salarial.
- **Establecer las medidas de prevención de riesgos laborales** para los diferentes puestos de trabajo.

2.2. Métodos para el análisis de los puestos de trabajo

El primer paso para realizar el análisis del puesto de trabajo es la **obtención de información sobre las tareas** que se realizan en cada puesto concreto. Existen diferentes métodos para analizar los puestos de trabajo, que mostramos en la Tabla 2.1.

Método	Características
Observación directa	• Durante un tiempo se observan las tareas que llevan a cabo las personas que están desempeñando un puesto de trabajo. • Es un método más adecuado para tareas manuales que intelectuales.
Entrevista	• Las entrevistas pueden ser individuales, de grupo o con el superior inmediato. Se pregunta directamente a los ocupantes de los puestos por sus funciones, tareas y responsabilidades. • Se utiliza para puestos cuyo contenido tiene mayor componente intelectual que manual. • El método tiene el inconveniente de que los entrevistados pueden distorsionar la información si consideran que puede repercutir negativamente en sus condiciones laborales.
Cuestionarios	• Los ocupantes de los puestos cumplimentan cuestionarios que posteriormente serán revisados por la jefa o el jefe directo. El analista también puede pedir las aclaraciones que crea oportunas. • Es un método rápido y económico, ya que permite estudiar varios puestos de trabajo al mismo tiempo.
Diarios o agendas de trabajo *(cuadernos de bitácora)*	• Consiste en realizar un registro, que elabora el titular del puesto de trabajo, en el que se anotan de forma sistemática las tareas del puesto y el tiempo que se dedica a cada tarea. • Tiene el inconveniente de la falta de objetividad, ya que, al ser el propio trabajador o trabajadora el que registra la información, puede exagerar la importancia del puesto y del trabajo que realiza.
Reunión de especialistas	• Consiste en recoger la información de especialistas o de personal muy experimentado en las tareas del puesto. • Si se trata de un puesto de nueva creación, lo realizan quienes han impulsado el puesto que se ha creado, ya que conocen las tareas que hay que desarrollar.

Tabla 2.1. Métodos para obtener información sobre los puestos de trabajo.

IMPORTANTE

Inventario de recursos humanos

Es **un registro pormenorizado de la información** sobre el personal de la empresa.

Se materializa en una **base de datos** donde se registra formación, experiencia laboral, trayectoria en la empresa, perfil profesional, etc.

El inventario de recursos humanos permite a las empresas realizar una **adecuada planificación** de los recursos (reclutamiento, itinerarios profesionales, necesidades de formación del personal, etc.).

ACTIVIDADES

2. Mediante el análisis de los puestos de trabajo las empresas recopilan y analizan la información sobre los puestos con la intención de identificar sus funciones, tareas y responsabilidades. Para la obtención de la información se utilizan diferentes técnicas, como la observación, las entrevistas o los cuestionarios, entre otras.

Supongamos que trabajas realizando tareas administrativas en una consultora de recursos humanos especializada en planificación, elaboración de perfiles profesionales, reclutamiento y selección. Indica, justificando la respuesta, qué método utilizarías para obtener información de diferentes puestos de trabajo, con objeto de realizar la descripción de estos puestos:

- Personal administrativo contable.
- Puesto de cocinero en el comedor de una gran empresa.
- Ingeniera de materiales.
- Operario de una cadena de montaje.
- Programadora de aplicaciones informáticas para gestión de los recursos humanos.
- Vendedor de un concesionario de automóviles.
- Moza de almacén en una empresa de distribución.
- Conductor de autobuses.
- Profesora de formación profesional.

2.3. Descripción de puestos de trabajo

La materialización del análisis del puesto es la **ficha de descripción del puesto de trabajo.** El contenido de la ficha puede variar en función de cada empresa y de cada puesto de trabajo.

> La **descripción de puestos de trabajo** es el **documento** que recoge la información obtenida por medio del análisis y en el que queda reflejado el contenido del puesto, así como las responsabilidades y deberes inherentes a este.

Por lo general, los datos que refleja la ficha del puesto son los que aparecen en la Figura 2.4, si bien el contenido variará en los diferentes puestos y en diferentes empresas.

Ficha de descripción de puesto de trabajo

Puesto de trabajo: *(denominación del puesto)*

Formación y experiencia	• Formación requerida y formación complementaria valorable para el puesto. • Experiencia mínima necesaria, si fuese precisa.
Área	Situación en el departamento al que pertenece el puesto, dentro del organigrama de la empresa.
Dependencia jerárquica directa	Denominación de los mandos de la empresa que tienen autoridad sobre quien ocupa el puesto.
Supervisión y control	Mandos que realizan el seguimiento inicial, la orientación, el apoyo, la motivación y la corrección en caso necesario.
Relaciones internas y externas	Las relaciones internas que se establecen entre los diversos puestos y departamentos (compañeros directos, superiores, personal de otras unidades, personal a cargo, etc.) y externas (empresas proveedoras, clientela, entidades financieras, instituciones, etc.).
Responsabilidad	Sobre equipos de trabajo, coordinación y distribución de trabajo.
Lugar de trabajo	Ubicación física del puesto de trabajo y posibilidades de movilidad o desplazamiento.
Tareas y responsabilidades	La ocupación se compone de una serie de tareas específicas del puesto de trabajo. También se describen aspectos como tiempo de dedicación, exigencias físicas e intelectuales.
Equipamiento	Útiles o equipos que son manejados directamente por quien ocupa el puesto analizado (máquinas, herramientas, ordenadores, programas, etc.) y cuyo conocimiento y manejo son imprescindibles en el desempeño de su trabajo.
Condiciones ambientales	Comprende una relación de las principales características del ambiente físico: luz, humedad, ruido, temperatura, ventilación, contaminación, riesgos posturales, etc.
Riesgos	Accidentes a los que está expuesto quien ocupa el puesto en el desarrollo de su trabajo.
Sistema retributivo	Se indica el salario y cómo se consigue en función del desempeño del puesto: retribuciones fijas, variables, incentivos, pluses, antigüedad, gratificaciones y otros.
Dedicación	Horarios, calendario laboral, vacaciones, disponibilidad para traslados, viajes y similares.
Catalogación profesional	Datos sobre el grupo profesional establecido en el convenio colectivo.
Evolución profesional	Previsiones sobre el desarrollo del puesto: especialización, nuevas exigencias, expectativas de promoción, posibilidades de formación continua en la empresa, etc.
Criterios de evaluación	Criterios para valorar en el desempeño del puesto de trabajo a niveles técnicos, adaptación e integración en la empresa y en el equipo de trabajo.

Fig. 2.4. Modelo de ficha de descripción del puesto de trabajo.

CASO PRÁCTICO 1

Ficha de descripción de un puesto de trabajo

Apoyándote en el modelo de ficha de descripción de un puesto de trabajo que aparece en la Figura 2.4, realiza la descripción de un puesto de trabajo de administrativo en el departamento comercial de la empresa para la que trabajas dentro del departamento de recursos humanos, dedicada a la venta al por mayor de prendas de vestir.

Solución:

Ficha de descripción de puesto de trabajo
Puesto de trabajo: *administrativo/a del departamento comercial*

MES

Formación	• Formación requerida: técnico superior en Administración y Finanzas. • Formación complementaria: cursos de programas de gestión comercial y ofimática. Inglés comercial.
Finalidad o misión	Realizar la gestión y el control administrativo del departamento comercial.
Área	Departamento comercial.
Dependencia jerárquica directa	Depende de quien dirige el departamento comercial, quien realiza la supervisión y el control mediante el seguimiento de las actividades.
Relaciones internas y externas	• Relaciones externas: – Mantiene contactos continuos con proveedores y clientela. – Realiza gestiones en la Agencia Tributaria. • Relaciones internas: – Mantiene contactos con personal de los departamentos de contabilidad, almacén y finanzas.
Lugar de trabajo	Oficinas centrales de la empresa: c/ Tres Picos, 33. 28002, Madrid // 20 m^2.
Tareas y responsabilidades	• Recibir y atender a la clientela y proveedores. • Explicar a los clientes las condiciones de entrega y pago de las mercancías. • Realizar presupuestos. • Realizar pedidos a los proveedores mediante teléfono, fax o correo electrónico. • Realizar albaranes y facturas. • Registrar las facturas emitidas y recibidas. • Coordinarse con el almacén para el control de entradas y salidas de mercancías. • Coordinarse con el departamento de administración para contabilizar documentos de compras, ventas y pagos. • Coordinarse con el departamento financiero para la gestión de los cobros y pagos. • Realizar declaraciones periódicas de IVA.
Equipamiento	Ordenador, impresora, teléfono, fax, archivos, Internet.
Riesgos	Posturales.
Condiciones ambientales	Oficina con buenas condiciones de iluminación y climatización.
Sistema retributivo	Salario base de la categoría profesional, plus de transporte y trienios.
Dedicación	Horario: de 8.30 a 14.30 y de 15.30 a 17.30. Horas semanales: 40. Horas anuales: 1850 // Vacaciones: 30 días, en verano.
Catalogación profesional	Oficiales/as administrativos/as, grupo de cotización 5.
Evolución profesional	Promoción dentro del departamento comercial mediante formación en *marketing,* gestión comercial e informática.
Criterios de evaluación	La evaluación la realiza quien dirige el departamento comercial, mediante la observación del cumplimiento de las tareas, del horario, y de la rapidez y rigor en la resolución de los problemas planteados por la clientela y las empresas proveedoras.

3. Perfiles profesionales

El **perfil profesional** es un conjunto de características que identifican la adecuación de una persona para asumir las responsabilidades y tareas de un puesto de trabajo.

3.1. Contenido de los perfiles profesionales

El perfil profesional de cada puesto se plasma en un **documento**, que se elabora tomando como base el **análisis** y la **descripción del puesto**, junto con la cultura y los objetivos de la empresa (Figs. 2.5 y 2.6).

Formación	Formación académica reglada que deberá tener quien ocupe el puesto según el contenido de este.	Por ejemplo: técnico superior en Administración y Finanzas.
Conocimientos específicos	Conocimientos técnicos que no se adquieren a través de la formación reglada exigida por el puesto y que son necesarios para que el ocupante de este pueda desarrollar sus funciones satisfactoriamente.	Por ejemplo: experiencia en utilización de un programa informático, una maquinaria determinada, etc.
Aptitudes y habilidades	Se indican las necesarias para el desarrollo de las funciones y responsabilidades del puesto.	Suelen incluir: aptitudes verbal, numérica, mecánica, capacidad de análisis, capacidad de síntesis, etc.
Personalidad	Se incluyen los rasgos de personalidad relevantes para el desarrollo óptimo de las funciones y responsabilidades del puesto.	Suelen aparecer rasgos como: control emocional, autoconfianza, iniciativa, creatividad, liderazgo, etc.
Otros elementos de los perfiles	También se pueden incluir las motivaciones e intereses profesionales que deberá reunir quien ocupe el puesto.	Por ejemplo: salario, oportunidades de promoción, posibilidades de formación, compatibilizar vida laboral y personal, estatus, etc.

Fig. 2.5. Elementos de los perfiles profesionales.

A. Profesiograma o perfil profesiográfico

El **profesiograma** o **perfil profesiográfico** es la representación gráfica del perfil profesional. Su objetivo es definir gráficamente, de forma graduada mediante una escala, las exigencias del puesto de trabajo y estudiar, a partir de él, el ajuste a dicho perfil de cada candidato a cubrirlo.

Los profesiogramas vienen marcados por las características de la empresa y del puesto que se vaya a cubrir. Para cada puesto y en cada empresa ha de realizarse un profesiograma específico y, posteriormente, se comparará con cada aspirante a ocupar el puesto.

Análisis y descripción del puesto de trabajo + Objetivos y cultura de la empresa → Perfil profesional del puesto de trabajo → Profesiograma

Fig. 2.6. Proceso de obtención del profesiograma.

CASO PRÁCTICO 2

Profesiograma

Continuando con el Caso práctico 1, en el que se describía un puesto de trabajo administrativo en el departamento comercial de una empresa dedicada a la venta al por mayor de prendas de vestir, realiza un profesiograma como parte de tus tareas habituales en el departamento de recursos humanos.

Solución:

		Grado 1	Grado 2	Grado 3	Grado 4
Formación	Técnico/a superior en Administración y Finanzas				X
	Técnico/a en Gestión Administrativa		X		
Conocimientos específicos	Utilización de programas de gestión comercial				X
	Contabilidad			X	
	Gestión de almacén			X	
	Conocimientos de gestión del IVA				X
	Redacción comercial		X		
	Manejo de base de datos				X
	Utilización de redes locales		X		
	Idioma: inglés comercial		X		
Experiencia	En el puesto de trabajo		X		
	En puestos similares	X			
Aptitudes intelectuales	Expresión y comprensión verbal			X	
	Memoria			X	
	Capacidad de reacción			X	
	Atención			X	
	Capacidad de análisis	X			
	Capacidad de síntesis	X			
	Aptitud numérica			X	
Personalidad	Iniciativa		X		
	Responsabilidad			X	
	Control emocional		X		
	Liderazgo	X			
	Flexibilidad	X			
	Capacidad de comunicación			X	
	Empatía			X	
	Asertividad			X	
	Discreción				X
Otros elementos	Oportunidades de formación			X	
	Oportunidades de promoción		X		

¿SABÍAS QUE...?

Competencias más valoradas

Las **competencias** que más suelen valorar las empresas son:

- Orientación al logro.
- Orientación a la calidad.
- Orientación al cliente.
- Capacidad de aprendizaje.
- Trabajo en equipo.
- Compromiso con la empresa.
- Flexibilidad.
- Facilidad de comunicación.
- Tenacidad.

3.2. Las competencias en los perfiles profesionales

Un **perfil basado en competencias** (perfil competencial) es el conjunto de competencias que define los requisitos esenciales para cada puesto de trabajo.

> Las **competencias** son el conjunto integrado de conocimientos, destrezas, habilidades, aptitudes, actitudes, rasgos de personalidad y motivaciones que posee una persona para desempeñar con éxito las exigencias de un puesto de trabajo en un contexto profesional.

Las competencias están íntimamente ligadas a la empresa, a los puestos de trabajo concretos y a las funciones y tareas específicas definidas para cada puesto. Cada empresa identifica y define sus propias competencias, que serán las que se considere que **contribuyen al logro** de los objetivos estratégicos de la compañía y que no suelen superar las diez.

Las competencias, además, integran los aspectos más relevantes del perfil profesional, sustituyendo a otros dos factores, **la personalidad y las aptitudes,** y sirven para:

- **Seleccionar** las candidaturas más idóneas para desempeñar el puesto de trabajo.
- **Evaluar** a las personas que ocupan el puesto.

A. Clasificación de las competencias

Las competencias se pueden clasificar en *genéricas, específicas* y *transversales.*

Competencias genéricas	Son compartidas por diferentes profesiones y distintos puestos de trabajo, independientemente de la estructura de la empresa y de la actividad de esta. Algunos autores denominan a estas competencias *core* (del inglés, *centrales*). Las principales competencias genéricas aparecen explicadas en la Tabla 2.3.
Competencias específicas	Se trata de competencias exigibles a quienes van a desempeñar un determinado puesto de trabajo descendiendo a niveles muy concretos, de tal forma que una competencia tenga sentido en función de un puesto de trabajo en una empresa y en un entorno determinados.
Competencias transversales	Son el conjunto de competencias compartidas por un grupo de personas de la empresa.

Tabla 2.2. Clasificación de las competencias.

Fig. 2.7. Aunque se pueden identificar las competencias generales de un cocinero, no se requieren las mismas competencias para un cocinero de un bar o una cocinera de un restaurante tres estrellas Michelin, por lo que se definirán competencias especificas para cada puesto.

Fig. 2.8. Los mandos de departamento comparten competencias transversales, como el liderazgo, la dirección de personas y la persuasión; las personas del departamento financiero comparten la capacidad analítica, la orientación al orden y a la calidad, etc.

Competencias genéricas más habituales		
Competencias de logro y acción		• **Orientación al logro:** preocupación por trabajar eficazmente o por competir para superar las exigencias. • **Iniciativa:** predisposición a emprender acciones, mejorar resultados o buscar oportunidades antes de que se imponga o sea forzada por los acontecimientos. • **Orientación al orden y a la calidad:** preocupación por disminuir la incertidumbre y asegurar la calidad mediante comprobaciones y sistemas de control claros y ordenados.
Competencias de servicio		• **Sensibilidad interpersonal:** capacidad para escuchar, comprender y responder a las preocupaciones, intereses y sentimientos de los demás. • **Orientación al cliente:** deseo de ayudar o servir a los demás, averiguando sus necesidades y después satisfaciéndolas, tanto con clientela externa como interna.
Competencias de influencia		• **Persuasión e impacto personal:** capacidad para convencer a los demás para lograr una línea de acción. • **Conocimiento organizacional:** capacidad de comprender y utilizar la dinámica de poder, relaciones e influencias existentes dentro de las organizaciones. • **Construcción de relaciones:** capacidad para crear y mantener contactos y relaciones útiles para el mejor cumplimiento de su trabajo.
Competencias directivas		• **Desarrollo de personas:** capacidad para identificar los puntos fuertes y débiles de las personas y facilitar los medios adecuados (formación, apoyo, oportunidades) para poder mejorar y desarrollarse profesionalmente. • **Dirección de personas:** capacidad de definir y comunicar a los demás lo que es necesario hacer, lograr que lo cumplan y evaluar y reconocer los logros. • **Trabajo en equipo:** disposición para participar como miembro totalmente integrado en un equipo, el cual no se tiene necesariamente que coordinar, y colaborar eficazmente, incluso cuando el equipo trabaja en algo directamente relacionado con los intereses personales. • **Liderazgo:** utilización de los rasgos y métodos interpersonales más apropiados para guiar a cada cual hacia la consecución de un objetivo.
Competencias de dominio personal		• **Autoconfianza:** convencimiento de la capacidad propia y posibilidades, especialmente en situaciones difíciles que suponen un reto. • **Autocontrol:** capacidad de mantener el control y la calma en situaciones donde existe oposición, hostilidad o en condiciones de trabajo estresantes. • **Flexibilidad:** capacidad para adaptarse con facilidad a los cambios, entender las posiciones de los demás y modificar la propia cuando aparecen nuevas tendencias o datos. • **Tenacidad:** capacidad para persistir en una tarea durante largo tiempo a pesar de las dificultades. • **Compromiso con la organización:** voluntad de orientar la actuación de acuerdo con los principios, prioridades y objetivos de la organización.
Competencias cognitivas		• **Aprendizaje:** capacidad de utilizar, mejorar y ampliar los conocimientos y habilidades necesarios en el trabajo. • **Pensamiento analítico:** capacidad de comprender las situaciones y resolver los problemas, analizándolos y reflexionando de forma lógica y sistemática. • **Reconocimiento de modelos:** capacidad de identificar modelos o conexiones entre situaciones que no están relacionadas de manera obvia e identificar aspectos clave o subyacentes en asuntos complejos.

Tabla 2.3. Principales competencias genéricas valorables para los puestos de trabajo.

¿SABÍAS QUE...?

Outplacement

En algunas empresas, cuando se producen despidos, utilizan servicios que se encargan de reorientar, reconducir y recolocar a las personas que han sido despedidas. Estos servicios se denominan *outplacement*.

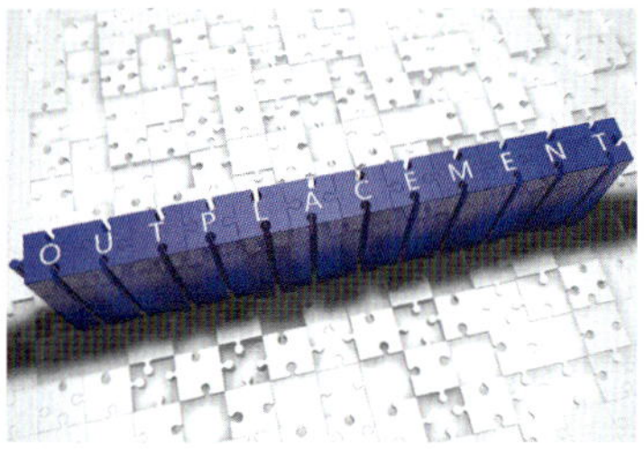

El *outplacement* lo prestan empresas especializadas que atienden psicológicamente, motivan y ayudan a redefinir la carrera de las personas despedidas.

El coste de los servicios de *outplacement* es pagado por las empresas que han efectuado los despidos.

CASO PRÁCTICO 3

Competencias del personal del servicio de atención al cliente

En la web que el servicio de atención al cliente de una empresa suelen recibir numerosas quejas y sugerencias de mejora. Su actividad principal es la venta y el mantenimiento de equipos de calefacción. Desde la dirección del departamento comercial creen que quizá las personas encargadas de la atención al cliente deben mejorar las competencias necesarias para desempeñar de manera excelente su tarea. Busca información para mejorar este servicio de atención al cliente.

Solución:

Una de las competencias que debe desarrollar el personal del departamento de atención al cliente es la comunicación. Para ello se pueden seguir pautas estratégicas como las siguientes:

- **Dar accesibilidad.** El departamento ha de ser fácil de localizar, tanto en lo digital (web corporativa, blogs, redes sociales...) como en lo presencial.
- **Ofrecer atención personal.** La clientela quiere ser atendida por personas que sepan entender sus necesidades, aunque el portal de preguntas frecuentes, los bots, los correos electrónicos o contestadores automáticos ayudan.
- **Escuchar.** Es esencial saber escuchar para empatizar con quien habla, evitando interrupciones, admitiendo posibles errores y ofreciendo soluciones.
- **Preguntar.** Las personas que atienden el servicio han de saber hacer las preguntas claras y correctas, y repreguntar de diferentes formas para identificar los problemas.
- **Empatizar.** Ponerse en la piel de quien entra en contacto con el servicio: qué quieren, qué necesitan, qué pedirán en el futuro.
- **Obtener *feedback*.** Después de resolver una incidencia, una duda o responder cualquier cuestión, se tiene que hacer un seguimiento directo. Por ejemplo, mediante una llamada telefónica, un sondeo por correo electrónico, una puntuación o una encuesta de opinión. De esta manera, la clientela siente que su opinión importa.

PONTE A PRUEBA 1

Competencias para diferentes puestos de trabajo

Los diferentes puestos de trabajo requieren distintas competencias. De las competencias que aparecen a continuación: persuasión, desarrollo personal, sensibilidad interpersonal, trabajo en equipo, iniciativa, autocontrol, dirección de personas, flexibilidad, aprendizaje, orientación al orden, orientación hacia el cliente, orientación al logro, indica cuáles crees que se requieren para estos puestos de trabajo:

a) Dirección de recursos humanos.

b) Mando intermedio del departamento técnico.

c) Personal administrativo del departamento de ventas.

Pautas para la resolución:

Dirección de recursos humanos	Mandos intermedios del departamento técnico	Personal del departamento de ventas
(Competencias relacionadas con el liderazgo y la influencia)	*(Competencias relacionadas con los equipos de trabajo)*	*(Competencias de servicio, de influencia...)*

4. Previsión de las necesidades de personal

Uno de los objetivos de la planificación de los recursos humanos es detectar las necesidades de personal para atender la carga de trabajo en cada periodo de tiempo.

> Para **planificar las necesidades de personal** se toman como punto de partida los objetivos estratégicos de la empresa, el inventario de personal y los perfiles de los puestos de trabajo, con el objetivo de que, ante jubilaciones, bajas por incapacidad temporal, vacaciones e incrementos o disminuciones de la producción, se puedan anticipar las necesidades a corto, medio y largo plazo.

Una vez analizada la plantilla de la empresa, se pueden presentar las tres situaciones que se muestran en la Figura 2.9.

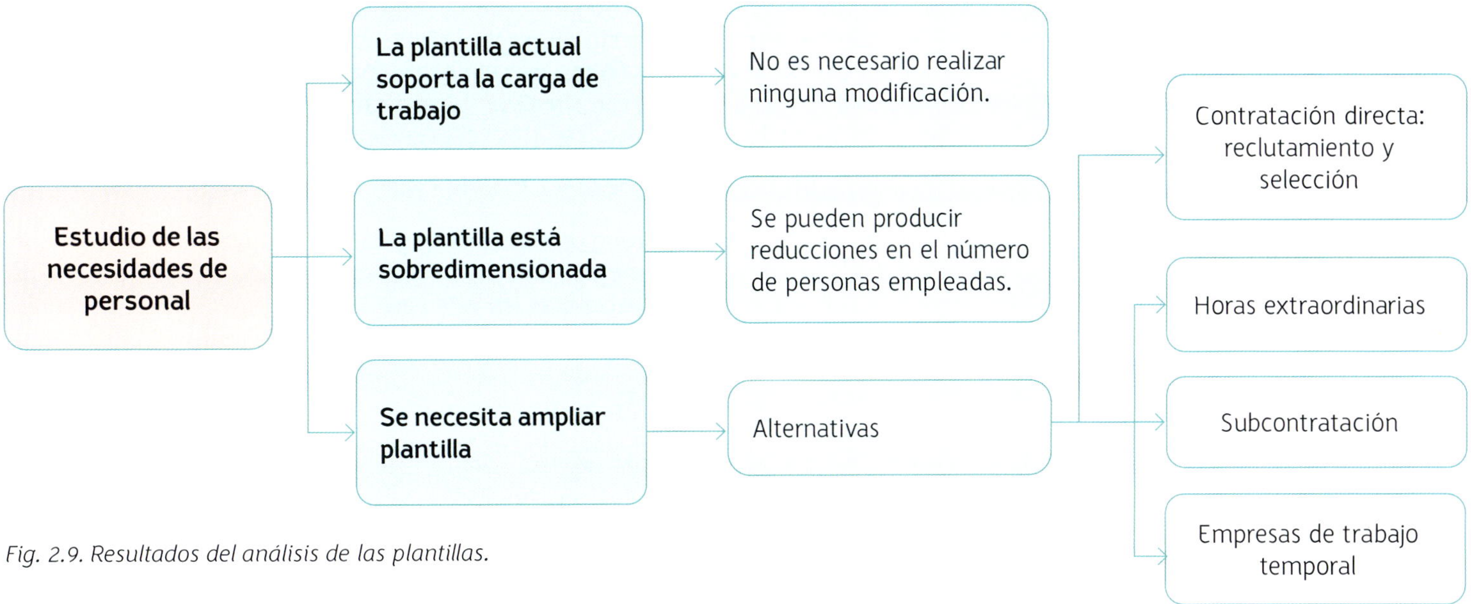

Fig. 2.9. Resultados del análisis de las plantillas.

4.1. Técnicas para estimar las necesidades de recursos humanos

Las técnicas para estimar las necesidades futuras de personal se clasifican en dos grupos:

- **Técnicas basadas en la experiencia.** Se apoyan principalmente en el análisis de las personas con conocimientos sobre las futuras necesidades de recursos humanos, como los equipos directivos y los equipos de especialistas.
- **Técnicas basadas en tendencias.** Se basan en el uso de los datos del pasado para predecir el futuro personal; por ejemplo, la evolución de la producción y de las ventas. También se toman en cuenta aspectos del entorno económico y social, como son la inflación, la evolución del empleo, el precio del dinero, la evolución del IPC y la demografía.

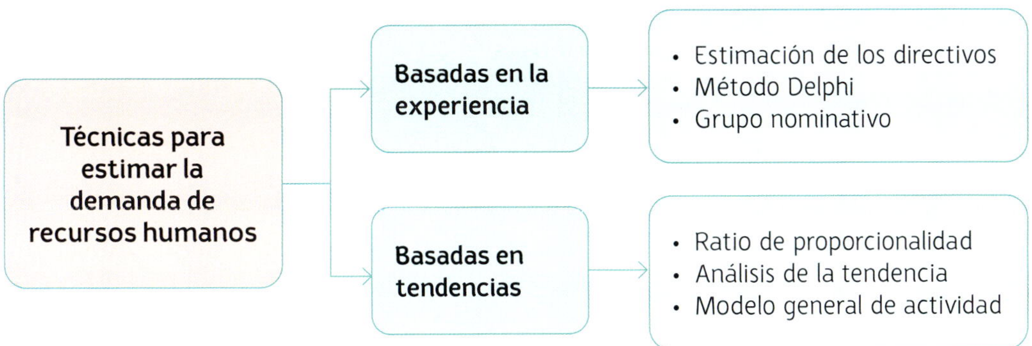

Fig. 2.10. Clasificación de las técnicas para estimar la demanda de recursos humanos.

¿SABÍAS QUE...?

El proceso de trabajo del grupo nominativo es el siguiente:

1.º Quien coordina el grupo presenta el tema.

2.º Todos los miembros escriben sus propias ideas.

3.º Se exponen y se discuten todas las ideas e interviene todo el grupo.

4.º Cada miembro del grupo ordena jerárquicamente las ideas expuestas.

5.º El grupo acepta la idea que haya obtenido la mejor clasificación.

A. Técnicas basadas en la experiencia

Estas técnicas se apoyan en la experiencia y en la intuición de las personas que tienen que tomar las decisiones. Se suele consultar a quienes dirigen los departamentos o a grupos de especialistas.

Este tipo de estimación **ha de realizarse siempre**, de forma exclusiva o como complemento de otros métodos de previsión.

- ***Método de estimaciones del equipo directivo***

Es la dirección de la empresa la que determina el número y la clase de personal que necesitará en el futuro, en función de la estrategia de la empresa y de los objetivos planteados. La decisión debe tomarse después de consultar a quienes coordinan los departamentos y a los mandos intermedios.

- ***Método Delphi***

Un grupo de especialistas (dirección de los departamentos, jefatura de área, mandos intermedios) intercambia, **normalmente sin reunirse**, varias rondas de estimaciones de personal. En el departamento de recursos humanos analizan las respuestas y exponen sus resultados a los y las especialistas para que vuelvan a realizar sus aportaciones. Este proceso es reiterado hasta lograr cierto grado de consenso (con tres veces suele ser suficiente).

- ***Técnica del grupo nominativo***

Consiste en reunir a un pequeño grupo de especialistas para que formulen una única estimación de personal. Se diferencia del método anterior en que, mientras que en el método Delphi no es necesaria una reunión de especialistas, en este caso **las y los especialistas se reúnen necesariamente.**

B. Técnicas basadas en tendencias

Se realiza la previsión de personal de acuerdo con la carga de trabajo prevista, en un periodo de tiempo, para cada uno de los departamentos. Algunos de los métodos utilizados son los siguientes:

- ***Análisis de tendencia***

Analiza el pasado para predecir el futuro, estudiando la serie histórica de la evolución del empleo en los últimos años (cinco se puede considerar aceptable), y proceder a su extrapolación, obteniendo una estimación de necesidades de personal en los próximos años.

Este cálculo se puede realizar de forma conjunta para la plantilla de la empresa, por grupos (administrativos, técnicos, comerciales, mandos intermedios) o departamentos.

CASO PRÁCTICO 4

Cálculo del número de personas empleadas mediante el análisis de la tendencia

En un hospital que en la actualidad cuenta con 250 camas, han decidido ampliar hasta 350 camas en dos años.

Calcula la plantilla de personal de enfermería y personal auxiliar para los próximos años 4 y 5, teniendo en cuenta la evolución histórica que se muestra seguidamente:

Año	N.º de camas	Personal de enfermería	Personal auxiliar
Año 1	150	55	75
Año 2	200	70	95

Año	N.º de camas	Personal de enfermería	Personal auxiliar
Año 3	250	85	115
Año 4	300	100	135
Año 5	350	115	155

Solución:

Del estudio se deduce que el personal de enfermería crece con 15 nuevas contrataciones por cada 50 nuevas camas; por tanto, en los próximos años, la plantilla aumentará hasta 100 en el año 4 y hasta 115 en el año 5. Si el número de auxiliares crece a una tendencia de 20 por cada 50 camas, necesitarán 135 auxiliares en el año 4 y 155 en el año 5.

- ***Ratio de proporcionalidad***

Consiste en calcular las necesidades futuras de personal, relacionando el volumen de ventas o el volumen de producción con el número de personas empleadas.

La utilización del volumen de ventas o el volumen de producción dependerá del tipo de actividad: las ventas podrían ser elegidas en el sector comercial y el volumen de producción en las manufacturas.

- ***Modelo general de actividad***

El objetivo que persigue este modelo es predecir el número de empleados que se requerirá en un período futuro, partiendo de la idea de que las necesidades de personal están relacionadas con el nivel de actividad económica general y, a su vez, modulado por la evolución de la productividad. Este modelo combina variables internas de la empresa y del entorno.

Por ejemplo, una empresa puede calcular la plantilla necesaria en función del crecimiento de la economía, de la tasa de crecimiento de la población, del nivel de desempleo o del volumen de exportaciones de un país.

CASO PRÁCTICO 5

Cálculo del personal necesario mediante el ratio de proporcionalidad

Trabajas en un puesto administrativo del departamento de recursos humanos en una empresa dedicada a la fabricación de electrodomésticos, cuyo volumen de producción es de 20 000 unidades al año y la plantilla se distribuye de la siguiente forma:

- Personal de fabricación: 100.
- Personal administrativo: 20.
- Agentes comerciales: 10.

La dirección ha estimado que en el siguiente ejercicio se incrementará la demanda y se podrá alcanzar una producción de 24 000 unidades.

Calcula el personal que se necesita en esta empresa para el próximo ejercicio, por cada uno de los grupos de trabajadores y trabajadoras, según el ratio de proporcionalidad.

Solución:

Analizando la proporcionalidad, obtenemos el número de personas empleadas necesarias para el próximo ejercicio.

Producción	Empleados/as de fábrica	Administrativos/as	Comerciales
Actual: 20 000	100	20	10
Futura: 24 000	120	24	12

¿SABÍAS QUE...?

Curva de aprendizaje

Es una técnica que relaciona el volumen de producción con la necesidad de personal, calculando esta última a partir del tiempo necesario para la ejecución de la producción.

Se fundamenta en estudios que indican que los tiempos medios unitarios de mano de obra disminuyen a medida que se incrementa el volumen de producción. Se estableció que para un volumen de producción doble, los tiempos medios de trabajo se reducen en un 20 %.

Estudios posteriores pusieron de manifiesto que la tasa de reducción no es constante, sino que decrece hasta alcanzar un mínimo que permanece invariable.

ACTIVIDADES

3. Una empresa, cuya producción se exporta mayoritariamente, tiene una plantilla actual de 250 personas. Para calcular el número de trabajadores y trabajadoras que necesitan, tienen en cuenta las previsiones del Banco de España y del Gobierno sobre las exportaciones.

Calcula cuál será el incremento de la plantilla si las estimaciones económicas prevén, para el próximo ejercicio, un incremento de las exportaciones del 12 %.

4. La incorporación de personas a una empresa o la disminución de la plantilla son decisiones que tienen gran trascendencia, ya que repercuten en los costes de personal, en la organización del trabajo, en la motivación individual y colectiva, así como en la imagen de la empresa en el entorno social.

Indica cuáles son, en tu opinión, las consecuencias cuando la plantilla es mayor de la necesaria para atender la carga de trabajo y cuando es inferior a la necesaria.

1. Completa en tu cuaderno el siguiente esquema:

- **Análisis y descripción de los puestos de trabajo** → ¿Qué permite conocer? → [...]
- **Métodos para el análisis de puestos de trabajo** → Enuméralos: [...] → ¿Se obtienen?
  - [...]
  - [...]
- **Técnicas para estimar la demanda de recursos humanos**
  - Basadas en la experiencia → ¿Cuál es la diferencia entre el método Delphi y el grupo nominativo?
  - Basadas en tendencias → Indica cuáles conoces: [...]

INVESTIGACIÓN

2. En una empresa, cuya actividad es la fabricación de cerámica, inician un proceso de reclutamiento y selección para contratar a un técnico en electricidad y a un técnico en redes informáticas.

En el departamento de recursos humanos deben elaborar los perfiles profesionales y te encargan que colabores investigando las características de estos puestos de trabajo.

a) Puedes investigar en la web del Servicio Público de Empleo Estatal (SEPE) **bit.ly/SEPE_pefiles_ofertas_empleo** que da acceso a un gran número de perfiles profesionales. En esta web se reflejan las caracterizaciones de las ofertas, las competencias específicas requeridas para desempeñar el empleo y el perfil requerido para la candidatura, así como formación, experiencia, idiomas, competencias personales, etc.

Accede al perfil de técnico en electricidad y realiza el siguiente trabajo:

- Indica qué tipos de contratos se suelen realizar.
- Nombra las competencias específicas requeridas.
- ¿Se requiere experiencia previa?
- Enumera las competencias personales más demandadas.
- ¿Se requiere conocer algún idioma?
- Enumera las principales funciones que se desempeñan en estos puestos.
- Indica qué titulaciones de formación profesional son las más demandadas para estos puestos.

b) En esta empresa también necesitan realizar el perfil profesional del puesto trabajo de técnico en redes informáticas. Al igual que en el caso anterior, investiga en la web del SEPE las características de este puesto de trabajo y responde a las siguientes preguntas:

- ¿Qué tipos de contratos se suelen realizar para cubrir estos puestos?
- ¿Qué competencias específicas son las más demandadas?
- ¿Existe alguna preferencia de edad?
- ¿Se requiere experiencia?
- ¿Se suele solicitar el conocimiento de idiomas y de ofimática?
- ¿Qué funciones se desempeñan en estos puestos de trabajo?
- Respecto a la formación, ¿qué titulaciones de formación profesional superior son las demandadas?

3. Tomando como base las investigaciones realizadas en los apartados anteriores, crea el perfil profesional de uno de los puestos investigados. También puedes recabar información sobre competencias, tareas y funciones en la web **todofp.es**, buscando el título del módulo profesional relacionado con el perfil que has construido.

TEST DE REPASO

1. **La planificación de los recursos humanos comprende actividades como:**
   - (a) Describir los puestos de trabajo.
   - (b) Planificar la formación.
   - (c) Elaborar los perfiles profesionales.
   - (d) Todas las respuestas anteriores son ciertas.

2. **El análisis de un puesto de trabajo:**
   - (a) Es lo mismo que la descripción del puesto.
   - (b) Consiste en identificar las tareas y funciones del puesto.
   - (c) Ha de ser realizado por una consultora externa.
   - (d) Describe a quienes ocupan cada puesto.

3. **Mediante el análisis de los puestos de trabajo se obtienen:**
   - (a) Los perfiles profesionales.
   - (b) Las carreras profesionales.
   - (c) La planificación de las plantillas.
   - (d) Todas son ciertas.

4. **Es un método que no se utiliza para el análisis de los puestos de trabajo:**
   - (a) El análisis de tendencias.
   - (b) La observación directa.
   - (c) La reunión de especialistas.
   - (d) La entrevista.

5. **La ficha de descripción del puesto de trabajo no suele contener información sobre:**
   - (a) La dependencia jerárquica.
   - (b) Las competencias.
   - (c) Las tareas.
   - (d) Los horarios.

6. **Los perfiles profesionales se realizan tomando como base:**
   - (a) Las necesidades de personal.
   - (b) La descripción del puesto.
   - (c) La situación del mercado laboral.
   - (d) La formación.

7. **Los profesiogramas son:**
   - (a) La representación gráfica del perfil profesional.
   - (b) Un método para analizar los puestos.
   - (c) La descripción de las actitudes.
   - (d) Las competencias del puesto.

8. **En los profesiogramas no se reflejan:**
   - (a) La formación.
   - (b) Las actitudes.
   - (c) Las aptitudes.
   - (d) La personalidad.

9. **Elige la opción que no sea una clase de competencia:**
   - (a) Genéricas.
   - (b) Específicas.
   - (c) Generales.
   - (d) Transversales.

10. **Las competencias genéricas son:**
    - (a) Válidas para idénticos puestos de trabajo.
    - (b) Válidas solo para una profesión.
    - (c) Válidas para diferentes puestos de trabajo.
    - (d) Válidas para un puesto concreto.

11. **Las competencias específicas son válidas para:**
    - (a) Un puesto en una empresa concreta.
    - (b) El mismo puesto en diferentes empresas.
    - (c) Diferentes tareas en empresas.
    - (d) Diferentes puestos en diferentes empresas.

12. **El ratio de proporcionalidad relaciona el número de personas empleadas con:**
    - (a) La evolución del empleo.
    - (b) La actividad económica.
    - (c) El volumen de ventas.
    - (d) Las exportaciones.

13. **El método Delphi consiste en:**
    - (a) Reunir a jefaturas de área y mandos intermedios.
    - (b) Ordenar diferentes ideas expuestas por especialistas.
    - (c) Las jefaturas de área realizan estimaciones en varias fases.
    - (d) Todas las respuestas anteriores son falsas.

14. **Mediante el modelo general de actividad se estiman las necesidades futuras de personal en función de:**
    - (a) Las ventas del último ejercicio.
    - (b) El volumen de producción.
    - (c) La actividad económica general.
    - (d) El número de personas empleadas de la empresa.

COMPRUEBA TU APRENDIZAJE

1. Explica cómo incide en las actividades del departamento de recursos humanos la planificación de las plantillas y qué actividades se derivan de esta planificación, tanto a medio como a corto plazo.

2. Mediante el análisis de puestos de trabajo, la empresa recopila y analiza la información sobre los puestos, con la intención de identificar las tareas, obligaciones y responsabilidades de estos. Para la obtención de información se utilizan diferentes técnicas: observación, entrevistas, etc.

   Indica qué método utilizarías para obtener la información necesaria para describir los siguientes puestos de trabajo:

   - Vendedor en una tienda de ropa.
   - Bióloga investigadora.
   - Personal de enfermería.
   - Bibliotecario.
   - Directora de recursos humanos.
   - Programadora informática.

3. En una empresa dedicada a la elaboración de conservas vegetales, la producción en la última temporada ha sido de 600 000 unidades. La plantilla se distribuye en los siguientes equipos:

   - Personal de producción: 80.
   - Personal administrativo: 10.
   - Vendedores/as: 7.
   - Personal de almacén y mantenimiento: 9.

   Debido a las previsiones optimistas que se desprenden de los estudios sobre la evolución del mercado, la dirección ha decidido que, en el siguiente ejercicio, se debe incrementar la producción hasta alcanzar las 900 000 unidades.

   a) Calcula el número de personas que se necesitan para el próximo ejercicio por cada uno de los equipos de trabajo, utilizando el ratio de proporcionalidad.

   b) Explica qué alternativas se pueden proponer desde el departamento de recursos humanos para ajustar la plantilla al incremento de la producción.

   c) Indica qué actividades se planificarán en el departamento de recursos humanos para atender al incremento de la plantilla.

4. En una empresa, los ingresos brutos por las ventas en el último ejercicio han ascendido a 3 500 000 euros. De los informes económicos que dispone la dirección se desprende que, en el siguiente ejercicio, las ventas se contraerán y, por tanto, ha de ajustarse la producción, reduciéndola en un 5 %. En la empresa trabajan las siguientes personas:

   - Personal de planta: 80.
   - Administración: 20.
   - Agentes comerciales: 10.

   a) Calcula, mediante el ratio de proporcionalidad, qué incidencia puede tener la planificación de la producción en la plantilla de la empresa.

   b) Explica qué alternativas pueden proponer desde el departamento de recursos humanos a la dirección para ajustar la plantilla, pero que no consistan en el despido de parte de la plantilla.

5. Un complejo hotelero está siendo abierto en varias fases sucesivas. Comenzaron inaugurando 100 habitaciones y, cuando esté completamente finalizado, alcanzarán las 350.

   La evolución de la plantilla ha sido la siguiente:

N.º de habitaciones	Personal de limpieza	Personal de recepción	Resto de personal
100	15	8	8
150	20	10	12
200	25	12	16

   a) Calcula, analizando la tendencia, la plantilla de personal de limpieza, de recepción y resto de personal (de sala, de cocina, de mantenimiento...) que necesitarán en el hotel cuando esté completamente finalizado.

   b) La dirección de la empresa quiere contrastar los resultados del estudio con los obtenidos mediante la técnica del grupo nominativo. Describe cómo se aplicaría esta técnica.

6. En una compañía de seguros, la evolución del número de pólizas y de trabajadores y trabajadoras es la que se refleja a continuación:

Año	Número de pólizas	Personal de administración	Personal comercial
Año 1	40 000	110	90
Año 2	60 000	140	110
Año 3	80 000	170	130
Año 4	100 000	200	150
Año 5	120 000	230	170

   a) Calcula la plantilla de personal para los tres próximos años, suponiendo que las previsiones de la empresa incluyan un volumen de pólizas contratadas en evolución constante.

   b) La dirección de la empresa quiere contrastar los resultados del estudio con los obtenidos por el método Delphi. Describe cómo se aplicaría este método.

7. En una empresa con una plantilla de 550 personas, para calcular el número de personas a contratar tienen en cuenta el producto interior bruto del país.

   Calcula cuál será el incremento de la plantilla si las estimaciones económicas prevén, para el próximo ejercicio, un crecimiento del PIB del 2 %.

COMPRUEBA TU APRENDIZAJE

8. En una empresa cuyo volumen de ventas asciende a 20 000 000 de euros, las previsiones estiman que, en la próxima temporada, se llegue a un volumen de ventas de 22 000 000 de euros. La plantilla actual la forman:

- 50 personas en el área de ventas.
- 90 personas en la cadena de montaje.
- 20 personas en el área de administración.

Calcula cuál será la necesidad de personal de cada grupo para la próxima temporada.

9. Explica en qué consisten las siguientes técnicas utilizadas para evaluar las necesidades de personal:

- Estimación del equipo directivo.
- Método Delphi.
- Técnica del grupo nominativo.

10. Una empresa dedicada a la fabricación de calzado va a ampliar la producción creando una nueva línea de productos dirigida a niños y niñas menores de 10 años, por lo que van a abrir un proceso de reclutamiento y selección, tanto interno (entre la plantilla de la empresa interesada en cambiar de puesto de trabajo) como externo (abierto al mercado laboral), para seleccionar personal de acuerdo con los perfiles profesionales de los puestos de trabajo.

Dos de los puestos de trabajo que deben cubrir son director/a de fabricación y diseñador/a.

Describe las competencias genéricas y específicas que deben reunir estos dos puestos de trabajo.

Puedes obtener información en:

- El Servicio Público de Empleo Estatal (SEPE): **sepe.es**.
- La descripción de las tareas de los puestos que se realiza en el convenio colectivo del sector.
- Los decretos que regulan los títulos de formación profesional de técnico superior en Diseño y Producción de Calzado y Complementos.

Puedes encontrar estos decretos en la web **todofp.es.**

11. El *role-playing* (juego de roles) es un método de aprendizaje mediante el cual quien participa representa situaciones concretas de la vida real. Sirve para adquirir habilidades que le permitan enfrentarse a situaciones laborales, reconociendo actitudes, comportamientos y sentimientos de otras personas.

Realizad un *role-playing* en el aula; una parte de la clase interpretará el papel de la persona que trabaja en atención al cliente y la otra serán usuarios o usuarias que realizan llamadas telefónicas al servicio. Representad las situaciones que se proponen, así como otras sugeridas por los participantes:

- Una persona de edad avanzada llama para contar que no puede encender la calefacción. Por las respuestas que proporciona a las preguntas que se le realizan, se deduce que no comprende el funcionamiento de la caldera, pero se niega a reconocerlo e insiste que está estropeada.
- Una persona llama quejándose de que la factura del mes de febrero es elevadísima y que nunca había tenido que pagar tanto. Además, le han aplicado un tipo de IVA que no corresponde. Sostiene que el contador está estropeado e insiste en que lo tienen que cambiar y rectificar la factura. Sus suposiciones son falsas y desde el servicio le tratan de explicar la factura y que se convenza de que en el mes de febrero es cuando mayor consumo de gas se produce.

Para finalizar, se recabarán opiniones de quienes han observado la escena y quienes la han protagonizado expresarán sus sensaciones. Una persona moderará el debate para analizar las dramatizaciones y tratar de plantear otras formas de solucionar los conflictos.

Se puede finalizar la actividad realizando un perfil profesional del puesto de atención al cliente apoyándose en la descripción del puesto de trabajo del Caso práctico 1 (pág. 27).

12. Supongamos que trabajáis en el departamento de recursos humanos de una empresa de perfumería que tiene su sede en Sevilla y que distribuye su producto en la península ibérica y en América Latina. En esta empresa quieren contratar una persona para un puesto administrativo contable de administración. La persona seleccionada tiene que haber obtenido el título de técnico superior en Administración y Finanzas y los niveles B1+ de portugués e inglés.

En el departamento os han encargado que hagáis el análisis del puesto de trabajo, la ficha de descripción del puesto y el profesiograma del perfil profesional. Formad un equipo de trabajo y repartid entre todos los integrantes del grupo las siguientes tareas:

a) Indicad cuáles creéis que son los métodos más adecuados para realizar el análisis de este puesto de trabajo.

b) Realizad una ficha de descripción del puesto, tomando como guía la ficha de descripción del puesto de la Figura 2.4 (pág. 26) y del Caso práctico 2 (pág. 29). Tened en cuenta que el contenido de la ficha varía en función de cada empresa y de cada puesto de trabajo.

c) Los datos sobre tareas y responsabilidades los podéis encontrar en el decreto que regula el título de técnico superior en Administración y Finanzas. Buscad en la web **todofp.es.**

Realizad el profesiograma del puesto de trabajo. En el profesiograma se reflejarán los siguientes aspectos: formación académica; experiencia necesaria; aptitudes necesarias para el desarrollo de las funciones y responsabilidades del puesto; rasgos de la personalidad relevantes para el desarrollo de las funciones y responsabilidades del puesto; y motivaciones e intereses profesionales que deberá reunir el ocupante del puesto.

A continuación, valoraréis cada uno de los aspectos del profesiograma, con una puntuación del 1 al 4, según la importancia que consideréis. La línea que une las puntuaciones reflejará el perfil a partir del cual se buscará la candidatura idónea.

3 UNIDAD

Preselección y reclutamiento de los recursos humanos

Uno de los principales desafíos de los departamentos de recursos humanos es la búsqueda y retención de personas con talento; es decir, encontrar a las personas con las competencias idóneas y mantenerlas motivadas para retenerlas en la empresa.

Según los expertos, el éxito en la gestión del talento radica en utilizar diferentes sistemas para identificar, dentro o fuera de la empresa, ese talento, potenciarlo y motivarlo para evitar perderlo.

Para identificar y retener el talento, las empresas deben establecer retribuciones e incentivos adecuados, que no tienen que ser meramente económicos. Las empresas deben cuidar aspectos como la autorrealización, posibilidades de mejorar la formación o facilitar la conciliación laboral y familiar.

¿Piensas que es mejor buscar personas con talento dentro de la empresa y promocionar al personal actual o reclutarlas fuera de la empresa?

¿Crees que lo que motiva a las personas para aceptar un puesto de trabajo es el salario o que también se valoran los incentivos que no son meramente económicos?

ESTUDIARÁS

- Las fases del proceso de reclutamiento y selección.
- El proceso de reclutamiento.
- Reclutamiento interno.
- Reclutamiento externo.
- La preselección de personal.

Y SERÁS CAPAZ DE

- Aplicar los procedimientos administrativos relativos a la selección de recursos humanos, eligiendo los métodos e instrumentos más adecuados a la política de cada organización.

a) ¿Sabes que puedes utilizar tu *smartphone* para buscar empleo?

b) ¿Alguna vez oíste hablar de hacer *networking*?

c) ¿Te has planteado utilizar las redes sociales para buscar empleo?

1. Fases de un proceso de reclutamiento y selección

Los procesos de reclutamiento y selección pueden ser llevados a cabo por el **departamento de recursos humanos de la empresa** o por una **consultora especializada;** en muchos casos, las empresas externalizan una parte de este proceso y otra parte es realizada por el propio departamento de recursos humanos.

> El **reclutamiento** y la **selección** forman parte de un proceso integrado por varias fases, que se inicia con la detección de la necesidad de cubrir un puesto de trabajo y finaliza con la contratación e integración en la empresa de una persona para cubrirlo.

IMPORTANTE

El **reclutamiento** se apoyará en dos pilares fundamentales:

- La **descripción de los puestos** de trabajo.
- Los **perfiles profesionales.**

El proceso de reclutamiento se afronta desde dos perspectivas: el **reclutamiento interno,** recurriendo al personal que tiene la empresa en ese momento, y el **reclutamiento externo,** acudiendo al mercado de trabajo para encontrar perfiles idóneos para cubrir los puestos.

En la Figura 3.1 aparecen todas las fases del proceso de reclutamiento y selección de forma extensa, aunque este proceso puede ser más corto o incluso desarrollarse de manera diferente.

1. Reclutamiento	• Interno: entre el personal actual de la plantilla. • Externo: servicios públicos de empleo, empresas de selección, centros de formación, anuncios, etc.
2. Recepción y preselección	• Recepción de currículos, de dentro y de fuera de la empresa. • Preselección de las candidaturas que más se ajusten al perfil del puesto. • Comunicación con las personas cuyos currículos se han preseleccionado.
3. Pruebas de selección	Pruebas psicotécnicas, de personalidad e intereses, profesionales, de idiomas, etc.
4. Entrevistas	• Primera entrevista, por el o la especialista en selección. • Segunda entrevista, por el mando del departamento donde esté la vacante, a las personas que han superado la primera entrevista. • Tercera entrevista, por la dirección, la gerencia, etc. (solo para puestos de responsabilidad).
5. Comprobación de documentación	• Méritos aportados (titulación, cursos de formación, conocimiento de idiomas, experiencia, etc.). • Referencias del solicitante.
6. Toma de decisiones	Mando superior del departamento al que se incorpora la persona seleccionada.
7. Pruebas médicas	Se realizan por los servicios médicos de la empresa o por una empresa especializada.
8. Contratación	Se gestiona la modalidad de contratación adecuada o se contrata a través de una ETT.
9. Acogida	Protocolos y manual de acogida, para que el trabajador o trabajadora se ubique en la empresa.
10. Formación inicial y periodo de prueba	El personal recién incorporado recibe formación específica para los puestos para los que ha sido contratado. Se ha de superar un periodo de prueba y se realizan un seguimiento y una evaluación del rendimiento.

Fig. 3.1. Proceso de reclutamiento y selección de personal.

ABC VOCABULARIO

Headhunting

Son empresas de selección de búsqueda directa (*executive search* o *headhunting*), también llamadas *cazatalentos*, que están especializadas en **captación de candidatos de alto nivel** o especialistas con excelentes currículos y trayectorias profesionales brillantes.

2. El proceso de reclutamiento

El **reclutamiento** es un conjunto de actividades cuya finalidad es atraer un número suficiente de perfiles potencialmente cualificados para cubrir los puestos de trabajo vacantes. El proceso de reclutamiento se **inicia** con **la búsqueda de aspirantes** y **termina** cuando **se reciben las solicitudes de empleo.**

Antes de iniciar el proceso de reclutamiento, se investigará si el perfil de la persona candidata puede encontrase dentro de la empresa, o bien si ha de buscarse fuera. Esto da lugar a dos fuentes de reclutamiento: las *internas* y las *externas.*

Las fuentes de reclutamiento no son excluyentes; generalmente son utilizadas de forma complementaria, salvo casos específicos que lo justifiquen.

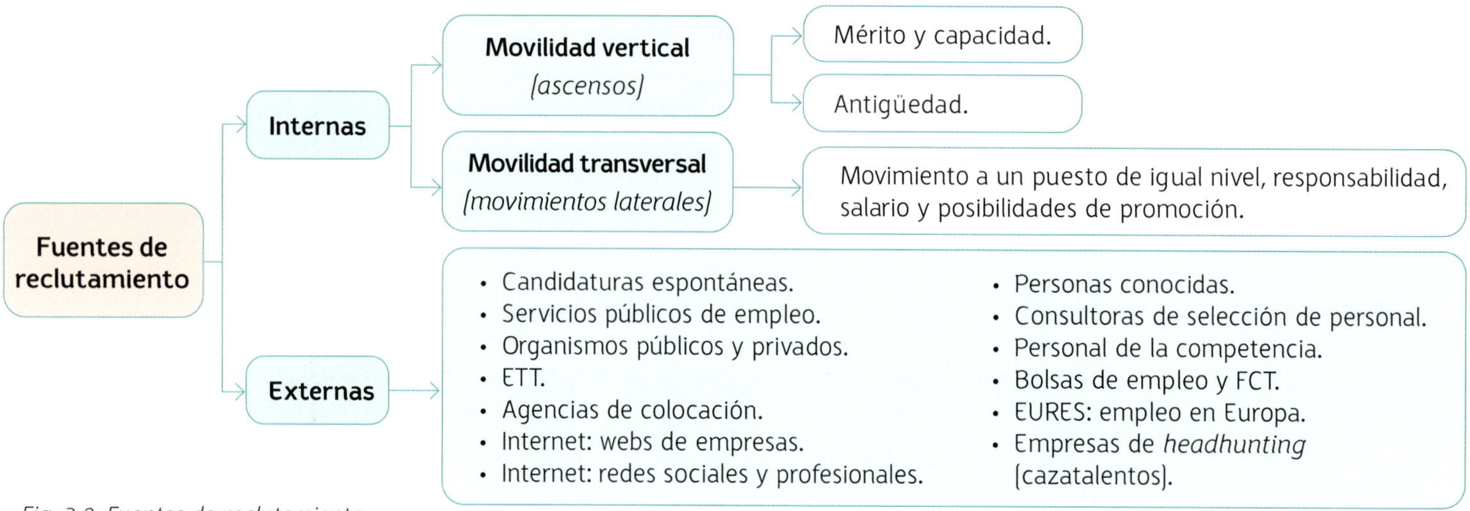

Fig. 3.2. Fuentes de reclutamiento.

A. Alternativas a los procesos de reclutamiento y selección

Antes de recurrir al reclutamiento, las empresas deben valorar diferentes alternativas:

- **Horas extraordinarias.** Se utilizan para incrementar la actividad a corto plazo. Tienen la ventaja de que cuentan con la experiencia y preparación del personal, pero como inconvenientes acusan la posible fatiga, la menor productividad y la falta de atención.
- **ETT.** Aportan flexibilidad, aunque pueden surgir problemas con la cultura de la empresa y los resultados esperados.
- **Subcontratación** de la actividad con otra empresa.

B. Regulación del reclutamiento y la selección en los convenios colectivos

En muchos convenios colectivos se establecen las condiciones para los nuevos ingresos y la selección interna del personal actual de la empresa.

En las regulaciones sobre movilidad interna, los convenios no suelen incluir todas las vacantes, ya que se exceptúan aquellas destinadas a los niveles superiores, que suelen ser de libre designación por las empresas.

ACTIVIDADES

1. El Estatuto de los Trabajadores reconoce el derecho a la promoción de las personas en plantilla. Localiza los artículos de la Ley del Estatuto de los Trabajadores en los que se regula la promoción e indica:

a) ¿Qué aspectos hay que tener en cuenta para que se produzca un ascenso?

b) ¿A qué norma hay que acudir para conocer el procedimiento de los ascensos?

c) ¿Qué discriminación se debe garantizar que no se produzca?

d) ¿En qué circunstancias está obligada la empresa a ascender a alguien del personal actual?

e) Una persona que asciende puede tener derecho a una promoción económica; ¿en qué normas se regula esta promoción económica?

2.1. Reclutamiento interno

Muchas empresas siguen la política de cubrir sus vacantes recurriendo al personal existente en ella. Este aspecto se suele incluir en los **planes de carrera profesional**, en los cuales se determina qué puestos de trabajo podrán ser ocupados por la plantilla actual de la empresa, en función de sus competencias, implicación, objetivos alcanzados, valoraciones, etc.

Por ejemplo, para promocionar los puestos clave mediante los planes de carrera, en la empresa **se diseñan planes de desarrollo concretos** (formación, rotación de puestos, enriquecimiento de funciones, etc.).

A. Políticas de selección interna de personal

Muchas empresas establecen políticas de promoción con objeto de motivar a la plantilla y que las personas interesadas puedan promocionar.

Para que las políticas de promoción sean creíbles, eficientes, motivadoras y repercutan favorablemente en el clima laboral, han de cumplir una serie de **requisitos:**

- Haber sido **negociadas con la representación sindical.**
- Han de ser **conocidas por toda la plantilla** y estar abiertas a todas las personas que reúnan las competencias necesarias para cubrir los puestos vacantes.
- Se **publicarán las vacantes,** así como el lugar y los plazos para la presentación de solicitudes.
- El proceso **será transparente** para evitar agravios, compromisos y favoritismo. Si fuese necesario, se delegará la responsabilidad de las decisiones en un grupo de personas seleccionadas.
- Se informará de los **requisitos necesarios** para cubrir las vacantes.
- Si hay dudas entre varias candidaturas, **se aplicarán pruebas** similares a las utilizadas en la selección, como test, pruebas profesionales y entrevistas.

B. Manifestaciones del reclutamiento interno

El reclutamiento interno puede realizarse mediante *movilidad vertical* y *movilidad transversal.*

Movilidad vertical

Una promoción de movilidad vertical se lleva a cabo cuando se cambia a una persona empleada a una posición de nivel más alto, con mejor sueldo y mayores responsabilidades.

En este proceso se valorarán diferentes factores, como los méritos, la formación continua y la antigüedad en un puesto determinado.

Movilidad transversal: transferencias

Consiste en transferir a una persona dentro de la empresa, trasladándola a un puesto de la misma empresa con igual nivel de responsabilidad, salario y posibilidades de promoción.

Las transferencias de personal pueden tener diferentes objetivos:

- **Formación y adaptación** para ocupan un puesto de mayor responsabilidad.
- **Reubicación de las personas** que ocupaban puestos que desaparecen.
- **Potenciación de la polivalencia,** de tal manera que cada cual conozca, además de las tareas del puesto de trabajo que realiza, las tareas de otros puestos; de esta forma se evita la monotonía y se cubren puestos vacantes en caso de necesidad.
- **Satisfacer la necesidad** que pueden sentir las trabajadoras y los trabajadores de cambiar de actividad, de departamento o de localidad.

Ambos tipos de movilidad pueden ser motivadores para la plantilla: la movilidad vertical ofrece perspectivas de desarrollo de una carrera profesional dentro de la empresa a través de promociones y ascensos, y la movilidad transversal permite romper la monotonía, el trabajo puede resultar menos rutinario y, además, se pueden abrir nuevas vías de promoción.

! IMPORTANTE

Comunicación de las vacantes

Para realizar la comunicación de las vacantes al personal de la empresa, se pueden utilizar los siguientes medios:

- Tablones de anuncios.
- Tablones sindicales.
- Intranet.
- Correos electrónicos.
- Notificación a los supervisores.
- Redes sociales de la empresa.

? ¿SABÍAS QUE...?

Movilidad funcional

Es la facultad de la empresa para adaptar temporalmente las funciones del personal a la realidad organizativa de la compañía. Es una decisión unilateral de la empresa que no requiere el consentimiento del personal y puede ser:

- *Ascendente,* cuando al trabajador o trabajadora se le encomiendan funciones de un grupo profesional superior al suyo.
- *Descendente,* cuando se le encomiendan funciones de un grupo inferior al suyo.
- *Horizontal,* cuando las funciones son del mismo grupo profesional.

*Fig. 3.3. Habitualmente, las empresas optan por un **sistema mixto de selección** que reconozca tanto la antigüedad como los méritos.*

C. Requisitos para un reclutamiento interno motivador

El reclutamiento interno debe ser motivador y, para ello, tiene que basarse en el **mérito** y en la **antigüedad.**

Requisitos basados en el mérito

Estos requisitos se fundamentan en el desempeño destacado que una persona consigue en su puesto de trabajo. Si no se puede distinguir de forma objetiva entre las personas con un desempeño sobresaliente y las que no lo han tenido, se utilizan dos sistemas:

a) Se tiene en cuenta si las personas candidatas han conseguido los **objetivos pactados o marcados** por la dirección.

b) Se establecen **pruebas o concursos de méritos,** delegando la responsabilidad en un comité cuya composición se pacta con la representación sindical.

Requisitos basados en la antigüedad

La antigüedad es el tiempo que la persona ha estado al servicio de la empresa. Las políticas basadas en la antigüedad tienen la ventaja de su objetividad, pero conllevan varios inconvenientes:

- No tienen en cuenta el esfuerzo individual de cada persona ni las competencias adquiridas mediante la formación continua.
- En muchas ocasiones, la persona más antigua no es la más idónea; simplemente se le recompensa por la permanencia en la empresa y no por ser una buena trabajadora.
- El personal joven y con talento es bloqueado en sus posibilidades, reduciendo su deseo de superación personal y de formación permanente.

ACTIVIDADES

2. Localiza el convenio colectivo de ámbito estatal para las empresas de mediación de seguros privados que esté vigente en este momento y realiza la siguiente investigación:

a) Localiza el artículo en el que se regulan los ascensos y promociones.

b) Indica qué elementos se valoran para los ascensos y promociones.

c) En caso de concurso de méritos y examen de aptitud ¿qué pruebas se realizarán?

d) ¿Quiénes formaran parte de los tribunales calificadores en los concursos de mérito y exámenes de aptitud?

CASO PRÁCTICO 1

Regulación de los ascensos

En una empresa dedicada a la fabricación de menaje para el hogar han quedado libres dos puestos de trabajo: uno de oficial administrativo y otro de ayudante del responsable del control de calidad.

La dirección de recursos humanos está estableciendo los criterios para cubrir los dos puestos de trabajo mediante ascensos. También se está negociando que los puestos que queden vacantes se cubran con personal externo, pero con preferencia para quienes hayan trabajado anteriormente en la empresa.

En el departamento de recursos humanos creen que las personas a las que corresponde ascender por antigüedad son muy competentes en su trabajo actual, pero dudan de que tengan las competencias necesarias para el nuevo puesto. En cambio, creen que personas con menos antigüedad podrían ser más competentes.

a) ¿Qué medidas se podrían adoptar para evitar agravios comparativos?

b) Investiga qué cláusulas se suelen incluir en los convenios colectivos para regular los ascensos y evitar tensiones y conflictos.

Solución:

a) Se establecerán sistemas objetivos, tomando como referencia, entre otras, las siguientes circunstancias:

- Formación adecuada.
- Conocimiento del puesto de trabajo.
- Historial profesional.
- Superar las pruebas que se propongan.

b) En los convenios se suelen incluir cláusulas como las siguientes:

- «En igualdad de condiciones, para la promoción, se dará preferencia al trabajador más antiguo».
- «En la selección de personal de nuevo ingreso, en condiciones de igualdad con otros candidatos, tendrán preferencia aquellos que con anterioridad hayan trabajado en la empresa, con plena satisfacción de la misma».

2.2. Reclutamiento externo

Las empresas realizan el reclutamiento externo cuando no disponen en la plantilla de personal cualificado para cubrir el puesto, cuando quieren enriquecer la empresa con la entrada de personal nuevo o cuando desean modificar la pirámide de edad de departamentos con bajos niveles de rotación.

A. Servicios públicos de empleo

El Servicio Público de Empleo Estatal **(sistemanacionalempleo.es)** está integrado por el Servicio Público de Empleo Estatal **(sepe.es)** y los servicios públicos de empleo de las diferentes comunidades autónomas.

En cada comunidad autónoma este servicio adopta un nombre diferente. No es necesario que el proceso de reclutamiento y selección pase por estos servicios, pero es obligatorio su registro y los movimientos de trabajadores.

Estos servicios tienen dos funciones principales:

- **Publicación gratuita de ofertas de empleo**

Las empresas que buscan personal pueden enviar sus ofertas de empleo; una vez registradas, cumplimentan un formulario con los datos del puesto ofrecido.

- **Búsqueda de empleo**

Las empresas pueden ver los anuncios de quienes aspiran al puesto, seleccionan las candidaturas más adecuadas y se ponen en contacto con estas personas para realizar el proceso de selección.

B. *Networking*, anuncios en Internet y páginas web

El ***networking*** consiste en establecer relaciones profesionales con personas que te pueden ayudar en el proceso de búsqueda de empleo.

El establecimiento de redes y la difusión de los anuncios de empleo por Internet es una fuente de reclutamiento que tiene cada vez mayor importancia y puede utilizarse de varias formas:

- El ***networking*** y las **redes sociales profesionales** permiten conocer candidaturas con perfiles específicos. Para hacer *networking* a través de Internet, puedes utilizar dos tipos de redes: **redes profesionales**, como LinkedIn, Xing y Viadeo, o **redes generalistas**, como Instagram, Pinterest, TikTok, Facebook o Twitter, con un enfoque más social que profesional, pero que también ofrecen la posibilidad de buscar y recibir ofertas de trabajo.

  En las redes, las empresas identifican las aptitudes, experiencia, formación, habilidades e incluso pueden definir el perfil psicológico de una o un aspirante: si tiene empatía, si sabrá trabajar en equipo... Las redes pueden llegar a ofrecer más información que un currículum.

- En las webs corporativas de las empresas y en las empresas de reclutamiento, existen **cuestionarios de solicitud de empleo** específicos; también se puede solicitar enviar las candidaturas por correo electrónico. Los cuestionarios sirven para tener estructurados los datos de la forma que más interese a la empresa para facilitar la preselección.
- Los **portales de empleo**, que facilitan el contacto entre empresas y solicitantes *(jobsites)*.

ACTIVIDADES

3. Busca el nombre completo del servicio público de empleo de tu comunidad autónoma y el de todas las comunidades autónomas colindantes.

4. Reflexiona sobre las posibles ventajas y desventajas del reclutamiento interno y del reclutamiento externo y contesta a las siguientes preguntas:

a) ¿Crees que el reclutamiento externo podría generar frustración entre el personal de una empresa? ¿Por qué? ¿En qué circunstancias podría ser motivador?

b) ¿Crees que el reclutamiento interno puede ser motivador para el personal de la empresa? ¿En qué circunstancias?

WEB

Portales de empleo

Algunos de los portales de empleo más conocidos son:

infojobs.net

empleo.com

infoempleo.com

laboris.net

oficinaempleo.com

eulen.com

primerempleo.com

tecnoempleo.com

trabajos.com

IMPORTANTE

Huella digital

La utilización de redes sociales genera lo que se denomina *huella digital*, que es el rastro personal que vamos dejando en Internet; este rastro puede tener buenas o malas consecuencias en la vida laboral de las personas.

Gran parte de quienes reclutan consideran que los perfiles activos en redes sociales tienen más oportunidades laborales que los inactivos, pero hay que ser muy cauto.

Actualmente LinkedIn y Facebook son las redes sociales predilectas para obtener información sobre las personas candidatas.

> **@ WEB**
>
> **ETT españolas**
>
> En **portalett.com**, puedes buscar todas las ETT de España por provincias.
>
> Algunas de las más conocidas son estas:
>
> - Manpower
>
>   **manpower.es**
> - Randstad
>
>   **randstad.es**
> - Adecco
>
>   **adecco.es**
> - Page Personnel
>
>   **pagepersonnel.es**

C. Empresas de trabajo temporal (ETT)

Las ETT son empresas de servicios que ceden personal contratado por la ETT a otras empresas. El personal contratado por ETT percibe el salario y los complementos que le corresponden según el convenio colectivo aplicable en la empresa usuaria.

Los motivos principales para contratar los servicios de una ETT son los siguientes: hacer frente a los incrementos puntuales de la actividad y reemplazar a personal fijo en periodos de ausencia, como aumento de la producción, vacaciones o maternidad.

Los trabajadores y trabajadoras y las ETT están vinculados por un contrato laboral y no existe ninguna relación contractual entre ellas y la empresa usuaria.

D. Agencias de colocación

Las agencias de colocación son entidades públicas o privadas, con o sin ánimo de lucro, que colaboran con los servicios públicos de empleo en la intermediación en el mercado de trabajo, con el fin de ayudar a las personas a encontrar empleo y a las empresas a encontrar personal adecuados.

Las agencias pueden ser públicas o privadas, como por ejemplo: ayuntamientos, universidades, administraciones autónomas, organizaciones no gubernamentales, centros de formación ocupacional, sindicatos, etc.

E. Buscar empleados en Europa (Red EURES)

EURES es una red integrada por los servicios públicos de empleo europeos mediante la que las empresas pueden encontrar la plantilla que necesitan y las personas que desean trabajar en Europa tienen posibilidades de encontrar empresas que precisan personal.

Los euroconsejeros y euroconsejeras, que existen en todos los países de la Unión Europea, ofrecen asesoramiento en aspectos relacionados con la movilidad dentro del Espacio Económico Europeo.

Otras fuentes de reclutamiento externo	
Referencias de quienes trabajan en la empresa	Es probable que el personal de la empresa recomiende a sus familiares o amigos para cubrir las vacantes que se produzcan. Existen empresas con políticas que facilitan la incorporación de familiares de la plantilla actuales. En cambio, otras empresas cierran las puertas a esta posibilidad.
Ofertas espontáneas	Se trata de personas que envían espontáneamente su solicitud a la empresa para que figure en los archivos por si en el futuro pueden necesitar personal. Muchas empresas disponen de un espacio en su web para que las personas interesadas presenten sus candidaturas. Se suele llamar **Trabaja con nosotros...** y los datos se almacenan en una base de datos, muy útil cuando se inician los procesos de selección.
Formación en Centros de Trabajo (FCT)	Posibilita practicar los conocimientos adquiridos en los centros educativos, a la vez que permite a la empresa preseleccionar a sus futuros trabajadores y trabajadoras.
Bolsas de empleo	Centros de formación profesional, instituciones, colegios profesionales, centros de orientación, etc.
Personal de la competencia	Consiste en reclutar personal de la competencia con un perfil profesional adecuado y contrastado. Es un sistema muy utilizado cuando se trata de captar personal directivo o especialistas del sector. Su utilización debe ser cuidadosamente considerada y valorada, puesto que puede provocar tensiones y conflictos.
Anuncios en prensa	Los anuncios en prensa fueron un método muy habitual para atraer solicitantes de empleo, pero en la actualidad se utilizan poco.
Asociaciones empresariales y sindicatos	Ambos organismos suelen tener sus bolsas de empleo o sus propios servicios de intermediación laboral para sus miembros.

Tabla 3.1. Otras fuentes de reclutamiento externo.

PONTE A PRUEBA 1

Costes de una mala selección

La contratación rápida y sin llevar a cabo procesos de selección planificados y reflexivos puede ocasionar que surjan lo que se denomina como *costes de no calidad*. Para que reflexiones sobre la importancia de realizar procesos de reclutamiento y selección adecuados, te proponemos la siguiente situación:

En un hospital han contratado una persona como auxiliar de clínica mediante un contrato indefinido. Esta persona fue recomendada por la directora que dirige el departamento de administración sin poner en marcha ningún proceso de selección.

Al cabo de un tiempo se observó que la persona contratada carecía de algunas de las competencias profesionales y de muchas de las competencias personales requeridas para el puesto de trabajo.

En la empresa se ha planteado poner fin a esta relación laboral. Trata de identificar los costes que originará esta mala selección.

Pautas para la resolución:

Los costes que conlleva esta mala selección son económicos, personales y laborales.

Ejemplo de coste económico: llevar a cabo otro proceso de selección… *(Indica más costes)*

Ejemplo de coste personal: deterioro de las relaciones personales… *(Indica más costes)*

Ejemplo de coste laboral: deterioro de relaciones con los pacientes… *(Indica más costes)*

ACTIVIDADES

5. Como técnica o técnico en Administración y Finanzas, si tuvieses que decidir qué fuente de reclutamiento vas a consultar para cubrir un puesto de trabajo vacante, ¿considerarías que todas las fuentes son adecuadas o igual de eficientes para cualquier tipo de vacante?

Por ejemplo, para cubrir un puesto de peón de albañilería, seguramente fuese suficiente con acudir a los servicios públicos de empleo o tener en cuenta las recomendaciones del personal; en cambio, para cubrir un puesto de física especializada en nanotecnología y con experiencia, quizás sea preferible recurrir a otras fuentes de reclutamiento, como *headhunters* o la captación directa de empresas de la competencia.

Indica a qué fuente de reclutamiento recurrirías en cada uno de los siguientes casos, ¿interna o externa?, ¿qué requisitos exigirías en ambos casos?

Puesto de trabajo	**Fuente de reclutamiento:** *interna o externa*	• **Reclutamiento interno:** *antigüedad, mérito, ambos.* • **Reclutamiento externo:** *servicios públicos de empleo, ETT, conocidos, agencias de colocación, cazatalentos, redes profesionales, etc.*
Personal administrativo	[...]	[...]
Jefatura de sección de mecanizados	[...]	[...]
Comercial de empresa farmacéutica	[...]	[...]
Mecánico/a de automóviles	[...]	[...]
Directora financiera con experiencia	[...]	[...]
Vendedor/a de tienda de ropa	[...]	[...]
Dirección comercial para Europa	[...]	[...]
Ingeniero/a de caminos con experiencia	[...]	[...]

3. La preselección de personal

Cuando el número de candidaturas es elevado, se efectúa una **preselección,** para que únicamente pasen a la entrevista quienes tienen posibilidades de ser seleccionados.

La preselección se realiza mediante el **análisis del *curriculum vitae*** y de **la documentación aportada** por la persona candidata; además, en muchos casos se indaga en las redes sociales y profesionales. En ocasiones, también se realiza, por teléfono, una primera entrevista de toma de contacto.

Si el reclutamiento se ha realizado mediante Internet, todos los aspirantes habrán cumplimentado cuestionarios de solicitud de empleo específicos para tener estructurados los datos de la forma que interese más a la empresa para facilitar la preselección.

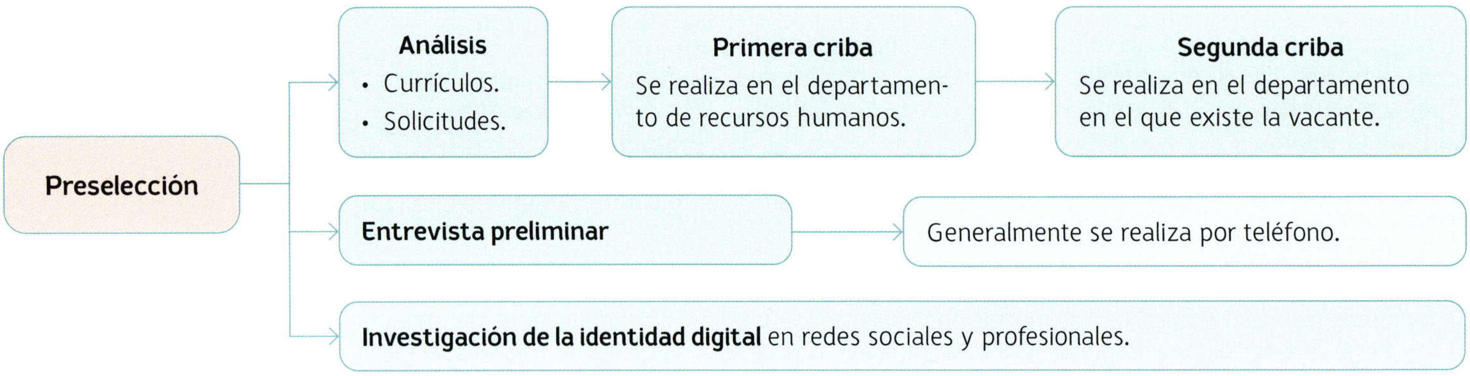

Fig. 3.4. Proceso de preselección.

3.1. Análisis del currículo y de la solicitud

El análisis del currículo o de la solicitud de empleo trata de encontrar personas cuyo perfil profesional se ajuste al requerido para el desempeño del puesto de trabajo.

El análisis del currículo es importante para los puestos que requieren **experiencia y titulaciones concretas;** la presencia o ausencia de estos requisitos es suficiente para preseleccionar, o no, los currículos. El análisis de los currículos se realiza en el departamento de recursos humanos y, una vez seleccionado un grupo de ellos, se pasan al departamento en el que se ha producido la vacante para que realicen una segunda criba.

Una vez estudiadas todas las candidaturas, se realiza la **primera clasificación,** formando los tres grupos de la Figura 3.5.

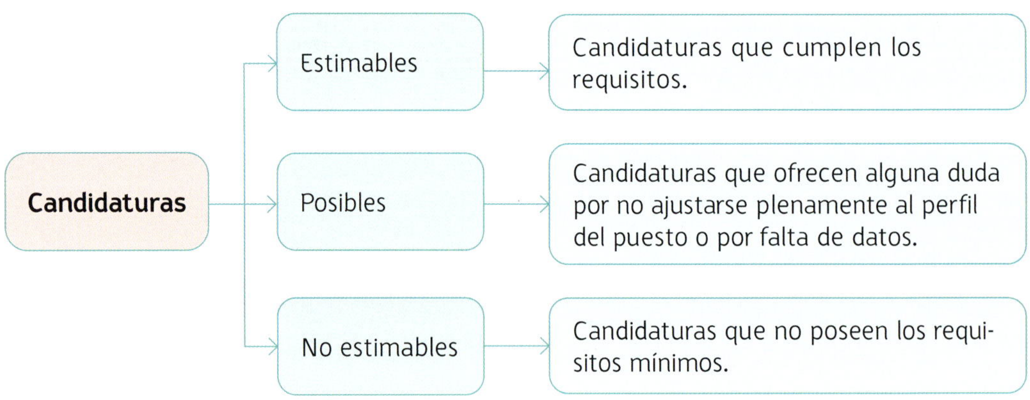

Fig. 3.5. Clasificación de las candidaturas a un puesto de trabajo.

Las candidaturas **estimables** y las que se consideran **más adecuadas de las posibles** pasarán a formar parte del proceso de selección. El resto, debidamente clasificadas y ordenadas, pasarán a formar parte de la base de datos de la empresa para futuras ocasiones.

¿SABÍAS QUE...?

Curriculum ciego o anónimo

El currículum ciego es un procedimiento para evitar la discriminación que consiste en excluir del currículum cualquier dato personal como la edad, el género, el lugar de residencia y la nacionalidad.

Se trata de evitar prejuicios que afecten negativamente a la imagen de la persona candidata, al margen de que se encuentre capacitada para desarrollar la actividad profesional.

3.2. La identidad digital en las redes sociales y profesionales

Internet es una herramienta muy útil para reclutar nuevo personal, pero también puede ser usada **para descubrir los puntos débiles que dejan al descubierto quienes las usan.**

Las empresas tienen a su disposición información en redes generalistas (Facebook, Twitter, Instagram, TikTok...), profesionales (LinkedIn, Viadeo), páginas personales, blogs o foros de opinión.

Las redes profesionales son muy útiles para las empresas, puesto que las utilizan para seleccionar profesionales. Las personas que tengan un perfil en las redes profesionales deben ser especialmente cautas, ya que su futuro profesional está en juego.

Si las empresas investigan en las redes sociales, observarán si quienes las usan actúan con sentido común mostrando un perfil sobrio, si son prudentes con los datos que muestran, con lo qué escriben, si incluyen fotografías comprometidas, qué tipo de imágenes etiquetan y cómo son los perfiles de las personas que han agregado como amistades.

Fig. 3.6. ¡Si haces networking, *sé prudente! De cara a la selección pueden ser* ***contraproducentes*** *ciertos detalles de carácter privado, como fotografías inadecuadas (escoge buenas fotografías para tu perfil profesional), comentarios sexistas, faltas de ortografía, errores gramaticales, etc.*

3.3. Entrevista preliminar

En algunas ocasiones, se realiza una **entrevista preliminar**, generalmente **telefónica** (aprovechando el contacto telefónico previo para citar a la persona candidata). En esta entrevista preliminar se indaga sobre aspectos motivacionales y, en el caso de candidaturas dudosas, sobre los aspectos acerca de los que sea necesario recoger más información (generalmente sobre experiencia y formación).

La entrevista en profundidad suele realizarse en la última fase del proceso; puede completarse con otra e, incluso, con una entrevista en grupo.

3.4. Comunicación con quienes se ha preseleccionado

Una vez realizada la preselección y si el número de solicitudes lo permite, se contestará a todas las solicitudes recibidas, tanto si se les convoca para continuar con el proceso como si no, mediante una carta informativa o un correo electrónico, agradeciendo el interés.

A las personas rechazadas, en general, se les dice que su candidatura no se ajusta al perfil del puesto de trabajo o que no reúnen las competencias requeridas. Además de ser un acto de cortesía para con ellas, contribuirá a mejorar la imagen de la empresa.

ACTIVIDADES

6. Probablemente te hayas dado de alta en redes sociales como Facebook, Twitter, Tuenti o Instagram. Revisa con ojo crítico toda la información que se puede obtener de tu cuenta: perfil personal, amistades, comentarios, preferencias, grupos, fotos, vídeos, etc.

a) ¿Crees que se podría extraer algún tipo de información que te pudiera perjudicar en un proceso de selección? Reflexiona sobre cuál es la información que te puede perjudicar y actúa en consecuencia.

b) Sobre los contactos, ¿tienes la seguridad de que has aceptado con coherencia las amistades que te lo han solicitado? ¿Crees que el perfil de alguno de tus contactos te puede perjudicar?

7. Cuando una empresa busca profesionales, LinkedIn suele ser su referencia. Si no estás en LinkedIn, limitas tus posibilidades:

a) Crea un perfil en LinkedIn.

b) Haz un listado de empresas donde te gustaría trabajar y busca profesionales de esas empresas en LinkedIn. Puedes contactar con ellas y ellos y enviarles correos.

c) Explora especialmente los grupos y sus debates profesionales.

8. Supongamos que has finalizado los estudios de Administración y Finanzas, incluidas las prácticas. Para realizar tu currículo, el primer paso será realizar un pequeño estudio de mercado para saber cuáles son las palabras clave *(keywords)* de tu perfil para añadirlas al currículum. Ten en cuenta que la primera criba la hacen algoritmos y, si no encuentran las palabras clave en tu currículum, lo descartarán de inmediato.

IMPORTANTE

Palabras clave

Cuando se realiza una solicitud de empleo por Internet, se utilizan palabras clave para cada oferta de trabajo *(keywords)* que van a conformar los criterios de búsqueda de las bases de datos de currículos recibidos o almacenados.

Por ejemplo, palabras relacionadas con la formación, la experiencia, las competencias, los idiomas, etc.

1. Completa en tu cuaderno el siguiente esquema:

- **Reclutamiento interno**
  - Movilidad vertical. → Consiste en: [...]
  - Movilidad trasversal. → Consiste en: [...]
- **Reclutamiento externo**
  - Servicio Público de Empleo Estatal (SEPE). → ¿Cómo se denomina el servicio público de empleo de tu comunidad autónoma?
  - ¿En qué consiste hacer *networking*?
  - Indica las fuentes de reclutamiento que creas más interesantes, según tus condiciones personales. → ¿Qué redes sociales se pueden utilizar para reclutar personal?
- **Preselección**
  - Análisis de currículums. → Primera criba: ¿en qué departamento se realiza? → Segunda criba: ¿dónde se realiza?
  - ¿Es legal investigar en las redes sociales y profesionales de los candidatos y candidatas?

INVESTIGACIÓN

2. En la web del Servicio Público de Empleo Estatal (SEPE) se encuentra el portal Empléate **(bit.ly/Empleate)**, que permite una interacción directa, libre, sencilla y gratuita entre ofertantes (empresas) y demandantes de empleo (ciudadanía).

a) Entra en el portal y realiza el test propuesto para investigar los empleos que se están contratando y las opciones que más se adaptan a tu perfil.

b) Entra en *Empléate* > *Personas* y busca las ofertas de empleo relacionadas con tu perfil profesional.

c) Entra en *Empléate* > *Crear cuenta* > *Alta persona* y date de alta como demandante de empleo cumplimentando el formulario. Esta inscripción te permitirá utilizar los servicios de búsqueda, consulta de ofertas de trabajo, creación de currículum, anunciarte como demandante de empleo y creación de alertas para que te lleguen las nuevas ofertas por correo o SMS.

d) Accede, mediante **sistemanacionalempleo.es** > *Demanda de empleo,* a los servicios de empleo de la comunidad autónoma, para conocer las ofertas de empleo del municipio en el que resides, relacionadas con tu perfil profesional.

3. Mediante un buscador a través de la web del SEPE **(sepe.es)**, localiza algunos de los portales de empleo que se mencionan en esta unidad; por ejemplo, **infojobs.net** y **tecnoempleo.com**.

a) Investiga cómo pueden las empresas publicar ofertas de empleo.

b) Investiga si ofrecen empleo para puestos técnicos en administración y las características de los perfiles profesionales demandados.

Plasma los resultados del trabajo realizado en un informe que refleje los aspectos que consideres más importantes de la investigación.

4. EURES es una red de cooperación entre la Comisión Europea y los servicios públicos de empleo europeos de los estados miembros del Espacio Económico Europeo o EEE (los países de la UE, Noruega, Islandia y Liechtenstein) y Suiza. El propósito de EURES es proporcionar servicios de búsqueda de empleo a personas y empresas. Mediante la Red EURES **(ec.europa.eu/eures)**, las empresas pueden encontrar el personal que necesitan. Además, las euroconsejeras y euroconsejeros ofrecen asesoramiento en aspectos relacionados con la movilidad dentro del EEE.

Supongamos que estás trabajando en el departamento de recursos humanos de una empresa española que quiere abrir una sucursal en Grecia. Realiza un informe con las conclusiones de la investigación que realices en la web de EURES sobre cómo se pueden poner en contacto con los servicios de empleo de Grecia y cómo acceder a un consejero o consejera EURES.

TEST DE REPASO

1. Cuando en un convenio se regulan las promociones internas:

(a) Se suelen incluir todas las vacantes.
(b) No se suelen incluir las vacantes de niveles superiores.
(c) En los convenios no se suelen regular las promociones internas.
(d) En los convenios no se regula la movilidad funcional.

2. El reclutamiento interno no es motivador cuando:

(a) Se tienen en cuenta los objetivos conseguidos por el trabajador o la trabajadora.
(b) Se establecen pruebas y concursos de méritos.
(c) Los ascensos se cubren por designación directa.
(d) El proceso es transparente.

3. El reclutamiento interno:

(a) Hace que se reduzcan los costes de selección.
(b) Es motivador para las trabajadoras y trabajadores.
(c) Incrementa el interés por la formación.
(d) Todas las respuestas anteriores son ciertas.

4. Es un inconveniente que la selección interna esté basada en la antigüedad porque:

(a) No tiene en cuenta el esfuerzo individual.
(b) Bloquea a las personas jóvenes y con talento.
(c) Más antigüedad no implica ser más competente.
(d) Todas las respuestas anteriores son ciertas.

5. El Servicio Público de Empleo Estatal (SEPE):

(a) Es el servicio de empleo de las comunidades autónomas.
(b) Controla el proceso de reclutamiento y selección.
(c) En él se deben registrar los contratos de trabajo.
(d) Todas las respuestas anteriores son falsas.

6. La movilidad funcional:

(a) Es una facultad de la empresa.
(b) Requiere el consentimiento del personal.
(c) Requiere un acuerdo entre empresa y personal afectado.
(d) Requiere un acuerdo con los sindicatos.

7. A través del portal del Sistema Nacional de Empleo, puedes acceder a:

(a) Las ofertas de empleo de las empresas privadas.
(b) Las ofertas de empleo en Europa.
(c) Los servicios públicos de empleo europeos.
(d) Todas las respuestas anteriores son ciertas.

8. Las *jobsites* son:

(a) Webs de empresas.
(b) Portales de ETT.
(c) Portales especializados en empleo.
(d) Portales de empleo sindicales.

9. Las ETT vinculan al personal mediante:

(a) Contratos laborales con la empresa usuaria.
(b) Contratos laborales con la ETT.
(c) Contaros civiles con la empresa usuaria.
(d) Contratos mercantiles con la ETT.

10. En la primera revisión de los currículos, se clasifican en:

(a) Estimables, ofrecen dudas.
(b) Posibles, no ofrecen dudas.
(c) No estimables, no se consideran.
(d) Todos son estimables.

11. El *networking* no consiste en:

(a) Trabajar utilizando Internet.
(b) Establecer relaciones profesionales de cara a la búsqueda de empleo.
(c) Establecer relaciones personales de cara a la búsqueda de empleo.
(d) Crear perfiles en las redes sociales.

12. Si se hace *networking:*

(a) Hay que ser prudente con los comentarios realizados.
(b) Se elegirán fotografías adecuadas al perfil profesional.
(c) Hay que revisar la ortografía de los comentarios.
(d) Todas las posibilidades son ciertas.

13. Mediante la Red EURES:

(a) Las personas pueden buscar empleo en Europa.
(b) Las empresas pueden buscar personal en Europa.
(c) Las empresas pueden recibir asesoramiento sobre las condiciones de empleo en Europa.
(d) Todas las respuestas anteriores son ciertas.

14. En el currículum ciego no aparece:

(a) El nombre.
(b) La edad.
(c) La dirección.
(d) Ninguno de estos datos es correcto.

COMPRUEBA TU APRENDIZAJE

1. En una empresa comercial, ha quedado vacante el puesto de dirección del departamento de compras, por lo cual van a iniciar un proceso de selección. En esta empresa existe un departamento de recursos humanos, con una sección especializada en reclutamiento y selección.

   a) Identifica las fases del proceso de selección, las actividades que se realizarán en cada fase y las personas que intervendrán en cada una de ellas.

   b) Supongamos que la empresa encarga la selección a una consultora especializada. Identifica las fases de este proceso de selección, las actividades que se realizarán, e indica qué persona o personas tomarán la decisión final.

2. Una empresa debe reclutar personas para cubrir los siguientes puestos de trabajo:

   - Ingeniera.
   - Ayudante titulado.
   - Jefa de taller.
   - Ayudante no titulado.
   - Oficial administrativo.
   - Auxiliar administrativo.
   - Especialista.

   Indica qué fuente de reclutamiento sería más adecuada para cada puesto de trabajo.

3. En una empresa farmacéutica, deben cubrir el puesto de dirección del departamento de I+D+i en biotecnología.

   Han recurrido a los Servicios Públicos de Empleo, a diferentes ETT y han puesto anuncios en la prensa, pero no han encontrado a la persona adecuada para el puesto.

   Responde a las siguientes preguntas:

   - ¿Qué errores crees que se han cometido en la búsqueda?
   - ¿Qué medios propones como los más idóneos para reclutar candidatos para este puesto?

4. Una empresa hotelera va a inaugurar un nuevo hotel de 30 habitaciones. Para reclutar el personal, están valorando las siguientes posibilidades:

   1. Promocionar a trabajadores y trabajadoras desde otros hoteles de la misma cadena.
   2. Acudir al reclutamiento externo.

   Algunas de las vacantes a cubrir son:

   - Directora de hotel.
   - Jefe de recepción.
   - Recepcionista.
   - Cocinera.
   - Camarero.
   - Personal de limpieza.

   a) Si acudieses al reclutamiento externo, señala al menos dos medios para reclutar a las personas adecuadas para los puestos vacantes.

   b) Indica para qué vacantes acudirías al reclutamiento interno y para cuáles al reclutamiento externo.

5. En una empresa que fabrican perfumes quieren cubrir varios puestos de trabajo mediante reclutamiento interno (ascensos). Localiza en Internet el convenio colectivo estatal de perfumería y afines, y realiza el siguiente trabajo:

   a) Uno de los puestos para cubrir es el de capataz. Indica cómo es el procedimiento para el ascenso.

   b) También se va a cubrir con un ascenso un puesto en el que la persona que lo cubra carece de mando. Realiza un resumen del procedimiento a seguir.

6. Te han encargado que participes en el análisis de los currículos que se han recibido en una compañía bancaria para cubrir el puesto de técnico administrativo. Utilizando Internet, localiza el convenio colectivo de banca.

   Tomando como referencia la información del convenio colectivo, sobre grupos profesionales y funciones básicas de su prestación laboral, indica qué valorarías de los currículos y de las solicitudes de empleo en los siguientes aspectos:

   - Presentación.
   - Formación y experiencia.
   - Desfases en el tiempo.
   - Incoherencias.
   - Cambios de empleo.
   - Denominación de los puestos de trabajo.

7. La inmensa mayoría de los currículos son descartados en la fase inicial por el aspecto, estética inadecuada, demasiado extenso, errores gramaticales...

   Los portales de empleo facilitan modelos para poder descargar y usar como plantilla de currículo. Es muy recomendable que antes de empezar a rellenarlo leas el documento de ayuda.

   Accede a un portal de empleo y descarga una plantilla para realizar tu currículo de acuerdo con estas pautas.

8. En ocasiones se piden currículums escritos a mano para seleccionar a personas con rasgos grafológicos que indiquen una personalidad adecuada al puesto, dado que algunos rasgos como la energía, la voluntad o el nivel de actividad se perciben, entre otros parámetros, por la presión de la pluma sobre el papel. A veces se pide a los candidatos que escriban su currículum durante la entrevista.

   Realiza tu currículum de forma manuscrita, cuidando escrupulosamente la estética, la limpieza, la claridad de la letra, la distribución del espacio, etc. Posteriormente, realizad una puesta en común en la que los compañeros y compañeras, poniéndose en el lugar de las personas encargadas de la sección en el departamento de recursos humanos, analicen los currículums destacando los aspectos positivos y negativos de la presentación.

COMPRUEBA TU APRENDIZAJE

9. Imagina que participas en un proceso de selección y te mandan investigar la huella digital de una persona que opta a un puesto del área de administración de personal en el departamento de recursos humanos.

Solicita permiso a una compañera o compañero para investigar su huella digital y analizarla desde el punto de vista de quien selecciona.

Posteriormente, después de analizar e interpretar la información, realiza un informe sobre aspectos de la huella digital que pueden ser perjudiciales y cuáles pueden beneficiar a la persona candidata.

10. Si aún no lo tienes, crea un perfil en las redes generalistas que más te interesen (quizá Twitter sea la herramienta más dinámica). Twitter tiene una sección de búsqueda de empleo para las personas que están dadas de alta que se llama *tuiempleo,* para buscar y recibir ofertas de trabajo.

Investiga cómo puedes utilizar Twitter para hacer *networking* y recibir ofertas de empleo.

11. La regla básica, cuando se hace *networking,* es pensar qué gana la persona con la que deseas contactar.

Preferentemente, deben ser personas que, por su situación profesional y personal, puedan conocer ofertas de empleo o te puedan relacionar con personas que se encuentren bien situadas en el sector que te interesa.

a) Realiza un listado de las personas que conoces y que te pueden ayudar a encontrar empleo.

b) Realiza un listado de todo lo que puedes ofrecer a los contactos de tu red.

Exponlo en clase para analizar puntos en los que coincidís y aquellos en los que no haya coincidencia de opiniones.

12. La investigación de la identidad digital ha adquirido una gran importancia en los procesos de selección, especialmente la actividad en las redes sociales. La Agencia Española de Protección de Datos (**agpd.es**) ha puesto en marcha el proyecto de vídeos *on-line* «Protege tus datos en Internet» para enseñar cómo gestionar la privacidad en la Red.

Formad un equipo de cuatro personas para realizar el siguiente trabajo:

- Busca el proyecto en la web **agpd.es** y cada persona del equipo verá uno de los vídeos de una red social (Facebook, Twitter, Instagram, YouTube...) y anotará las ideas más interesantes para proteger la privacidad.
- Se solicitará permiso a una de las personas del equipo para investigar en sus redes sociales. Cada miembro del equipo analizará con ojo crítico una red social (fotografías, *likes,* amistades, comentarios, vídeos...).
- Se realizará una puesta en común en la que se identificará qué aspectos pueden perjudicar y favorecer en una selección de personal y cómo limitar el acceso a las redes. Se plasmarán las conclusiones en un documento.
- Hay personas que no quieren limitar el acceso a sus redes sociales. Se puede debatir en el equipo si esta postura puede favorecer o perjudicar de cara a un proceso de selección de personal.

13. Lo que buscan todas las personas candidatas a un puesto de trabajo es diferenciarse del resto, ser originales, demostrar su capacidad y, sobre todo, atrapar la atención de quien selecciona. Una de las formas habituales es utilizar palabras clave o conceptos que atraigan a reclutadores y reclutadoras. Hay que usar términos que enriquezcan el currículum, pero que no estén manidos, pues los expertos y expertas en recursos humanos los detectan al instante.

a) Mediante Internet, busca cuáles son las palabras clave que pueden enriquecer un currículum, sin caer en tópicos.

b) LinkedIn ha publicado un listado de las palabras más empleadas en España para definir las competencias y habilidades personales, y hay que evitarlas para diferenciarse de los demás. Investiga cuáles son estas palabras y realiza una relación de las diez que más se utilizan y otra lista de las que hay que evitar, para que las tengas en tu mente a la hora de seleccionar currículums.

14. En una empresa en la que se está negociando el convenio colectivo, la representación sindical quiere introducir una cláusula para que se contemple que, en el caso de que surjan vacantes, los familiares de los trabajadores tengan preferencia ante las candidaturas procedentes de fuera de la empresa.

Desde el departamento de recursos humanos, creen que este sistema no es el más adecuado y que, a largo plazo, puede resultar contraproducente para la empresa.

Investiga cómo suele ser la redacción de una cláusula que regule esta circunstancia y que sirva para complacer tanto a la representación sindical como al personal técnico de recursos humanos.

15. Supongamos que trabajas en el departamento de recursos humanos de una empresa en la que están inmersos en un proceso de selección. Después de la fase de reclutamiento, el jefe del área de selección te encarga que redactes un modelo de *e-mail.*

Este *e-mail* ha de servir para comunicar a las personas que enviaron su *curriculum vitae* que no han sido preseleccionadas porque su perfil no se ajusta al requerido para el puesto de trabajo.

Además, solicitarás permiso para que la documentación aportada por las personas que no han sido preseleccionadas pase a formar parte de una base de datos de la empresa, por si en el futuro surgen vacantes con el perfil descartado y, también, para sustituciones en periodos de vacaciones o en periodos de acumulación de trabajo.

Te despedirás agradeciendo el interés demostrado.

4 UNIDAD

Las pruebas de selección y la entrevista de trabajo

Encontrar candidaturas idóneas para cubrir un puesto de trabajo no es fácil, en especial si se recibe una gran cantidad de currículos para cada oferta de empleo. La selección se complica si tenemos en cuenta que, según las personas expertas, el 45 % de los currículums contienen alguna media verdad y el 80 % una falsedad.

Para superar estos inconvenientes, las pruebas de selección de personal y las entrevistas de trabajo permiten escoger a las personas más adecuadas, más allá del currículo.

Posiblemente hayas realizado alguna vez tu currículo. ¿Exageraste tus méritos? ¿Pusiste medias verdades o directamente alguna mentira?

Si tuvieses que hacer test de personalidad, ¿crees que si mientes para dar una versión mejorada de ti te descubrirían? Y si llegas a la entrevista de trabajo, ¿crees que las personas expertas descubrirán las debilidades de tu currículo?

ESTUDIARÁS

- Las características de las pruebas que se utilizan en los procesos de selección.
- La entrevista de selección.

Y SERÁS CAPAZ DE

- Aplicar los procedimientos administrativos relativos a la selección de recursos humanos, eligiendo los métodos e instrumentos más adecuados a la política de cada organización.

a) ¿Crees que los resultados de los test de personalidad e inteligencia reflejan quién eres realmente?

b) ¿Has realizado alguna vez una entrevista de trabajo? ¿Transcurrió como esperabas o te pillaron por sorpresa las preguntas y las actitudes de la persona que te entrevistó?

1. Las pruebas de selección

En el proceso de selección, se utilizan dos instrumentos: las **pruebas** y la **entrevista de trabajo.** Según el puesto de trabajo que se pretende cubrir, se utiliza un instrumento, otro o ambos.

> Mediante la realización de **pruebas de selección,** se pretende evaluar la inteligencia, las aptitudes, la personalidad y los conocimientos de los candidatos a un puesto de trabajo.

Estas pruebas **no son imprescindibles** en los procesos de selección y, si se realizan, no se debe tomar la decisión basándose únicamente en su resultado, sino que se deben considerar como un complemento al proceso.

Cuando las pruebas se realizan con las debidas garantías, **ayudan a tomar las decisiones** con mayor seguridad, debiéndose contrastar los resultados obtenidos de algunas de las pruebas en las entrevistas.

En muchos procesos de selección, sobre todo cuando el número de candidaturas es elevado, las pruebas, más que para seleccionar, sirven para reducir el número de aspirantes en las siguientes fases y, por tanto, **aminorar el coste de la selección.**

Tipos de pruebas de selección

Las principales pruebas que se aplican en los procesos de selección son las siguientes:

- Test de inteligencia y aptitudes (psicotécnicos).
- Cuestionarios de personalidad e intereses.
- Pruebas profesionales y de conocimientos.
- Pruebas de idiomas.
- Dinámica de grupos y centros de evaluación *(assessment centers).*

A mayor nivel jerárquico del puesto de trabajo y mayor experiencia de las personas candidatas, menos adecuadas son las pruebas psicométricas y de conocimientos. Por ejemplo, estas pruebas no son adecuadas para seleccionar a alguien para dirigir un departamento.

! IMPORTANTE

¿Para qué procesos son recomendables las pruebas?

Las pruebas son especialmente recomendables para seleccionar:

- Personas **sin experiencia** laboral.
- Personas para **trabajos especializados,** en los que es posible objetivar y medir las competencias. Por ejemplo, actividades administrativas, informáticas, especialistas en electrónica, sanidad, etc.

ACTIVIDADES

1. Cuando una persona busca empleo es conveniente que conozca las competencias básicas que cualquiera tendría que dominar para adaptarse rápidamente a la evolución constante de la sociedad. Estas competencias se desarrollan, perfeccionan y amplían a lo largo de la vida.

a) La Unión Europea ha definido ocho competencias básicas. Busca información para identificarlas y realiza una relación de estas competencias. Puedes buscar en el siguiente enlace de la web TodoFP.es: **bit.ly/Orientación_empleo**. Realiza una autovaloración puntuando de 1 a 5 tu nivel en cada competencia.

b) Además de la formación profesional especializada para el desempeño de un puesto de trabajo, existen habilidades prácticas, valores y actitudes, denominadas *competencias complementarias,* que pueden contribuir a diferenciar profesionalmente a las personas y mejorar las oportunidades de empleo.

- Busca las competencias complementarias en **todofp.es**, e indica qué competencias constituyen para ti una fortaleza y las que crees que son una debilidad.
- Para evaluar tu nivel en relación con cada una de las competencias complementarias, realiza el cuestionario de habilidades que se proponen en la misma web.

Quien opta a un puesto de trabajo tiene que analizar la información obtenida al realizar esta actividad, para conocer mejor su perfil profesional y personal. Esta información te servirá para enfrentarte con mayor seguridad a las pruebas de selección y las entrevistas de trabajo.

ABC VOCABULARIO

Psicometría: rama de la psicología que se ocupa de cuestiones relacionadas con la **medición** de aspectos psicológicos de las personas.

1.1. Los test

Los test son pruebas escritas donde las preguntas se contestan muy brevemente, señalando la solución, que se elige entre varias opciones.

Los test son **objetivos,** es decir, la interpretación de los resultados es independiente del juicio y la opinión de quienes examinan, y deben ser aplicados e interpretados por especialistas en psicología.

Generalmente, se realiza un conjunto de pruebas diferentes, llamadas **baterías,** que, relacionadas entre sí, permiten analizar los resultados y obtener observaciones fidedignas.

Los distintos tipos de test y cuestionarios que veremos en esta unidad son los siguientes:

- Test de inteligencia.
- Test de aptitudes.
- Cuestionario de personalidad.
- Cuestionario de intereses.

Consejos generales para afrontar los test

Las personas que, bien se sometan a un proceso de selección en el que tengan que realizar test, bien sean evaluadoras en este proceso, deberían practicar este tipo de pruebas para familiarizarse con sus mecanismos, puesto que la lógica del método se domina mejor cuanto más se practica.

En la Tabla 4.1 aparecen algunos consejos para afrontar estos test.

Mantener la calma	Si has descansado y te relajas, rendirás al máximo.
Seguir atentamente las instrucciones	En el momento de la realización del test se darán unas indicaciones precisas y después preguntarán si todo está claro. Este es el momento de expresar las dudas y formular las preguntas necesarias.
Concentrarse	Es necesario concentrarse al máximo sin preocuparse por lo que hacen los demás.
No engañar	Los test de personalidad incluyen escalas de sinceridad, dirigidas a conocer lo sincera que es la persona que contesta. En algunos casos, la escala es eliminatoria; es decir, que si una persona puntúa muy bajo en la escala de sinceridad se puede anular su cuestionario.
Tiempo	El tiempo necesario para realizar los test psicométricos siempre es menor que el que se necesita para finalizar las pruebas. Responde primero a las preguntas con respuesta segura; si dudas, pasa a la pregunta siguiente. Si al final sobra tiempo, vuelve a las preguntas que han quedado sin contestar.

Tabla 4.1. Consejos para afrontar con éxito los test y los cuestionarios.

ACTIVIDADES

2. Indica qué instrumentos utilizarías para seleccionar a la persona indicada para cubrir los siguientes puestos de trabajo:

- Diseñadora de páginas web.
- Técnico superior en Administración y Finanzas, con y sin experiencia.
- Ingeniera química.
- Fontanero sin experiencia.
- Auxiliar de enfermería.
- Montador de instalaciones eléctricas con experiencia.
- Máster en Desarrollo de Negocio.

1.2. Test de inteligencia

Mediante los **test de inteligencia**, se pretende evaluar la **capacidad intelectual** de las personas candidatas. Estos test aportan una puntuación numérica, el **cociente intelectual** (llamado erróneamente en algunas ocasiones *coeficiente intelectual*), que es un indicador de la inteligencia general.

Algunas de las pruebas que se suelen realizar para evaluar la inteligencia son estas:

- **Series lógicas numéricas.** Series de números organizados con una secuencia determinada a la que le falta el último eslabón, que debe ser adivinado.
- **Series lógicas espaciales.** Con el mismo esquema que las anteriores, pero con la disposición en el espacio de figuras y dibujos.
- **Series alfabéticas.** Series de letras que guardan una secuencia concreta y tras la que hay que colocar la letra que continúa la secuencia. También pueden combinar letras y números.
- **Test de razonamiento verbal.** Miden la capacidad de resolución de problemas mediante la palabra, utilizando significados, sinónimos, antónimos o relaciones en series de palabras.
- **Series de visualización espacial.** Consisten en la visualización y manipulación de objetos en el espacio.

Los test de inteligencia más utilizados en selección de personal son la escala Wechsler de inteligencia para adultos (WAIS) y el test de Raven. Sin embargo, las personas que investigan la inteligencia humana son conscientes de que **los test no explican la riqueza y variedad** de la inteligencia de una persona.

Las inteligencias múltiples

El psicólogo e investigador Howard Gardner, premio Príncipe de Asturias de Ciencias Sociales en el año 2011, presentó en 1983 la **teoría de las inteligencias múltiples**, según la cual todas las personas poseen el potencial de desarrollar ocho tipos de inteligencia:

Inteligencia lingüística	Inteligencia musical	Inteligencia lógico-matemática	Inteligencia corporal cinestésica
Competencia para usar el lenguaje en todas sus manifestaciones.	Capacidad de percibir y expresarse con formas musicales.	Aptitud para resolver cálculos matemáticos y razonamientos lógicos.	Talento para expresar ideas y sentimientos con el cuerpo.
Inteligencia visual-espacial	**Inteligencia intrapersonal**	**Inteligencia interpersonal**	**Inteligencia naturalista**
Capacidad para pensar en imágenes y crear imágenes mentales.	Competencia para desarrollar conocimiento.	Aptitud para relacionarse con los demás de forma empática y trabajar cooperativamente.	Capacidad para observar y estudiar los elementos de la naturaleza (objetos, animales y plantas).

Gardner sostiene que hay personas que pueden desarrollar todos los tipos de inteligencia hasta niveles elevados y otras no tanto. También afirma que los perfiles de inteligencia en la infancia pueden cambiar, pues se es muy flexible; incluso en la edad adulta, con entrenamiento y esfuerzo, se puede hacer, si bien es más difícil.

¿SABÍAS QUE...?

Inteligencia emocional

El término *inteligencia emocional* fue popularizado por Daniel Goleman en su libro *Emotional Intelligence*, publicado en 1995.

Según Goleman, la inteligencia emocional es «la capacidad de reconocer nuestros sentimientos y los de los demás para motivarnos y manejar adecuadamente las emociones, tanto en beneficio propio como en nuestras relaciones».

Para valorar la inteligencia emocional se utiliza el término ***cociente emocional (CE)***.

PONTE A PRUEBA 1

Test de inteligencia

Existen numeras páginas en Internet en las que se pueden practicar test de inteligencia. Entra en uno de estos dos enlaces y realiza las pruebas que encontrarás en ellas.

- **bit.ly/Test_inteligencia_emocional.** En estas páginas podrás trabajar el término *inteligencia emocional* (IE), capacidad humana de sentir, entender, controlar y modificar estados emocionales interiormente y en los demás.
- **bit.ly/IQ_Test_de_inteligencia.** Es una traducción del European IQ-Test realizada por la Universitat Valenciana.

Pautas para la resolución:

Estos test solo ofrecen orientación y carecen de valor diagnóstico. No debes entender los resultados como valoraciones científicas, sino como un entrenamiento y nunca como una opinión experta. Para obtener resultados fiables, es preciso realizar varios test complejos y diferentes entre sí para establecer relaciones entre todos ellos.

IMPORTANTE

Test de los cinco factores

Los rasgos de la personalidad se pueden agrupar en cinco grandes factores:

- **Estabilidad emocional:** conservar la calma, incluso en situaciones extremas.
- **Responsabilidad:** perseverancia y orientación al logro.
- **Extroversión:** sociabilidad y capacidad de comunicación.
- **Amigabilidad:** cortesía y trato amable.
- **Apertura a la experiencia:** buscar cambios y nuevas formas de realizar el trabajo.

1.3. Test de aptitud o de eficiencia

La aptitud está relacionada con el **rendimiento:** para lograr algo, hay que tener la aptitud necesaria.

> La **aptitud** es la capacidad o habilidad potencial que tiene una persona para realizar una tarea todavía no aprendida, pero que se puede llegar a aprender.

A la hora de elegir los test que se aplicarán, se han de conocer cuáles son las aptitudes necesarias para desarrollar las tareas del puesto de trabajo y, en función de ello, seleccionar las pruebas. Existen test específicos para medir aptitudes administrativas (aptitud numérica, aptitud espacial, aptitud mecánica, aptitud digital, etc.).

1.4. Cuestionarios de personalidad

Mientras que los test de aptitud se centran en la extracción y análisis de datos para la evaluación de las aptitudes concretas de un candidato o candidata, el cuestionario de personalidad obtiene datos sobre los **rasgos de la personalidad.**

> Los **rasgos de la personalidad** son el conjunto de características biológicas y socioculturales, permanentes y casi invariables, que modulan el comportamiento humano.

Con el fin de obtener un perfil más preciso del candidato o candidata, y según los rasgos de la personalidad que se deseen medir, se combinan diferentes tipos de cuestionario con preguntas sencillas y sin respuestas «buenas» o «malas». Es importante que los candidatos respondan con **sinceridad.**

EJEMPLO

Escalas de sinceridad

Hay varias formas de medir el grado de sinceridad de una persona en un test de personalidad. Una de ellas es **incluir preguntas que se refieran a pequeños defectos** que tenemos la gran mayoría de las personas, como por ejemplo:

- ¿Nunca deja para mañana lo que puede hacer hoy?
- ¿Se enfada alguna vez?
- ¿Alguna vez ha exagerado sus éxitos o méritos?
- ¿Ha mentido alguna vez?

Si la persona que realiza el test no reconoce que, de vez en cuando, actúa o tiene comportamientos que todos tenemos, denota que no está respondiendo de forma sincera y que está tratando de dar una imagen que en realidad no existe.

Otra forma de detectar la sinceridad de respuesta es **intercalando la misma pregunta dos o tres veces,** expresada de la misma forma o parecida, para ver si quienes responden a las preguntas se contradicen en las respuestas.

ACTIVIDADES

3. El modelo de los **cinco grandes factores** analiza la composición de los siguientes rasgos de la personalidad: estabilidad emocional, responsabilidad, extroversión, amigabilidad y apertura a la experiencia. Otro de los test de personalidad más utilizado en selección de personal es el **test de 16 factores de Cattell (16PF).**

Acude a la siguientes páginas web y realiza ambos test de personalidad, teniendo en cuenta que es importante que las respuestas sean lo más sinceras posible. Aunque solo ofrecen orientaciones y no valor diagnóstico, comentad las soluciones en clase, confrontando los resultados con la imagen que cada uno tiene de sí mismo.

- Test de los cinco factores: **bit.ly/Test_5_factores**
- Test de los dieciséis factores: **bit.ly/Test_16_factores**

1.5. Cuestionarios de intereses

Mediante los **cuestionarios de intereses**, se pretenden medir las preferencias de una persona, que están relacionadas con la satisfacción que obtendrá en el desarrollo de su trabajo.

Estos cuestionarios parten del principio de que una persona con una inteligencia media y un gran interés hacia una tarea obtendrá mayor éxito que otra cuya inteligencia sea superior y su motivación baja.

1.6. Pruebas profesionales

Con este tipo de pruebas, se pretende medir el nivel profesional de la persona candidata para la realización de las tareas de los puestos de trabajo.

Las pruebas suelen consistir en la **resolución de casos prácticos** o **prácticas** con máquinas o instrumentos de trabajo, en los que la candidata o candidato tiene que aplicar sus conocimientos y destrezas para las tareas del puesto de trabajo. Así se observa cómo se desenvuelve y los resultados que obtiene.

1.7. Pruebas de idiomas

Los conocimientos de idiomas pueden ser un requerimiento indispensable para algunos puestos de trabajo y estarán reflejados en la descripción de estos. Los procedimientos más habituales para evaluar el conocimiento de un idioma son los siguientes:

- **Pruebas orales.** Si la persona entrevistada y quien entrevista se desenvuelven con fluidez, parte de la entrevista se desarrolla en el idioma a evaluar.
- **Pruebas escritas.** Se pueden realizar pruebas de diferentes niveles. La prueba más concluyente es la traducción inversa; es decir, si se está evaluando el conocimiento del inglés, se traduce un texto del castellano al inglés.

En los anuncios de reclutamiento se puede indicar que se acredite el conocimiento de una lengua mediante un título (escuelas de idiomas, Oxford o Cambridge). Esta acreditación se solicita en la preselección, pero, si la competencia lingüística es importante para las tareas propias del puesto, se realiza una prueba.

*Fig. 4.1. Muchas de las pruebas de idiomas se basan en los estándares marcados por el **Marco Común Europeo de Referencia para las Lenguas (MCER)**, que establece una escala de seis niveles comunes de referencia para la organización del aprendizaje de lenguas y su reconocimiento público.*

1.8. Dinámica de grupos

La dinámica de grupos es una reunión de entre diez y catorce personas. Suele haber dos evaluadores que observan la expresión verbal y corporal, la capacidad para trabajar en equipo, el nivel de liderazgo y el impacto que cada persona causa en las demás.

Esta técnica es muy útil para detectar el potencial de las personas recién tituladas y sin experiencia laboral. La reunión se desarrolla de la siguiente forma:

- **Presentación.** Los candidatos y candidatas se presentan diciendo su nombre y apellidos, hablan de los estudios que han realizado, de su experiencia laboral, la empresa en la que trabajan en la actualidad y por qué se encuentran en el proceso de selección.
- **Discusión sobre un tema de actualidad.** Se entrega a los candidatos y candidatas un artículo de prensa de carácter general sin que estos tengan un conocimiento previo (debe ser un tema neutro: ciencia y tecnología, descubrimientos, etc.).

PONTE A PRUEBA 2

Diseño de una prueba profesional

Supongamos que colaboras en el proceso de selección de personal administrativo para el departamento comercial de una empresa industrial. Te han encargado que diseñes una prueba profesional adecuada a un perfil administrativo cuya función es la gestión de las operaciones de compraventa.

Indica qué competencias profesionales y personales ha de tener la persona adecuada para el puesto. Señala qué tipo de pruebas prácticas incluirías y por qué razones.

Pautas para la resolución:

Te puedes apoyar en el decreto que regula el título de técnico superior en Administración y Finanzas. Búscalo en **todofp.es.**

1.9. Centros de evaluación o *assessment centers*

Los **centros de evaluación** o *assessment centers* son un instrumento que se utiliza en la selección de puestos directivos.

Incluyen diferentes técnicas y varios evaluadores (personal técnico de la empresa cliente y de consultoría externa) con el objetivo de recoger la máxima información posible sobre las competencias observables en las personas candidatas. Las pruebas que se suelen utilizar pueden ser individuales o grupales:

- Análisis y presentaciones.
- Dinámica de grupos.
  - *Role-playing:* se trata de una dinámica de grupos, muy utilizada por las empresas durante el proceso de selección o capacitación del personal, que consiste en representar una situación de manera tal que parezca real; la persona debe tratar de ponerse «en el lugar de».
  - Tareas grupales de roles asignados.
  - Tareas grupales de roles sin asignar.
- *In-tray, in-basket* o **bandeja de documentos:** a través de la presentación de una situación laboral ficticia, pero realista, en la que la persona candidata recibe información del puesto y de la situación laboral a partir de una bandeja de documentos; permite valorar competencias como la planificación, la capacidad de organización, el liderazgo o la toma de decisiones, entre otras.

EJEMPLO

Una película, un *assessment center*

La película hispano-argentina ***El método*** (2005) representa una prueba de selección del tipo *assessment center.* Siete candidatos aspirantes a un puesto de dirección ejecutiva se presentan a la prueba de selección de personal de una empresa multinacional. Sus personalidades van desde el hombre triunfador, pasando por el hombre agresivo, hasta la mujer insegura, la persona crítica o la indecisa.

Los siete aspirantes al puesto serán sometidos a una serie de pruebas psicológicas con las que se pretende deducir quién posee el perfil que mejor encaja con los requisitos del mundo empresarial. A lo largo de un día, se pondrá a prueba la personalidad de cada cual y la manera en que se relacionan con el resto.

ACTIVIDADES

4. Estás trabajando como administrativa o administrativo en el departamento de recursos humanos, en la sección de reclutamiento y selección, y tienes que aconsejar sobre qué instrumentos de selección utilizarías para diferentes puestos de trabajo. Completa en una hoja aparte la tabla que aparece a continuación e indica, para cada puesto de trabajo, el instrumento de selección necesario y los instrumentos recomendables.

Puesto de trabajo	Instrumento de selección necesario	Instrumento de selección recomendable
Dirección	[...]	[...]
Mandos intermedios y personal técnico con experiencia	[...]	[...]
Personal técnico titulado sin experiencia	[...]	[...]
Auxiliares	[...]	[...]

5. Perteneces al personal administrativo en una empresa consultora especializada en *assessment centers* y te piden que colabores en la preparación de las pruebas y en la elaboración de una *in-tray*. Para ello, profundizas en el conocimiento de las pruebas.

¿Sabes en qué consisten las pruebas *in-tray*? ¿Qué es lo que se pretende medir con estas pruebas? ¿Qué tipo de documentación se incluye en las bandejas de documentos?

2. La entrevista de selección

La **entrevista** es la **herramienta imprescindible** en cualquier proceso de selección. Consiste en una conversación formal y en profundidad que girará sobre la experiencia profesional, los datos de personalidad, las motivaciones y las competencias, y cuyo objetivo es valorar si la persona que opta al puesto coincide con el perfil buscado.

La entrevista de selección se puede desarrollar en diversos escenarios, aunque lo habitual es que tenga lugar en el despacho de quien entrevista, que puede ser una o más de una persona. Durante la entrevista, se recoge la información de dos maneras: mediante **preguntas** y gracias a la **interpretación del lenguaje no verbal.**

2.1. Clasificación de las entrevistas

Existen diferentes tipos de entrevista que se recogen en la Tabla 4.2. Estos tipos de entrevista no son excluyentes entre sí, ya que se pueden combinar según los fines que en cada caso se persigan.

IMPORTANTE

¿Qué se pretende averiguar en las entrevistas?

- **Qué experiencia** tiene la persona candidata.
- **Qué competencias** reúne.
- **Su capacidad** para realizar el trabajo.
- **La motivación** para el trabajo actual y para el futuro.
- **Su integración** en el equipo de trabajo y en la empresa.

	Según el momento en el que se realizan
Entrevista preliminar	Entrevista breve para repasar el currículo y preseleccionar a las candidaturas con el perfil solicitado. Se realiza cuando hay un elevado número de aspirantes cuyo currículo encaja para la selección.
Entrevista de selección habitual	Entrevistas largas para profundizar en el currículo, la personalidad y las competencias.
Entrevista final	Entrevistas para personas que cumplen los requisitos del perfil del puesto. Suelen realizarse con la terna de candidaturas que más se ajustan al perfil. El objetivo es tomar la decisión sobre la persona a incorporar.
	Según la forma en que se realizan
Entrevista estructurada	Se confecciona previamente un cuestionario con preguntas iguales para todos. Presenta el inconveniente de no permitir a quienes entrevistan explorar las respuestas interesantes o poco comunes.
Entrevista no estructurada	Quienes seleccionan plantean a la persona candidata las cuestiones de modo general, facilitando que se exprese libremente. También permite a quienes entrevistan formular preguntas no previstas.
Entrevista mixta o semiestructurada	Es una mezcla de las dos anteriores, con preguntas estructuradas y no estructuradas. La parte estructurada proporciona una base informativa sobre las competencias de los candidatos y candidatas. La parte no estructurada permite el conocimiento de las características específicas de cada persona.
	Según el grado de tensión
Entrevista clásica	Se desarrolla en un ambiente relajado donde entre ambas partes se intercambia información.
Entrevista de tensión	Quienes seleccionan tratarán de crear un ambiente tenso por medio de determinado tipo de preguntas y por el modo de formularlas. Por ejemplo, tratarán de infravalorar el currículum del candidato, preguntar de manera impertinente o realizar comentarios con ironía. Se suelen utilizar para seleccionar a personas que puedan manejar adecuadamente situaciones conflictivas por requerimientos del puesto de trabajo.
	Según el número de personas que intervienen
Entrevista individual	Es la más frecuente, realizada por una sola persona que selecciona y otra que aspira al puesto.
Entrevista grupal	Una persona que entrevista y varias candidatas. Suelen empezar con una presentación quien selecciona. Tras esta explicación, se presentarán los participantes, exponiendo cuáles son sus estudios y experiencia relacionada con el puesto.
Entrevista de panel	Intervienen varias personas que seleccionan. Una de ellas conducirá la entrevista y el resto evaluará con los mismos criterios a la persona entrevistada.

Tabla 4.2. Diferentes tipos de entrevistas.

> **IMPORTANTE**
>
> **¿Qué condiciones debe reunir un buen entrevistador o entrevistadora?**
>
> Debe reunir las siguientes condiciones:
>
> - **Conocimiento** del puesto **de trabajo** para el que entrevista.
> - **Equilibrio emocional,** para juzgar con imparcialidad.
> - **Empatía,** para saber escuchar, ser cordial y con una actitud acogedora.
> - **Respeto,** para tratar a quienes aspiran al puesto con consideración.

> **VOCABULARIO**
>
> **Preguntas de filtrado o *killer questions***
>
> Son preguntas que se realizan en una primera entrevista telefónica o personal, y cuya respuesta elimina o mantiene a la persona entrevistada en el proceso de selección. Los portales de empleo también las incluyen en los procesos de inscripción a las ofertas de empleo. Suelen ser preguntas cerradas en las que se elige una opción entre varias y la persona que recluta otorga una puntuación u otra en función de la respuesta escogida.

2.2. Planificación de la entrevista de selección

La persona que entrevista suele tener un perfil técnico especialista en selección, generalmente una psicóloga o un psicólogo que, salvo excepciones, no será experto en el puesto de trabajo para el que entrevista. Es importante, por este motivo, que conozca de antemano a la perfección las **necesidades del perfil profesional** requerido.

Así podrá planificar la entrevista de antemano, teniendo siempre como referencia el **perfil profesiográfico** del puesto. De este modo, se evita comparar candidaturas entre sí, en lugar de compararlas respecto a las exigencias del puesto a cubrir.

> Recuerda que el **perfil profesiográfico** es un documento previo a la entrevista en el que se recogen los aspectos cualitativos y cuantitativos deseables en el candidato al puesto de trabajo.

Un **perfil profesiográfico** contiene, normalmente, **cuatro** tipos de información: características personales (edad, requisitos físicos, etc.), formación y experiencia profesional, rasgos de personalidad y habilidad (carácter, aptitudes y actitudes) y otros requisitos específicos para el puesto de trabajo.

Preparación del ambiente para iniciar la entrevista

En la entrevista, se procurará crear un clima agradable para que quien opta al puesto se comporte con la mayor naturalidad posible, teniendo en cuenta lo siguiente:

- El lugar de la entrevista será un despacho independiente, bien iluminado y con la temperatura adecuada.
- La entrevista se desarrollará a la hora establecida; **no se debe hacer esperar** a la persona entrevistada.
- En la sala de espera puede haber publicaciones relacionadas con la empresa y su sector de producción, de manera que permita a la persona entrevistada formarse una imagen positiva de esta.
- El entrevistador o entrevistadora dedicará más tiempo a las personas con experiencia profesional y académica más extensa.
- El entrevistador o entrevistadora preparará el despacho, la mesa, la silla y la colocación de cada uno de los participantes. Se evitará cualquier obstáculo físico que interfiera en la comunicación, para poder valorar todos los aspectos de la comunicación verbal y no verbal.
- Quien entrevista y quien es entrevistado se situarán en un plano de igualdad, pero el entrevistador debe poder tomar notas con facilidad; por ejemplo, podrá apoyarse en una mesa con las sillas de frente, o bien situar dos butacas en la forma denominada *posición triangular abierta,* pudiendo tomar notas sobre una superficie dura, como una carpeta, tal como aparece en la Figura 4.2.

Fig. 4.2. Posiciones para la entrevista de selección: a) enfrentados, b) posición triangular abierta.

Consejos para presentarse a una entrevista: qué evitar

Del mismo modo que quien entrevista debe planificar y preparar la entrevista, la persona entrevistada debe conocer de antemano algunas actitudes o comportamientos que debe evitar para no causar una impresión negativa. Algunos de ellos son los que indicamos en la Tabla 4.3.

Actitudes y comportamientos que no deben manifestarse durante una entrevista	
Llegar tarde.	Sentarse en el borde de la silla.
Tutear a quienes entrevistan, a menos que lo pidan.	Hablar mal de otras personas: antiguos mandos, compañeros y compañeras o profesorado.
Tomar bebidas alcohólicas.	Mostrar dudas sobre la propia capacidad.
Comer chicle, caramelos o cualquier otra cosa.	Comentar que se aceptaría cualquier puesto o cualquier salario.
Mirar el reloj.	Extenderse en temas personales.
Mirar indiscretamente alrededor.	Pretender inspirar lástima.
No mirar a los ojos a quien entrevista, esquivar la mirada.	Preguntar cuestiones personales a la persona que entrevista.
Hablar de política, religión o hacer valoraciones morales.	Contestar con monosílabos.
Discutir con el entrevistador o entrevistadora.	Hablar sin parar.
Hacer demasiados gestos con la cara o con las manos.	Mentir.
Dar imagen de indiferencia o superioridad.	Tomarse confianzas con la persona que entrevista o pensar que es alguien cercano.

Tabla 4.3. Actitudes y comportamientos que no deben manifestarse durante una entrevista.

! IMPORTANTE

¿Qué observará la persona que entrevista?

- **Puntualidad** de la entrevistada o entrevistado.
- Si **se ha informado** sobre la empresa y el sector.
- Si **se sienta antes** de que se lo pidan y su postura durante la entrevista.
- Si **tutea a quienes entrevistan** sin que se lo pidan.
- Si **la indumentaria** y el aspecto son adecuados al estilo de la empresa.

CASO PRÁCTICO 1

Preparando entrevistas de selección

Como técnico o técnica en Administración y Finanzas, es posible que debas colaborar en el desarrollo de alguna entrevista de selección. Para abordarla con éxito, es importante que te prepares, que conozcas todas sus claves, que te entrenes y así conocerás cómo te sientes y trabajarás en tu seguridad.

¿Cómo podrías prepararte y entrenarte para estas pruebas?

Solución:

En Internet, encontrarás múltiples páginas con consejos para abordar y practicar las pruebas de selección, así como para preparar la entrevista.

Una de las páginas en la que puedes informarte es **todofp.es.** Allí encontrarás una serie de vídeos que explican cuáles son las pruebas de selección que se realizan con mayor frecuencia y consejos para abordarlas, y un ***Entrenador de entrevistas***, herramienta diseñada para ayudar a preparar las respuestas más adecuadas de una entrevista real.

Este entrenador consta de varios apartados: presentación, información personal y experiencia. Por cada apartado, se facilitan vídeos con buenos y malos ejemplos de cómo actuar durante la entrevista.

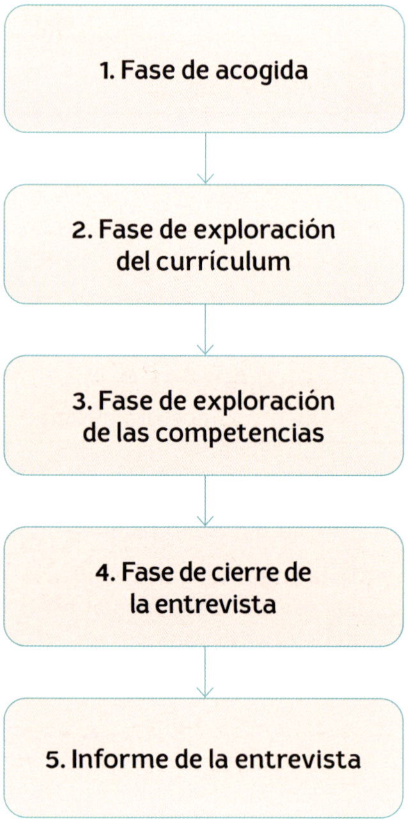

Fig. 4.3. Fases de una entrevista de selección.

2.3. Fases de la entrevista de selección

Las entrevistas suelen estructurarse en **cuatro fases**, que se muestran en la Figura 4.3. Durante la entrevista, se analizan las respuestas verbales, pero **también el lenguaje no verbal**, pues gran parte de los gestos y las posturas del cuerpo cambian de significado según el contexto en el que se produzcan.

1. Fase de acogida

Esta fase sirve **para que el entrevistado o entrevistada se relaje.**

Para lograr un clima de confianza, debe recibirse al candidato o candidata con cordialidad y educación en la recepción de la empresa; si no fuese posible, hay que levantarse de la mesa cuando llegue a la sala, dándole la mano e invitándole a sentarse. En esta fase, hay que tener en cuenta los siguientes puntos:

- Para romper el hielo, se utilizan temas sencillos: domicilio, lugar de origen, facilidad para llegar al lugar de la cita, etc.
- Quien entrevista debe indicar cómo se va a desarrollar la entrevista y advertirá que tomará notas, para que la persona entrevistada no se sorprenda y no se ponga nerviosa.
- A medida que el diálogo fluya, se introducen asuntos sobre el objeto de la entrevista.
- El entrevistador o entrevistadora podrá dar información sobre la empresa, los principales productos o servicios, el tamaño de la plantilla, las ventas, el ámbito territorial, etc. En algunos casos, en la primera entrevista se mantiene oculta la empresa; no obstante, también se facilitarán los datos básicos.
- Sobre el puesto de trabajo solo se proporcionan los datos básicos, para evitar que la persona entrevistada pueda adecuar sus respuestas a lo que se busca.

En la fase de acogida, quien entrevista puede observar los siguientes signos del **lenguaje no verbal:**

Cómo saluda el candidato/a		• La forma de apretar la mano debe ser firme y breve, sin exceso de movimiento –lo que sugiere nerviosismo o agresividad–, abarcando toda la mano –lo que es señal de seguridad y confianza–, evitando ser laxos o dar la mano con la punta de los dedos. • Dar la mano con la palma hacia abajo, significa que la persona es dominante y desea posicionarse en un plano de superioridad; dar la mano con la palma hacia arriba puede significar sumisión y entrega. Lo correcto es no inclinar la mano. • En el apretón de manos, si la mano izquierda acompaña a la derecha indica sinceridad y confianza, pero en una primera entrevista quizá resulte excesivo.
Cómo se sienta el candidato/a		• La candidata o candidato debería esperar a que se le indique que puede sentarse. • Se observará si la persona candidata se sienta erguida ocupando todo el asiento (seguridad), si se mantiene sentado solo en el borde de la silla (nerviosismo) o si se sienta de forma relajada o descuidada (desinterés). • En cuanto a la posición de brazos y piernas, si se cruzan es señal de desconfianza o rechazo; colocar las piernas demasiado abiertas apoyadas en el suelo es señal de persona dominante.
La postura de la cabeza del candidato/a		• La cabeza inclinada hacia un lado es la posición de escucha o interés, que se ve reforzada con otros gestos como inclinar el cuerpo hacia delante y llevarse la mano a la barbilla, que indica que se está entendiendo y compartiendo lo que se dice. • Si la cabeza se mantiene hacia arriba en una posición neutral, se interpreta como una posición de reserva o no compromiso. • La cabeza hacia abajo puede indicar desaprobación.

Tabla 4.4. Aspectos del lenguaje no verbal en la fase de acogida.

2. *Fase de exploración del currículum*

La información que se recoge en esta fase se centra en la **formación** y en la **experiencia.**

En esta fase, hay que tener en cuenta lo siguiente:

- El entrevistador o entrevistadora debe mantener una **actitud de seguridad:** si realiza preguntas claras y simples, su influencia será favorable, pero si muestra timidez y duda, influirá negativamente en el desarrollo de la entrevista. De ahí la importancia de planificar la entrevista previamente.
- Si la persona entrevistada tiene experiencia, se puede analizar la vida laboral de forma cronológica, pero, para las personas con un largo currículo, es más práctico comenzar por el último empleo, ya que el comportamiento en los últimos empleos es más predictivo sobre el comportamiento futuro que el de los empleos anteriores.
- A continuación, se puede preguntar por los trabajos anteriores, prestando especial interés a las promociones, las razones de los cambios y las temporadas sin actividad.
- Todas las preguntas deben estar están orientadas a conocer si las personas candidatas se ajustan o no al perfil. Por ejemplo, si seleccionamos a un cargo directivo, se indagará sobre su capacidad de liderazgo; si entrevistamos para un cargo comercial, se analizará su capacidad de negociación y su orientación al cliente.

En la Tabla 4.5, aparece una relación de posibles preguntas sobre formación y experiencia que pueden servir como referencia.

IMPORTANTE

Recogida de información durante la entrevista

Durante la entrevista, se anotan datos que ayudarán a tomar decisiones.

Deberán ser **notas breves**, que no llamen la atención.

Se tomarán con naturalidad, en un **impreso** preparado específicamente para ello o incluso en el propio currículo del entrevistado o entrevistada. Al finalizar la entrevista, se realizarán anotaciones con más detalle.

Sobre la formación	Sobre la experiencia profesional
• ¿Qué estudios has realizado? • ¿Dónde has estudiado? • ¿Por qué elegiste estos estudios? • ¿Qué asignaturas te han gustado más? • ¿Qué asignaturas te han gustado menos? • ¿Qué es lo que te ha producido mayor satisfacción en tus estudios? • ¿Cómo crees que te valoraba el profesorado? • ¿Dónde has realizado prácticas? • ¿Qué tareas, de las que realizaste en las prácticas, te gustaron más y cuáles menos? • ¿Cómo piensas seguir tu formación?	• ¿Qué tareas realizabas en tu anterior trabajo? • ¿Por qué terminó la relación laboral con tu anterior empresa? • ¿En qué facetas de tu último empleo destacas y en cuáles crees que no? ¿Por qué? • ¿Qué aspectos te convierten en la persona idónea para el puesto? • ¿En qué se diferenciaba tu trabajo en la empresa X del de la empresa Y? • ¿Qué destacarías como positivo y como negativo de cada uno de tus anteriores trabajos? • ¿En qué crees que pueden beneficiar tus conocimientos y experiencia a esta empresa?

Tabla 4.5. Ejemplos de preguntas sobre formación y experiencia.

PONTE A PRUEBA 3

Errores frecuentes en las entrevistas de trabajo

Realizar una entrevista de trabajo no es fácil; las personas que entrevistan han de ser profesionales con formación y han de regirse por principios como la objetividad, la neutralidad, el respeto y el secreto profesional.

Pero aunque quienes entrevisten sean profesionales, no por ello realizan el trabajo de manera perfecta y pueden incurrir en errores que ocasionen evaluaciones equivocadas.

Investiga cuáles son los errores más frecuentes que comete quien realiza la entrevista de trabajo y sintetiza en unas pocas líneas en qué consisten los cinco errores que a ti te parezcan más importantes.

Pautas para la resolución:

Existen errores básicos, no ligados a la personalidad de quien entrevista; por ejemplo, no haber estudiado suficientemente el perfil del puesto a cubrir ni el currículo, llegar tarde, hacer esperar a la persona entrevistada o no dedicar el tiempo suficiente.

No obstante, se pueden producir errores de diferentes tipos. En los enlaces **bit.ly/Errores_entrevistador** y **bit.ly/Errores_reclutadores** encontrarás información sobre este tema.

¿SABÍAS QUE...?

Sistema de gestión por competencias

La entrevista por competencias es fundamental para las empresas que han implantado **un sistema de gestión por competencias.**

La **gestión por competencias** busca dirigir de manera integral los recursos humanos, mediante el aprovechamiento y desarrollo de las competencias de cada persona, para conseguir los objetivos empresariales.

3. Fase de exploración de competencias

En los procesos de selección, se valoran las posibles **competencias** que el candidato o candidata posee en relación con las requeridas en los puestos de trabajo.

Algunas de ellas son la iniciativa, la orientación al logro, la capacidad de liderazgo, la capacidad de trabajo en equipo, de adaptación a la empresa, la gestión del tiempo y del estrés, la capacidad de planificación y organización, etc.

Las empresas cada vez utilizan más las llamadas **entrevistas por competencias,** también denominadas **entrevistas de incidentes críticos,** pues la mayoría de las preguntas están relacionadas con **situaciones (incidentes)** que la persona candidata vivió en el pasado o con las que podría encontrarse en el futuro.

> El objetivo de las **entrevistas por competencias** es conocer cómo actuó el candidato o candidata y cómo actuará en relación con las **competencias** exigibles en el puesto de trabajo.

Así, la entrevista por competencias se fundamenta en la realización de preguntas sobre situaciones **(STAR):**

- **S.** Situaciones en las que empleó una competencia requerida para el puesto de trabajo a cubrir.
- **T.** Trabajos que se vieron implicados en la situación relatada por la persona entrevistada.
- **A.** Actuaciones de la persona entrevistada para solucionar la situación relatada.
- **R.** Resultados obtenidos después de las actuaciones.

Las preguntas se realizan de forma que obliguen a dar una **explicación** y no una contestación de tipo sí o no. Las preguntas serán concretas y específicas, y permitirán recordar situaciones en las que haya tenido que poner en práctica las competencias que se buscan.

Aunque las competencias requeridas varían de una empresa a otra y son diferentes para cada puesto de trabajo, en la Tabla 4.6 aparece una relación de preguntas agrupadas por competencias.

Iniciativa	Logro/decisión
• ¿Qué iniciativa te planteas para mejorar tu trabajo/formación? • ¿Cómo te desenvolviste en tu anterior trabajo? • ¿Qué consultabas a tu responsable/superior antes de emprender una tarea? • ¿Qué idea tuya aprobó tu responsable/superior?	• Cuéntame alguna decisión importante que tomaste en tu anterior empleo/estudios. • Cuéntame alguna ocasión en la que tuviste que asumir una gran responsabilidad. • Cuéntame alguna ocasión en la que tuviste que esforzarte para conseguir lo que te habías propuesto.
Liderazgo	**Capacidad de negociación**
• Cuéntame alguna ocasión en la que alguien consiguió hacer cambiar tu punto de vista. • Cuéntame alguna ocasión en la que tuviste que convencer a alguien para que hiciera algo. • Cuéntame alguna ocasión en la que tuviste que conseguir la colaboración de otras personas.	• ¿Tuviste que convencer alguna vez a tus compañeras o compañeros para que modificaran la forma de hacer el trabajo? • ¿Cómo aceptas recibir órdenes? • Cuéntame alguna situación en la que impusieras tu voluntad a un grupo.
Planificación y organización	**Integridad**
• ¿Qué prioridades estableces en un día normal de trabajo/estudio? • ¿Descríbeme un día de trabajo/estudio?	• Cuéntame alguna situación en que te saltaras las normas de la empresa/clase. • Cuéntame alguna ocasión en que tuviste que ocultar la verdad.
Adaptabilidad a la empresa	**Resistencia al estrés**
• ¿En qué momento comenzaste a sentirte bien en tu actual puesto de trabajo? • ¿Cómo afrontaste los cambios de trabajo?	• ¿Cómo afrontas los momentos de presión en los estudios/trabajo? • ¿Cómo te sientes cuando tienes que prolongar tu jornada habitual?

Tabla 4.6. Ejemplos de preguntas por competencias que pueden surgir en una entrevista.

En esta fase, quien entrevista puede observar los siguientes signos del **lenguaje no verbal en las personas candidatas:**

El lenguaje no verbal en la fase de preguntas
Señales que indican mentira, dudas e inseguridad
• **Tocarse la boca.** Cuando decimos una mentira intentamos taparnos la boca, los ojos o los oídos. También se puede interpretar como duda, inseguridad o exageración. • **Tocarse la nariz.** Este gesto se usa para disimular una mentira o cuando se duda de lo que dice el interlocutor. • **Frotarse los ojos.** Representa el intento del cerebro de evitar mirar a la cara a la persona a la que se está mintiendo. • **Frotarse las orejas.** Indica desconfianza, duda o el intento de no oír nada malo. • **Rascarse el cuello.** Indica duda, no estar de acuerdo. • **Llevarse los dedos a la boca.** Este gesto se produce cuando la persona se siente presionada y necesita seguridad. • **Tirar del cuello de la camisa.** Indica que la persona miente y sospecha que ha sido descubierta, o bien cuando se siente enfadada o frustrada, alejando la tela para que circule el aire.
Las manos
• Las manos se esconden inconscientemente cuando se quiere ocultar algo. • Las palmas de las manos abiertas hacia arriba indican sinceridad y honestidad. Las palmas hacia abajo y abiertas indican que se está tratando de mentir. • Las manos entrelazadas a la altura del vientre pueden indicar frustración, actitud hostil o negativa. • Unir los pulgares significa confianza en sí mismo.
La mirada
• Cuando una persona trata de ocultar alguna cosa, la mirada se mantiene menos de la tercera parte del tiempo. • Cuando se mantiene la mirada en la del otro durante, al menos, las dos terceras partes del tiempo, puede significar: – Que encuentra a la otra persona atractiva (las pupilas se dilatan). – Que siente hostilidad y desafía (las pupilas se contraen). • Cuando se cierran los ojos prolongadamente durante una conversación, significa que el tema está produciendo una reacción negativa.
La imitación
• Cuando una persona copia el gesto de su interlocutor o interlocutora, quiere decir que comparte sus pensamientos. Se logra una buena relación en una entrevista copiando la postura de la otra persona, ya que le pone en actitud receptiva.
Las pistas
• Quien entrevista no debe dar pistas sobre la respuesta; por ejemplo, moviendo la cabeza afirmativamente o sonriendo cuando se obtiene una respuesta adecuada.

Tabla 4.7. Comunicación no verbal en la fase de preguntas.

ACTIVIDADES

6. Busca el real decreto por el que se establece el título de técnico superior en Administración y Finanzas. Localiza el artículo en el que se enumeran las competencias profesionales, personales y sociales del título. Supongamos que te vas a someter a una entrevista de selección:

- Selecciona cinco competencias sobre las que te gustaría que te preguntasen en una entrevista. Redacta una pregunta para cada competencia.
- Selecciona cinco competencias sobre las que no te gustaría que te preguntasen en una entrevista. Redacta esas preguntas.

Este ejercicio te servirá para conocer cuáles son los puntos fuertes y débiles de tu currículo.

7. Lee detenidamente las preguntas de la Tabla 4.5 (página 65) y elige las tres que no te gustaría que te hicieran en una entrevista. Redacta las respuestas en la forma que creas que más te favorece.

8. Igualmente, elige las tres preguntas que te resulten más embarazosas de la Tabla 4.6 (página 66) y redacta las respuestas de manera que salga reforzada tu imagen ante quien te entrevista.

¿SABÍAS QUE...?

Comportamientos que también observará quien entrevista

- Si el entrevistado o entrevistada conoce los **puntos fuertes y débiles** del currículo.
- Si ha preparado **argumentos** para defender los puntos débiles.
- Si **escucha de manera activa** (preguntando, aclarando dudas, etc.).
- Si hace **buenas preguntas.**
- Si manifiesta inseguridad.
- **Cómo responde:** con tranquilidad, con mal tono, con ironía, etc.

4. Fase de cierre de la entrevista

Llegada esta fase, se **solicitará** a la persona candidata **que realice** todas aquellas **preguntas o dudas** que tenga sobre el trabajo y la empresa. De este modo, quien entrevista recibe información sobre las motivaciones de la persona entrevistada, los aspectos que le preocupan, las tareas del puesto, etc. Algunas de las preguntas que pueden hacerse son las siguientes:

Sobre la empresa y el puesto	Sobre la motivación para el trabajo
• ¿Qué sabes de nuestra empresa? • ¿Cómo nos conociste? • ¿Qué productos/servicios de nuestra empresa conoces? ¿Qué piensas de ellos? • ¿Qué sabes de nuestra competencia?	• ¿Qué es lo que más te preocupa si fueses aceptado para este puesto? • ¿Cuáles crees que son tus mejores cualidades para el puesto? • ¿En qué aspectos crees que debes seguir formándote? • ¿Cómo te ves dentro de cinco años?

Tabla 4.8. Ejemplos de preguntas que pueden surgir en la fase de cierre de la entrevista.

Asimismo, quien entrevista debe prepararse para responder todas las dudas o preguntas que tenga el entrevistado o entrevistada. Puedes ver algunas de las más comunes en el siguiente ejemplo.

EJEMPLO

Posibles preguntas que puede formular la persona entrevistada

- ¿Cuál sería la situación durante el período inicial en el trabajo? ¿Y después?
- ¿Qué posibilidades de promoción hay en la empresa?
- ¿Existe algún plan de formación para el personal?
- ¿Se trata de un puesto nuevo o existía ya? ¿Por qué dejó la empresa quien ocupaba antes el puesto?
- ¿Cuál es el lugar del departamento en el organigrama de la empresa?
- ¿Cuántos empleados y empleadas tiene el departamento?
- ¿Dónde estará ubicado el puesto de trabajo?
- ¿Quién será mi jefa o jefe? A su vez, ¿de quién depende?
- ¿Cuánto tiempo hace que el puesto está vacante?
- ¿Qué expectativas tienen respecto a la persona que se incorpore?
- Preguntas sobre los compañeros y compañeras: número, formación, tareas que realizan, etc.

5. Despedida

La persona que entrevista despedirá al candidato o candidata con frases como: «Le agradezco el tiempo que nos ha dedicado y toda la información facilitada, que nos ayudará a tomar una decisión. Próximamente podrá tener una respuesta; mientras tanto, estamos a su disposición para atender cualquier consulta que desee realizarnos».

Al hacer el comentario final, **no se debe revelar al candidato o candidata el resultado de la entrevista,** ni tan siquiera mediante el lenguaje no verbal (por ejemplo, estrechando la mano con fuerza), pero es conveniente indicarle cuándo podrá tener una respuesta.

ACTIVIDADES

9. Responder a algunas preguntas puede ser delicado; también puede suceder que entrevistadores o entrevistadoras no profesionales o con poca experiencia realicen preguntas incómodas. Algunas de estas preguntas pueden ser sobre el fracaso en los estudios, sobre la falta de experiencia, preguntas de carácter íntimo u otras como estas: ¿por qué debo contratarlo a usted?, ¿cuánto quiere ganar?, ¿no es demasiado joven/mayor para el puesto?, ¿las notas de los estudios reflejan su capacidad?, ¿cómo se ve dentro de cinco años?, etc.

Busca información para saber cómo responder a estas preguntas. Recuerda que no hay que mostrar ingenuidad y decir algo que no nos favorezca, pero nunca hay que mentir; esto no supone que tengamos que decir cosas que nos perjudiquen.

6. El informe de la entrevista

Inmediatamente después de realizar la entrevista, quien la ha llevado a cabo elaborará un informe, utilizando un impreso que recoja los aspectos más importantes de la persona candidata y la valoración de quien entrevista. En la Figura 4.4, aparece un modelo de impreso que sirve para realizar el resumen de la entrevista.

Normalmente, se **presenta una terna de personas** por cada puesto a cubrir; posteriormente, se llevará a cabo la entrevista final y se adoptará una decisión.

Informe de entrevista de selección

Apellidos y nombre del candidato o candidata: ______________________________

Candidatura al puesto: ______________ Departamento: ______________ Fecha: ______________

Características	Muy inferior	Inferior	Normal	Superior	Muy superior
Formación					
Nivel de estudios					
Resultados académicos					
Formación complementaria/idiomas					
Experiencia					
En el puesto que se quiere cubrir					
En trabajos similares					
En otros puestos de trabajo					
Competencias requeridas *(descripción de cada competencia del puesto de trabajo.)* Por ejemplo:					
Liderazgo/iniciativa					
Adaptabilidad al puesto y a la empresa					
Capacidad para la negociación/decisión					
Capacidad de planificación y organización					
Capacidad de persuasión					
Motivación por el puesto					
Tener trabajo					
Motivación económica					
Mejorar la carrera profesional					

Evaluación global para el puesto

Baja ☐ Media ☐ Buena ☐ Muy buena ☐ Excelente ☐

Recomendación de la contratación

Sí ☐ No ☐

Observaciones generales

(Impresión general, puntos fuertes y débiles, reservas sobre la persona candidata...)

Fig. 4.4. El contenido del modelo de impreso se corresponderá con la descripción del puesto de trabajo para poder comparar el perfil del puesto con el de cada aspirante. Este informe, firmado por quien entrevista, pasa a formar parte del expediente del candidato o candidata.

1. Completa en una hoja aparte el mapa mental que aparece a continuación:

- **Pruebas de selección**
  - De inteligencia y aptitudes. → De inteligencia: [...] De aptitudes: [...]
  - De personalidad e intereses. → De personalidad: [...] De intereses: [...]
  - [...] → Reunión de un grupo de personas candidatas con quienes las evalúan, en la que se discute sobre un tema de carácter general.
- **Entrevista de selección**
  - Describe brevemente en qué consisten las entrevistas de selección.
  - Fases de la entrevista. → Enumera las cinco fases de las entrevistas de selección.
  - Informe de la entrevista. → ¿Qué se refleja en los informes de las entrevistas?

INVESTIGACIÓN

2. El Marco Común Europeo de referencia establece una escala de seis niveles comunes de referencia para la organización del aprendizaje de lenguas y homologación de los distintos títulos. La división se agrupa en tres bloques: nivel básico, intermedio y avanzado en las categorías de comprensión, escritura y habla.

- Nivel A. Usuario básico.
  Subniveles:
  - Nivel A1.
  - Nivel A2.
- Nivel B. Usuario independiente.
  Subniveles:
  - Nivel B1.
  - Nivel B2.
- Nivel C. Usuario competente.
  Subniveles:
  - Nivel C1.
  - Nivel C2.

a) Investiga el significado de cada nivel y subnivel.

b) Realiza una reflexión sincera e indica en qué nivel y subnivel te sitúas para cada uno de los idiomas que has puesto en tu currículo.

3. Normalmente las candidaturas a un puesto de trabajo son muchas, por ello, antes de la entrevista, se realizan preguntas de filtrado *(killer questions)* para descartar currículos y encontrar las candidaturas más indicadas para cada puesto. Las respuestas sirven para eliminar o mantener a las personas candidatas en el proceso de selección.

Investiga en los enlaces **bizneo.com** y **bit.ly/Preguntas_filtrar_candidatos** sobre los tipos de preguntas de filtrado *(killer questions)* que se pueden realizar. Lee los ejemplos de preguntas de filtrado cerrados reales que aparecen en las webs utilizados en diferentes procesos de selección.

a) Una vez leídas atentamente las preguntas y sus valoraciones, prepara cinco preguntas con sus correspondientes valoraciones, para filtrar las candidaturas a un puesto de trabajo de comercial con experiencia en un concesionario de automóviles.

b) Realiza el mismo trabajo si presentas tu currículo para optar a un puesto administrativo en un departamento de recursos humanos de una empresa industrial.

4. En los procesos de selección, especialmente cuando se trata de seleccionar a personas sin experiencia laboral, son valoradas las habilidades blandas *(soft skills)*, que se refieren a los rasgos, características y competencias personales que informan cómo una persona se relaciona con las demás.

a) Investiga cuáles son las habilidades blandas más demandadas por las empresas y su significado.

b) Realiza un autoanálisis y trata de detectar cuáles son las habilidades blandas que posees y cómo mejorar en aquellas que no posees.

TEST DE REPASO

1. Son instrumentos de selección imprescindibles:

- (a) Los test de inteligencia.
- (b) Los test de personalidad.
- (c) Las entrevistas.
- (d) Las pruebas profesionales.

2. La interpretación de los test:

- (a) Es libre.
- (b) Depende del criterio de quien entrevista.
- (c) Es objetiva.
- (d) Es libre, pero objetiva.

3. El indicador de la inteligencia general de las personas se denomina:

- (a) Coeficiente intelectual.
- (b) Cociente intelectual.
- (c) Cociente emocional.
- (d) Coeficiente emocional.

4. El *assessment center* es un instrumento especialmente indicado para seleccionar a:

- (a) Una directora de recursos humanos.
- (b) Un agente comercial.
- (c) Un mando intermedio.
- (d) Una administrativa.

5. Mantener la cabeza inclinada hacia un lado se puede interpretar como una manifestación de:

- (a) Desinterés.
- (b) Interés.
- (c) Mala educación.
- (d) Aburrimiento.

6. La entrevista se planifica para comparar las personas candidatas con:

- (a) El perfil del puesto.
- (b) Otras personas candidatas.
- (c) La persona que ocupa actualmente el puesto.
- (d) Las expectativas de quien entrevista.

7. Mediante la técnica STAR, se indaga sobre:

- (a) La formación.
- (b) El historial profesional.
- (c) Las competencias.
- (d) La personalidad.

8. La posición en la que están la persona entrevistada y quien entrevista sentadas en dos butacas enfrentadas, se denomina:

- (a) Posición de interés.
- (b) Posición de neutralidad abierta.
- (c) Posición triangular abierta.
- (d) Posición de interés triangular.

9. Dar la mano con la palma hacia abajo se pude interpretar como:

- (a) Que la persona es dominante.
- (b) Que la persona es sumisa.
- (c) Una actitud defensiva.
- (d) Una actitud ofensiva.

10. En la comunicación no verbal, es un signo que se puede interpretar positivamente:

- (a) Mantener ocultas las manos.
- (b) Mantener la mirada ante preguntas difíciles.
- (c) Tocarse la nariz.
- (d) Dar la mano floja.

11. No es una actitud acertada durante la entrevista:

- (a) Rebatir la opinión de quien entrevista.
- (b) Mentir para defender el currículo.
- (c) Inspirar lástima.
- (d) Todas son actitudes erróneas.

12. Es un signo que se puede interpretar positivamente:

- (a) Cerrar los ojos prolongadamente.
- (b) No realizar valoraciones morales.
- (c) Contestar con monosílabos.
- (d) Todas son actitudes erróneas.

13. Al finalizar la entrevista es adecuado preguntar a la persona que entrevista sobre:

- (a) Las posibilidades de promoción.
- (b) Las posibilidades de formación.
- (c) La estructura del departamento.
- (d) Todas las respuestas anteriores son ciertas.

14. Finalizada la entrevista, la persona que dé la misma deberá dar pistas sobre el resultado de la entrevista:

- (a) En el comentario final.
- (b) Mediante el lenguaje no verbal.
- (c) Solo si el resultado es favorable.
- (d) No se deben dar pistas.

COMPRUEBA TU APRENDIZAJE

1. Indica qué instrumentos utilizarías para, mediante la selección externa, encontrar a la persona idónea para cubrir los siguientes puestos de trabajo:

   - Agente comercial de una empresa farmacéutica.
   - Mozo de almacén en una empresa que comercializa refrescos.
   - Cajero de un supermercado.
   - Directora del departamento financiero de un concesionario de automóviles.
   - Administrativa del departamento financiero.
   - Directora del departamento de administración de una empresa comercial.
   - Teleoperador de una compañía telefónica.

2. En la página **psicoactiva.com** > *psicotécnicos,* encontrarás una recopilación de test que puedes realizar *on-line* para practicar y mejorar en su realización.

   Este tipo de test tiene la función de medir capacidades y aptitudes intelectuales de diversa índole, como la atención, la memoria verbal y visual, aptitudes numéricas, lingüísticas, etc.

   Considera la realización de los test como un entrenamiento, ya que la mayoría de estos test generan una batería de preguntas diferentes cada vez que se realizan, por lo que podrás practicar de manera ilimitada para superarte. Puedes realizar el test de inteligencia renovado.

   Repite los test varias veces sin preocuparte por el tiempo ni por los errores que puedas cometer. Comprobarás cómo los resultados van mejorando, ya que poco a poco se va interiorizando la lógica de las pruebas. Cuando pienses que dominas el método, realiza los test, pero con el tiempo limitado y en condiciones similares a las que se pueden dar al realizar pruebas de este tipo.

   El resultado final será meramente orientativo, ya que para obtener una puntuación exacta del CI es preciso realizar varios test complejos y diferentes entre sí y hacer la media entre todos ellos.

3. Según la teoría de las inteligencias múltiples, puede suceder que personas que obtienen excelentes calificaciones académicas tengan problemas importantes para relacionarse o para manejar otras facetas de su vida. De este modo, una prestigiosa científica no posee una mayor inteligencia que un gran deportista, sino que cada uno de ellos ha desarrollado un tipo de inteligencia diferente.

   Indica alguna profesión que requiera un tipo concreto de inteligencia. Realiza este ejercicio para cada tipo de inteligencia. Identifica también personas populares que pienses que manifiestan alguna de estas inteligencias.

4. La teoría de las inteligencias múltiples justifica las diferencias individuales, de modo que, por ejemplo, una persona que no sea competente en matemáticas, puede serlo en otras áreas igualmente importantes.

   Existen diversos test y escalas para medir qué tipo de inteligencia predomina en nuestra mente. Realiza el test del enlace **bit.ly/Test_inteligencias_múltiples** para saber qué inteligencia predomina en ti y cómo se puede potenciar. Recuerda que los resultados de estos test son orientativos, puesto que el diagnóstico debe ser realizado siempre por profesionales de la psicología.

5. La inteligencia emocional es la capacidad del ser humano para salir adelante positivamente ante cualquier situación que se le presenta en relación consigo mismo y con otras personas. Busca un test de inteligencia emocional en tu navegador de Internet y complétalo; por ejemplo, **bit.ly/Test_inteligencia_emocional**.

6. En el blog **bit.ly/Tutoriales_empleo**, podrás encontrar temas relacionados con la selección de personal. En el videotutorial *Cómo prepararse para una entrevista de trabajo,* se muestran ejemplos de cómo vestirse, cómo comportarse y qué preguntas hacer al final de la entrevista, entre otras. También encontrarás un vídeo con consejos sobre cómo preparar la entrevista de trabajo. Después de ver el vídeo realiza un resumen que refleje las claves para afrontar una entrevista de trabajo.

7. Un entrevistador ha observado las actitudes y gestos siguientes durante una entrevista de trabajo:

   - Al recibir a la persona entrevistada, esta le dio la mano con la palma hacia arriba.
   - En un determinado momento, la persona entrevistada cruzó los brazos y las piernas.
   - Cuando le preguntó a la persona entrevistada sobre los resultados académicos, se tiró del cuello de la camisa.
   - Cuando el entrevistado contaba los buenos resultados académicos en el ciclo formativo, inclinó la cabeza a un lado y el cuerpo hacia delante.
   - Durante un periodo de tiempo, permaneció con los pulgares unidos.
   - Al despedirse, estrechó la mano con sus dos manos.

   Explica el posible significado de estos gestos y actitudes.

8. Las *soft skills* son las habilidades personales para enfrentarse a las situaciones diarias, tanto en su vida personal como profesional. Las *soft skills* más valoradas por las empresas son la adaptación al cambio, la capacidad para resolver conflictos y problemas, la proactividad, la capacidad de trabajar en equipo, la capacidad de tomar decisiones, la tolerancia a la presión, la capacidad de comunicar eficazmente, la creatividad, la orientación a resultados y la empatía.

a) Ordena estas habilidades, puntuándolas de uno a diez, según el nivel que piensas que tienen cada una de ellas.

b) Compara el resultado con la encuesta que aparece en el siguiente enlace de Infojobs: **bit.ly/Soft_skills_valoración.** El resultado te dará una idea de las habilidades personales que debes mejorar.

9. Supongamos que estás trabajando en un departamento de recursos humanos en el que están realizando la selección de personal administrativo para el departamento comercial. Estás colaborando en la preparación de las entrevistas y te encargan las siguientes tareas:

- Localizar el decreto que regula el título de técnico superior en Administración y Finanzas e identificar las competencias profesionales personales y sociales del título.
- Identificar las competencias relacionadas con este puesto de trabajo.
- Redactar, al menos, una pregunta por cada competencia identificada.
- Redactar varias preguntas en relación con el puesto, teniendo presente la descripción del puesto de trabajo y el profesiograma de los casos prácticos 2 y 3 de la Unidad 2.

Realiza estas tareas y compara los resultados con alguna de tus compañeras o compañeros para debatir qué preguntas pueden ser más idóneas.

10. Una persona acude a una entrevista de trabajo para cubrir una vacante como responsable del servicio de atención al cliente de una empresa que realiza gran parte de sus ventas por Internet. La entrevista la realizan un entrevistador y una entrevistadora que, mediante sus intervenciones irónicas e impertinentes, han generado un ambiente de mucha tensión. El estrés hace que la persona entrevistada se ponga a la defensiva y los entrevistadores perciben que se retrae, de modo que pierde espontaneidad y facilita menos información que la que se obtendría en una entrevista convencional.

a) ¿Qué tipo de entrevista se está realizando? ¿Crees que esta forma de entrevistar es válida para que la persona entrevistada demuestre sus competencias?

b) ¿Se podrá predecir cómo reaccionará la persona entrevistada cuando se enfrente a situaciones de gran presión?

c) ¿Puede suceder que las personas que entrevistan se comporten de esta forma tan agresiva porque no sienten simpatía, ni participan de las opiniones de la persona entrevistada? Justifica tu respuesta.

11. Estás trabajando en una empresa consultora de recursos humanos especializada en planificación y selección. Seguramente después de haber leído las cuatro unidades te habrás hecho idea de cuáles son las tareas administrativas en el proceso de selección.

Realiza una relación de las tareas que crees que puede desempeñar el personal administrativo en las siguientes fases del proceso:

a) Análisis y descripción de los puestos de trabajo y elaboración de los perfiles profesionales.

b) Inventario de recursos humanos.

c) Planificación de los recursos humanos.

d) Pruebas de selección.

12. Simulad una entrevista de selección. Una alumna o alumno será a quien entrevistan y varios compañeros los entrevistadores. Se trata de seleccionar un perfil para cubrir el puesto de administrativo o administrativa en el departamento de contabilidad de una empresa dedicada a la elaboración de pastas alimenticias.

Previamente, la persona que va a asumir el papel de entrevistada realizará su currículo y lo entregará a quienes la entrevistan.

Se planificarán los siguientes aspectos de la entrevista:

- Se identificarán las actividades que se realizan en el puesto de trabajo, tomando como base el currículo del ciclo formativo.
- Quienes entrevisten redactarán peguntas para indagar en los siguientes aspectos: formación, personalidad, motivación para el trabajo, iniciativa, temas diversos.

La planificación no debe ser muy rígida, puesto que en la entrevista puede interesar variar lo planificado. La entrevista se realizará en el aula y, una vez finalizada, quienes han entrevistado cumplimentarán individualmente el informe de la entrevista. Utilizarán para ello un impreso como el que aparece al final de esta unidad y lo adaptarán a este caso concreto.

Comparad las valoraciones y, si estas son muy diferentes, quienes han entrevistado explicarán las razones de sus valoraciones.

También se grabarán las entrevistas para que el propio entrevistado valore los siguientes aspectos:

- Expresión verbal: tono de voz, claridad en las expresiones, muletillas...
- Defensa de los puntos fuertes de su currículum.
- Justificación de los puntos débiles de su currículum.
- Comunicación no verbal: interpretación de actitudes y gestos, y si su interpretación puede favorecer o perjudicar.

A quien le han hecho la entrevista también cumplimentará la hoja del resumen de la entrevista para autoevaluarse.

5
UNIDAD

Etapas finales del proceso de selección y tratamiento de la documentación

Una vez elegida la persona que se cree que responderá de manera más eficiente a las necesidades del puesto y que mejor encaje en la cultura de la empresa, comienza el proceso de incorporación, que tiene como objetivo ayudar a las nuevas incorporaciones a integrarse en la empresa para que se sientan arropadas y acompañadas. Este proceso se inicia con la integración de la persona seleccionada, etapa que puede alargarse varios meses. Mediante un correcto proceso de incorporación se conseguirá que el nuevo personal sea productivo cuanto antes y que se identifiquen con los objetivos de la compañía.

La última fase del proceso de selección es el periodo de prueba y seguimiento de las personas que se incorporan para conocer su rendimiento y adaptación al puesto y a la empresa.

¿Alguna vez has pensado cómo te gustaría que te acogieran en una empresa durante el proceso de incorporación?

¿Crees que un correcto proceso de incorporación hace que las personas sean más productivas o bien que eso depende solo de sus competencias profesionales y personales?

¿Crees que el periodo de prueba te puede generar ansiedad y evitar que muestres toda tu valía?

a) ¿Podrías negociar las condiciones de un contrato de trabajo?

b) ¿Crees que cuando comiences a trabajar habrá un periodo de prueba?

c) ¿Qué datos personales no cederías a la empresa para que fuesen tratados?

ESTUDIARÁS

- Etapas finales del proceso de selección.
- Tratamiento de la documentación laboral.
- Protección de datos personales.
- Gestión de la documentación del personal.

Y SERÁS CAPAZ DE

- Aplicar los procedimientos administrativos relativos a la selección de recursos humanos, eligiendo los métodos e instrumentos más adecuados a la política de cada organización.

1. Etapas finales del proceso de selección

El proceso de selección no finaliza con la elección de la persona adecuada para el puesto, sino que aún quedan por cumplir varias etapas: petición de **referencias**, comprobación de **documentación**, **ofrecimiento del puesto** a la persona seleccionada, **reconocimiento médico**, **contratación** e **incorporación.** Estas etapas se reflejan en la Figura 5.1.

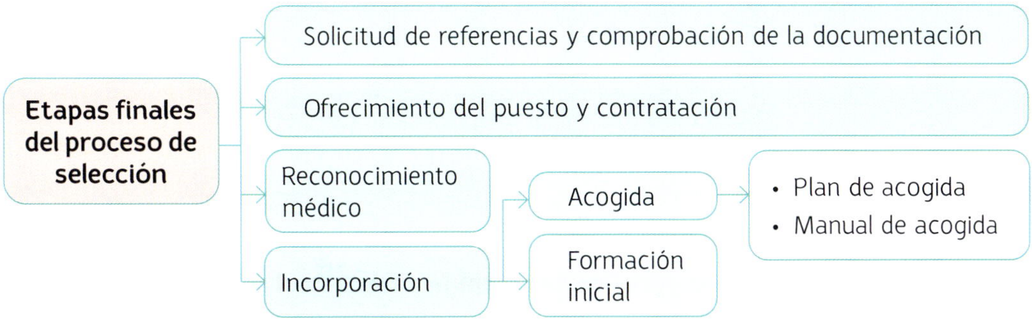

Fig. 5.1. Etapas finales del proceso de selección.

1.1. Solicitud de referencias

> Las **referencias** son informes del candidato o candidata que provienen de empresas en las que se ha trabajado anteriormente.

Las referencias son una forma de comprobar la *veracidad de la información* que el candidato o candidata ha facilitado durante el proceso de selección y resultan muy útiles cuando se ha tenido alguna experiencia laboral.

La forma más adecuada de actuar es **pedir permiso** a las personas entrevistadas para **solicitar referencias**, de **manera confidencial**, en anteriores empresas.

Salvo que la persona entrevistada indique lo contrario, no se pedirán referencias a la empresa en la que esté trabajando en la actualidad, sino en las que ha trabajado anteriormente.

Las referencias se pueden solicitar por Internet, por teléfono, por escrito o mediante una visita personal.

Problemas que surgen en las peticiones de referencias

Las referencias son un tema delicado y es difícil conseguir información objetiva debido a que, o bien la persona a la que se solicitan las referencias no desea comprometerse y emite un informe aséptico, o bien, para ayudar a la candidata o candidato, exagera las cualidades de este.

Si la candidata o candidato tuvo algún problema en la empresa anterior, probablemente el informe sea negativo; aunque, en ocasiones, la verdadera causa del problema podría no estar en él o ella, sino en factores ajenos, como una deficiente organización de la empresa.

ACTIVIDADES

1. En una empresa en la que se realiza un proceso de selección para cubrir dos puestos de trabajo en el departamento financiero, se ha planteado la posibilidad de solicitar referencias de las personas que han llegado a las etapas finales del proceso de selección. En esta empresa saben que solicitar referencias es un tema muy delicado, pues presenta aspectos legales relativos a la protección de datos que hay que tener en cuenta. Investiga cómo se tiene que actuar en las siguientes situaciones:

a) Cuando a una empresa le piden referencias de una persona que trabajó en ella anteriormente.

b) Cuando la empresa solicita referencias de un candidato o candidata a otra empresa dentro de un proceso de selección.

IMPORTANTE

Comprobación de la documentación

Es necesario **revisar** y **cotejar** toda la documentación del currículo: personal, académica, idiomas, referencias, formación complementaria, etc.

La documentación que justifica la **experiencia laboral** también debe ser comprobada; por ejemplo, con la vida laboral.

¿SABÍAS QUE...?

Referencias

En las solicitudes de referencias, se **indagará** sobre:

- **Funciones** realizadas en anteriores trabajos.
- Fechas de **ingreso** y **baja** en la empresa.
- **Retribución.**
- Aspectos destacables de la **personalidad** y de la **profesionalidad.**

Esa documentación se comprobará y archivará posteriormente en el **expediente** de la persona que opta a un puesto de trabajo.

1.2. Análisis de la información y toma de decisiones

Cuando en los procesos de selección se han realizado una o varias entrevistas y se han aplicado diferentes pruebas, hay que **integrar la información sobre cada persona que opta a un puesto de trabajo.** La integración de los datos y el informe final dependerán de si ha intervenido una empresa consultora o la selección la ha realizado el departamento de recursos humanos.

> Tanto si el proceso de selección ha sido externo como interno, siempre se realiza una **última entrevista para valorar a la terna final** de personas que optan al puesto de trabajo.

Selección mediante empresa consultora
• Se elabora el **informe de valoración final**, con la actuación y el rendimiento de las candidatas y candidatos, sus puntos fuertes y débiles, y un resumen de datos personales, académicos y profesionales. • Normalmente se presenta a la empresa cliente una **terna final de candidaturas.** • Se realizan **recomendaciones** para que la empresa cliente tome la decisión final.
Selección mediante departamento de recursos humanos
• Se elabora un **informe** con las candidaturas que se consideran válidas. • Se presenta una **terna final de candidaturas** a su **cliente interno**, que tendrá que decidir en último lugar, asesorado por el departamento de recursos humanos.

Tabla 5.1. Elementos para la toma de la decisión final en un proceso de selección.

1.3. Oferta del puesto a la persona seleccionada

> La **oferta** se suele realizar en una **entrevista** en la que se informará al candidato o candidata sobre las **características del puesto:** funciones y tareas, duración del contrato y periodo de prueba, horario, vacaciones, retribución, beneficios sociales e incentivos.

Si ambas partes están de acuerdo, **firmarán un contrato de trabajo** y se comunicará la contratación *on-line* al SEPE a través de la aplicación *Contrat@*.

IMPORTANTE

Comunicación con las personas no seleccionadas

Siempre que el número de candidatos y candidatas lo permita, es un acto de cortesía comunicar mediante un correo electrónico la **desestimación** de las personas que han participado en el proceso de selección, especialmente en la fase de las entrevistas; este acto contribuye a crear una buena imagen de la empresa.

Además, las personas rechazadas pueden volver a presentar su candidatura para procesos de selección futuros; por ello se les solicita permiso para incorporar su currículo a la base de datos de la empresa.

ACTIVIDADES

2. Supongamos que has finalizado el ciclo formativo y que te van a contratar bajo la modalidad de contrato en prácticas. Busca información para realizar las siguientes actividades:

a) Realiza una relación de las características generales de los contratos en prácticas.

b) Localiza en Internet el modelo de contrato en prácticas y cumpliméntalo, suponiendo que vas a trabajar 40 horas a la semana, que recibirás el salario mínimo y que tendrás los días de vacaciones establecidos en el Estatuto de los Trabajadores. El resto de datos te los tienes que inventar. Lo que se pretende con esta actividad es que conozcas la estructura y el contenido de un contrato de trabajo.

3. Como sabrás, existen varias modalidades de contratación, pero es posible que desconozcas las características generales de los contratos. A modo de repaso, responde a las siguientes preguntas sobre aspectos generales de los contratos:

a) ¿Es necesario tener 18 años para poder firmar un contrato de trabajo?

b) ¿El contrato de trabajo puede formalizarse por escrito o también de palabra? ¿Si te contratan en prácticas tendrás que realizar un contrato verbal o por escrito?

c) ¿En líneas generales, cuál puede ser la duración de los contratos de trabajo?

d) Indica cuatro modalidades de contratación.

Puedes encontrar información en la web del Servicio Público de Empleo Estatal (SEPE): **sepe.es** > *Empresas* > *Modalidades de contratos.*

¿SABÍAS QUE...?

En ocasiones, de forma previa a la contratación, se realiza la oferta del puesto de trabajo a través de un **precontrato** o **una carta de oferta de empleo** en la que se indican las condiciones de la incorporación.

Este tipo de documentos son aconsejables cuando se ofrece el empleo a una persona que está trabajando en otra empresa, para que tenga la seguridad de que será contratada.

1.4. El reconocimiento médico

Antes de comenzar la relación laboral, es posible que se solicite a la persona elegida un **reconocimiento médico** para comprobar que reúne las condiciones físicas y psíquicas necesarias para desempeñar el puesto de trabajo.

Para realizar el reconocimiento médico, es necesario el **consentimiento previo** de la persona elegida (es aconsejable que este consentimiento se realice por escrito).

El examen médico será diferente para los distintos puestos de trabajo. Puede suceder que se descubran problemas de salud que no tienen por qué afectar al desempeño del puesto de trabajo. Estos quedarán dentro del secreto profesional del médico. El resultado del examen médico que se entregará a la empresa será **«apto»** o **«no apto».**

La empresa será informada de las conclusiones que se deriven de los reconocimientos efectuados **en relación con la aptitud del candidato o candidata** para el desempeño del puesto de trabajo, pero el acceso a la información médica de carácter personal se limitará al personal médico, sin que pueda facilitarse a la empresa sin consentimiento expreso de la persona examinada.

Fig. 5.2. El reconocimiento médico ***no es obligatorio*** *y se llevará a cabo respetando siempre el derecho a la* ***intimidad,*** *la* ***dignidad*** *de la persona y la* ***confidencialidad*** *de toda la información relacionada con el estado de salud del trabajador o trabajadora.*

1.5. El periodo de prueba

El periodo de prueba puede concertarse por escrito con los límites de duración que se establezcan en los convenios colectivos. En defecto de pacto en el convenio, la duración del periodo de prueba **no podrá exceder de:**

- **Seis meses** máximo para quienes cuentan **con titulación técnica.**
- **Dos meses** máximo para el **resto de personal.**
- **Tres meses** máximo, en las empresas de **menos de veinticinco personas contratadas,** para quienes no tienen una titulación técnica.

En el periodo de prueba, cualquiera de las partes podrá dar por **finalizado el contrato sin necesidad de preaviso** y **no se tiene derecho a percibir** indemnización alguna. Durante este periodo, se tendrá los mismos derechos y obligaciones que el resto de la plantilla.

PONTE A PRUEBA 1

Derechos y deberes de las trabajadoras y trabajadores

Como probablemente sepas, un contrato de trabajo supone unos derechos para las personas trabajadoras que se convierten en obligaciones para la empresa, así como las obligaciones que contrae la persona trabajadora se convierten en derechos de la empresa. A modo de repaso responde a las siguientes cuestiones:

a) Algunos de los derechos que se generan cuando una persona firma un contrato de trabajo con una empresa son percibir puntualmente la remuneración pactada y el derecho a la promoción y formación en el trabajo. Enumera el resto de los derechos de las personas contratadas.

b) Dos de los deberes que contrae una persona cuando firma un contrato de trabajo son cumplir las obligaciones concretas del puesto de trabajo conforme a los principios de la buena fe y diligencia, y contribuir a mejorar la productividad. Investiga cuáles son el resto de obligaciones de las personas trabajadoras.

c) Busca información para conocer cuáles son las obligaciones de las empresas para con las personas trabajadoras y con el Servicio Público de Empleo.

Pautas para la resolución:

Puedes encontrar información para responder a estas tres cuestiones en la web del SEPE **sepe.es** y consultando el Estatuto de los Trabajadores.

IMPORTANTE

Seguimiento y control del periodo de prueba

Durante el periodo de prueba, se realizará un seguimiento y un control de la persona que se incorporó que conviene plasmar por escrito.

Se evaluarán los siguientes aspectos:

- **Calidad** en la realización del trabajo.
- Sentido de la **responsabilidad.**
- **Sentido de equipo** y de **colaboración.**

1.6. Incorporación

El proceso de selección no finaliza cuando se ha contratado a la persona adecuada, sino que continúa con su **incorporación** y su **adecuada integración** en la empresa.

La persona contratada accede a un lugar desconocido y, en muchas ocasiones, tiene que ir descubriendo por sí misma los diferentes aspectos de su trabajo: compañeras y compañeros, jefatura, instalaciones, departamentos, formas de realizar el trabajo, costumbres, etc.

Esta situación genera incertidumbre; además, puede retrasar la adaptación al puesto de trabajo, la correcta realización de las tareas y la asimilación de la cultura empresarial.

¿SABÍAS QUE...?

Formación inicial

En muchos casos, las nuevas incorporaciones tendrán que recibir una **formación específica** para el puesto para el que han sido contratadas, con el objetivo de capacitarlas para la tarea que van a realizar y adaptar sus conocimientos a las exigencias técnicas concretas del puesto de trabajo.

A. Plan de acogida

Para prevenir estas situaciones, es aconsejable llevar a cabo *planes de acogida*. Los planes de acogida son una práctica que se suele realizar, principalmente, en empresas con grandes plantillas, para facilitar la integración laboral y emocional en la empresa.

No existen unas pautas uniformes para la realización del plan de acogida, que puede ser tan completo como se desee (Tabla 5.2).

Elementos del plan de acogida	
1. Acogida por la persona responsable del departamento de recursos humanos o del departamento al que se incorpora el nuevo empleado o empleada. **2.** Información oral sobre la empresa. **3.** Entrega del manual de acogida. **4.** Presentación a la dirección. **5.** Visita al centro de trabajo. **6.** Presentación a la persona que dirige el departamento al que se incorpora.	**7.** Presentación a los compañeros y compañeras. **8.** Comunicación al resto de la plantilla de la incorporación mediante un correo electrónico o reseña en la intranet. **9.** Información de riesgos laborales y normas de seguridad. **10.** Designación de una persona responsable o que tutele la integración. **11.** Formación inicial.

Tabla 5.2. Elementos que debe contener el plan de acogida.

B. Manual de acogida o bienvenida

Muchas empresas disponen de un documento denominado «Manual de acogida», con información sobre aspectos concretos de la empresa, que se entrega a cada nueva incorporación. El contenido del manual de acogida se refleja en la Tabla 5.3.

Información que se facilita en un manual de acogida	
1. Bienvenida de la dirección. **2. Empresa:** • Historia, misión, visión, valores, organigrama general y por departamentos, sucursales, tamaño de la plantilla, clientela y empresas proveedoras. • Legislación aplicable: convenio colectivo, prevención de riesgos laborales, etc. • Plan de autoprotección: instrucciones en caso de accidentes, incendios, inundaciones o cualquier otro siniestro. • Jornada y periodos de descanso: calendario laboral, horario, vacaciones, permisos, descanso en la jornada, almuerzo, etc.	**3. Políticas de recursos humanos:** • Prestaciones sociales: seguros de vida, planes de pensiones, anticipos, préstamos, residencias de vacaciones, guarderías, etc. • Carrera profesional: oportunidades para realizar carrera profesional, formación, promoción interna, etc. • Medidas para la conciliación de la vida laboral y familiar. • Actividades sociales: viajes para el personal y sus familias, campamentos de verano para las hijas e hijos del personal, actividades deportivas, club de empresa, etc.

Tabla 5.3. Información que debe contener el manual de acogida.

CASO PRÁCTICO 1

Ejemplo de un plan de acogida

En la empresa en la que trabajas, sois 120 empleados y empleadas y, en el departamento de recursos humanos donde desempeñas tu labor de administrativa, te encargan elaborar un plan de acogida para las nuevas incorporaciones.

Tomando como base la información del apartado anterior sobre el contenido de un plan de acogida, realiza el organigrama en el que se reflejen los pasos que se seguirán.

Solución:

1. Recibimiento	La nueva incorporación es recibida por el director o directora de recursos humanos (o del departamento al que se incorpora), que le dará la bienvenida y le explicará cómo va a transcurrir la jornada. Se facilitará información oral sobre la empresa y se entregará el manual de acogida.
2. Presentación al director o directora	El director o directora de recursos humanos presenta a la persona recién incorporada la dirección de la empresa.
3. Visita al centro de trabajo	El personal administrativo del departamento de recursos humanos, o bien el mando inmediato de la persona que se incorpora, le enseñará las instalaciones para que se sitúe y se forme una idea de la dimensión y de la ubicación de los departamentos.
4. Presentación a la jefa o jefe de departamento	La dirección de recursos humanos presentará la nueva incorporación a la persona responsable del departamento en el que va a trabajar. La dirección del departamento presenta al mando directo (si no son las mismas personas) y a las compañeras y compañeros.
5. Situación en el puesto	La dirección del departamento, o el mando directo, situará a la persona en el puesto de trabajo, le proporcionará una copia de la descripción de este y le informará de las actividades que tendrá que realizar.
6. Información sobre cuestiones de seguridad	Se informará a la persona recién llegada sobre los riesgos laborales, el plan de autoprotección y las normas en caso de emergencias.
7. Designación de un responsable de integración	Se nombrará una persona de integración para que guíe al nuevo empleado o empleada en los primeros días de trabajo.
8. Formación inicial	Dependiendo del puesto, puede ser necesaria una formación inicial específica para las tareas de ese puesto concreto.

! IMPORTANTE

Bases de datos de recursos humanos

Las bases de datos de recursos humanos son una herramienta clave para gestionar adecuadamente el talento de la plantilla. Permiten conocer la formación del personal, las competencias adquiridas, las evaluaciones del desempeño... Esta información es fundamental para, por ejemplo, gestionar los ascensos, el cobro de pluses e incentivos y la movilidad entre diferentes puestos o a distintos centros de trabajo.

Estas bases de datos no solo sirven para gestionar la plantilla actual, sino también para la gestión de los currículos que ha recibido la empresa, que podrá emplearlos en otros procesos de selección.

2. Tratamiento de la documentación laboral

La documentación generada durante el proceso de selección y durante el tiempo que dure el contrato necesita ser tratada correctamente, teniendo en cuenta, sobre todo, las normas establecidas en la **Ley Orgánica de Protección de Datos Personales y Garantía de los Derechos Digitales.**

La gestión de la documentación de las nuevas incorporaciones a la empresa comienza con la apertura de un **expediente personal**, donde se guarda, de forma ordenada, la documentación relacionada con el historial laboral de cada trabajadora o trabajador.

2.1. Expediente personal

El **expediente** es el conjunto de documentos, ordenados cronológicamente, que refleja el historial laboral de cada trabajador o trabajadora: formación, puestos de trabajo desempeñados, funciones, tipos de contratos laborales que ha tenido, etc.

El expediente personal puede conservarse en papel o tener formato digital.

Las empresas suelen digitalizar el expediente personal de su plantilla con programas informáticos diseñados para ello o bien mediante bases de datos adaptadas a sus necesidades. El sistema de digitalización debe garantizar la integridad del expediente, la conservación y la protección de los datos de carácter personal.

A. Documentación del expediente

En el expediente se puede encontrar documentación aportada por el personal, documentos generados en la empresa, documentación procedente de las administraciones públicas, de otras empresas y de instituciones públicas o privadas (Tabla 5.4).

B. Actualización de los expedientes

Los expedientes sufren variaciones: prórrogas, finalizaciones o modificaciones de contratos, ascensos, excedencias, cambios de tareas, formación continua o cambios familiares.

La comunicación de las variaciones en algunos datos puede tener importantes consecuencias; por ejemplo, la notificación del nacimiento de un descendiente o la discapacidad de un ascendiente con el que se conviva pueden acarrear una disminución en la retención a cuenta del impuesto sobre la renta de las personas físicas (IRPF) o generar beneficios sociales como guarderías, residencias de vacaciones, ayudas para estudios, etc.

Documentación relativa a la incorporación	Documentación relativa a la formación y el desarrollo
• Carta de presentación de la candidatura. • Currículo y ficha con los datos personales. • Resultados de las pruebas de selección. • Resultado del examen médico (apto o no apto para el puesto). • Informe de la entrevista de selección. • Copia del título de estudios acreditados para el puesto de trabajo. • Otros títulos de estudios oficiales realizados. • Copia del contrato de trabajo. • Copia de la documentación de la Seguridad Social. • Documento de vida laboral.	• Cursos de formación permanente realizados en la empresa. • Cursos de formación permanente realizados en instituciones públicas y privadas. • Informes de los mandos sobre el desempeño de las tareas. • Amonestaciones y sanciones. • Extinción de los contratos. Se anotarán la fecha y la causa de la extinción, así como información acerca de si recibió indemnización y algún comentario al respecto. • Informe de la «entrevista de salida», cuando sea el trabajador o la trabajadora quien extinga su contrato voluntariamente.

Tabla 5.4. Documentación que forma parte del expediente personal contratado.

2.2. Conservación de los documentos de carácter laboral

Las relaciones laborales generan mucha documentación de carácter económico, como las nóminas, los documentos del pago de la cotización a la Seguridad Social y las retenciones a cuenta del IRPF. El papel del personal administrativo es muy importante en este aspecto, ya que son quienes controlan toda esta documentación.

La documentación de carácter económico, además de justificar el pago del salario, acredita los gastos reflejados en la contabilidad de la empresa, el pago de impuestos (IRPF e impuesto sobre sociedades) o el cobro de subvenciones y bonificaciones.

Fig. 5.3. La legislación laboral, la legislación fiscal, el Código de Comercio y otras normas marcadas por algunas administraciones establecen los plazos de conservación legales de los documentos generados en el ámbito empresarial.

Legislación laboral	• Un **mínimo de cuatro años** desde el fin de la relación laboral: – Contratos de trabajo. – Documentos de afiliación de los trabajadores y trabajadoras a la Seguridad Social. – Partes de altas y bajas. – Documento de afiliación a la mutualidad de accidentes y enfermedades profesionales. • Nóminas y boletines de cotización a la Seguridad Social (cuatro años desde que vence el plazo para liquidar cotizaciones).
Legislación fiscal	• **Cuatro años**, a contar desde la liquidación de los impuestos, ya que se trata de documentos justificativos de gastos fiscalmente deducibles.
Código de Comercio	• **Seis años**, a contar desde la fecha de cierre del ejercicio contable.
Otras normas	• Algunas administraciones establecen mayores plazos de conservación cuando conceden subvenciones relacionadas con los salarios; por ejemplo, las subvenciones del Fondo Social Europeo para la formación de la plantilla se deben conservar diez años.

Tabla 5.5. Plazos de conservación de la documentación de carácter laboral.

CASO PRÁCTICO 2

Periodo de conservación de los documentos

Indica hasta qué fecha deberá conservar una pequeña empresa la siguiente documentación:

a) Las nóminas del mes de marzo de 2022, según la legislación laboral.

b) Las nóminas del mes de marzo de 2022, según el Código de Comercio.

c) ¿Cuánto tiempo se conservarán los boletines de cotización a la Seguridad Social de los dos apartados anteriores?

d) El contrato de trabajo de una persona que cesó en la empresa el 30 de septiembre de 2020.

e) Los documentos de afiliación a la Seguridad Social de la persona que cesó en la empresa el 30 de septiembre de 2020.

Solución:

a) Según la normativa laboral, las nóminas se conservarán cuatro años desde que vence el plazo para liquidar las cotizaciones correspondientes al mes de marzo (el plazo vence el 30 de abril de 2022); por tanto, se conservarán hasta el 30 de abril de 2026.

b) Según la normativa mercantil, las nóminas se conservarán seis años después del cierre del ejercicio contable del 31 de diciembre de 2022, es decir, hasta el 31 de diciembre de 2028.

c) Los periodos de conservación son los mismos que los de las nóminas.

d) Cuatro años contados desde el cese en la empresa; se conservará hasta el 30 de septiembre de 2024.

e) El mismo tiempo que el contrato de trabajo, es decir, hasta el 30 de septiembre de 2024.

3. Protección de datos personales

Para proteger los datos personales y la intimidad de las personas, se aprobó la **Ley Orgánica de Protección de Datos Personales y Garantía de los Derechos Digitales**, en la que se reconoce a la ciudadanía el derecho fundamental a la protección de datos, la facultad de controlar sus datos personales y la capacidad para disponer y decidir sobre ellos.

> El nombre, los apellidos, la fecha de nacimiento, la dirección postal o la dirección de correo electrónico, el número de teléfono, el número de identificación fiscal, la matrícula del coche, el DNI, el número de Seguridad Social, etc., son datos que **identifican a una persona**, ya sea directa o indirectamente.

3.1. La protección de datos en la empresa

La plantilla facilita a las empresas documentación y datos personales desde que son reclutados en un proceso selectivo más los que faciliten durante la relación laboral. Todos estos documentos pasan a formar parte del expediente personal y deben ser protegidos para garantizar el derecho al honor y a la intimidad.

Las empresas en las que se recogen y tratan datos de carácter personal (plantilla, clientela, proveedores) deben tener a un delegado de protección de datos, a quien corresponde velar por el cumplimiento de la Ley Orgánica de Protección de Datos Personales y Garantía de los Derechos Digitales (LOPDGDD). Este puesto de responsable, que habitualmente será el personal administrativo dentro del departamento de recursos humanos, tiene, entre otras, las obligaciones que aparecen en la Tabla 5.6.

Informar a las personas afectadas	Cualquier persona tiene derecho a conocer si sus datos personales van a ser incluidos en un fichero y el tratamiento que se realiza con esos datos. Las personas responsables de los ficheros tienen obligación de informar sobre la recogida de datos y su utilización.
Pedir el consentimiento	Como regla general, la inclusión de datos de carácter personal en un fichero supone un tratamiento que requerirá el consentimiento la persona afectada.
Calidad de los datos	Los datos que se recaben han de ser adecuados a la finalidad que motiva su recogida.
Garantizar los derechos de las personas afectadas	La persona responsable del fichero debe facilitar y garantizar el ejercicio de los derechos de oposición, acceso, rectificación, supresión, limitación del tratamiento y portabilidad.
Deber de guardar secreto profesional	Quienes intervienen en cualquier fase del tratamiento de los datos deben guardar el secreto profesional sobre estos, aun después de finalizar su relación con quien se responsabiliza del fichero.
Adopción de medidas de seguridad	La persona responsable del tratamiento establecerá medidas técnicas y organizativas para garantizar un nivel de seguridad adecuado en función de los riesgos detectados en un análisis previo.

Tabla 5.6. Obligaciones que genera a las empresas la Ley Orgánica de Protección de Datos Personales y Garantía de los Derechos Digitales.

WEB

Agencia Española de Protección de Datos

agpd.es

Se trata de un ente público independiente cuya finalidad principal es velar por el cumplimiento de la legislación sobre protección de datos personales.

Los **objetivos** de la web son:

- Fomentar que la ciudadanía conozca sus derechos y las posibilidades que el ente les ofrece para ejercerlos.
- Disponer de un instrumento que facilite el cumplimiento de la normativa para quienes recogen y tratan los datos personales.

ACTIVIDADES

4. Laura quiere conocer si la antigua empresa en la que trabajaba aún conserva datos personales suyos.

a) Investiga en la web de la Agencia Española de Protección de Datos **bit.ly/Ejerce_tus_derechos** los derechos de la ciudanía en materia de protección de datos.

b) Indica qué derecho puedes ejercer para conocer los datos personales que posee una empresa en la que ya no trabajas.

c) Descarga el formulario para ejercer el derecho identificado, y cumpliméntalo con los datos de Laura.

3.2. Medidas de seguridad para la protección de datos

El Reglamento General de Protección de Datos (RGPD) indica que los encargados y responsables del tratamiento de los datos deben aplicar medidas de seguridad proporcionales y adecuadas al riesgo detectado en el análisis previo. Las medidas de seguridad deben ser **técnicas** y **organizativas** (Tabla 5.7).

Medidas de seguridad	
Medidas técnicas	***Identificación de usuarios:*** • Cuando un ordenador se utilice para el tratamiento de datos personales y para otros fines, se recomienda disponer de varios perfiles o usuarios distintos para cada una de las finalidades. • Se garantizará la existencia de contraseñas para el acceso a los datos personales almacenados. ***Medidas de salvaguarda:*** • Los ordenadores y dispositivos usados para el almacenamiento y el tratamiento de los datos personales deberán mantenerse actualizados. • Se dispondrá de un sistema de antivirus que deberá actualizarse periódicamente. • Existirá un *firewall* activado para evitar accesos remotos indebidos. • Se efectuará una copia de seguridad de forma periódica. • En caso de que sea necesario sacar los datos personales fuera del recinto donde se realiza su tratamiento, se deberá valorar la posibilidad de usar un proceso de encriptación para garantizar la confidencialidad.
Medidas organizativas	***Deber de confidencialidad y secreto:*** • Debe impedirse el acceso a datos personales a personas no autorizadas. • No se comunicarán datos personales o cualquier información personal a terceras personas. • Los documentos en papel y soportes electrónicos se almacenarán en lugar seguro. • No se desecharán documentos o soportes electrónicos sin garantizar su destrucción. • El deber de secreto y confidencialidad persiste incluso cuando finaliza la relación laboral de la persona con la empresa.

Tabla 5.7. Principales medidas de seguridad para la protección de los datos de carácter personal.

CASO PRÁCTICO 3

Medidas de protección de datos

En una empresa de nueva creación están estableciendo medidas para la protección de datos de las personas contratadas. Algunas de las dudas que se plantea la empresa son:

a) ¿La empresa puede pedir la vida laboral a las personas que contraten?

b) ¿Puede la empresa pedir a las personas que contraten que firmen una cláusula de confidencialidad?

c) ¿La persona contratada, hasta cuándo debe mantener el deber de confidencialidad?

Solución:

a) No, salvo excepciones. La empresa solo puede solicitar la vida laboral del periodo de tiempo trabajado en esa empresa; no obstante, la vida laboral puede ser aportada voluntariamente. Una excepción es cuando la empresa solicita el informe de vida laboral para un curso de formación o para acreditar los años de experiencia exigidos.

En algunas ocasiones se solicita el informe de vida laboral en las entrevistas de trabajo para confirmar la experiencia mostrada en el currículo, pero no es obligatorio entregarlo.

b) Es frecuente que las empresas incluyan una cláusula de confidencialidad en los contratos de trabajo, incluidos los contratos del personal temporal y en prácticas. La cláusula establecerá que los empleados deben guardar secreto profesional respecto a los datos a los que tengan acceso en el ejercicio de sus funciones.

c) El deber de confidencialidad persiste incluso cuando se haya extinguido la relación laboral y, además, la persona que abandona la empresa debe devolver cualquier soporte o documento que contenga información confidencial sobre la empresa o su personal.

IMPORTANTE

Expurgo de la documentación

El **expurgo** es la destrucción física de los documentos que hayan perdido valor administrativo o probatorio y que no se prevea que vayan a tener valor histórico.

Por ejemplo, se pueden eliminar:

- Documentos **sin vigencia ni interés histórico.**
- Documentos **duplicados.**
- Documentos de **difusión general** entre todo el personal o todos los departamentos.
- Documentos que **han perdido la vigencia jurídica y administrativa.**

La destrucción se debe realizar por métodos que garanticen la **imposibilidad de reconstruir los documentos.**

4. Gestión de la documentación del personal

Las empresas tienen establecidos **procedimientos** para gestionar los expedientes de la plantilla. Estos procedimientos pueden ser muy diferentes, pero todos tienen que respetar las medidas de seguridad para el tratamiento de los datos establecidas en la Ley. Es el personal administrativo del departamento de recursos humanos quien se encarga de llevarlos a cabo.

A. Ordenación de los expedientes

Aunque los procedimientos que se utilizan para la gestión de la documentación dependen de diferentes factores, lo habitual consiste, primero, en ordenar los expedientes por departamento; dentro de cada departamento, o sección del departamento, se ordenan alfabéticamente; y, finalmente, los documentos de cada expediente se ordenan cronológicamente (Fig. 5.4).

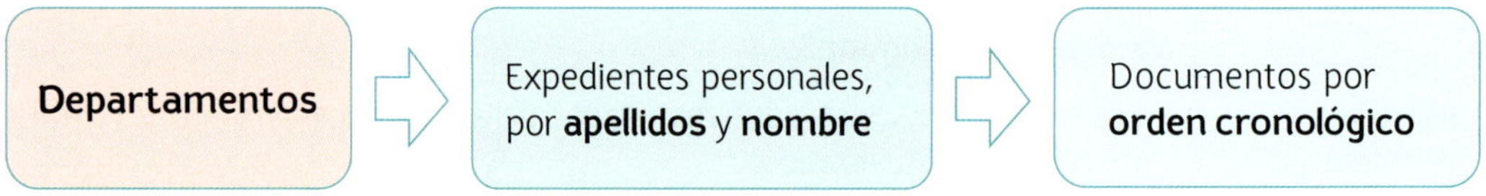

Fig. 5.4. Ordenación y clasificación de los expedientes.

B. Ciclo vital de los documentos

La vida de los documentos en las empresas pasa por tres etapas: primero permanecerán en el archivo del departamento, después pasarán al archivo intermedio y, por último, al archivo histórico, tal como aparece en la Figura 5.5.

Las características de cada uno de estos archivos son:

- **Archivo del departamento.** Contiene la documentación actual que se utiliza frecuentemente. Los documentos permanecerán en este archivo mientras la persona permanezca en la empresa o su uso sea frecuente.
- **Archivo intermedio.** Recibe la documentación del personal que ha finalizado su relación con la empresa, la que ha perdido la vigencia jurídica y administrativa o cuando las necesidades de consulta son esporádicas.
- **Archivo histórico.** A él se transfiere la documentación que se consulta raramente y que constituye la memoria histórica de la empresa. Lo normal es digitalizar los documentos.

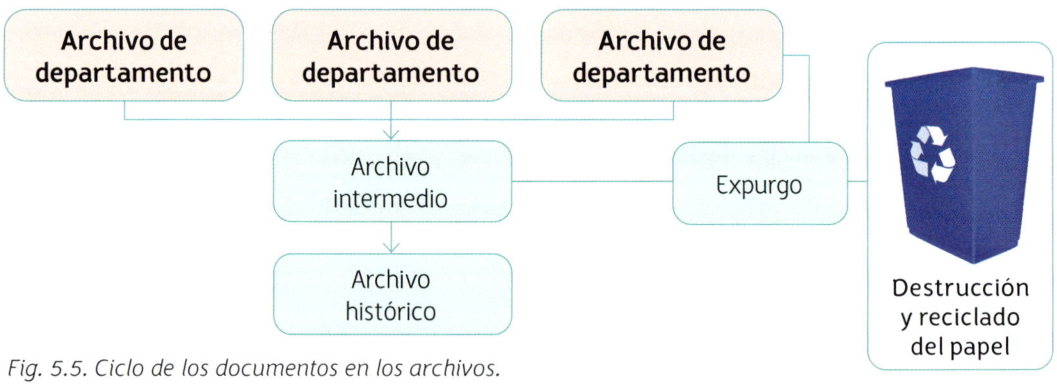

Fig. 5.5. Ciclo de los documentos en los archivos.

ACTIVIDADES

5. Una persona ha visto que en la web de su empresa han publicado su foto sin su permiso en un contexto publicitario.

a) ¿La empresa ha incumplido alguna obligación?

Investiga cuál hubiera sido la actuación correcta.

b) ¿A quién se debe dirigir esta persona para que la fotografía sea eliminada de la web empresarial?

c) ¿Tiene derecho esta persona a que esta fotografía desaparezca de la web de la empresa?

6. Las empresas ceden habitualmente datos de sus plantillas a otras empresas, por ejemplo a gestorías, consultorías, empresas auditoras, empresas de mantenimiento de equipos y aplicaciones informáticas o a empresas de prevención de riesgos laborales.

Investiga si las empresas necesitan el consentimiento de su plantilla para ceder sus datos a empresas que les presten un servicio.

4.1. Responsabilidades del personal que gestiona la documentación de carácter laboral

En el ámbito de la gestión de la documentación y de la protección de datos, es especialmente relevante el trabajo del **personal administrativo,** puesto que son quienes recogen y tratan datos personales de la plantilla de las empresas y deben guardar la confidencialidad y el secreto profesional de dichos datos.

A. Deber de confidencialidad

El personal que recoja y trate datos personales deberá guardar la confidencialidad de los que gestiona. Por ello, en muchas ocasiones, debe firmar una *cláusula de confidencialidad* en el contrato de trabajo. Se trata del compromiso de guardar para sí cierta información a la que tendrá acceso en su trabajo.

Quien incumpla la cláusula podría recibir una sanción y ser responsable de todas las consecuencias que sus actos de divulgación pudieran tener, tanto para esta persona como para la empresa o para quien facilitó la información.

B. Deber de secreto profesional

La Ley Orgánica de Protección de Datos Personales y Garantía de los Derechos Digitales establece que «el responsable del fichero y quienes intervengan en cualquier fase del tratamiento de los datos de carácter personal están obligados al secreto profesional respecto de los mismos y al deber de guardarlos, obligaciones que subsistirán aun después de finalizar sus relaciones con el titular del fichero o, en su caso, con el responsable del mismo».

EJEMPLO

Una cláusula de confidencialidad y deber de secreto profesional presente en un contrato de trabajo podría redactarse del siguiente modo:

«D./D.ª ______ tiene la obligación de guardar el secreto y la confidencialidad de toda la información de la empresa a la que tenga acceso durante la vigencia del presente contrato, especialmente la información relativa a personas físicas recogida en ficheros de datos personales.

D./D.ª ______ será responsable de todos los daños y perjuicios que para la empresa se deriven del incumplimiento de dicha obligación».

ACTIVIDADES

7. Formad un equipo de cuatro personas y acceded a la web de la Agencia Vasca de Protección de Datos **bit.ly/Vídeos_protección_datos** que muestra ejemplos de situaciones donde el personal de la empresa comete errores por no estar al corriente de la protección de datos.

   Dos personas del grupo visualizarán el vídeo «Las luces funcionan... Cumpliendo con la protección de datos personales» y las otras dos el vídeo «Mis datos, ¿tu negocio?».

   - Cada pareja anotará los errores que se muestran en el vídeo e indicará los beneficios que se pueden obtener de las buenas prácticas en el tratamiento de la información.
   - Posteriormente, los cuatro miembros del equipo harán una puesta en común, consensuarán un documento en que se reflejen los errores que se han detectado y propondrán intervenciones para evitarlos.
   - Se puede abrir un debate en el aula sobre las buenas y malas prácticas en la protección de datos, relacionándolo con experiencias personales de las y los participantes.

¿SABÍAS QUE...?

Modelo 145. Solicitud de datos personales y familiares

Para gestionar el pago de las nóminas, hay que conocer el porcentaje de retención a cuenta del IRPF que se aplica a cada persona contratada, pues, dependiendo de cuál sea su situación familiar (estado civil, número de hijos y su edad, hipotecas, mayores dependientes, etc.), el porcentaje de retención puede variar.

La comunicación de estos datos a la empresa es **voluntaria,** pues los datos de la situación familiar y personal están protegidos. Así, cuando alguien comienza a trabajar en una empresa, se le entrega un formulario, el **Modelo 145,** que puede rellenar de manera voluntaria.

IMPORTANTE

Desconexión digital

Uno de los derechos digitales recogidos en la LOPDGDD es el derecho a la desconexión digital en el ámbito laboral. Esto supone que el personal tiene derecho a desconectar cualquier dispositivo digital (teléfono inteligente, Internet, correo electrónico, etc.) en sus periodos de descanso o de vacaciones.

Su finalidad es garantizar la intimidad y mejorar la conciliación personal y familiar, así como no continuar trabajando una vez finalizada la jornada, lo que supondría un abuso empresarial.

SÍNTESIS Etapas finales del proceso de selección y tratamiento de la documentación

1. Completa en tu cuaderno los gráficos que aparecen a continuación:

- **Etapas finales del proceso de selección**
  - Petición de referencias. → ¿Cómo han de actuar, tanto quien las solicita como quien las facilita?
  - Reconocimiento médico. → ¿Es obligatorio realizar el reconocimiento médico? [...]
  - Acogida.
    - Plan de acogida. ¿Qué es? [...]
    - Manuel de acogida. ¿De qué se informa en él? [...]
- **Niveles de protección de datos**
  - Medidas técnicas. → Enumera las principales medidas técnicas. [...]
  - Medidas organizativa. → Enumera las principales medidas organizativas. [...]
- **Responsabilidad de las personas que tratan la documentación laboral**
  - Deber de confidencialidad. Consiste en... [...]
  - Deber de secreto profesional. ¿Cuál es su contenido? [...]

INVESTIGACIÓN

2. * Susana ha comenzado a trabajar en una empresa en la que le han informado de que tiene derecho a la desconexión digital, pero ella no tiene totalmente claro cuál es el contenido de este derecho. Busca información para responder a las siguientes cuestiones:

a) ¿En qué consiste el derecho a la desconexión digital en el ámbito laboral.

b) También le han pedido que facilite a la empresa un informe de vida laboral. ¿Puede la empresa solicitar la vida laboral de mis empleados?

c) En esta empresa el control de acceso se realiza mediante el reconocimiento de retina. ¿Puede vulnerar este sistema de control algún derecho laboral?

3. A Susana le han informado, mediante un anexo en el contrato de trabajo, de que la empresa podrá acceder a los mensajes enviados desde el correo corporativo y a los que se envíen a través de cuentas privadas desde los equipos de la empresa.

a) Investiga si es esto posible. Y, si fuese posible, ¿bajo qué condiciones puede realizarse?

b) También le han informado de que la empresa puede controlar el uso de Internet que haga la plantilla. ¿Puede hacer esto la empresa?

c) En la empresa le han pedido su dirección de correo para enviarle las nóminas, pero ella ha decidido no facilitarlo, ya que ha dicho que prefiere que se las envíen por correo ordinario. ¿Puede negarse a facilitar su dirección de correo electrónico a la empresa?

4. Susana ha sido contratada como administrativa en el departamento de recursos humanos. En este departamento se tratan los datos privados del personal, lo cual supone cumplir una serie de obligaciones en materia de protección de datos. Investiga cuáles son las principales obligaciones del personal de recursos humanos en materia de protección de datos.

5. Javier, que trabaja como conductor de una furgoneta de reparto, ha sido informado por la empresa de que, para conocer la ubicación de su personal durante la jornada laboral, van a instalar un sistema de geolocalización (GPS) en los vehículos de la compañía. A Javier no le ha gustado nada esta iniciativa de la empresa y piensa que es una intromisión en su intimidad. Busca información para responder a las siguientes preguntas:

a) ¿Tiene derecho la empresa a instalar el sistema de geolocalización y seguimiento de sus vehículos?

b) También le han pedido una fotografía para digitalizarla e incluirla en la ficha de control de acceso a la empresa. ¿No violará el derecho a la propia imagen?

6. En la empresa de Javier van a instalar un sistema de videovigilancia, pero se les plantean dudas respecto a la protección de la intimidad del personal. Busca información para responder a las siguientes cuestiones:

a) ¿Qué circunstancias se tienen que dar para poder instalar un sistema de videovigilancia?

b) ¿Se debe informar a la plantilla de la instalación de cámaras de videovigilancia en el trabajo?

c) ¿Existe alguna zona de la empresa en la que no se pueda grabar?

d) ¿La empresa puede almacenar las imágenes grabadas por los sistemas de videovigilancia? Si esto es posible, ¿durante cuánto tiempo como máximo puede guardarlas?

TEST DE REPASO

1. La petición de referencias suele hacerse cuando se trata de:

(a) Personas sin experiencia laboral.
(b) Personas con experiencia laboral.
(c) Personas con amplia formación.
(d) Se pide a todo el mundo.

2. En el informe final de la selección:

(a) Se presenta a la persona seleccionada.
(b) Se presentan dos candidaturas.
(c) Se presenta una terna de candidaturas.
(d) Se presentan cuatro candidaturas.

3. El reconocimiento médico:

(a) Es obligatorio en todos los casos.
(b) Es el mismo para todos los puestos de trabajo.
(c) Para realizarlo, es necesario el consentimiento de la persona.
(d) Lo establece el Estatuto de los Trabajadores.

4. La empresa tiene derecho a:

(a) Acceder a la información médica de carácter personal.
(b) Conocer las conclusiones del reconocimiento médico.
(c) Indicar las pruebas que se han de efectuar.
(d) Conocer el estado de salud de la plantilla.

5. El plan de acogida consiste en:

(a) Realizar actuaciones para facilitar la integración.
(b) Visitar el centro de trabajo.
(c) Presentar las personas del departamento de trabajo.
(d) Entregar un manual de acogida.

6. El periodo de prueba para personal técnico titulado es de:

(a) Dos meses.
(b) Seis meses.
(c) Tres meses.
(d) Se pacta.

7. El expediente personal es:

(a) Una carpetilla con documentos laborales.
(b) El historial laboral de un trabajador o trabajadora.
(c) Los apercibimientos realizados a una trabajadora o trabajador.
(d) Los documentos relativos a una sanción disciplinaria.

8. Según el Código de Comercio, los documentos se tienen que conservar:

(a) Cuatro años desde que se crean.
(b) Seis años desde que se generan.
(c) Cuatro años desde el cierre del ejercicio.
(d) Seis años desde el cierre del ejercicio.

9. Según la legislación laboral, los contratos de trabajo se han de conservar:

(a) Cuatro años desde que se firman.
(b) Cuatro años desde que finalizan.
(c) Seis años desde que se firman.
(d) No es obligatoria su conservación.

10. Cuando se recogen datos personales de la plantilla, se debe:

(a) Pedir el consentimiento.
(b) Informar sobre la finalidad de la recogida.
(c) Adoptar medidas de seguridad.
(d) Todas son ciertas.

11. El expurgo de documentos consiste en:

(a) Trasladar los documentos a la siguiente fase del archivo.
(b) Clasificar, ordenar y archivar los documentos.
(c) Destruir de forma fehaciente los documentos que han perdido valor.
(d) Identificar los documentos que pasan al archivo histórico.

12. El deber de secreto:

(a) No se aplica a los datos de carácter laboral.
(b) No existe después de finalizar la relación laboral.
(c) Persiste aún después de finalizar la relación laboral.
(d) Todas las respuestas anteriores son incorrectas.

13. Es una medida organizativa de protección de datos:

(a) Efectuar periódicamente copias de seguridad.
(b) No comunicar datos personales a terceros.
(c) Disponer de antivirus actualizados.
(d) Efectuar copias de seguridad.

14. En materia de protección de datos, los miembros de la plantilla tienen derecho a:

(a) Conocer los datos personales que tiene la empresa.
(b) Oponerse a que los datos sean tratados.
(c) Rectificar los datos erróneos.
(d) Todas son ciertas.

COMPRUEBA TU APRENDIZAJE

1. Una persona ha pasado con éxito un proceso de selección y ha firmado un contrato indefinido.

   a) ¿Qué significa que un contrato sea indefinido? ¿Qué ventajas tiene este tipo de contrato para los trabajadores?

   b) ¿Qué sucede si la empresa rescinde un contrato indefinido? ¿Si por el contrario la persona empleada abandona voluntariamente la empresa, cobrará la prestación por desempleo?

2. Una persona que ha finalizado un ciclo formativo de grado superior ha comenzado a trabajar en una empresa de seguros. Le han hecho un contrato en prácticas y han establecido un periodo de prueba.

   a) ¿Cuánto durará como máximo el periodo de prueba?

   b) ¿Computará el periodo de prueba al considerar la antigüedad en la empresa?

   c) Y si no tuviese titulación y comienza a trabajar en una empresa que tiene un total de 20 personas empleadas, ¿cuánto podrá durar como máximo este periodo? ¿Y si la empresa tuviese una plantilla de 30 personas?

3. Supongamos que trabajas en el área de administración de un departamento de recursos humanos y tienes que recabar la documentación para formar el expediente de las personas que se incorporan a la empresa por primera vez.

   a) Realiza una relación de estos documentos.

   b) Indica, con el apoyo de la Tabla 5.4, cómo debes actuar para garantizar que se cumpla la normativa en materia de protección de datos.

4. Imagina que trabajas en el departamento de recursos humanos y que se incorpora a este departamento otra persona con un contrato de interinidad. Una de las tareas de esta persona es tratar datos de la plantilla de carácter personal. La jefa de departamento te encarga que guíes a esta persona en el proceso de integración y que le expliques las obligaciones de su puesto de trabajo.

   Indica qué responderías a las siguientes preguntas:

   a) ¿Debe firmar esta persona un documento de confidencialidad?

   b) ¿Debe esta persona facilitar el teléfono y el correo electrónico particular?

   c) La jefa de departamento te indica que le pidas el informe de vida laboral. ¿Está obligada esta persona a entregarlo?

   d) Vas a compartir un el ordenador con la persona que se incorpora. ¿Qué medidas debes tomar?

   e) Unas semanas más tarde, instalan un nuevo equipo informático conectado a Internet para la persona recién incorporada. ¿Cómo se deben proteger los datos?

   f) ¿Qué medidas deben tomarse cuando se elimine algún documento de los expedientes personales de la plantilla?

   g) El jefe de taller le pide a la persona interina los datos familiares de las personas que están bajo su mando. ¿Se los debe facilitar?

   h) ¿La empresa puede solicitar los antecedentes penales a las personas que se reincorporen?

   i) ¿Qué información debe conocer esta persona respecto a la protección de datos cuando finalice su contrato?

   j) ¿Esta persona interina tiene derecho a la desconexión digital?

5. Realiza un listado de la documentación e información que creas conveniente incluir en un manual de acogida. Incluye también toda la información que te gustaría recibir si fueses la persona que se incorpora a la empresa.

6. En ocasiones se firman precontratos por diferentes razones: por ejemplo, para que la persona seleccionada que esté trabajando en otra empresa tenga la seguridad de que, después del periodo de preaviso, será contratada; o bien, puede suceder que la empresa en la que trabaja actualmente realice una contraoferta y la persona seleccionada decida permanecer en esta empresa, rechazando el nuevo empleo.

   Localiza en Internet un modelo de precontrato y cumpliméntalo con tus datos.

7. Una de las tareas del personal administrativo de los departamentos de recursos humanos es gestionar la documentación de los expedientes personales de la plantilla y transferir la documentación a los archivos intermedio e histórico.

   Indica cuánto tiempo deben conservarse y cuáles se pueden expurgar, porque las normas no exigen su conservación, de los siguientes documentos:

   - Resultados de las pruebas de selección.
   - Resultados de los exámenes médicos.
   - Contratos de trabajo.
   - Documentos de afiliación a la Seguridad Social.
   - Vida laboral.
   - Partes de bajas y altas médicas.
   - Nóminas.
   - Documentos de cotización a la Seguridad Social.
   - Documentación de la extinción de los contratos.
   - Informes de las entrevistas de salida.

8. De acuerdo con lo que hemos estudiado sobre protección de datos personales, indica cómo se debe proceder en las siguientes situaciones:

   - ¿Puedes utilizar el dato del teléfono móvil de las personas contratadas para enviarles mensajes de texto vía SMS?
   - ¿El personal tiene derecho a solicitar que desaparezcan de su expediente sus datos personales y familiares?
   - ¿Pueden los centros educativos impartir clases y realizar exámenes *on-line* sin el consentimiento de los alumnos interesados?
   - ¿Cuál es la edad para que los menores puedan prestar consentimiento para tratar sus datos personales?

   Puedes buscar información en la página web de la Agencia de Protección de Datos.

COMPRUEBA TU APRENDIZAJE

9. En muchas empresas debe existir un delegado de protección de datos. Investiga en internet los siguientes aspectos de esta figura:

a) ¿Qué es un delegado de protección de datos?

b) ¿Cuál es el perfil profesional y personal de la persona delegada de protección de datos?

c) Indica algún tipo de empresa que requiera esta figura.

d) ¿Cuáles son las funciones del delegado de protección de datos?

e) ¿Puede existir un delegado de protección de datos en una empresa en el que no sea obligatorio?

f) ¿Están obligados los centros docentes a designar un delegado de protección de datos?

Puedes encontrar información en la Agencia de Protección de Datos > Preguntas frecuentes.

10. En una empresa van cambiar el método de control horario, pasando de firmar a un sistema de reconocimiento de la huella digital.

a) ¿Tienen que informar a la plantilla acerca de las medidas de control establecidas?

b) ¿Es necesario el consentimiento del trabajador o trabajadora para implantar un sistema de control horario?

11. La normativa reconoce, a las personas afectadas por el tratamiento de sus datos, poder ejercer los derechos de acceso, rectificación, oposición, supresión, limitación del tratamiento, portabilidad y de no ser objeto de decisiones individualizadas. Investiga y describe en qué consiste cada uno de estos derechos.

12. En muchas empresas se realizan reconocimientos médicos a las nuevas incorporaciones, en otras no.

a) Investiga si es obligatorio que las empresas realicen reconocimientos médicos de su plantilla.

b) ¿Puede la empresa acceder al resultado del reconocimiento médico?

c) Investiga si hay puestos de trabajo para los que es imprescindible realizar el reconocimiento médico.

13. A un trabajador que está de baja médica, la directora del departamento de recursos humanos le ha exigido que, en los partes de baja, esté identificada la causa que la motiva. Esto puede vulnerar sus derechos, ya que estamos en presencia de un dato de salud al que hay que aplicar medidas de seguridad de nivel alto.

En el parte de baja, han de figurar únicamente las fechas y la indicación de *baja* u otras expresiones de las no pueda deducirse fácilmente la enfermedad que ocasiona la baja. Accede a la página web de la Agencia Española de Protección de Datos para descargar y cumplimentar el documento necesario para denunciar esta presunta violación de tus derechos.

14. Una trabajadora tiene conocimiento de que en una empresa en la que trabajó tiempo atrás conservan los datos personales contenidos en los documentos que aportó mientras estuvo empleada en ella; sin embargo, estos datos ya no son necesarios para la finalidad para la que se recabaron.

Busca información en la web de la Agencia Española de Protección de Datos para saber cuál es el procedimiento para poder ejercer el derecho de cancelación. Cumplimenta un formulario poniendo en conocimiento de esta agencia la existencia de un hecho que puede constituir infracción administrativa en materia de protección de datos.

15. Un trabajador ha tenido conocimiento de que la empresa tiene algunos datos suyos que no son correctos, en concreto su estado civil, y otros, como el número y edad de sus hijas, son incompletos.

a) Investiga en la web de la Agencia Española de Protección de Datos cómo proceder para ejercer el derecho de rectificación de los datos inexactos.

b) Descarga el formulario para ejercer el derecho de rectificación y cumpliméntalo como si fueses la persona afectada. En tu solicitud indica a qué datos te refieres y la corrección que hay que realizar.

16. A un técnico administrativo que trabaja en el departamento de recursos humanos le han encargado recabar y gestionar la documentación que aportan las nuevas incorporaciones a la empresa, así como la que va surgiendo a lo largo de la vida laboral.

Le han llegado solicitudes escritas de personas empleadas por la empresa pidiendo que se les informe de cómo se han obtenido sus datos, que se hagan desaparecer algunos de ellos de la base de datos de la empresa y que se modifiquen otros.

Este administrativo quiere saber si el personal puede oponerse a que se traten sus datos y a cancelar aquellos de los que dispone la empresa.

¿Cuáles son los derechos del personal con respecto a sus datos personales? Descríbelos.

17. En el momento en que se procede a la recogida de los datos personales, por ejemplo a partir del Modelo 145, la persona interesada debe ser informada previamente de modo expreso, preciso e inequívoco de, entre otros, la existencia de un fichero, de la posibilidad de ejercitar sus derechos y de la existencia de alguien responsable del tratamiento.

Accede a la página de la Agencia Tributaria y descarga el Modelo 145.

Lee con atención el primer párrafo del impreso que hace referencia a la protección de datos y estudia el formulario. Responde a las siguientes preguntas:

a) ¿Crees que facilitar la información que se solicita puede atentar contra el honor y la intimidad de las personas?

b) ¿Rechazarías cumplimentar el documento, aun sabiendo que tu situación personal y familiar ocasionaría que el porcentaje de retención a cuenta del IRPF fuese menor y, por tanto, tu salario mayor?

6 UNIDAD

La comunicación en las empresas

En julio de 2010, en Massachusetts, McDonald's distribuyó accidentalmente cinco mil preservativos, inicialmente destinados a cubrir un programa de prevención de embarazos adolescentes, como parte de su menú infantil, el Happy Meal. El error se debió a que el personal que se encargaba de montar las cajas no conocía bien el inglés y, cuando vieron unos paquetes muy coloridos con la etiqueta *ribbed latex* (látex estriado), pensaron que era el nombre del personaje de la nueva película *Airbender: el último guerrero*, que en esos momentos se promocionaba en McDonald's.

Leyendo esta anécdota puedes comprobar que existen barreras que distorsionan el mensaje y pueden ocasionar problemas importantes para la empresa.

¿Puede ser una ventaja competitiva una buena comunicación empresarial?

¿Crees que se puede mejorar el ambiente laboral mejorando la comunicación?

ESTUDIARÁS

- Los elementos de la comunicación.
- La comunicación en la empresa.
- Técnicas para mejorar la comunicación.
- La comunicación asertiva.

Y SERÁS CAPAZ DE

- Coordinar los flujos de información del departamento de recursos humanos a través de la organización, aplicando habilidades personales y sociales en procesos de gestión de recursos humanos.

a) ¿Crees adecuado utilizar WhatsApp en la comunicación empresarial? ¿Por qué?

b) ¿Las redes sociales pueden ser un buen medio de comunicación para las empresas?

c) ¿Crees que las empresas pueden y deben controlar tu reputación en Internet? ¿Con qué finalidad?

1. Los elementos de la comunicación

La **comunicación** es un **proceso** por el que una persona, llamada **emisor**, transmite a otra, llamada **receptor**, un **mensaje** a través de un **medio** o **canal**, procurando conseguir el entendimiento de su significado y quedando a la espera de una **respuesta.**

La comunicación en el entorno empresarial es vital en el trabajo en equipo, para desarrollar tareas, comprender instrucciones y transmitir ideas, así como para gestionar a quienes colaboran con la empresa.

1.1. Elementos del proceso de comunicación

Los principales elementos del proceso de comunicación aparecen en la Figura 6.1.

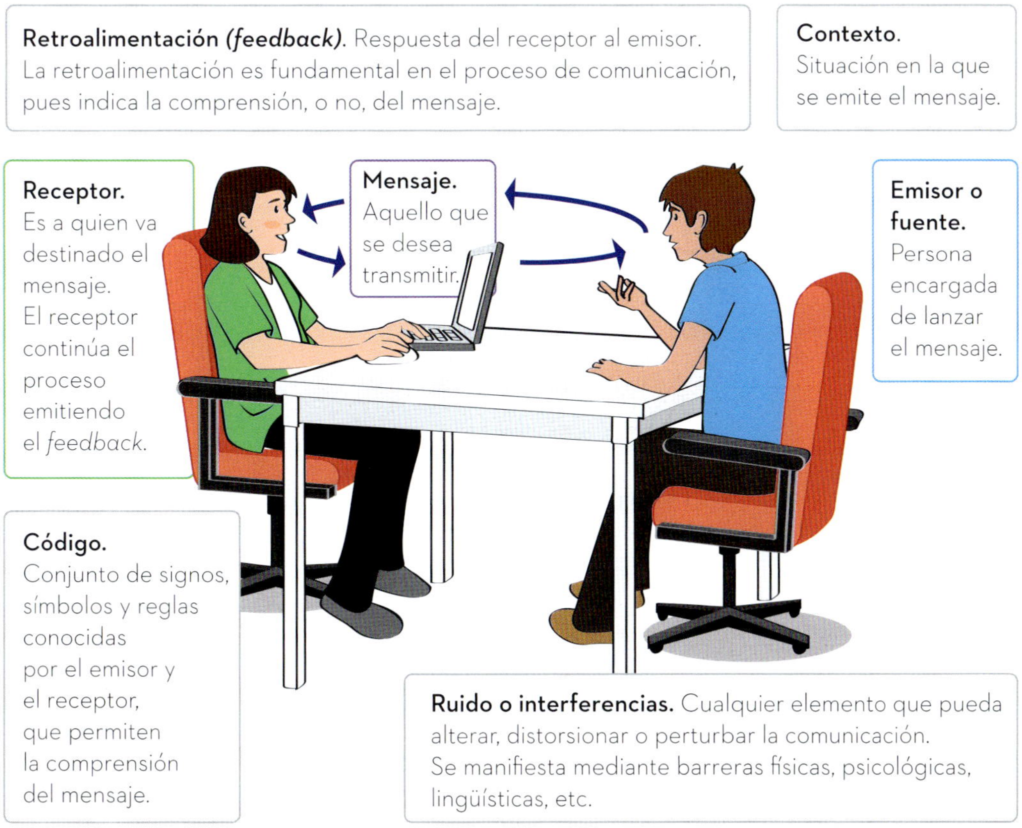

Fig. 6.1. Elementos de la comunicación.

- No siempre **fuente** y **emisor** coinciden en la misma persona. Por ejemplo, en una empresa, la fuente puede ser la directora general y el emisor el director de recursos humanos, que es quien transmite finalmente la información.
- El **mensaje** debe estar codificado para que el receptor lo pueda entender.
- El **código** más utilizado es el lenguaje (oral o escrito), pero también existen otros códigos como la lengua de signos, el braille, las señales (por ejemplo, las de tráfico o las marítimas, destellos luminosos, banderas y sonidos, etc.). El lenguaje no verbal también es un código: gestos, miradas, posturas, etc.
- El **contexto** puede hacer que el mensaje tenga un significado distinto en función de la situación. Es muy distinta la interpretación de la frase «este avión no funciona» cuando se dice en una tienda de juguetes que si la dijera alguien que pilota un avión en pleno vuelo.
- El **canal** es el medio a través del que se difunde el mensaje (reuniones, circulares, intranet, correo electrónico, videoconferencia, etc.). El emisor debe seleccionar el canal más apropiado según los objetivos deseados.

ABC VOCABULARIO

Información. Es el envío de un mensaje a un receptor.

Información no es lo mismo que *comunicación*, pues la dirección del mensaje se da en un solo sentido y no hay retroalimentación o *feedback*.

Si no existe retroalimentación, no existe comunicación, con lo que sin *feedback* solo se habrá producido una transmisión de información.

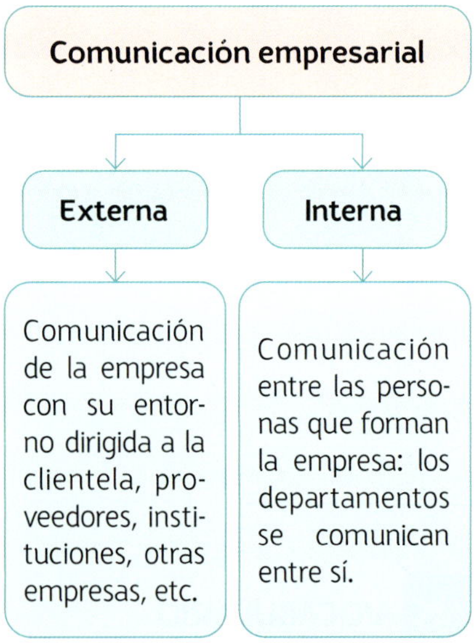

Fig. 6.2. Comunicación interna y externa en el entorno empresarial.

2. La comunicación en la empresa

Las empresas, que están formadas por personas que se relacionan entre sí, **necesitan sistemas de comunicación eficientes,** ya que de una buena comunicación puede depender el éxito de la organización.

La **comunicación empresarial,** conocida también como **comunicación corporativa** o **institucional,** consiste en el proceso de emisión y recepción de mensajes dentro de una empresa.

Este proceso de comunicación puede ser *interno* o *externo,* tal como muestra la Figura 6.2.

2.1. La comunicación interna en la empresa

La **comunicación interna** se genera y ejecuta dentro de la empresa con el objetivo de informar, coordinar, organizar tareas, controlar, motivar y liderar.

La comunicación interna está establecida por la dirección de la empresa y sigue la línea jerárquica. Se clasifica en tres tipos: *descendente, ascendente* y *horizontal* (Fig. 6.3).

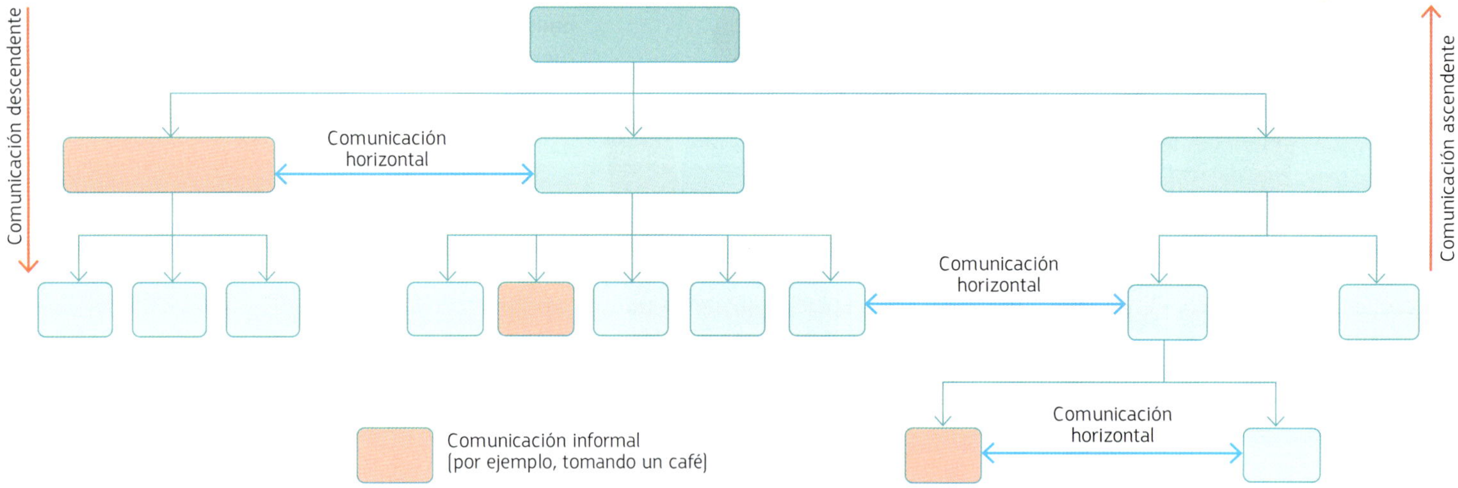

Fig. 6.3. Manifestaciones de la comunicación interna.

A. Comunicación descendente

La **comunicación descendente** surge cuando se transmite información desde los niveles superiores de la jerarquía a los niveles inferiores (desde la dirección o mandos intermedios hasta personal de niveles más bajos).

La comunicación descendente sirve para transmitir información sobre la *cultura de la empresa:* sus objetivos, forma de realizar el trabajo, motivación, normas, horarios, vacaciones, retribución, promoción, ritmo de trabajo, despidos, programas de formación y reciclaje, etc. Los medios utilizados para este tipo de comunicación suelen ser la intranet, reuniones, entrevistas, teléfono, circulares, correos electrónicos, manuales, etc.

ACTIVIDADES

1. Lee la situación que se describe a continuación e indica todos los elementos posibles en este proceso de comunicación: emisor, receptor, canal, mensaje, código, contexto, ruido y retroalimentación.

   El director del departamento comercial encarga a la jefa del área de compras que concierte una visita a Roma para negociar un contrato con una empresa proveedora italiana. La responsable de compras (que está estudiando italiano) llama al jefe de ventas de la empresa italiana para concertar una visita. El jefe de ventas de la empresa italiana escribe un correo, traducido al inglés por un programa informático, para intentar aclarar las dudas surgidas tras la conversación telefónica.

B. Comunicación ascendente

La **comunicación ascendente** discurre desde las posiciones jerárquicas inferiores de la empresa (personal) hacia las superiores (cargos directivos).

Esta comunicación permite conocer a la dirección los problemas laborales, discrepancias, inquietudes de la plantilla e incluso detectar situaciones de abuso de los mandos intermedios. Se manifiesta fundamentalmente de dos formas: *comunicación del desempeño del trabajo* y *comunicación del clima laboral* (Tabla 6.1).

Comunicación del desempeño del trabajo	• Informes del personal subordinado sobre la realización de su trabajo para sus mandos inmediatos. • Sugerencias de mejora recibidas a través de canales o mecanismos establecidos para ello. Por ejemplo, las aportaciones de los círculos de calidad o los planes de sugerencias.
Comunicación del clima laboral	Encuestas anónimas de clima laboral, sondeos, líneas abiertas de teléfono, intranet, buzones de quejas o política de puertas abiertas.

Tabla 6.1. Manifestaciones de la comunicación ascendente.

C. Comunicación horizontal o lateral

La **comunicación horizontal** se establece entre personas de distintos departamentos, del mismo nivel jerárquico y sin relaciones de dependencia directa entre sí.

La comunicación horizontal surge cuando se crean equipos de trabajo integrados por personal de diferentes departamentos y tiene como objetivos la coordinación entre departamentos, la realización de trabajos conjuntos y la identificación y resolución de problemas.

Las **principales barreras** con las que se enfrenta la comunicación lateral son las siguientes:

- Rivalidades personales y rivalidades entre departamentos.
- Ausencia de espíritu de equipo.
- Falta de visión global de la empresa.
- Contraposición de objetivos comunes frente a objetivos de cada departamento.

Para superar estas barreras, la dirección debe intervenir, organizando puestas en común, marcando claramente los objetivos y haciendo rotar al personal por diferentes departamentos.

IMPORTANTE

Comunicación transversal o diagonal

Este tipo de comunicación permite el intercambio de información entre personas y unidades de distintos departamentos y diferentes niveles jerárquicos que no tienen comunicación directa entre sí.

También contribuye a acelerar la circulación de la información, mejorar las relaciones personales y conocer el clima laboral.

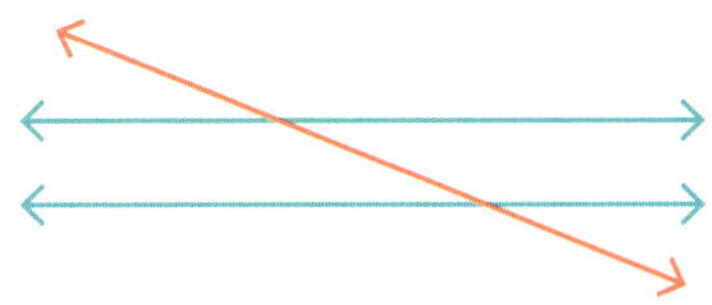

Fig. 6.4. Comunicación transversal.

CASO PRÁCTICO 1

Comunicación 360°

En los últimos años se implantando en las empresas la comunicación 360° o comunicación integral. ¿Sabes en qué consiste este tipo de comunicación?

Solución:

Es la comunicación integral de la empresa con el personal, la clientela, las empresas proveedoras y el entorno social. La comunicación 360° utiliza todos los elementos tradicionales de la comunicación y los integra junto con los de la comunicación digital. En la figura se pueden ver los elementos de la comunicación 360°.

La comunicación 360° tiene dos dimensiones: la comunicación interna y la comunicación externa. La comunicación interna (con y entre el personal de la empresa) y la comunicación externa (con la clientela, proveedores, accionistas, administraciones públicas y otros grupos de interés).

2.2. La transmisión de la comunicación

Los **canales de comunicación** que más se utilizan en las empresas y algunos mediante los que se facilita la comunicación aparecen en la Tabla 6.2.

Canales para transmitir información en las empresas
Correo electrónico. Medio de comunicación muy rápido, cuyo *feedback* también puede ser rápido. Presenta el inconveniente de que no todo el personal utilice correo electrónico y que, en ocasiones, puede suceder que, debido al elevado número de correos, estos no se lean.
Intranet (web del empleado o portal de la empresa). Medio muy rápido e instantáneo, habitual para enviar y recibir mensajes *on-line* entre el personal de una misma empresa.
Correo interno o a domicilio. Utilizado para comunicar temas especiales o muy importantes, como despidos, faltas leves o graves, etc. Las cartas deben ser breves, redactadas con claridad, con un lenguaje cuidado y firmadas por el mando responsable.
Circulares internas, notas informativas, avisos. Comunicaciones menos oficiales que la carta. Se utilizan cuando hay que comunicar instrucciones con idéntico contenido a muchas personas. Difunden comunicaciones descendentes los puestos de dirección hacia niveles inferiores mediante el correo interno, el tablón de anuncios o el correo electrónico.
Memorando. Comunicación breve para transmitir información entre diferentes departamentos de la misma empresa y que suele acompañar a documentos e informes.
Blogs corporativos y revistas. Se utilizan para notificar al personal informaciones económicas, sindicales, culturales, sociales, deportivas, acontecimientos, etc. Es una comunicación propia de las medianas y grandes empresas para difundir información general, crear un buen clima de trabajo y transmitir la cultura empresarial.
Canales que facilitan la comunicación en las empresas
Buzón de quejas, sugerencias y agradecimientos. Recibe sugerencias para mejorar la empresa o quejas del personal. Sirve a las empresas para detectar conflictos y aspectos que no funcionan bien. Para que estos buzones resulten efectivos, la empresa ha de estudiar las propuestas y darles respuesta.
Videoconferencias. Sirven para realizar comunicaciones entre el personal de la empresa que se encuentra en lugares distantes de manera económica e inmediata.
Línea telefónica abierta. Se trata de una línea telefónica donde el personal puede llamar y dejar preguntas, sugerencias, temores, etc. Quien llama debe identificarse para que los mensajes sean contestados.
Programas de iniciativas. Todo el personal de la empresa tiene la posibilidad de sugerir sus ideas por escrito. En este sistema, se suelen premiar de forma proporcional las aportaciones que se hayan realizado.
Reuniones. Sirven para transmitir información de interés general para tomar decisiones o llegar a un acuerdo común para beneficio de la organización.

Tabla 6.2. Canales de transmisión y facilitación de la comunicación en las empresas.

ACTIVIDADES

2. Indica qué canal utilizarías para transmitir y facilitar la comunicación en los siguientes casos:

- Apercibir a un trabajador por faltas reiteradas de puntualidad.
- Notificar el despido a una trabajadora.
- Indagar cómo es el clima laboral en la empresa.
- Convocar a quienes aspiran a un puesto de trabajo a una entrevista.
- Dar a conocer los turnos de trabajo para la campaña de Navidad.
- Publicar el calendario laboral.
- Facilitar al personal que aporte ideas para mejorar el trabajo.
- Informar sobre los periodos de disfrute de las vacaciones de verano.
- Coordinar varios departamentos para el lanzamiento de un nuevo producto.

2.3. Barreras en la comunicación

La comunicación puede no ser efectiva cuando existen barreras y obstáculos que impiden que el mensaje sea interpretado correctamente por el receptor.

Existen diferentes tipos de **barreras a la comunicación:**

- **Barreras físicas.** Interferencias en el ambiente que impiden la comprensión del mensaje: ruidos, murmullos, personas hablando a la vez, malas iluminación y temperatura, etc.
- **Barreras semánticas.** Surgen cuando no se comprende bien el idioma, se utiliza un lenguaje rebuscado o una terminología muy técnica que desconoce el receptor: palabras mal elegidas, omisiones, estructuras inadecuadas, jerga innecesaria o falta de claridad.
- **Barreras de contexto.** En las empresas en las que existen desconfianza, amenazas y mal ambiente laboral, los mensajes serán vistos con escepticismo, el personal tenderá a replegarse y adoptarán una actitud defensiva frente a los mensajes de la empresa.
- **Barreras personales y psicológicas.** En el mundo laboral, entran en contacto personas con diferentes culturas, valores y hábitos; esto puede ocasionar que un mismo mensaje se pueda interpretar de diferentes formas. Algunos tipos de barreras personales son las siguientes:
  - **Estereotipos.** Generalizaciones que se utilizan para clasificar a las personas, basándonos en la idea que tenemos del grupo al que pertenece.
  - **Efecto halo.** El receptor resulta influido por la impresión, favorable o desfavorable, que se tiene de una persona: cuando se tiene una idea positiva de una persona, existe una predisposición a valorar lo positivo y a pasar por alto lo negativo, y viceversa.
  - **Expectativas.** Al conocer a una persona, verificamos la imagen que nos hemos creado de ella, basándonos en la información positiva o negativa que nos ha dado una tercera.
- **Pérdidas por transmisión en cadena.** Un mensaje que es transmitido sucesivamente de una persona a otra, y de esta a la siguiente, se vuelve cada vez más impreciso. Para evitarlo, se personalizan los mensajes o se utilizan varios canales para comunicar el mismo mensaje. Por ejemplo, enviar el mensaje a través de *e-mail* y confirmar por teléfono.
- **Exceso de información.** En ocasiones, la empresa lanza a su plantilla grandes cantidades de información que no puede procesar. Ante esta situación, las trabajadoras y trabajadores se saturan y dejan de prestar atención a los mensajes.
- **Falta de planificación.** Emitir mensajes sin antes pensarlos ni planearlos puede ser algo habitual. Para evitar las distorsiones del mensaje, se debe pensar su contenido, seleccionar el canal más adecuado y elegir el momento oportuno para emitirlo.
- **Puenteo *(bypass)*.** En ocasiones, tanto la dirección como los empleados emiten mensajes saltándose la línea jerárquica, creyendo que se evita la pérdida de información que se produce a través de los canales. El puenteo resulta negativo para la empresa, ya que los mandos intermedios lo perciben como falta de confianza y autoridad (Fig. 6.5).

IMPORTANTE

Eficacia de la comunicación

La eficacia de la comunicación no depende tanto de lo que el **emisor quiera comunicar**, sino de lo que finalmente **entienda el receptor.**

Por este motivo, el emisor debe asegurarse de que el receptor ha entendido bien el mensaje.

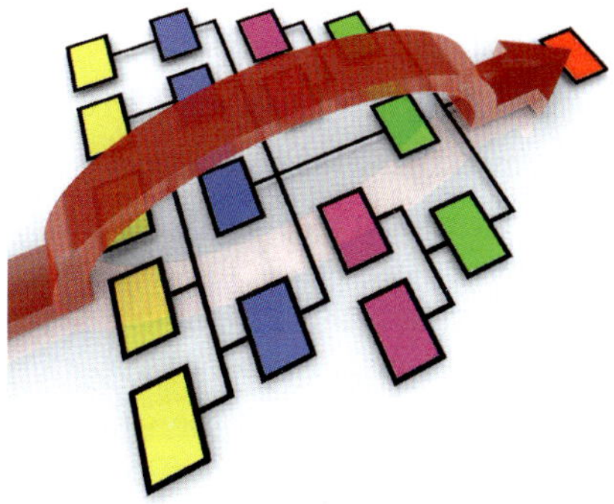

Fig. 6.5. El puenteo puede darse tanto de forma ascendente, del personal a la dirección, como descendente, de la dirección a los trabajadores y trabajadoras. En la imagen se ilustra un puenteo ascendente.

PONTE A PRUEBA 1

Barreras en la comunicación

Identifica si existen barreras en la comunicación:

a) Laura, directora del departamento administrativo, tiene una excelente opinión de Andrés, cuyo trabajo siempre alaba; en cambio, no tiene buena opinión de Ana, a la que nunca ha felicitado por el trabajo bien hecho.

b) María trabaja en el área de retribución y tiene una buena relación personal con Javier, director del departamento de recursos humanos, pues comparten la afición por el *trekking.* María consulta las tareas de su trabajo con Javier y no con Paula, que es la directora del área de retribución.

c) Rafael, jefe de taller en una empresa que fabrica herramientas, siempre consulta los problemas técnicos con los compañeros, ya que considera que las mujeres son menos competentes técnicamente y más emocionales que racionales; en cambio, consulta con ellas todos los asuntos relacionados con la motivación.

d) Rafael, el jefe de taller, tiene un estilo de mando autoritario y si un trabajo no es realizado como él ordena, amenaza con sanciones; en cambio, alaba las tareas realizadas como a él le gusta.

Pautas para la resolución:

Estudia si alguna de las situaciones descritas encaja en las barreras en la comunicación expuestas en esta página.

3. Técnicas para mejorar la comunicación

Los medios fundamentales que tiene una persona para relacionarse son la **comunicación verbal** y la **escrita.**

La utilización de la palabra hablada o escrita dependerá del contenido del mensaje, del número de personas destinatarias, del contexto, de la rapidez de la retroalimentación, etc. Dependiendo de estos factores, en las empresas se utilizarán uno o varios canales, que se muestran en la Tabla 6.2.

3.1. Comunicación verbal

La comunicación verbal transmite los mensajes mediante la **voz,** haciendo posible una **retroalimentación inmediata.** El receptor puede hacer preguntas y aclarar dudas, por lo que el emisor percibe si el mensaje ha sido recibido y comprendido. Por ejemplo, en la comunicación verbal empresarial, son comunes las entrevistas, las reuniones, los debates o las videoconferencias. Todos ellos son especialmente importantes en la *selección del personal* y en la *formación del personal.*

Las técnicas que pueden utilizar tanto el emisor como el receptor para mejorar la comunicación oral aparecen en la Tabla 6.3.

Técnicas para el emisor	Técnicas para el receptor
• **Preparar el mensaje y utilizar un lenguaje adaptado al receptor:** edad, nivel cultural, motivación, intereses, etc. • **Comunicar de forma directa** (cara a cara), siempre que sea posible. • **Eliminar la información irrelevante.** • **Neutralizar las distorsiones físicas,** como los ruidos. • **Usar moderadamente la redundancia** (repetición del mensaje por el mismo o diferente canal), para no saturar. La redundancia resulta positiva cuando sirve de recordatorio para que el mensaje no se olvide, pero puede llegar a molestar al receptor. • **Facilitar la retroalimentación** haciendo preguntas al receptor, para comprobar si ha comprendido el mensaje.	• **Adoptar una actitud positiva y receptiva.** • **No interrumpir.** • **Escuchar activamente,** con atención y concentración plenas, evitando las distracciones y demostrando al emisor con los gestos que verdaderamente se le está escuchando. • **No juzgar** al emisor desde nuestro propio punto de vista. • **Mantener una actitud empática,** es decir, ponerse en el lugar del emisor. • **No evaluar** el contenido del mensaje. • **Realizar las preguntas** necesarias sobre los aspectos que no han quedado claros al final de la emisión del mensaje.

Tabla 6.3. Técnicas para mejorar la comunicación oral.

CASO PRÁCTICO 2

La comunicación informal en las empresas

Paralelamente a la organización formal, existe una organización informal (que genera también comunicaciones informales), que surge como consecuencia de las relaciones personales de quienes trabajan en las empresas.

¿Qué aspectos positivos y negativos presenta este tipo de comunicación? ¿Cuáles son los canales por los que circula?

Solución:

La comunicación informal surge de forma espontánea entre los miembros de las empresas por amistad, afinidades, etc. Este tipo de comunicación no sigue los cauces jerárquicos oficiales, por lo que escapa al control de la dirección.

- **Ventajas:** facilita las relaciones personales y ayuda a transmitir valores y actitudes positivas. Se ha demostrado que, en empresas que favorecen la comunicación informal, mejora el clima laboral.
- **Inconvenientes:** si en la empresa existe falta de liderazgo y claridad en las comunicaciones, surgen los rumores, que pueden influir de forma negativa sobre la productividad, el clima laboral y generar inseguridades. Los rumores se combaten facilitando la comunicación; por ejemplo, mediante una política de transparencia.

3.2. Comunicación escrita

La **comunicación escrita** requiere un mayor nivel de elaboración que la comunicación oral, puesto que se tiene más cuidado con las palabras que se escriben.

Algunos ejemplos de comunicación escrita en la empresa son: cartas, informes, memorandos, avisos, anuncios, etc., cada uno con sus propias características y enfocado a un tipo de comunicación concreta.

La comunicación escrita tiene las ventajas de que se puede editar y revisar varias veces y, además, se puede guardar de forma permanente para su posterior estudio.

Una buena comunicación escrita debe reunir las siguientes **condiciones:**

- **Claridad y precisión.** La expresión debe ser sencilla y no dar lugar a varias interpretaciones. Si se escribe a mano, la letra debe ser fácilmente legible.
- **Brevedad.** La información debe expresarse de forma concisa. Si se trata un tema importante, se realizará un único escrito para este tema. Si se tratan varios asuntos, se escribirán en párrafos separados, empezando por los más importantes; nunca se deben tratar en un solo párrafo asuntos diferentes.
- **Corrección gramatical.** El escrito debe carecer de errores gramaticales; si se tienen dudas, es mejor que lo revise alguien experto. El tono debe ser de respeto hacia el receptor.
- **Presentación.** Si se presenta en papel, la calidad y el tamaño de este han de ser los adecuados, junto con una impresión también de buena calidad.
- **Texto estructurado.** Los escritos deben estar organizados en tres secciones: un planteamiento, un desarrollo y un cierre.

IMPORTANTE

Ventajas de la comunicación escrita

- Puede planificarse.
- Es adecuada para transmitir mensajes difíciles y complejos.
- Se puede revisar, corregir y mejorar.
- Existe la posibilidad de relectura.
- Su contenido es difícil de tergiversar.
- Las comunicaciones escritas se pueden registrar y archivar.

3.3. Comunicación no verbal

La **comunicación no verbal** se realiza a través de signos no lingüísticos. Todas las personas de la empresa, tanto mandos como personal, pueden expresar sus sentimientos y su estado emocional a través de este tipo de comunicación.

Gran parte de los gestos y las posturas del cuerpo cambian de significado según el contexto en que se produzcan, por lo que es necesario ser muy prudente en su interpretación; además, los gestos no se deben interpretar aisladamente, sino en conjunto con otros (Fig. 6.6).

La información no verbal se puede transmitir de diferentes formas, pero se ha de tener en cuenta que **su interpretación depende del contexto:**

- **Expresiones faciales:** miradas, sonrisa, gestos y tics.
- **Movimiento corporal:** manos, cabeza, piernas, posición espacial, ademanes, posiciones del cuerpo y movimientos.
- **Aspecto físico:** aseo, ropa y complementos.
- **Voz:** volumen, entonación, ritmo y seguridad.

El **mensaje verbal debe coincidir** siempre con el **corporal,** pues en ocasiones puede restar credibilidad al mensaje oral si se contradice con el lenguaje no verbal.

EJEMPLO

Algunos ejemplos de contradicción pueden ser:

- Un jefe golpea la mesa de forma autoritaria con el puño mientras anuncia que, en adelante, se pondrá en práctica una política de puertas abiertas (esta comunicación contradictoria genera un vacío de credibilidad). Decir algo con la palabra y negarlo con la cabeza.
- Una responsable de departamento levanta el pulgar manteniendo el puño cerrado, indicando que algo ha salido bien, mientras que con la palabra indica que todo ha salido mal.
- Una alumna realiza el signo de victoria con los dedos de la mano, mientras que con la palabra indica que ha suspendido un examen.

La información que transmite una persona puede verse reforzada (o contradicha) por la comunicación no verbal, que permite matizar o enfatizar lo expresado de forma oral.

Al saludar es muy importante mirar directamente a los ojos.

Si la **mano izquierda acompaña a la derecha** en el apretón, indica sinceridad y confianza.

Tomar del brazo al dar la mano transmite un extra de confianza. **Tomar el hombro** transmite más que tomar la parte superior del brazo.

Dar la mano con la **palma hacia arriba** puede significar sumisión y entrega. Lo correcto es no inclinar la mano ni hacia arriba ni hacia abajo.

Los **brazos entrelazados** a la altura del vientre pueden indicar frustración, actitud hostil o negativa.

Cuando una persona **mantiene la mirada** en la del otro durante, al menos, las dos terceras partes del tiempo, puede significar:

- Que encuentra al interlocutor atractivo; se le dilatan las pupilas.
- Que siente hostilidad y desafía; contrae las pupilas.

Hay que **gesticular** de manera **calmada** y **mesurada.** Gesticular en exceso indica nerviosismo y falta de control.

Balancear el asiento es una conducta que indica **nerviosismo** o **desinterés.**

La **risa debe ser discreta**; de lo contrario, producirá desconfianza en el interlocutor.

Palmas hacia arriba y abiertas: **honestidad, sinceridad.**

Palmas hacia abajo y abiertas: **posición dominante.**

Tocarse la nariz o frotarse un ojo: **se está contando algo falso.**

Inclinar la cabeza a un lado: **escucha activa y atenta.**

Unir los pulgares: **confianza en uno mismo.**

Fig. 6.6. Ejemplos de comunicación no verbal.

CASO PRÁCTICO 3

Puntos fundamentales para realizar una buena exposición oral

En el departamento de recursos humanos ha quedado vacante la jefatura del área de formación, que se pretende cubrir mediante promoción interna, teniendo en cuenta la antigüedad en la empresa, la titulación académica y la valoración de un proyecto de formación.

El proyecto ha de ser expuesto y defendido, de forma oral, ante un comité formado por la dirección y representantes sindicales.

Uno de los técnicos administrativos, que reúne los requisitos de la convocatoria, te pide que le ayudes a preparar la exposición del proyecto que ha elaborado. Busca información y prepara los puntos básicos que se deben tener en cuenta para realizar una buena exposición oral.

Solución:

Los puntos fundamentales que se han de tener en cuenta para realizar una buena exposición oral son los siguientes:

- Preparar la intervención ensayándola en voz alta y, si es posible, exponiéndola ante personas que la analicen de forma crítica.
- Comenzar explicando brevemente los puntos que se van a tratar y las razones para ello.
- Hablar pausadamente, cuidando la pronunciación, la intensidad, la entonación y el ritmo de la voz.
- Utilizar la **técnica del faro**, mirando a quienes evalúan el mayor tiempo posible.
- Ponerse en el lugar de los receptores y tratar de adivinar qué es lo que desean oír.
- Utilizar medios audiovisuales para apoyar el mensaje, como proyecciones, gráficos y presentaciones.
- Cuidar el lenguaje corporal: gestos, posturas, indumentaria, tics, etc.
- No aburrir; para ello, se pueden utilizar anécdotas y datos curiosos o sorprendentes.
- Para finalizar, realizar una síntesis y una enumeración de las conclusiones. Conviene llevar preparados argumentos para rebatir las críticas que se puedan producir al finalizar la exposición y evitar enfrentamientos.

¿SABÍAS QUE...?

Comunicación no verbal óptima

Para una buena comunicación no verbal:

- Procura mirar a la otra persona, pero sin intimidar ni rehuir su mirada.
- Adopta una expresión facial franca y abierta.
- Mantén una postura relajada.
- Evita tics.
- Cuida el aspecto y el aseo personal.

¿SABÍAS QUE...?

Técnica del faro

La mirada faro o radar consiste en repartir la mirada del interlocutor sobre cada oyente durante unos segundos mientras se pronuncia una frase, o parte de ella; de este modo todas las personas se sienten partícipes del proceso comunicativo.

ACTIVIDADES

3. Busca en YouTube vídeos relacionados con la comunicación no verbal; por ejemplo, **bit.ly/Gestos_comunicación** y **bit.ly/Comunicación_no_verbal**. Una vez vistos los vídeos, responde a las siguientes preguntas:

- ¿Cómo se inicia una exposición en público?
- ¿Cómo se tiene que mirar al público? ¿Cómo se puede entrenar la mirada?
- ¿Qué son los gestos ilustradores? Pon algún ejemplo.
- ¿Qué son los gestos adaptadores? Pon algún ejemplo.
- ¿Pueden los gestos perjudicar a un buen orador u oradora?
- ¿Qué dos errores fundamentales no se deben cometer en las exposiciones orales?

4. En los procesos de selección es importante detectar cuándo las personas entrevistadas no dicen la verdad. Hay muchos gestos que denotan cuando alguien miente. Visualiza los vídeos **bit.ly/Descifra_mentidas** y **bit.ly/Pies_nunca_mienten**. A continuación, responde estas preguntas:

- ¿Cómo se detectan mentiras por la voz?
- ¿Qué gestos realizados con las manos, la boca o los ojos pueden denotar que se miente?
- ¿Qué gestos denotan incomodidad?
- ¿Qué denota la dirección de los pies?
- ¿Qué significan los movimientos de los pies cuando las piernas están cruzadas?

IMPORTANTE

Comportamiento no verbal asertivo

Las principales características de este tipo de comportamiento son estas:

- Postura relajada.
- Contacto ocular directo, pero no desafiante.
- Movimientos faciales pausados.
- Cuerpo y cabeza orientados hacia las otras personas.
- Tono de voz firme.
- Espacio interpersonal adecuado.

4. La comunicación asertiva

La **asertividad** es la conducta interpersonal que permite expresar opiniones, pensamientos y sentimientos, así como defender nuestros derechos respetando los derechos y sentimientos del resto.

Las personas suelen mostrar **tres estilos de comportamiento** ante una situación conflictiva:

- **Estilo pasivo.** Tienen la necesidad de agradar y no de incomodar, sin pedir ni exigir sus derechos. *Piensan más en lo que piensa el resto que en sus propias opiniones.*
- **Estilo agresivo.** Suelen poner por delante sus opiniones a lo que piensa el resto y hablan en voz alta, retando. *Lo que ellos y ellas piensan y sienten es más importante que lo que tú piensas y sientes.*
- **Estilo asertivo.** Defienden sus propios derechos y respetan los derechos de los demás, consiguiendo sus objetivos sin herir a nadie. *Lo que piensan es tan importante como lo que yo pienso, y lo que yo pienso es tan importante como lo que el resto piensa.*

Desde la perspectiva empresarial, las personas asertivas tienen **importantes ventajas:**

- Una **persona asertiva** transmite dudas, pensamientos y problemas a sus responsables y compañeros y compañeras de forma correcta, contribuyendo a crear un buen clima laboral.
- Un **mando asertivo** sabe cuándo y cómo dirigirse al equipo, manteniendo el respeto hacia ellas y ellos, entendiéndolos, escuchando sus propuestas y orientándolos para mejorar el trabajo. Esta forma de actuar le hace ganarse el respeto de las personas del equipo y contribuye a mejorar las relaciones laborales.

4.1. Desarrollo de la asertividad

La asertividad es una habilidad que se debe entrenar y que no se obtiene fácilmente. En la Tabla 6.4 aparece reflejada la técnica que se emplea para desarrollarla.

Actuación	Comportamiento verbal
1. Escuchar activamente.	Se procura no interrumpir y se demuestra con gestos que se está escuchando.
2. Poner en primer lugar lo que dice esa persona, para que no se cierre en banda.	«Entiendo lo que dices...» (se expresa el punto de vista de la otra persona).
3. Decir realmente lo que se piensa.	«Pero yo...» (da su propio punto de vista).
4. Proponer una solución.	«Que te parece si...» (se trata de encontrar un acuerdo, explicando los beneficios que tendrá para ambas partes).

Tabla 6.4. Técnica para desarrollar un comportamiento asertivo.

CASO PRÁCTICO 4

Estilos asertivo y no asertivo en una situación de tensión

Ramón es administrativo en el departamento comercial de una empresa de servicios informáticos que, al finalizar el trimestre, debe realizar la liquidación del IVA, tarea que requiere una gran dedicación.

En este mismo periodo, su jefa, Fátima, le solicita que realice un estudio de la evolución de las ventas del último año. Ramón se siente estresado, puesto que, si se dedica a las dos tareas, no podrá presentar la liquidación del IVA dentro de plazo.

Describe cómo puede dirigirse Ramón a su jefa para explicarle la situación, utilizando un estilo no asertivo y un estilo asertivo.

Solución:

- *Estilo no asertivo:* «Hola, Fátima. Pues no sé si podré hacer el estudio de la evolución de las ventas porque tengo que hacer la declaración trimestral del IVA. Puedo intentarlo, pero será algo difícil. Por favor, te pido que me permitas entregarte el trabajo después de liquidar el IVA».
- *Estilo asertivo:* «Hola, Fátima. Me va a resultar imposible entregar el trabajo en el plazo que me indicas, pues tengo que realizar la declaración trimestral del IVA. Entiendo la importancia de conocer la evolución de las ventas, pero los plazos de Hacienda son improrrogables. Te propongo que alguien del equipo recopile los datos y, posteriormente, yo me encargo del análisis y de las conclusiones. Entiende que no te lo pediría si no se tratara de una situación excepcional».

4.2. Estrategias de comunicación asertiva en situaciones de presión

En la Tabla 6.5 aparecen algunas estrategias de comunicación asertiva que se utilizan para defender nuestros derechos en situaciones de presión laboral.

Estrategias de comunicación asertiva	Ejemplos
Disco rayado Consiste en la negación repetida. Se utiliza una frase que exprese la negación cuantas veces sea necesario y también se puede repetir insistentemente lo que uno desea hacer, piensa o siente. Si es posible, se proponen otras alternativas hasta que se pueda llegar a un compromiso razonable por ambas partes.	• «No, gracias». • «Lo siento, no me interesa». • «Perdona, pero ya sabes que no, creo que es mejor». • «No, no me confundas, he dicho que no». • «No me parece adecuada esa forma de actuar». • «Muy bien, pero no quiero, yo prefiero...». • «Lee mis labios: no, voy a hacer...».
Técnica de la claudicación simulada o banco de niebla Consiste en reconocer la razón o posible razón que pueda tener la otra persona, aceptando las críticas, pero expresando la decisión de no cambiar nuestra conducta.	• «Reconozco que tienes parte de razón; sin embargo, en mi opinión...». • «Es posible que tengas razón, pero en mi opinión...». • «Quizá no debiera de haber actuado así, pero creo que...». • «Puede que esté equivocada, pero he observado que...». • «Aunque entiendo tus razones, no estoy de acuerdo». • «Puede ser que tengas razón, pero prefiero...». • «Sí, puede ser que yo sea muy tozudo, pero no». • «Es posible que tengas razón, pero no gracias». • «Sí, es cierto, pero yo creo que...». • «Bien, de acuerdo, pero ahora no me interesa».
Aplazamiento asertivo Consiste en aplazar la respuesta a una crítica o a un desafío hasta que se está tranquila o tranquilo, o hasta que se han reflexionado los argumentos y se es capaz de actuar apropiadamente.	• «Ya hablaremos más tarde». • «Debo reconocer que quizá tengas parte de razón. Déjame pensarlo y lo discutiremos después». • «Noto que estás muy enfadada; si no te importa, discutiremos este tema cuando estés más tranquila». • «Puede que esté equivocada, pero he observado que...». • «Sí, es un tema importante, pero quiero reflexionar sobre ello». • «No quiero hablar de este asunto ahora, prefiero...». • «Prefiero reservar mi opinión al respecto, ya hablaremos en otro momento». • «Noto que estás muy nerviosa. ¿Qué te parece si tratamos este asunto más tarde?»
Técnica del acuerdo asertivo o aserción negativa Consiste en responder a una crítica admitiendo que es razonable, que se ha cometido un error o que tiene parte de razón, invitando a la crítica para obtener información utilizable en la argumentación. Esta técnica se utiliza siempre que sepamos que la crítica que nos realizan es lógica o veraz, en todo o en parte.	• «Comprendo que te pudiera molestar, pero ¿qué fue lo que, en concreto, no te gustó de mi modo de actuar?» • «Tienes razón, el trabajo no está perfecto. En concreto, ¿qué es lo que menos te gusta?» • «Noto que no... ¿Cómo debo actuar para que te sientas a gusto?» • «Entiendo que no te gustó cómo defendía mi postura en la reunión, pero ¿qué es lo que te molestó o no te agradó en mi forma de actuar?» • «¿Por qué te molestó mi petición? ¿Por qué te sentiste así?» • «¿Qué elementos de este trabajo crees que no cumplen con el objetivo marcado? ¿Cuáles sí?»

Tabla 6.5. Estrategias de comunicación asertiva utilizadas en situaciones de presión.

SÍNTESIS La comunicación en las empresas

1. Completa en un documento aparte el esquema que aparece a continuación:

- **Elementos del proceso de comunicación** → Enumera los elementos del proceso de comunicación: [...]
- **Comunicación interna en la empresa**
  - → Ascendente: [...]
  - → Descendente: [...]
  - → Horizontal: [...]
- **Trasmisión de la comunicación en las empresas** → Canales que favorecen la comunicación. → Enumera canales de comunicación que se pueden utilizar en las empresas: [...]
- **Comunicación asertiva**
  - → ¿Qué es la asertividad? [...]
  - → Estrategias de comunicación asertiva. → [...] [...] [...] [...]

INVESTIGACIÓN

2. Existen una serie de derechos asertivos que explican cuál puede ser nuestra reacción en las relaciones con los demás, sin tomar una actitud pasiva ni agresiva, pero expresando los sentimientos y deseos eficazmente. Algunos derechos asertivos son decir la verdad, equivocarse y que te traten con respeto.

   a) Investiga cuáles son el resto de los derechos asertivos y realiza una relación de los diez que consideres más importantes en relación con las actividades del departamento de recursos humanos.

   b) En los equipos cuyos miembros se relacionen con un estilo de comunicación asertivo se pueden expresar desacuerdos, negociar y llegar a acuerdos que beneficien a todas las personas que componen el equipo. Investiga cómo se puede desarrollar la asertividad en el trabajo en equipo. ¿Qué técnicas y ejercicios se pueden realizar para fomentar la asertividad en los equipos de trabajo?

   c) En muchas ofertas de empleo una de las competencias personales más valoradas es la asertividad. Ser asertiva o asertivo es expresar nuestra opinión de forma clara y educada, sin ofender a los demás y sabiendo decir que no cuando hay que hacerlo. Investiga cómo se puede actuar de forma asertiva en una entrevista de trabajo.

3. El dedo pulgar tiene una gran importancia en la comunicación no verbal. Desde que nacemos el dedo pulgar tiene un valor capital, al ser el sustituto del pecho materno y del chupete. Visualiza el vídeo del enlace **bit.ly/Gestos_pulgar** y a continuación explica el significado de algunos gestos realizados con este dedo, como por ejemplo cuando el pulgar señala hacia arriba o hacia abajo.

   a) Investiga el significado de los gestos con el pulgar en otras culturas. Indica algún ejemplo de mensajes negativos expresados con el pulgar.

   b) Dar la mano es un acto de cortesía y de buena educación. Un apretón de manos realizado de forma correcta es fundamental para causar una buena primera impresión, igual que sucede con la expresión de la cara y con el vestuario. Este saludo es muy importante en las entrevistas de trabajo.

   Investiga y realiza un pequeño informe sobre la forma correcta de dar la mano; debes reflejar aspectos como dar la mano de forma apropiada, qué no se debe hacer al dar un apretón de manos y diferentes formas de dar la mano y su significado.

TEST DE REPASO

1. La comunicación y la información se diferencian en:

- (a) La retroalimentación.
- (b) La codificación.
- (c) La descodificación.
- (d) El canal.

2. La retroalimentación es:

- (a) La redundancia en los mensajes.
- (b) La descodificación del mensaje.
- (c) La respuesta del receptor.
- (d) La recodificación del mensaje.

3. La comunicación descendente:

- (a) Transmite la cultura de la empresa.
- (b) Permite conocer los problemas laborales.
- (c) Se genera de manera espontánea.
- (d) Comunica el desempeño del trabajo.

4. Son comunicaciones descendentes:

- (a) Los informes de los mandos intermedios.
- (b) Las encuestas sobre el clima laboral.
- (c) Las circulares del equipo directivos.
- (d) Los programas de sugerencias.

5. Son manifestaciones propias de la comunicación ascendente:

- (a) Los informes de los mandos intermedios.
- (b) Las encuestas sobre clima laboral.
- (c) Las circulares emitidas por las jefaturas de departamento.
- (d) Las quejas y sugerencias.

6. El efecto halo son:

- (a) Las expectativas positivas sobre una persona.
- (b) Las expectativas negativas sobre una persona.
- (c) La impresión favorable o desfavorable sobre una persona.
- (d) Generalizaciones sobre grupos de personas.

7. El exceso de información:

- (a) Nunca hay exceso de información.
- (b) Facilita la comunicación.
- (c) Genera dificultades en la comunicación.
- (d) Todas son falsas.

8. La comunicación informal:

- (a) Es controlada por la dirección.
- (b) Surge de forma espontánea.
- (c) Sigue las líneas jerárquicas.
- (d) Va de los niveles inferiores a los superiores.

9. La comunicación no verbal:

- (a) No se emite mediante la forma de vestir.
- (b) Puede contradecir la verbal.
- (c) No sirve para reforzar el mensaje.
- (d) El emisor no la puede controlar.

10. En la interpretación de la comunicación no verbal, los brazos entrelazados a la altura del vientre pueden significar:

- (a) Escucha activa.
- (b) Interés.
- (c) Empatía.
- (d) Hostilidad.

11. Para favorecer la comunicación oral, es una actitud correcta del receptor:

- (a) Realizar preguntas al final de la emisión del mensaje.
- (b) Interrumpir si no se entiende alguna idea.
- (c) Evaluar al emisor desde nuestro punto de vista.
- (d) Evaluar el contenido del mensaje.

12. El puenteo consiste en:

- (a) Saltarse la línea jerárquica.
- (b) Perder información en canales intermedios.
- (c) Tener una retroalimentación deficiente.
- (d) Contar con una descodificación deficiente.

13. La negación repetida es una técnica de comunicación asertiva denominada:

- (a) Aserción negativa.
- (b) Disco rayado.
- (c) Banco de niebla.
- (d) Aplazamiento asertivo.

14. Reconocer la razón de otra persona, pero expresar la decisión de no cambiar nuestra conducta, se denomina:

- (a) Disco rayado.
- (b) Aplazamiento asertivo.
- (c) Acuerdo asertivo.
- (d) Banco de niebla.

COMPRUEBA TU APRENDIZAJE

1. Indica qué canal utilizarías para facilitar la comunicación en las siguientes situaciones:

a) Desde el departamento de recursos humanos, se recuerda a todo el personal que el tiempo perdido por los retrasos en las entradas debe ser recuperado o, en caso contrario, será descontado del salario.

b) En una empresa de transportes, un trabajador quiere presentar una iniciativa para mejorar las rotaciones de los trabajos nocturnos.

c) Se convoca a las y los responsables de departamento a una reunión informativa con la dirección general.

d) El departamento de recursos humanos comunica que existe una vacante de mando intermedio que se cubrirá por promoción interna.

e) Se coordinan las tareas de los y las representantes comerciales.

f) Varios mandos ejecutivos de la empresa, que se encuentran en ciudades diferentes, necesitan fijar una estrategia en común ante la negociación del convenio colectivo con los sindicatos.

g) El departamento técnico informa al departamento de recursos humanos sobre las horas extraordinarias que la plantilla ha realizado durante el mes.

h) Desde el departamento de recursos humanos, se comunica a la plantilla las normas para justificar las ausencias.

i) Se recuerda al personal que el día 1 de julio comienza la jornada continua.

2. Desde la sección de administración del departamento de recursos humanos de una empresa de tamaño medio, quieren recordar a la plantilla que, si facilita sus datos personales y familiares, como estado civil, número de hijos, ascendientes, pago de hipoteca, etc., pueden ver reducida la retención a cuenta del IRPF.

Responde a las siguientes cuestiones:

a) ¿Qué canales de comunicación consideras más adecuados para enviar la notificación?

b) Indica las ventajas y desventajas de cada uno de estos canales.

c) ¿Qué barreras pueden existir para que la comunicación sea efectiva?

Recuerda que los datos que solicitas contienen información protegida por la Ley Orgánica de Protección de Datos Personales.

Teniendo en cuenta esta información, ¿qué canal elegirías para comunicarte con los trabajadores y trabajadoras?

3. En una empresa, van a cubrir una jefatura mediante promoción interna. Desde el departamento de recursos humanos, tienen que comunicar este hecho a todo el personal para que, quien tenga interés, presente una solicitud y un currículo actualizado en el que figuren la formación y la experiencia relacionadas con el puesto a cubrir.

a) ¿Qué medios utilizarías para enviar el mensaje?

b) ¿Cómo será el *feedback*?

c) ¿Qué barreras a la comunicación pueden existir en este proceso?

4. José, trabajador del departamento técnico, desea que su empresa le haga un préstamo para poder realizar una reforma en su casa.

Según la organización formal, la encargada de tomar la decisión es la directora general, previo informe del director financiero y de la directora del departamento del trabajador.

Este trabajador es amigo de Serafín, director de recursos humanos, pues ambos salen los fines de semana a montar en bicicleta. José pide a su amigo que interceda ante la directora general. Serafín habla con la directora general y esta accede a conceder el préstamo.

Realiza las siguientes tareas:

a) Indica qué tipo de comunicación se está manifestando en esta situación.

b) Señala las posibles barreras a la comunicación que pueden existir en esta empresa.

c) Indica de qué problemas puede ser indicativa esta situación.

d) ¿Qué problemas pueden surgir con las direcciones de los departamentos afectados?

5. En una empresa circulan rumores sobre el traslado de personal a una sede en otra provincia. Responde, razonando las respuestas, a las siguientes preguntas:

a) ¿En qué forma puede este rumor influir en la plantilla?

b) ¿Podrán repercutir los rumores en las relaciones de la empresa con el exterior, con clientela, proveedores y entorno social?

c) ¿Cómo crees que pueden atajar las empresas los rumores que no favorezcan el clima laboral?

d) Si los rumores fuesen ciertos, ¿qué tipo de canal sería el adecuado para informar al personal afectado?

e) ¿Qué canales de comunicación serán los más adecuados para acallar los falsos rumores?

f) El comité de empresa ha solicitado que se aclaren los rumores. ¿Qué canal puede utilizar para realizar esta solicitud?

6. Imagina que trabajas en el departamento de recursos humanos de una gran empresa y una de tus tareas es la elaboración de nóminas. Este trabajo puede generar múltiples reclamaciones del personal por diferentes motivos. Supongamos que un trabajador se dirige a ti de forma agresiva, reprochándote que no se le ha pagado el complemento de productividad que le correspondía este mes.

Escribe el diálogo para actuar de forma asertiva ante esta situación, que molesta o incomoda, siguiendo los pasos de la Tabla 6.4.

COMPRUEBA TU APRENDIZAJE

7. Escribe diálogos en los que apliques las estrategias de comunicación asertiva de la Tabla 6.5 a las situaciones siguientes:

a) Disco rayado. Tu jefa desea que te quedes a trabajar dos horas más por la tarde para finalizar una tarea que no es urgente y tú tienes una cita médica.

b) Banco de niebla. Un compañero de trabajo te reprocha que siempre le entregas con retraso la información sobre ausencias al trabajo, información que él necesita para realizar las nóminas y liquidar los seguros sociales sin agobio.

c) Aplazamiento asertivo. Tu jefa te reprocha que, en las últimas semanas, has llegado varios días tarde y que eso está perjudicando al trabajo y generando mal ambiente laboral.

d) Aserción negativa. Tu jefe te comenta que, últimamente, no te implicas en el trabajo y que los informes que te ha encargado realizar no son de la calidad esperada.

8. En una empresa se está negociando con los sindicatos en incremento de las retribuciones. La directora del departamento de recursos humanos ha solicitado al jefe del área de retribución un informe sobre el incremento del gasto en personal en cada uno de los niveles retributivos de la empresa, si se pacta un incremento del 5 %.

Cuando se le presenta este informe, la directora de recursos humanos no se siente satisfecha, pues le parece que es mediocre y no se ajusta a lo que ella solicitó.

Explica cómo será la reacción de la jefa en tres situaciones: si tuviese un estilo pasivo, si su estilo fuese agresivo y si fuese estilo asertivo.

9. Supongamos que en la situación descrita en la actividad anterior, la directora de recursos humanos reaccionase de una forma agresiva. Describe cómo actuará la persona que presentó el informe utilizando las estrategias de comunicación banco de niebla, aplazamiento asertivo y acuerdo asertivo.

Se puede realizar un juego de rol *(role-playing)* en el que el alumnado asuma diferentes papeles, estilos y técnicas asertivas en las situaciones de las actividades 8 y 9.

10. En muchos casos, no es fácil descifrar el significado de los gestos que se hacen con las manos. Busca en Internet el vídeo *Tú comunicas con las manos* y realiza un pequeño resumen donde indiques cuáles son los significados de las posiciones de las manos.

11. Para detectar y evidenciar las dificultades de la comunicación, realizad este trabajo en clase:

a) Una alumna o alumno dibujará en un papel varias figuras geométricas (este alumno emisor será el único que podrá ver los dibujos). Se sentará de espaldas y describirá verbalmente cada uno de los dibujos.

b) Los receptores deberán reproducir los dibujos siguiendo las explicaciones del emisor, pero sin poder realizar ninguna pregunta ni solicitar aclaraciones.

c) Se repetirá el ejercicio con otros dibujos, pero sin que los receptores puedan realizar preguntas ni solicitar aclaraciones.

Extraed conclusiones tras el ejercicio y debatidlas en el aula.

12. Para detectar y evidenciar los problemas de comunicación, realizad el siguiente ejercicio en el aula:

- El o la docente solicita que cinco personas salgan del aula de forma voluntaria. Entre el o la docente y quienes se quedan en el aula, piensan un mensaje que se pueda transmitir de forma oral a quienes están fuera.
- Se pide que entre una de las personas y se le hace leer un mensaje escrito.
- Se hace pasar a una segunda persona y quien recibió anteriormente la información le comunica el mensaje al oído.
- Se realiza la misma operación sucesivamente con el resto de quienes están fuera del aula.
- La última persona en entrar explica en voz alta el mensaje que ha recibido.
- Se contrasta el mensaje emitido con el que ha llegado al final de la cadena de personas que salieron del aula.

Realizad un debate en clase sobre las barreras a la comunicación que han podido distorsionar el mensaje inicial, si es que realmente ha sido distorsionado.

13. Supongamos que participas de observador en una entrevista de trabajo y te han pedido que prestes atención la comunicación no verbal de alguna persona candidata.

- Indica cuáles son las actitudes, las posturas, los gestos, las miradas o los tics a los que prestarías más atención.
- ¿Hay algún aspecto de comunicación no verbal que hiciera que la persona entrevistada no te pareciera adecuada para un puesto de administrativo?

14. En grupos de dos, deberéis preparar una exposición oral sobre comunicación no verbal, organización del departamento de recursos humanos y protección de datos.

Para facilitar el *feedback*, los compañeros y compañeras cumplimentarán una hoja de observaciones en la que anotarán:

- Gestos, reacciones, expresiones, utilización de muletillas, etc.
- Mensajes no verbales con gestos, miradas, actitudes, forma de vestir, etc.
- Contradicciones entre el lenguaje verbal y el no verbal.

Seguidamente, poned en común todas las observaciones.

7 UNIDAD

La motivación laboral y los equipos de trabajo

En una empresa de servicios, las encuestas de clima laboral han detectado que el equipo de ventas está muy desmotivado; por ello, la directora del departamento ha participado en un seminario sobre motivación.

Al finalizar el seminario reunió al equipo de ventas y les comunicó lo siguiente:

– De ahora en adelante, podréis planificar y controlar vuestro trabajo. La directora piensa que esto hará que aumente considerablemente la motivación y, en consecuencia, la satisfacción y la productividad.

Un miembro del equipo preguntó:

– ¿Nos pagarán más?

– No, no aumentará vuestro salario. —La directora piensa que el dinero no es un elemento motivador, pero su equipo no lo entiende—. Tenéis que leer este manual sobre incentivos y motivación para comprender mejor lo que motiva en el trabajo.

Cuando el equipo salía del despacho, otra persona dijo: «¿Y si leo este manual cobraré algún plus?»

¿Crees que lo único que motiva a las personas para trabajar es el salario?

¿Conoces algún elemento que pueda motivar a los equipos de trabajo de las empresas y que no consista en dinero?

a) ¿En algún momento has reflexionado sobre lo que realmente te ha motivado para cursar este ciclo formativo?

b) ¿Crees que los motivos que a ti te han impulsado son los mismos que al resto de tus compañeras y compañeros?

c) Probablemente hayas tenido alguna experiencia de trabajo en equipo. ¿Qué crees que aportaste al equipo?

ESTUDIARÁS

- Identificar los fundamentos de las principales teorías de la motivación, así como los instrumentos que se pueden utilizar para motivar a la plantilla.
- Identificar los elementos de los equipos de trabajo en las empresas y analizar su funcionamiento.

Y SERÁS CAPAZ DE

- Aplicar los procedimientos administrativos relativos a la motivación y al trabajo en equipo.
- Analizar las políticas de recursos humanos en cuanto a motivación y trabajo en equipo.

1. La motivación laboral

En el departamento de recursos humanos, se realizan estudios para conocer el **estado de motivación** de la plantilla y se implantan actuaciones para mejorarlo, ya que contar con personal capacitado, motivado y leal son factores clave para el éxito de la actividad empresarial.

La **motivación laboral** es el móvil, la necesidad o el deseo que dinamiza e impulsa a la plantilla a **desempeñar su trabajo de manera excelente.**

La gran variedad de circunstancias personales y sociales ha dado lugar a diferentes teorías explicativas de la motivación, algunas de las cuales se exponen a continuación.

1.1. Teoría de Maslow: jerarquía de las necesidades humanas

En 1943, el psicólogo Abraham Maslow, en su obra *Motivación y personalidad,* afirmó que la motivación parte de una situación de necesidades jerarquizadas, donde una necesidad tiene mayor importancia que otra dependiendo del momento.

Maslow estableció una jerarquía de necesidades que las personas deben alcanzar para su satisfacción o autorrealización.

1. **Necesidades fisiológicas.** Son necesidades básicas como los alimentos, el descanso, el vestido, el calor, etc.
2. **Necesidades de protección y seguridad.** Surgen cuando están cubiertas las necesidades fisiológicas. Por ejemplo: estabilidad en el empleo, protección social, protección contra daños materiales y personales, visión de futuro, etc.
3. **Necesidades afectivas o de pertenencia a grupos.** Cubiertas las necesidades básicas, surgen otras que responden a las relaciones con el entorno y que propician que las personas se sientan aceptadas. Por ejemplo: dar y recibir afecto, ser aceptado por los demás, etc.
4. **Necesidades de valoración o estima.** Comprenden tanto la estima por los demás como la propia (autoestima y autoconfianza). Por ejemplo: ganarse el reconocimiento y el respeto de los demás en el entorno laboral o familiar.
5. **Necesidades de autorrealización.** Es la necesidad de realización de valores personales y el desarrollo del potencial propio para llegar a aquello que se es capaz de ser.

1.2. Teoría de Clayton Alderfer (ERC)

Clayton Alderfer, en 1968, revisa la teoría de las necesidades de Maslow, llegando a las siguientes conclusiones:

- El primer aspecto es **cubrir las necesidades básicas,** pero luego no siguen un orden jerárquico, sino que dependen de las motivaciones personales. Por ejemplo: una mujer licenciada acepta un puesto de becaria para aprender.
- Si la persona **no logra satisfacer** una necesidad de orden superior, **aparece una necesidad de orden inferior.** Por ejemplo: un mal clima laboral puede generar reivindicaciones salariales.
- Pueden operar **al mismo tiempo varias necesidades.** Por ejemplo: en el empleo y estima de las personas del equipo.
- Puede variar **el orden de las necesidades** por factores como la familia y la cultura. Por ejemplo: en la cultura japonesa, se anteponen las necesidades sociales a las individuales.

*Fig. 7.1. Jerarquía de las necesidades según Maslow revisada por C. Alderfer en su teoría ERC (**E**xistencia/**R**elación/**C**recimiento).*

IMPORTANTE

Necesidades motivadoras

Según Maslow, cuando una necesidad se satisface, deja de ser motivadora y son las **necesidades insatisfechas las que pueden motivar.**

Por ejemplo: si una persona tiene aseguradas las necesidades básicas (seguridad, salario, etc.), para motivarla será necesario estimular la satisfacción de un nivel superior, como autonomía, reconocimiento, etc.

¿SABÍAS QUE...?

La motivación

La **motivación** es el impulso y el esfuerzo que se pone para conseguir una meta.

La **satisfacción** se refiere al bienestar que se experimenta una vez alcanzada la meta.

Motivación > Resultados > Satisfacción

1.3. Teoría de Douglas McGregor: teoría X y teoría Y

En su obra *El lado humano de las organizaciones*, McGregor (1960) describió **dos estilos de dirección** para motivar a la plantilla, a la vez que son dos formas de percibir el comportamiento humano, a los que denominó *teoría X* y *teoría Y*. Ambos estilos aparecen explicados en la Tabla 7.1.

Según McGregor, el comportamiento de la plantilla no es consecuencia de la naturaleza del ser humano, sino de la naturaleza de las organizaciones industriales, de sus políticas y de su gestión. McGregor achaca a los órganos de dirección que eligen la teoría X ser nefastos para el crecimiento y el desarrollo de la empresa, porque ese estilo de dirección desprecia el trabajo realizado por el personal, a la vez que anula su creatividad y responsabilidad.

Teoría X: estilo autoritario La dirección **dicta las normas a seguir**, señalando a cada cual lo que debe hacer, cómo hacerlo y en cuánto tiempo.	**Teoría Y: estilo democrático y participativo** La dirección **motiva a la plantilla**, dándoles confianza y formación, y facilitando su participación en la toma de decisiones.
• El ser humano, por naturaleza, no desea trabajar y, cuando puede, lo evita. • La única motivación del personal es el dinero. • Para lograr sus objetivos, las empresas deben someter al personal a un control estricto: obligando, dirigiendo, premiando y sancionando. • La dirección somete al personal a una constante presión, tratando de que hagan los esfuerzos necesarios para evitar sanciones. • Los trabajadores y trabajadoras no desean asumir responsabilidades en el trabajo y prefieren que se les dirija.	• El ser humano no siente una aversión natural por el trabajo. • La plantilla se compromete a conseguir los objetivos empresariales por las compensaciones asociadas con su logro: la mejor recompensa es la satisfacción del ego. • Las personas prefieren ser controladas y dirigidas por sí mismas en relación con los objetivos que acepten. • Las personas, por naturaleza, tienden a aceptar y a buscar la responsabilidad. • La mayoría de las personas poseen imaginación, creatividad e ingenio, habilidades que pueden ser desarrolladas para solucionar problemas.

Tabla 7.1. Características de los estilos de dirección X e Y.

CASO PRÁCTICO 1

Teoría de Maslow desde la perspectiva laboral

Si trabajas en un departamento de recursos humanos, debes conocer cuáles son las motivaciones que podrían tener los trabajadores y trabajadoras según sea su circunstancia laboral.

¿Cómo se pueden trasladar las necesidades de la jerarquía de Maslow a un entorno laboral o profesional? Describe algunos ejemplos en cada uno de los niveles.

Solución:

Existen necesidades básicas relacionadas con la supervivencia en la organización, como la estabilidad o la seguridad laboral. A partir de ahí, según el empleado o empleada vaya alcanzando cierta estabilidad, se irá motivando para alcanzar niveles superiores dirigidos al éxito laboral.

ACTIVIDADES

1. Indica si en el siguiente texto el estilo de dirección se sitúa en la teoría X o en la Y. ¿Cómo crees que afecta a la motivación del personal este estilo de dirección?

   «Pilar Gutiérrez es directora del departamento financiero de una empresa industrial. Pilar reúne a los miembros del departamento todos los lunes para indicarles las tareas que han de hacer, cómo deben ejecutarse y los plazos para realizarlas. Pilar es muy escrupulosa revisando los trabajos para que se realicen como ella ha indicado; si no es así, han de rehacerlos. Por ello, nadie suele aportar las ideas sobre otras formas de realizar el trabajo. Si cumplen los objetivos marcados por la directora, cobran un incentivo».

1.4. Teoría bifactorial de Herzberg

Frederick Herzberg publicó su obra *Una vez más: ¿cómo motiva usted a sus trabajadores?* En ella desarrolló su teoría bifactorial en 1976, partiendo de la idea de que los trabajadores mantienen un **equilibrio entre la satisfacción y la insatisfacción** frente al trabajo. Este autor considera que, en lo referente a la motivación laboral, existen dos grupos de factores: los *higiénicos* y los *motivacionales*, tal como se muestra en la Tabla 7.2.

Factores higiénicos Su existencia no produce satisfacción laboral, pero **su carencia genera insatisfacción.**	**Factores motivacionales** **Ayudan a trabajar más y mejor,** ya que están relacionados con el contenido de la tarea y la responsabilidad que se asume, favoreciendo la satisfacción y la motivación.
• Buenas condiciones del entorno físico del puesto de trabajo. • Protección contra accidentes y enfermedades profesionales. • Salario adecuado. • Estabilidad en el empleo. • Buenas relaciones con los compañeros y compañeras. • Correctas relaciones con los mandos. • Normas de trabajo justas.	• Poder aplicar los conocimientos que se poseen. • Ser valorado por responsables y compañeros. • Reconocimiento del trabajo bien hecho. • Poder desarrollar una carrera profesional. • Realizar las tareas con autonomía. • Desarrollar la creatividad. • Asumir responsabilidades. • Establecer objetivos realistas y que se puedan alcanzar.

Tabla 7.2. Clasificación de los factores relativos a la motivación, según Herzberg.

1.5. Teoría de la equidad o justicia laboral de Stacy Adams

Esta teoría sostiene que las personas realizan comparaciones entre las contribuciones que realizan, las retribuciones que obtienen de la empresa y las de sus compañeras y compañeros de trabajo.

Fig. 7.2. Según la teoría de la equidad, la motivación de una persona depende del equilibrio entre las aportaciones que hace a la empresa y las aportaciones que recibe de ella.

Las personas tendemos a **comparar los esfuerzos realizados y los resultados obtenidos con los esfuerzos y los resultados de los demás,** según la teoría de Stacy Adams.

Según esta teoría, las personas se sienten motivadas hacia su trabajo cuando existe un equilibrio entre el esfuerzo que han realizado y la recompensa recibida, y cuando no haya una diferencia significativa respecto a lo que perciben otros trabajadores y trabajadoras con la misma ocupación.

En este contexto, **motivan las situaciones de equidad,** donde se recompensa a todo el mundo en proporción al valor de sus aportaciones, sin que existan situaciones de favoritismo injustificado. Además, han de creer que su capacidad para influir en la productividad va a ser recompensada.

ACTIVIDADES

2. Indica si las actuaciones que se describen a continuación son higiénicas o motivacionales.

- Variar las tareas cada trimestre.
- El personal puede negociar los turnos de trabajo según sus condiciones familiares.
- Excelente protección ante riesgos laborales.
- Realizar contratos de trabajo indefinido.
- Posibilidades de promoción interna.
- Formación excelente.
- Buenas relaciones con la dirección.
- Mejoras en el salario con respecto al convenio colectivo.
- Permitir la participación del personal en el diseño de su entorno de trabajo. Por ejemplo, la iluminación, el mobiliario en la oficina o la situación de las oficinas en el edificio.

3. Supongamos que diriges un departamento administrativo y que se tiene que ascender a una persona de la plantilla actual a una jefatura de área. Responde a las siguientes cuestiones de acuerdo con la teoría de la equidad:

a) ¿Qué aspectos tendrías en cuenta para cubrir internamente esa jefatura, para que la persona promocionada se sienta motivada y el resto del equipo no se sienta agraviado y desmotivado?

b) ¿Cómo reaccionará el personal de la empresa si percibe que existen situaciones de desigualdad?

IMPORTANTE

Clima laboral

El clima laboral es el **ambiente de trabajo** que se percibe en la organización, expresado por la plantilla.

El clima influye en la motivación y en la satisfacción de la plantilla y, en consecuencia, en la productividad y en los resultados.

Con la medición del clima laboral, se pretende, fundamentalmente, implantar planes concretos para aumentar la motivación y satisfacción del personal, así como para anticipar posibles conflictos.

1.6. Medios para diagnosticar y evaluar la motivación

Existen diferentes medios para diagnosticar y evaluar la motivación del personal:

- **Encuestas de clima laboral.** Son la herramienta más utilizada para evaluar el ambiente que existe en la empresa. En las encuestas, el personal se expresa, de manera anónima, sobre distintos aspectos de la vida de la empresa (satisfacción, motivación, compromiso, entorno laboral) y así se detectan qué condiciones laborales obstaculizan el bienestar y la productividad.

  Una vez tabulados los cuestionarios, se ponen en marcha medidas para mejorar los indicadores más débiles. Para que las medidas surtan el efecto deseado en la motivación del personal, debe dejarse pasar un tiempo (unos dos años); pasado este tiempo, se vuelve a realizar la encuesta y se actualizan los indicadores de clima.
- ***Focus group.*** Las encuestas de clima se complementan, para ser más eficaces, con *focus groups* o reuniones focalizadas, en las que una muestra representativa del personal de las distintas áreas de la empresa participa en la elaboración del cuestionario y en el diseño de los planes de acción para mejorar el clima laboral.
- **Entrevistas.** Se realizan a personas concretas, o a representantes sindicales para detectar los factores que generan insatisfacción.
- **Encuestas y entrevistas de salida.** Se hacen cuando una persona se va voluntariamente de la empresa.
- **Observación y valoración de las actitudes del personal.** La observación, siempre que se realice en unas condiciones que garanticen la fiabilidad, puede detectar si los trabajadores y trabajadoras manifiestan una actitud positiva o negativa en el puesto de trabajo.
- **Análisis de las condiciones de trabajo.** Se estudia la motivación analizando directamente las condiciones de trabajo. Se analizará todo lo que afecta a la salud del personal, al medio físico (temperatura, luz, ruidos...), a la carga mental y a las condiciones ergonómicas del puesto. También se analizará lo referente al empobrecimiento creativo, de reflexión y de comunicación.
- **Planes de sugerencias.** El personal puede hacer las sugerencias que estime convenientes para mejorar algún aspecto del trabajo. Se deben agradecer todas las sugerencias y expresar las razones por las que van a ser puestas, o no, en práctica. Las empresas suelen premiar a las empleadas y empleados por las sugerencias puestas en práctica.
- **Buzones de reclamaciones y quejas.** El personal debe estar concienciado de que su opinión es necesaria para mejorar la calidad del clima laboral; las reclamaciones y quejas deben ser tenidas en cuenta y contestadas en un breve periodo de tiempo.
- **Análisis del desempeño laboral.** El desempeño del personal puede mostrar el estado anímico de la plantilla; los datos de ventas, las quejas y las reclamaciones de la clientela, el absentismo, las bajas o la reducción de la productividad, son indicadores del nivel de motivación. La información sobre el desempeño debe ser contrastada con otros medios de diagnóstico del clima.

PONTE A PRUEBA 1

Aplicación de las teorías de la motivación

1. En el departamento técnico de una empresa industrial han realizado una encuesta de clima laboral de la que se ha deducido que los elementos menos motivadores son los sueldos y el reconocimiento del esfuerzo del personal.

   a) Razona si un salario adecuado tiene repercusión en la productividad de la plantilla.

   b) Explica si un aumento del sueldo puede contribuir a un aumento permanente de la satisfacción en el trabajo.

   c) ¿Por qué el reconocimiento del esfuerzo por mejorar la formación y progresar en la carrera profesional puede generar satisfacción en el trabajo?

   d) ¿Con qué teoría de la motivación se pueden relacionar las tres situaciones anteriores?

2. Ana, que trabaja en esta empresa, está muy defraudada por las condiciones salariales, pues los compañeros hombres que realizan un trabajo similar al suyo cobran más, no por el sueldo establecido en el convenio, sino por los complementos como dedicación y actividad que siempre les pagan a ellos y rara vez a las mujeres. ¿Con qué teoría de las estudiadas se puede relacionar esta situación?

Pautas para la resolución:

En los casos *a* y *b* del apartado 1 hay que analizar el equilibrio entre los elementos que ayudan a trabajar mejor y los que pueden generar insatisfacción. En el caso *d* y el apartado 2, hay que analizar si existe equilibrio entre el esfuerzo, los resultados y los resultados de los demás.

1.7. Técnicas motivacionales

Existen diferentes instrumentos que pueden mejorar la motivación del personal:

Adecuación de la persona al puesto de trabajo	La selección del personal idóneo para desempeñar de manera óptima las tareas de los puestos de trabajo hará que esté motivado. Una persona inadecuada para el puesto que va a ocupar se desmotivará por aburrimiento, si sus capacidades son mayores, o por estrés, si son inferiores.
Políticas de conciliación	Están formadas por medidas para conciliar la vida personal, laboral y familiar. Por ejemplo: horario flexible, trabajo a tiempo parcial, permisos de maternidad y paternidad superiores a los legales, jornada reducida a cambio de reducción salarial, servicios de guardería, permisos y excedencias, etc.
Mejora de las condiciones laborales	Incluye mejoras en el salario, en las condiciones físicas del entorno (iluminación, temperatura, decoración) o en los equipos de trabajo.
Enriquecimiento del trabajo	Consiste en modificar la forma en que se realiza el trabajo para que resulte menos rutinario. Esto se puede conseguir dando autonomía a las personas para que participen en las decisiones que afecten a su trabajo o rotando puestos, de modo que conozcan y dominen diferentes tareas o funciones de una empresa.
Reconocimiento del trabajo	Se fundamenta en reconocer y elogiar al personal por el trabajo bien hecho o cuando ha mejorado su rendimiento. El reconocimiento puede consistir en lo que se conoce como «salario emocional»: unas palabras de agradecimiento, una felicitación por correo electrónico, una carta, un informe favorable para el mando superior o una propuesta de ascenso, premios, regalos, cestas de Navidad, viajes de empresa, etc.
Formación y desarrollo profesionales	Se fundamenta en la formación para mejorar el desempeño en el puesto de trabajo actual y tener perspectivas para desarrollar una carrera profesional dentro de la empresa mediante promociones y ascensos.
Dirección participativa por objetivos	Consiste en negociar los objetivos a conseguir en un determinado periodo de tiempo (trimestre, semestre, año). Han de existir evaluaciones periódicas para analizar el grado de cumplimiento de los objetivos. Para que estos sean motivadores, han de ser realistas (se han de poder alcanzar), desafiantes (han de exigir esfuerzo para alcanzarse), medibles (se ha de poder comprobar si se han alcanzado).
Gestión del desempeño	Es un proceso continuo de identificación, medición y desarrollo del desempeño de la plantilla. Para ello, será necesario cotejar las características del puesto y sus requerimientos con la formación académica y profesional, así como el grado de actualización de las competencias profesionales.

Tabla 7.3. Técnicas de motivación laboral.

ACTIVIDADES

4. En una empresa con una plantilla de 60 personas, han detectado, mediante la observación y los buzones de quejas y sugerencias, que el clima laboral se está deteriorando debido a un empeoramiento de las condiciones de trabajo y al escaso reconocimiento de las tareas bien hechas. La dirección de la empresa tiene el temor de que el clima de trabajo decaiga de tal manera que influya negativamente en la motivación y, en consecuencia, en la productividad y en los resultados.

La dirección ha solicitado al departamento de recursos humanos que proponga medidas para incrementar la motivación de la plantilla.

Realiza una relación de medidas que tú propondrías para incrementar la motivación, pero estas medidas no pueden consistir en incentivos económicos, más días de vacaciones ni permisos retribuidos.

5. Después de haber leído las técnicas de motivación laboral que aparecen en el cuadro anterior, responde las siguientes preguntas:

a) ¿Crees que habrá alguna técnica que incida especialmente en la motivación de las personas que tienen hijas e hijos y quieren crecer personal y profesionalmente en la empresa? ¿Cuáles?

b) ¿Crees que las técnicas motivacionales son igual de efectivas para una persona joven que comienza a trabajar en la empresa que para una que está cerca de la jubilación? Indica dos técnicas que consideres que serán más efectivas para motivar a la persona que está cerca de la jubilación.

? ¿SABÍAS QUE...?

La importancia del trabajo en equipo

El trabajo en equipo es una de las competencias **más solicitadas** y valoradas por las empresas.

2. Los equipos de trabajo

Los equipos se forman para que los objetivos propuestos puedan ser conseguidos poniendo en juego los conocimientos, las capacidades, las habilidades, la información, etc., de las distintas personas que los integran.

> Un **equipo** es un conjunto de personas que trabajan juntas de manera coordinada para lograr unas **metas comunes.**

El término que se asocia con esta combinación de conocimientos, talentos y habilidades de los miembros del equipo en un esfuerzo común es conocido como **sinergia.**

> La **sinergia** supone que el **resultado final** obtenido por un equipo **es mayor que la suma de los resultados individuales** de cada uno de sus miembros. Se suele expresar numéricamente como: **2 + 2 = 5 o más.**

La sinergia no puede implantarse mediante una orden: aparece cuando, al interés por conseguir los objetivos del equipo, se suman la **confianza** y el **apoyo mutuo** de los miembros (Fig. 7.3).

Equipo
Conocimientos, capacidades, habilidades, talento, información
+
Cooperación, confianza y apoyo mutuo

→

Sinergia
2 + 2 = 5 o más
Los resultados del trabajo en equipo son superiores a la suma del trabajo individual de cada miembro.

→

Objetivos comunes

Fig. 7.3. Proceso de consecución de los objetivos en los equipos.

2.1. Grupos y equipos de trabajo

Los conceptos de grupo o equipo de trabajo se utilizan indistintamente para referirnos a la misma idea: conjunto de personas que se agrupan, pero **ambos conceptos tienen matices diferentes,** como vemos en la Tabla 7.4.

Grupo de trabajo	Ejemplo
• Conjunto de personas que realizan una labor similar en la misma empresa u organización y suelen tener un mismo jefe o jefa. • Los miembros son autónomos: cada uno realiza su trabajo y responde individualmente de este. • Las personas que integran los grupos desean alcanzar un objetivo similar, pero individual para cada una de ellas.	El comité de dirección de una empresa, formado por los jefes y jefas de departamento, es un grupo de trabajo coordinado por la dirección general. Quienes coordinan cada departamento responden de su trabajo, que no depende del resto de personal directivo. Un mando puede realizar un trabajo extraordinario en su departamento, mientras que los resultados de la gestión general de la empresa pueden ser mediocres.

Equipo de trabajo	Ejemplo
• Conjunto de personas que tienen un objetivo común que pretenden alcanzar cooperando y ayudándose mutuamente. • Cada miembro del equipo suele dominar una faceta concreta y realiza una parte del proyecto (los miembros son complementarios). • Cada miembro del equipo es responsable de un cometido y, solo si todos ellos cumplen su función, será posible alcanzar los objetivos. • El equipo responde del resultado final y no cada uno de sus miembros de forma independiente.	En una empresa de telecomunicaciones, existe un equipo de desarrollo de aplicaciones web, formado por especialistas (matemáticos/as, físicos/as, artistas, diseñadores/as, ingenieros/as, etc.). Cada miembro del equipo tiene un cometido específico, pero el objetivo común de cada cual es que las aplicaciones desarrolladas en el departamento tengan éxito.

Tabla 7.4. Diferencia entre grupo y equipo de trabajo.

2.2. Los roles en los equipos de trabajo

Una de las aportaciones más importantes realizadas en las últimas décadas en el estudio del funcionamiento de los equipos ha sido el descubrimiento de los **roles** que cumplen, de manera espontánea, los miembros de un equipo.

> El **rol** es un comportamiento característico de la forma en que cada integrante de un equipo **interactúa** con el resto para facilitar el **logro de los objetivos del equipo.**

El trabajo más relevante en este ámbito es el derivado de las investigaciones del **Dr. Meredith Belbin.** Como resultado de las investigaciones llevadas a cabo en Inglaterra, Belbin identificó los roles de los miembros de un equipo y desarrolló una metodología para identificar los roles que cada miembro asume en un equipo de trabajo.

La teoría de los roles en los equipos explica por qué equipos formados por excelentes especialistas en su materias (rol funcional) pueden fracasar. La existencia de personas que cumplan los roles de equipo es algo tan importante como los conocimientos técnicos y las experiencias de los miembros del equipo, y hará que dichos equipos alcancen los objetivos marcados.

Los nueve roles de Belbin

En las investigaciones, Belbin identificó que en los equipos con éxito se pueden observar **nueve roles operando a la vez,** y que es deseable que las personas que forman parte de un equipo puedan ejercer estos nueve roles.

Los nueve roles representados por mujeres y hombres, que se detallan en la Tabla 7.5, son los siguientes:

- Cerebro
- Investigador/a de recursos
- Coordinador/a
- Impulsor/a
- Monitor/a-evaluador/a
- Cohesionador/a
- Realizador/a
- Finalizador/a
- Especialista

La presencia de los nueve roles en un equipo **no exige que este esté compuesto por nueve personas;** pueden ser menos. Exige que, sea cual sea el número de personas, estos nueve roles estén representados, puesto que una persona puede representar más de un rol.

En ocasiones, el punto fuerte de un rol se consigue a costa de lo que podemos considerar como **debilidad.** Esta debilidad supone el precio a pagar por sus puntos fuertes y, en este sentido, se considera una **debilidad permitida.**

ACTIVIDADES

6. Señala si las siguientes situaciones describen un grupo o un equipo y justifica tu respuesta:

a) El alumnado del primer curso de un ciclo formativo.

b) Las alumnas y alumnos que se reúnen para repasar los ejercicios de contabilidad de cara a un examen.

c) Un conjunto de estudiantes de ciclo formativo representa a sus compañeras y compañeros en un torneo de fútbol.

d) Los miembros del área de reclutamiento y selección del departamento de recursos humanos de una gran empresa.

e) El personal de una consultora que es contratada para realizar los perfiles profesionales de los puestos de trabajo.

f) El personal del departamento de ventas de una empresa de equipos informáticos.

g) El personal técnico que participa en el rodaje de un anuncio publicitario.

IMPORTANTE

Tipos de rol

- **Rol funcional.** Es el rol que la persona desempeña como miembro del equipo y está establecido por el trabajo que realiza: directora de ventas, director de producción, administrativo, etc.
- **Rol de equipo.** Es una tendencia a comportarse, contribuir e interrelacionarse con otros de una forma particular y que hace que el equipo funcione como un todo. Por ejemplo: el rol de quien proporciona ideas, de quien busca recursos fuera del equipo, de quien fomenta la unidad del equipo, etc.

¿SABÍAS QUE...?

Agendas ocultas

Se denomina de esta forma al **juego sucio** que, de forma sutil y velada, un miembro del equipo realiza para dificultar el trabajo del grupo.

La obstaculización del trabajo del equipo puede estar ocasionada por diversos motivos: falta de implicación, enemistad, envidia, celos profesionales, incompetencia, falta de conocimientos, etc.

Cuando la oposición es directa no se puede hablar de agendas ocultas, puesto que todo el equipo sabrá a qué atenerse.

Rol dentro del equipo	Fortalezas/contribuciones	Debilidades permitidas
Cerebro	• Es una persona llena de ideas, creativa, imaginativa, fuente de propuestas y sugerencias. • Resuelve problemas difíciles. • Su contribución es mayor en las fases iniciales de un proyecto.	• Se le atribuye el «estar en las nubes» y una tendencia a no tener en cuenta detalles prácticos de diseño y de ejecución. • Ignora la realidad del día a día.
Investigador/a de recursos	• Es quien explora los recursos del exterior, establece contactos y busca nuevas oportunidades que pueden ser útiles para el equipo. • Es optimista y sabe comunicar tanto dentro como fuera del equipo.	• Pierde el interés una vez que el entusiasmo inicial ha desaparecido. • En un trabajo solitario, puede aburrirse y volverse ineficaz.
Coordinador/a	• Coordina los esfuerzos de todos para alcanzar metas, aunque no ocupe el cargo de dirección. • Cumple también la función de transmitir seguridad al equipo. Se expresa con facilidad y sabe escuchar. • Dirige bien y sabe delegar.	• Puede tener un carácter manipulador. • Cuando está bajo una fuerte presión, su comportamiento tiende a endurecerse, a mostrar rigidez y obstinación, y puede incluso llegar a dejar de reconocer las aportaciones de los otros miembros del equipo.
Impulsor/a	• Persona con alta motivación que «empuja» a los demás para avanzar en el trabajo. • Con dinamismo, reta a las personas y trabaja bien bajo presión. • Tiene empuje y coraje para superar los obstáculos.	• Tiende a frustrarse e irritarse. • Con tendencia a generar conflictos y discusiones con otros miembros del equipo, aunque normalmente las supera con facilidad sin guardar rencor.
Monitor/a-evaluador/a	• Es quien analiza las ideas y sugerencias, tanto internas como externas, y evalúa su viabilidad y su adecuación a los objetivos del equipo. • Seriedad, perspicacia, estrategia. • Juzga con exactitud.	• Carece de iniciativa, imaginación, espontaneidad y habilidad para inspirar a los demás. • Puede herir la sensibilidad del equipo al mostrar una actitud excesivamente crítica.
Cohesionador/a	• Es la persona más sensible hacia las necesidades e inquietudes de cada miembro del equipo. • Fomenta la unidad y las relaciones armoniosas. • Suele gozar de amplia aceptación.	• Fácilmente influenciable. • Manifiesta una cierta indecisión en momentos importantes.
Realizador/a	• Es la persona práctica que transforma las decisiones y estrategias en tareas definidas y realizables. • Transforma las ideas en acciones.	• En ocasiones, puede ser inflexible y tarda en responder a nuevas posibilidades. • Manifiesta falta de comprensión hacia los roles más informales y creativos del equipo.
Finalizador/a	• Realiza un seguimiento continuo de las tareas del equipo, buscando el cumplimiento de los plazos y los mayores niveles de perfección.	• Es reacio o reacia a delegar. • Tiende a preocuparse excesivamente por los detalles.
Especialista	• Aporta el saber especializado sobre el que se basa el servicio o el producto del equipo. • Cumple con sus obligaciones y contribuye solamente cuando conoce el asunto.	• Aporta ideas solo cuando se trata de un área muy determinada que conoce bien. • Se desinteresa con facilidad del trabajo de los demás miembros del equipo.

Tabla 7.5. Roles que han de cumplirse en los equipos de trabajo. Fuente: Belbin, 2005.

2.3. El liderazgo

El liderazgo deriva de valores personales como la *energía,* la *constancia,* la *responsabilidad* o los *conocimientos profesionales* por los que la persona es admirada y respetada.

> **Líder** es una persona que tiene capacidad para influir en un colectivo, guiándolo hacia **objetivos comunes** y creando un ambiente en el que los miembros del equipo se sientan **activamente involucrados en el trabajo.**

Diferencia entre líder y jefe o jefa

La diferencia básica entre ambos conceptos radica en el **origen de la autoridad.**

- Jefa o jefe es quien **recibe su autoridad de la posición jerárquica** que ocupa. La empresa lo ha colocado al frente del equipo, pero puede que no sea capaz de motivarlo y obtener su máximo rendimiento. Ordena, está a la cabeza, dirige, imparte órdenes, organiza el trabajo y toma las decisiones.
- Líder es quien **recibe la autoridad del propio equipo,** por factores de su personalidad (carisma, entrega, energía, responsabilidad, etc.) o bien por sus conocimientos profesionales. Guía y busca el bienestar de equipo; exige, pero a través del ejemplo.

A. Estilos de liderazgo según Kurt Lewin

El psicosociólogo estadounidense de origen alemán, Kurt Lewin, junto a un equipo científico de la Universidad de Iowa, realizó un estudio en el cual se buscaba observar cómo niñas y niños de diez años respondían ante tres estilos de liderazgo distintos. Basándose en sus experimentos, Lewin identificó **tres tipos de liderazgo,** que se exponen en la Tabla 7.6.

Autocrático	Liberal	Democrático
La dirección autocrática se caracteriza porque el o la líder da **continuas órdenes** al equipo sin dejar espacios para que los miembros aporten ideas o sugerencias. Los y las líderes autocráticos suelen utilizar premios y castigos.	Conocido como *laisser-faire* (dejar hacer), **deja a los trabajadores libertad,** casi plena, para hacer lo que consideren conveniente. Casi no da órdenes.	La dirección democrática sitúa al líder como **quien coordina el equipo.** Aporta ideas, reparte tareas y hace un seguimiento del trabajo, dejando espacios para intercambiar información con el grupo y facilitando la creación en equipo.

Tabla 7.6. Estilos de liderazgo según Kurt Lewin.

¿SABÍAS QUE...?

Jefes líderes

No todos los líderes ocupan un cargo, pero las empresas desean que las personas con un cargo sean los que lideren a sus equipos.

ACTIVIDADES

7. Identifica qué rol, según la clasificación de Meredith Belbin, desempeñan las personas que realizan las siguientes afirmaciones:

a) Disfruto al mantener el grupo muy unido, pero soy indecisa a la hora de tomar decisiones.

b) Soy el que aporta más conocimientos técnicos, pero no muestro interés por otros aspectos.

c) Pongo en marcha las ideas de los demás, pero no comprendo las actitudes de las personas creativas.

d) Soy capaz de motivar a los demás para que trabajen mejor, pero mis actitudes pueden generar conflictos.

e) Tiendo a exponer muchas ideas, aunque algunas sean irrealizables.

f) Me desenvuelvo muy bien buscando recursos dentro y fuera de la empresa, aunque no me gusta trabajar en solitario, porque me aburro.

g) Soy la directora en la sombra y trasmito seguridad al equipo, aunque para ello tenga que ser un poco manipuladora.

h) Soy muy bueno analizando la viabilidad de las ideas de los demás, pero no tengo mucha imaginación para proponer otras nuevas.

i) Soy muy perfeccionista y hago que se cumplan los plazos, pero me preocupo demasiado.

B. Teoría del liderazgo situacional de Hersey y Blanchard

El liderazgo situacional se basa en mantener un equilibrio entre dos tipos de comportamiento líder para adaptarse a las fases de desarrollo del equipo: **comportamiento directivo** y **comportamiento de apoyo.**

Comportamientos líder

Comportamiento directivo

- Define las funciones y tareas de los miembros del equipo.
- Señala qué, cómo y cuándo se deben realizar las tareas.
- Controla los resultados.

Comportamiento de apoyo

- Centrado en el desarrollo del equipo.
- Fomenta la participación en la toma de decisiones.
- Da cohesión, apoya y motiva al equipo.

Fig. 7.4. Comportamientos líder en los equipos de trabajo.

Estilos de liderazgo situacional

Este modelo define la existencia de **cuatro estilos de liderazgo,** que indican el nivel de control que ejerce la persona que lidera sobre los subordinados y subordinadas:

Estilo participación o asesoramiento

Nivel alto de comportamiento de apoyo y bajo en comportamiento directivo. El o la líder comparte las ideas con quienes coordina y les da la oportunidad de participar en la toma de decisiones.

+ Comportamiento de apoyo

Estilo persuasión o supervisión

Altos niveles de comportamiento directivo y de apoyo. El o la líder toma las decisiones y las explica a los miembros del equipo, da la oportunidad de realizar preguntas y, de esta forma, obtener mayor claridad con respecto a las tareas.

– Comportamiento directivo

+ Comportamiento directivo

Estilo delegación

Bajos niveles en ambos comportamientos debido a que el o la líder delega la toma de decisiones en sus colaboradores: sabe que son capaces de realizar las actividades por sí mismos y son responsables del logro de los objetivos.

– Comportamiento de apoyo

Estilo control o dirección

Alto nivel de comportamiento directivo y bajo nivel de comportamiento de apoyo. El o la líder dice qué tareas se deben realizar, cómo, dónde y cuándo.

Fig. 7.5. Estilos de liderazgo según la teoría del liderazgo situacional de Hersey y Blanchard.

Según la teoría del liderazgo situacional, **ninguno de los estilos es óptimo** para cualquier situación, sino que cada uno puede ser adecuado cuando las características de la situación así lo requieran.

Quien lidera puede tener preferencia por un cierto estilo de dirección, pero su efectividad vendrá dada por la *flexibilidad* para adaptar su conducta a cada situación, en especial a la *madurez* de los miembros del equipo, y tendrá que ir cambiando su estilo constantemente.

Este modelo tiene la limitación de que **no diferencia entre liderazgo y dirección**, pues el liderazgo no se refiere únicamente a la toma de decisiones, sino a la **capacidad de motivar a los miembros del equipo**; es decir, podría suceder que un director carezca de carisma y no sea reconocido como líder por el equipo.

CASO PRÁCTICO 2

Diferentes estilos de liderazgo situacional

En una empresa, existen varios departamentos cuyo personal directivo ejerce estilos de liderazgo diferentes. Indica qué estilo de liderazgo se practica en cada caso, según la teoría de Hersey y Blanchard.

a) El director del departamento técnico toma las decisiones de lo que hay que hacer, cómo y cuándo; explica lo que hay que hacer, aclara dudas y admite sugerencias. También se preocupa por controlar el cumplimiento de los objetivos.

b) La directora del departamento de recursos humanos pide opinión a todos sus colaboradores y delega en los jefes y jefas de área porque confía en su capacidad y en su buen criterio.

c) El director del departamento administrativo hace que todos participen en la toma de decisiones sobre cómo y cuándo hacer las tareas, pero controla los resultados.

d) La directora del departamento comercial define las tareas, indica cómo hay que hacerlas y controla que se cumplan los objetivos.

Solución:

a) Estilo persuasión o supervisión.

b) Estilo delegación.

c) Estilo participación o asesoramiento.

d) Estilo control o dirección.

IMPORTANTE

Carisma

Las y los líderes han de tener dos cualidades importantes: la **influencia** y la **persuasión;** la suma de estas dos variables se denomina **carisma.**

PONTE A PRUEBA 2

Identificación de los estilos de liderazgo

A continuación se describen cuatro situaciones con diferentes estilos de liderazgo, según Hersey y Blanchard. Identifica qué estilos de liderazgo se están aplicando en cada situación.

a) Irene ha comenzado a trabajar en una empresa y se siente insegura al realizar las tareas de su puesto de trabajo. Su jefa le entrega cada día una lista de lo que tiene que hacer y le indica cómo llevarlo a cabo.

b) Jaime lleva tres meses en un nuevo puesto de trabajo y se siente bastante seguro al realizar las tareas, aunque aún comete errores. Todavía no tiene libertad para realizar las tareas como él quiere, ni le suelen tener en cuenta sus sugerencias. El jefe ha comenzado a explicarle muchas de las decisiones que toma, pero sigue dando órdenes que tiene que cumplir.

c) Julia lleva seis meses en su puesto de trabajo, realiza casi perfectamente sus tareas y conoce la mejor manera de efectuarlas. No obstante, aún no tiene total libertad para realizar la tarea como ella cree que es mejor y piensa que su jefa no confía en ella. La jefa le da pocas instrucciones, pero libertad para tomar decisiones; en cambio, le felicita cuando hace algo de manera excelente y le ayuda a resolver situaciones complicadas.

d) Alberto es capaz de hacer frente a sus tareas y responsabilidades perfectamente, y además se siente un experto en ellas. Su jefe casi no interviene en su trabajo, tan solo le aconseja cuando le hace alguna consulta concreta o le tiene que explicar los objetivos de algún trabajo.

Pautas para la resolución:

Aunque en las situaciones descritas aparecen diferentes personas, pudiera tratarse de una misma persona o de un equipo de trabajo y su evolución en el tiempo. En las cuatro situaciones se puede apreciar la evolución del liderazgo a medida que la persona o el equipo maduran. Revisa la gráfica de la Figura 7.5, para identificar los diferentes estilos de liderazgo descritos.

2.4. Clases de equipos de trabajo

Algunas de las formas habituales de clasificar los equipos de trabajo son las que se muestran en la Tabla 7.7.

Equipos de la misma área	Son equipos integrados por personas de la **misma área** o departamento de la empresa y **diferente nivel jerárquico** que llevan a cabo trabajos muy específicos. *Por ejemplo:* en el departamento de recursos humanos, pueden existir diferentes equipos de trabajo para realizar actividades como análisis y descripción de puestos de trabajo, realización de los perfiles profesionales de los puestos de trabajo, valoración de puestos de trabajo, reclutamiento y selección.
Equipos interdisciplinares	Son equipos integrados por personal de **diferentes áreas** de la empresa, pero del **mismo nivel jerárquico,** que se reúnen para llevar a cabo un trabajo concreto. Los equipos interdisciplinares permiten a las empresas poner en marcha proyectos que, sin la colaboración de personas de distintas secciones, no serían posibles. *Por ejemplo:* en una empresa textil, los mandos intermedios de las áreas de aprovisionamiento, fabricación y comercial forman un equipo para planificar la producción de las prendas de vestir de la próxima temporada.
Equipos de progreso También se denominan **equipos de mejora** o **equipos de desarrollo**	Su objetivo es identificar, analizar y buscar **soluciones a problemas concretos** que afectan a distintas áreas o departamentos. Por esa razón, la composición es multifuncional y multinivel, y los participantes se seleccionan por sus conocimientos y su experiencia. *Por ejemplo:* en una empresa dedicada al procesado de productos cárnicos, se crea un equipo para estudiar las razones y proponer soluciones ante los fallos que se vienen produciendo en el proceso de suministro de materias primas en las diferentes fases del proceso de producción. Estos fallos originan que, en ocasiones, el personal permanezca inactivo por carecer de materias primas y, en otras ocasiones, el exceso de materias primas almacenadas produce deterioros. Al mismo tiempo, en el almacén de productos terminados puede haber exceso de *stock.*
Equipos de procesos	Los equipos de este tipo se centran en un **proceso específico** con el objetivo de mejorarlo, rediseñarlo o cambiarlo totalmente para hacerlo más eficiente. Sus miembros son dirigidos por una persona que está muy relacionada con el proceso en cuestión. *Por ejemplo:* en la empresa en la que se producen los desajustes en la cadena de producción, se ha creado un equipo para rediseñar todo el proceso de suministro de materias primas; este equipo nace como consecuencia de las conclusiones obtenidas por el equipo de progreso, que estudió los fallos de aprovisionamiento y, por tanto, se deberá coordinar con él.

Tabla 7.7. Clases de equipos de trabajo.

ACTIVIDADES

8. Indica qué tipo de equipo crearías en las siguientes situaciones y justifica tu respuesta:

a) Los y las integrantes del departamento de recursos humanos creen necesario reunirse el último día de cada semana para compartir experiencias, exponer dificultades que han surgido en el trabajo y proponer soluciones en común.

b) Se detecta que en la empresa hay un enrarecimiento del clima laboral, pero se desconocen las causas.

c) Es necesario reunir a un equipo que defina el protocolo de trabajo para llevar a cabo la producción: fases, duración de cada fase, tareas, personal que interviene, responsabilidad de cada integrante, etc.

d) El departamento comercial ha detectado que las ventas de su más directo competidor han aumentado gracias a que han introducido innovaciones en el diseño y en la distribución del producto.

e) Se ha detectado que una partida del producto ha salido al mercado con un defecto de fabricación y tiene problemas de funcionamiento; la clientela ha reclamado ante los servicios de consumo y han colapsado la central de atención al cliente de la empresa.

f) Las personas responsables de los departamentos técnico, comercial y financiero necesitan concretar lo antes posible las características de la línea de producto de la próxima campaña.

2.5. Ejemplos de equipos de trabajo en la empresa

Dos ejemplos clásicos de equipos de trabajo en las empresas son los **círculos de calidad** y los equipos **autogestionados** o **autodirigidos**, como se muestra en la Figura 7.6.

Círculos de calidad →

- Equipos que se reúnen voluntariamente, al menos una hora a la semana dentro del horario laboral, para analizar los problemas específicos de su puesto trabajo, mejorar la calidad, la eficiencia, el entorno, el clima laboral, etc.
- Las reuniones son dirigidas por una persona elegida por el equipo, que coordina, pero carece de autoridad jerárquica.
- Los miembros del círculo son los que eligen el problema a tratar, recogen la información necesaria, la analizan y realizan propuestas. Las propuestas del círculo se presentan a la dirección, que decidirá si son aprobadas y llevadas a cabo.

Por ejemplo: en una fábrica de automóviles, el personal de la sección de instalación de circuitos eléctricos se reúne durante una hora, al final de cada semana, para analizar los problemas concretos en sus tareas, sugerir cómo se pueden realizar mejor esas tareas y proponer soluciones.

Equipos autodirigidos o autogestionados →

- Equipos cuyos miembros planifican el trabajo a desarrollar, controlan el ritmo, asignan las tareas, marcan las pausas, toman decisiones sobre el día a día del trabajo, administran el presupuesto y son responsables de los resultados.
- La implantación de este tipo de equipos exige un alto grado de confianza entre la dirección y los equipos, y una cultura de la participación muy asentada.

Por ejemplo: en un laboratorio farmacéutico, existe un equipo de investigación en el que se decide la asignación diaria de las tareas, los turnos de trabajo y la distribución horaria, pudiendo llegar a decidir la contratación y la formación que recibirán las nuevas incorporaciones.

Fig. 7.6. Características de los círculos de calidad y de los equipos autogestionados.

CASO PRÁCTICO 3

Diferentes equipos en situaciones diversas

En una empresa que se dedica a la fabricación y distribución de gafas de sol están recibiendo quejas y reclamaciones de las tiendas y grandes almacenes en los que comercializan sus productos. Las quejas se derivan de diferentes causas: las gafas llegan a los comercios cuando la temporada de primavera-verano está muy avanzada; además, cuando hay devoluciones o se envían productos a reparar, la empresa tarda en hacerse cargo de la mercancía y en abonar el importe de las devoluciones a las tiendas.

En las redes sociales, han detectado algunas críticas debidas a los retrasos en las entregas de las ventas *on-line* y a que, en ocasiones, se ha recibido la mercancía deteriorada y la empresa ha tardado en reaccionar; incluso se han puesto demasiadas pegas para devolver la mercancía.

En la empresa, quieren detectar dónde se están produciendo los errores en la cadena logística y, una vez diagnosticados los problemas, implantar un plan para solucionarlos.

¿Qué clase de equipos de trabajo crees que deben poner en marcha para hacer frente a estos problemas?

Solución:

- Equipo de progreso o de mejora, para detectar los fallos en la cadena de distribución.
- Equipo de procesos para, basándose en los resultados del equipo de mejora, diseñar nuevos procesos de distribución.

2.6. Técnicas para trabajar en equipo

Algunas de las técnicas de trabajo más habituales de los equipos aparecen en la Tabla 7.8.

Técnica	Características principales
Tormenta de ideas o *brainstorming* Se utiliza para: • Desarrollar la creatividad. • Buscar soluciones novedosas, originales e insólitas.	*a)* Al comenzar la sesión, quien modera expone el problema y las reglas. *b)* Los miembros del equipo expresan, entre cinco y quince minutos y de la manera más libre posible, todas las ideas que se les ocurran. *c)* Se apuntan en una pizarra todas las ideas para discutirlas y analizarlas posteriormente. No se evaluará ni criticará ninguna idea hasta el final de la sesión. *d)* Unas ideas estimularán a otras; incluso las sugerencias más inverosímiles alientan a quienes participan a pensar lo insólito en vez de criticar las ideas de los demás. *e)* Cuando a nadie se le ocurran más ideas, se procederá a realizar la crítica y la evaluación de todas las ideas anotadas. Puede realizarse también un *brainstorming* escrito: cada participante escribe sobre una hoja de papel en blanco al menos cuatro ideas, sugerencias, soluciones, etc., sobre el problema planteado. A continuación, esa hoja se pasa a otra persona que, después de leer las ideas de los demás, escribe las suyas. El proceso continúa hasta que a nadie se le ocurre nada más.
Técnica del grupo nominal Se utiliza para: • Dar oportunidades para que los miembros sugieran soluciones. • Tomar decisiones democráticas.	Quien coordina formula un problema y se procede de la siguiente forma: *a)* Los participantes se reúnen en grupo, pero, antes de iniciar la discusión, cada cual escribe por su cuenta sus ideas. *b)* Cada participante expone al equipo una sola idea. *c)* Cuando todas las ideas han sido expuestas, el grupo las discute y evalúa. *d)* Cada miembro del grupo clasifica las ideas en silencio, de manera individual. La decisión final se toma a partir de la idea que logre la clasificación global más alta.
Phillips 66 Se utiliza para: • Recoger muchas opiniones en poco tiempo. • Promover la participación de todos los individuos.	*a)* Se divide al equipo en subgrupos de seis personas para que, durante seis minutos, discutan y cambien impresiones sobre un tema o un problema expuesto por quien modera. *b)* Cada subgrupo se reúne en una sala diferente y designa a alguien que coordine. Cada integrante expone su opinión durante un minuto. *c)* Una persona designada por el grupo anota las conclusiones y al final se realiza un resumen con estas. *d)* Se reúnen todos los subgrupos en la sala común y alguien que actúe como portavoz de cada grupo expone los resultados. *e)* Se anota en una pizarra una síntesis de las ideas expresadas y se realiza un resumen general. *f)* Si queda algún punto por tratar, se vuelve a realizar el proceso hasta que se han tratado todos los aspectos.
Dramatización o *role-playing* Se utiliza para: • Hacer que los miembros del equipo se pongan en el lugar de quien vive una situación real.	A partir de un guion sobre un problema concreto, se elige a los participantes, que interpretarán un papel durante cierto tiempo, de cinco a quince minutos. Habrá un director o directora que coordine la acción y la cortará cuando crea que ya hay suficientes datos para la discusión. Después de la representación, las personas que interpretaron cada papel comentarán lo que sintieron al interpretarlo. Posteriormente, el grupo comenta sus impresiones y sugiere distintas reacciones y enfoques. La etapa de la discusión es la más importante, puesto que la representación solo es un medio para motivar e introducir al equipo en una situación real.
Diálogos simultáneos o cuchicheo Se utiliza para: • Obtener la opinión de todos los miembros.	Quien coordina planteará un tema o problema sobre el cual realizará una pregunta muy concisa. Cada participante dialogará en voz baja con la persona que tenga a su lado durante dos o tres minutos. Uno de los miembros de la pareja trasladará la conclusión a quien coordina. Tomando como base el análisis de las respuestas de todas las parejas, se extraerá la conclusión y se tomará la decisión final.

Tabla 7.8. Técnicas más habituales de trabajo en equipo.

CASO PRÁCTICO 4

Aplicación de técnicas de trabajo en equipo: *brainstorming*

En la empresa en la que trabajas, se ha creado un equipo formado por personas de diferentes departamentos para participar con el departamento de *marketing* en la elaboración de un vídeo de presentación de las propuestas de la delegación de la empresa en España en las próximas jornadas internacionales.

La fecha de entrega del vídeo se acerca, pero todas las ideas que surgen son muy manidas, convencionales y no aportan ninguna originalidad. Esta situación está generando tensiones que distorsionan la cohesión del equipo y provocan una dinámica negativa.

Como miembro del departamento de recursos humanos, vas a participar en un plan de aplicación de técnicas de trabajo en equipo para corregir la situación. ¿Qué técnica de trabajo en equipo se podría aplicar para generar ideas originales para el vídeo?

Solución:

Para organizar las ideas y recoger la opinión de cada participante, se podría utilizar un *brainstorming* o tormenta de ideas. Una vez recogidas todas las ideas, todos los miembros del equipo las evalúan. De este modo, se fomenta la participación y se motiva al equipo.

ACTIVIDADES

9. Supongamos que trabajas en una empresa conservera. En esta empresa existe un elevado índice de absentismo, lo que repercute negativamente en la productividad. En la empresa, los trabajadores están organizados en círculos de calidad y la dirección traslada el problema a los círculos (equipos) para que aporten ideas que mejoren la asistencia y, como consecuencia, la productividad.

Dividir la clase por equipos; cada grupo aplicará una de las siguientes técnicas a la situación expuesta:

- Diálogos simultáneos.
- Grupo nominal.
- Phillips 66.

Posteriormente, comparad los resultados y decidid cuáles son las soluciones más realistas.

10. Julia y Pablo dirigen respectivamente los departamentos comercial y de *marketing* en una empresa de telecomunicaciones. Ambos tienen caracteres y estilos directivos diferentes, pero por afinidad comparten experiencias laborales.

Lee esta conversación entre los dos y después responde a las preguntas:

Julia: ¡Me he quedado alucinada! Cuando empecé este trabajo, puse todo mi empeño e ilusión en el proyecto y esperaba que los demás hicieran lo mismo. Los primeros meses íbamos todos a una, parecía funcionar bien. Sin embargo, desde hace un mes la situación se ha enrarecido, el proyecto no avanza y la última reunión fue un despropósito. Alberto intentó boicotearla contradiciendo todas mis opiniones y se quejó de la falta de organización del equipo. Luego insistió en que las previsiones estaban mal calculadas y que no íbamos a poder cumplir plazos ni objetivos. ¡Imagínate! Me sentí directamente atacada y no supe qué contestar. Les recordé que éramos un equipo y que todos debíamos poner algo de nuestra parte para tirar hacia delante. Sinceramente, a veces pienso que Alberto está haciendo méritos para intentar ocupar mi lugar...

Pablo: Te recomiendo que no confundas las relaciones dentro del equipo con la amistad, Julia. Lo que necesita tu equipo es una brújula que los guíe y, siento decírtelo, pero así no vas a llegar a buen puerto. Necesitas coger los mandos con autoridad, déjate de tanta democracia y de intentar satisfacer a todo el mundo, porque eso es imposible. Sitúa a cada cual en su lugar y ponte tú en el tuyo. Y ten controlado a Alberto, no te fíes de él...

a) Identifica qué estilo de liderazgo ejercen Julia y Pablo.

b) Identifica, a partir de los aspectos positivos y negativos de ambos estilos de liderazgo, las consecuencias que pueden tener en los equipos y qué le recomendarías a cada uno.

c) Si trabajaras en esta empresa, ¿en qué equipo te sentirías más a gusto? ¿Por qué? Ten en cuenta que los aspectos que enumeres se relacionarán con lo que más valoras a la hora de trabajar en equipo.

1. Completa los gráficos que aparecen a continuación:

Teoría de Maslow	Clasifica las necesidades humanas en cinco grupos: [...]
Factores de la motivación según Herzberg	Factores higiénicos. ¿Cuáles son? [...]
	Factores motivacionales. ¿Cuáles son? [...]
Medios para evaluar la motivación	Enuméralos: [...]
Según la teoría situacional	Indica cuales son los niveles de comportamiento directivo y de apoyo: [...]
Teoría de Douglas McGregor	Teoría Y: [...]
	Teoría X: [...]
Teoría de Stacy Adams	¿Cuál es el fundamento de esta teoría? [...]
Técnicas motivacionales	Indica las que crees más importantes: [...]
Técnicas para trabajar en equipo	Enumera las técnicas que conoces para trabajar en equipo: [...]

INVESTIGACIÓN

2. En la década de 1940 Kurt Lewin y sus colaboradores realizaron los primeros estudios dirigidos a identificar los estilos de liderazgo. Estas investigaciones ejercieron gran influencia en las teorías posteriores sobre el liderazgo. Investiga en qué consistió el estudio de Kurt Lewin y responde a las cuestiones que se plantean a continuación. Puedes consultar los siguientes vídeos: **bit.ly/Experimento_psicosocial** y **bit.ly/Estilos_liderazgo_Kurt_Lewin.**

   a) En la aplicación del estilo autocrático, la toma de decisiones fue poco creativa, pero también tiene sus efectos positivos. ¿Cuál puede ser el efecto positivo? ¿En qué situaciones se puede utilizar el estilo autoritario?

   b) ¿En qué situaciones se recomienda utilizar el estilo democrático?

   c) El estilo *laissez-faire* concede a los miembros del equipo libertad de acción total, dejando la toma de decisiones en sus manos. ¿Qué efectos tiene sobre el trabajo en equipo este estilo de liderazgo?

3. Consulta las siguientes webs y realiza los test para identificar el estilo de liderazgo que predomina en ti:

   bit.ly/Test_liderazgo_Kurt_Lewin

   bit.ly/Test_liderazgo_Lewin

   ¿Coinciden las conclusiones de los test con la percepción que tienes de ti mismo?

4. En las últimas décadas la innovación está creciendo de forma exponencial. Para adaptarse a este entorno tan cambiante, la gestión del talento también debe transformarse. En los últimos años se habla de un nuevo tipo de liderazgo, el liderazgo exponencial. Investiga en qué consiste y cuáles son las competencias que ha de tener un o una líder exponencial.

5. Hemos estudiado los roles de equipo descritos por Belbin y todos son positivos. No obstante, existen roles negativos que dificultan el trabajo de los equipos. Investiga qué roles negativos pueden surgir en el desarrollo y en el trabajo de los equipos.

6. Existen una serie de factores clave que nos motivan más para trabajar en una empresa que en otra, como una alta remuneración, flexibilidad para conciliar la vida laboral y familiar, formación, beneficios sociales, etc.

   Existen muchas clasificaciones de mejores empresas para trabajar por sus políticas de motivación. Algunas de las mejor consideradas son Google, Coca-Cola, Pfizer, Mapfre, Ikea o Ecoembes.

   a) Investiga cuáles son las políticas que han puesto en marcha estas y otras empresas que tú elijas, para motivar a la plantilla.

   b) De todas las empresas que has investigado, indica las dos que consideras mejores para trabajar.

   c) Señala qué políticas tienen en común estas empresas y cuáles son las más interesantes desde tu punto de vista, sin tener en cuenta los niveles salariales.

TEST DE REPASO

1. Según la teoría de Maslow, la protección por desempleo se encuadraría en las necesidades de:

(a) Estima.
(b) Seguridad.
(c) Fisiológicas.
(d) Autorrealización.

2. Según la teoría X:

(a) La dirección debe motivar al personal.
(b) La organización debe ser participativa.
(c) El personal se esfuerza bajo presión.
(d) El personal se esfuerza si los objetivos se negocian.

3. Según Herzberg, los factores higiénicos:

(a) No producen satisfacción laboral.
(b) Hacen que exista malestar en el trabajo.
(c) Motivan de forma directa.
(d) Son causa de insatisfacción laboral.

4. Según Herzberg, son factores motivacionales:

(a) La estabilidad en el empleo.
(b) El salario adecuado.
(c) El reconocimiento del trabajo.
(d) Las buenas relaciones con los compañeros y compañeras.

5. Según la teoría de la equidad, las trabajadoras y trabajadores:

(a) Comparan su esfuerzo con los resultados.
(b) Comparan su esfuerzo con los resultados y con los de los demás.
(c) Se motivan por el trabajo en equipo.
(d) Todas las respuestas anteriores son falsas.

6. Mediante la realización de encuestas de clima laboral se pretende:

(a) Introducir planes para mejorar la motivación.
(b) Anticipar posibles conflictos.
(c) Introducir actuaciones para mejorar la satisfacción de la plantilla.
(d) Todas las respuestas anteriores son ciertas.

7. Según Belbin, quien realiza más propuestas es el rol de:

(a) Impulsor/a.
(b) Especialista.
(c) Finalizador/a.
(d) Cerebro.

8. Es un comportamiento de líder directivo o directiva:

(a) Fomentar la cohesión.
(b) Motivar al grupo.
(c) Controlar los resultados.
(d) Tomar decisiones consultando a quienes colaboran.

9. Líderes con un comportamiento de apoyo:

(a) Controlan los resultados.
(b) Indican cuándo han de realizarse las tareas.
(c) Fomentan la participación.
(d) Definen las funciones.

10. Según la teoría de Belbin:

(a) En todos los equipos tiene que haber, al menos, nueve miembros.
(b) En los equipos puede haber menos de nueve miembros, pero deben asumir nueve roles.
(c) El coordinador/a y el cohesionador/a coinciden con el rol del directivo/a.
(d) El papel de evaluador/a y el papel de finalizador/a los asume la misma persona.

11. Los equipos de progreso:

(a) Se reúnen periódicamente para mejorar resultados.
(b) Gestionan los recursos, el tiempo, los presupuestos y planifican el tiempo.
(c) Buscan soluciones a problemas que afectan a diferentes áreas de la empresa.
(d) Todas son ciertas.

12. Mediante el *brainstorming* se busca:

(a) Recoger muchas ideas en poco tiempo.
(b) Tomar decisiones democráticas.
(c) Generar ideas originales.
(d) Promover la participación.

13. Un *role-playing:*

(a) Agrupa a los miembros del equipo de seis en seis.
(b) Es una lluvia de ideas sobre un tema.
(c) Representa una situación imaginaria como si fuera real.
(d) Es un círculo de calidad.

14. En la técnica Phillips 66:

(a) Se recogen ideas por parejas.
(b) Se buscan soluciones originales.
(c) Se aplican los conocimientos teóricos a situaciones reales.
(d) Se recogen muchas opiniones en poco tiempo.

COMPRUEBA TU APRENDIZAJE

1. Señala a qué nivel de la jerarquía de Maslow corresponden las siguientes situaciones:

- Cobrar el salario mínimo interprofesional.
- Tener un contrato indefinido.
- Conseguir estabilidad en el empleo.
- Ser apreciado por los compañeros y compañeras.
- Realizar un trabajo valorado por los jefes y jefas.
- Tener protección frente a accidentes laborales.
- Realizar los valores personales.
- Poder desarrollar la creatividad en el trabajo.
- Tener pensiones de jubilación.

2. Un mecánico que trabaja en un taller deficientemente acondicionado (pasa frío en verano y calor en invierno) se siente desmotivado, a pesar de que cobra un buen salario.

Según la teoría de Herzberg, responde a estas preguntas:

a) ¿Es suficiente la mala climatización para que el mecánico se sienta desmotivado?

b) ¿Si le pagaran un plus, aumentaría la motivación?

c) ¿Si se soluciona el problema de la climatización, se incrementará la motivación?

d) Pasado un tiempo desde que se resuelven los problemas, ¿cuál crees que será el estado de la motivación?

Enumera algunos de los factores que, según Herzberg, pueden incrementar de forma duradera la motivación del personal.

3. En muchas empresas, debido a la crisis económica, se han producido reducciones directas en el sueldo o en la jornada laboral, con la consiguiente reducción proporcional del salario. En estas situaciones, y de acuerdo con la teoría bifactorial, responde a las siguientes cuestiones:

a) ¿Se considera el salario como un factor higiénico o motivacional?

b) ¿La reducción del salario repercutirá en la motivación del personal?

c) ¿Motivará a los trabajadores y trabajadoras recuperar el salario que tenían antes de la crisis?

d) ¿Cómo se puede intervenir desde la empresa para lograr un incremento duradero de la motivación?

4. En algunas empresas, si el personal alcanza los objetivos marcados por la dirección, reciben premios como viajes, días adicionales de vacaciones y permisos retribuidos.

a) Desde el punto de vista de Herzberg, ¿consideras estos complementos motivacionales o higiénicos?

b) ¿Y si estos complementos estuviesen reconocidos en el convenio colectivo para toda la plantilla?

c) Según la teoría de la equidad, ¿qué sucederá con la motivación del personal que no recibe estos complementos?

5. En una empresa comercial, se consideran valores positivos la autonomía, la autoorganización del trabajo para conseguir los objetivos marcados, las sugerencias para mejorar el rendimiento y un horario flexible para poder conciliar la vida personal y familiar; además, se revisan continuamente los procesos para que se reciban los productos con cero defectos.

En otra empresa comercial, la dirección de departamento marca los objetivos trimestralmente y el personal es evaluado y retribuido en función del grado de consecución de los objetivos. Considera esencial el cumplimiento preciso de las órdenes de los mandos superiores y el control horario es rígido.

Explica qué teoría de la motivación se está aplicando en cada caso.

6. Puntúa de 0 a 5 las siguientes actuaciones que se pueden utilizar para motivar al personal, según la importancia que les concedas:

- Posibilidades de mejorar la formación.
- Autonomía para hacer el trabajo.
- Oportunidades de promoción.
- Reconocimiento del trabajo bien hecho.
- Flexibilidad horaria.
- Buen salario.
- Comedores de empresa.
- Buenos equipos de trabajo.
- Ambiente laboral sin tensiones.
- Ritmo de trabajo no estresante.
- Superiores con estilo democrático.

Clasifícalos de mayor a menor puntuación y obtendrás una escala de los factores que a ti te motivan y que, probablemente, sean diferentes que los de tus compañeros y compañeras.

7. Una de las formas de conocer el clima laboral y el estado de motivación del personal es realizar una encuesta de salida a las personas que se van voluntariamente de la empresa. En Internet hay gran cantidad de portales que facilitan la realización de encuestas de clima laboral, por ejemplo: **encuestafacil.com** y **e-encuesta.com.**

Estudia alguna de estas encuestas y expón tu opinión sobre si, a través de ellas, se puede conocer el clima laboral en una empresa. Si crees que no sirven para conocer el estado de motivación en la empresa, indica las razones.

8. Hay un desequilibrio importante entre lo que las personas perciben en las empresas y lo que las direcciones creen que es óptimo para las personas que trabajan en ellas. Las empresas deben conocer si existe malestar en las plantillas y sus causas. Es responsabilidad de toda la dirección, y especialmente del departamento de recursos humanos, identificar las causas que pueden generar insatisfacción laboral.

Enumera al menos nueve causas que puedan generar insatisfacción laboral.

COMPRUEBA TU APRENDIZAJE

9. Indica, según la teoría del liderazgo situacional, qué estilo de liderazgo debería de manifestar la persona que dirige un departamento en las siguientes situaciones:

a) Varias personas rehúyen la utilización de un programa informático y ni siquiera se interesan por aprender.

b) Alguna de las personas del punto anterior cambia de actitud e intenta utilizar el programa de forma autónoma.

c) Tres personas conocen perfectamente el programa, pero se niegan a utilizarlo, alegando que no forma parte de las tareas de sus puestos de trabajo.

d) Dos miembros del equipo, que tienen amplios conocimientos del programa, lo utilizan de forma autónoma y obtienen buenos resultados.

10. Para las empresas es importante obtener información sobre el estado de motivación y satisfacción de la plantilla. En Internet hay gran cantidad de portales que facilitan la realización de encuestas de clima laboral, por ejemplo: **bit.ly/Encuesta_clima_laboral_1** y **bit.ly/Encuesta_clima_laboral_2.**

Si estás trabajando, cumplimenta alguno de estos cuestionarios que te pueden proporcionar una idea de cómo percibes el clima laboral en tu empresa. Si no estás trabajando pide a alguna persona de tu entorno que lo cumplimente.

11. Identifica qué rol, según la clasificación de Meredith Belbin, desempeñan las personas que realizan las siguientes afirmaciones:

a) Soy el que aporta más conocimientos técnicos, pero me desintereso de otros aspectos.

b) Pongo en marcha las ideas de los demás, pero soy inflexible.

c) Soy capaz de motivar a los demás para que trabajen mejor, pero mis actitudes pueden generar conflictos.

d) Tiendo a exponer muchas ideas, aunque algunas sean irrealizables.

e) Me desenvuelvo muy bien buscando recursos dentro y fuera de la empresa.

f) Soy muy perfeccionista y hago que se cumplan los plazos, pero me preocupo demasiado.

g) Soy muy bueno analizando la viabilidad de las ideas de los demás, pero soy excesivamente crítico.

12. En una empresa dedicada al diseño y desarrollo de software han creado un equipo, dirigido por una ingeniera informática, para desarrollar una aplicación de gestión integral de recursos humanos. En este equipo, formado por personas en las que tiene una gran confianza la dirección, los miembros planifican el trabajo, se asignan las tareas, establecen los horarios y toman decisiones.

a) ¿Qué clase de equipo se ha creado?

b) ¿Cuál crees que será la técnica ideal de trabajo en equipo para obtener muchas e innovadoras ideas y desarrollar la creatividad de las personas que lo integran?

13. Indica qué tipo de equipo identificas en las siguientes situaciones:

a) Los miembros de la cadena de montaje de una empresa que fabrica electrodomésticos creen conveniente reunirse el último día del mes para compartir experiencias, exponer dificultades del trabajo y proponer soluciones.

b) En un equipo, están definiendo las tareas, las personas que intervienen, las responsabilidades y la documentación que se ha de generar desde que se solicitan mercancías a las empresas proveedoras hasta que están en el almacén.

c) En una empresa que se dedica al desarrollo de aplicaciones para teléfonos inteligentes van a crear un equipo multidisciplinar, que funcione de forma autónoma y fije sus propias normas de funcionamiento.

14. En una empresa de fabricación de bicicletas, han decidido lanzar una nueva bicicleta eléctrica. Se ha creado un equipo especialista en ciclismo: grupo técnico, de diseño y de venta. La empresa ha puesto a su disposición los recursos necesarios y les ha dado libertad para organizar el trabajo. Responde:

a) ¿De qué tipo de equipo crees que se trata?

b) ¿Cuáles son sus características?

c) ¿Qué técnica de trabajo en equipo se podría utilizar en la fase inicial del proyecto?

15. En una empresa que comercializa verduras envasadas, van a comenzar a comercializar verduras congeladas y están pensando cómo va a ser el canal por el que harán llegar sus productos hasta los puntos de venta. Se plantean cuestiones como qué tipos de vehículos utilizar (propios o contratar a personas que trabajan por cuenta propia), cómo realizar la distribución en las diferentes áreas geográficas, qué tipos de contratos se han de celebrar con las empresas distribuidoras, en qué puntos de venta situar los productos, cómo actuar cuando existan devoluciones, etc.

Indica de qué equipo se trata y quiénes lo forman.

16. En una empresa se ha constatado que las ventas de algunos productos han disminuido. La dirección ha creado un equipo de trabajo formado por las personas que están al frente de los equipos comerciales de cada zona, y dirigido por el jefe de ventas. En el equipo se debe estudiar la situación, analizar las causas y proponer medidas para solventar la crisis.

a) ¿Qué tipo de equipo crees que se debe crear?

b) ¿Cuáles son las características más relevantes de este tipo de equipos?

c) ¿Cuál o cuáles crees que serían las técnicas de trabajo en equipo para detectar las causas del problema? Describe en qué consisten estas técnicas.

17. Indica qué técnica de trabajo en equipo utilizarías para formar a las personas del departamento de recursos humanos que tienen, entre otras responsabilidades, comunicar los despidos a los trabajadores y trabajadoras.

8 UNIDAD

La formación en las empresas

ESTUDIARÁS

- La formación de los recursos humanos.
- El plan de formación.
- La detección de las necesidades de formación.
- La gestión y organización administrativas de la formación.
- Evaluación del plan de formación.
- Métodos y técnicas de desarrollo profesional.

Y SERÁS CAPAZ DE

- Identificar los métodos e instrumentos más adecuados para el desarrollo de la formación en la empresa privada y en la Administración pública.
- Gestionar los procedimientos administrativos relativos a la formación, promoción y desarrollo de los recursos humanos.

La formación continua del personal de las empresas es un elemento fundamental para su desarrollo y supervivencia en un entorno que cambia a un ritmo vertiginoso. La evolución de la tecnología, así como la globalización e internacionalización de las empresas, provocan grandes cambios ante los que surgen nuevas necesidades de formación del personal. La formación continua es el camino para adaptarse a estos cambios y actualizar los conocimientos y habilidades del capital humano a un entorno que evoluciona con rapidez.

La formación es fundamental para la supervivencia de las empresas: pueden responder de manera eficaz a los cambios tecnológicos y del mercado y ser más competitivas al contar con personal bien formado. Además, la formación continua mejora la satisfacción laboral, la identificación de la plantilla con los objetivos de la empresa y posibilita el desarrollo profesional, lo que aumentará la versatilidad para adaptarse a los cambio e, incluso, la posibilidad de encontrar mejores empleos.

¿Sabrías explicar cómo mediante la formación se podrá aumentar la motivación, el alto rendimiento y la productividad de las plantillas?

¿De qué manera piensas que la formación del personal puede hacer que las empresas sean más competitivas?

a) ¿Qué modalidades conoces para formar a las personas que ya tienen empleo?

b) ¿A qué puestos de trabajo en las diferentes administraciones públicas puedes acceder con los estudios que cursas?

c) ¿En qué áreas de tu formación crees que puedes profundizar para mejorar tus posibilidades de encontrar empleo?

1. La formación de los recursos humanos

La formación de los recursos humanos en la empresa es el proceso por el que el personal actualiza o adquiere las **competencias necesarias (capacidades, conocimientos, actitudes y aptitudes)** para lograr un óptimo desempeño en su puesto de trabajo.

La formación de los recursos humanos se lleva a cabo en empresas privadas de cualquier tamaño y en la Administración pública, ya que es un instrumento eficaz para lograr que las personas se adapten a las exigencias de los puestos de trabajo e incide en la motivación de la plantilla.

Las empresas destinan partidas presupuestarias para la formación de la plantilla porque la inversión en el desarrollo de las capacidades de los trabajadores y trabajadoras es necesaria para disponer de unos recursos humanos óptimos.

Las empresas pueden buscar un **doble objetivo** con la formación de su personal:

a) **Actualizar las competencias** con las que las personas se han incorporado a la empresa.

b) **Adquirir nuevas competencias** por parte de la plantilla, para que puedan ocuparse de otras funciones en el seno de la organización. Para ello, las empresas gestionan los planes de carrera para su personal y planifican cómo se ocupan los puestos clave de la organización.

El **papel del administrativo** dentro de la gestión de la formación de la empresa puede abarcar, entre otras, las siguientes tareas: integrar la información de los departamentos sobre detección de necesidades formativas, colaborar en la elaboración del plan de formación, organizar cursos, buscar proveedores, controlar la asistencia, etc.

¿SABÍAS QUE...?

Los **Objetivos de Desarrollo Sostenible** (ODS), iniciativa impulsada por la ONU, son 17 retos cuyo fin es erradicar la pobreza, proteger el planeta y garantizar que todas las personas del mundo sin distinción gocen de paz y prosperidad.

El **objetivo 4** es garantizar una **educación inclusiva,** equitativa y de calidad, así como promover oportunidades de aprendizaje durante toda la vida.

1.1. Regulación legal de la formación de los recursos humanos

La formación de la plantilla constituye una parte del derecho fundamental a la educación de las personas. Tanto nuestra normativa como las normas de la Unión Europea consideran la *formación* como uno de los *principales instrumentos* para lograr una *alta empleabilidad,* así como un medio para garantizar la estabilidad del personal en sus puestos de trabajo.

Constitución española de 1978 →
- Artículo 27. Regula la educación como un derecho fundamental para todas las personas.
- Artículo 35. Regula el derecho de las trabajadoras y trabajadores a la promoción a través del trabajo.
- Artículo 40.2. Establece la obligación del Estado de fomentar una política que garantice la formación y la readaptación profesional.

RD Legislativo 2/2015, del Estatuto de los Trabajadores →
- Artículo 4.2.b. Regula la promoción y formación profesional en el trabajo.
- Artículo 23. Regula los derechos que tienen las trabajadoras y trabajadores en materia de formación.

Ley 30/2015, de 9 de septiembre → Regula la formación profesional para el empleo en el ámbito laboral.

→
- Derecho a disfrutar de los **permisos** necesarios para concurrir a exámenes.
- Preferencia para **elegir turnos** cuando el trabajador o trabajadora curse estudios para la obtención de un título académico o profesional.
- Derecho a la **adaptación de la jornada** ordinaria de trabajo para la asistencia a cursos de formación profesional.
- Derecho a la concesión de **permisos de formación** o perfeccionamiento profesional con reserva del puesto.
- Derecho a **20 horas de formación** al año vinculada con el puesto de trabajo, formación acumulable hasta en períodos de cinco años.

Fig. 8.1. Normas que regulan la formación en nuestro sistema jurídico.

1.2. Desarrollo y formación de las competencias

Las organizaciones empresariales entienden la formación como un proceso de capacitación que logra la mejora continua y la supervivencia de la empresa en un entorno competitivo.

> La **Ley Orgánica 5/2002, de Cualificaciones Profesionales y de la Formación Profesional,** define las **competencias** como el conjunto de conocimientos y capacidades que permiten el ejercicio de la actividad profesional conforme a las exigencias de la producción y el empleo.

Las organizaciones planifican su formación en dos ámbitos:

a) Las competencias que ha de poseer el personal para realizar las **tareas concretas** del **servicio** que se presta o el **producto** que se fabrica.

b) Las competencias que han de tener las personas que se ocupan de la **organización estratégica** de la empresa.

Cuando una empresa decide realizar formación, prevé el desarrollo de las competencias, que incluyen conocimientos, capacidades y actitudes necesarias para la actividad profesional.

Aptitudes técnicas →

La formación en **aptitudes técnicas** consiste en el aprendizaje de nuevos procesos de trabajo o en el uso de nuevos equipos o instrumentos.

Las **aptitudes** se desarrollan en cualquier nivel jerárquico de la empresa, desde el personal de base (que deberán adquirir nuevas competencias para el desarrollo de sus tareas) hasta el personal directivo (cuyo aprendizaje se basa en conseguir nuevas competencias estratégicas para la empresa, que determinarán su supervivencia).

Actitudes →

La **actitud** es la manera con la que las personas nos enfrentamos a las cosas, a las situaciones o a otras personas.

La **actitud** no se relaciona con el *saber hacer*, sino más bien con el *saber estar* o con el *querer hacer*. Las actitudes son un conjunto de competencias esenciales en la vida cotidiana de las empresas, que incluyen en sus planes de formación el trabajo en inteligencia emocional.

Conocimientos →

Los **conocimientos** son las nociones que se tienen sobre alguna materia concreta. Se relacionan con el saber y son esenciales en el ámbito laboral, puesto que determinan las capacidades que tiene una persona para realizar las tareas y funciones propias de su profesión con eficacia.

Fig. 8.2. Competencias: aptitudes técnicas, actitudes y conocimientos.

ACTIVIDADES

1. Accede a la web de la Organización de las Naciones Unidas **(un.org)** y localiza los 17 Objetivos de Desarrollo Sostenible, para resolver las cuestiones que se plantean a continuación.

a) Busca cuál es el objetivo directamente relacionado con la formación.

b) Accede al objetivo identificado y señala cuáles son las metas de este objetivo, directamente relacionadas con la formación de las personas trabajadoras.

c) ¿Se hace alguna referencia en el objetivo 4 a la igualdad de hombres y mujeres en el acceso a la formación profesional? ¿Cuál?

d) Accede al documento *Educación de calidad: por qué es importante*. Después de revisarlo, contesta a lo siguiente:

- ¿Por qué es importante la educación?
- Indaga qué es lo que puedes hacer para que se alcance el objetivo 4, *Educación de calidad*.

1.3. La formación para el empleo

En España, la **Ley 30/2015, de 9 de septiembre,** regula la formación profesional para el empleo en el ámbito laboral, consciente de la importancia y la necesidad de formación tanto para los trabajadores en activo como para los profesionales en situación de desempleo.

La formación profesional para el empleo está integrada por el conjunto de instrumentos y acciones que tienen por objeto impulsar y extender, entre las empresas y las personas ocupadas y desempleadas, una formación que responda a sus necesidades y contribuya al desarrollo de una economía basada en el conocimiento. La **Fundación Estatal para la Formación en el Empleo** es el organismo encargado de impulsar esta formación.

La formación para el empleo incluye la *formación para personas en activo* y la *formación para desempleados*. Este sistema integra las cuatro iniciativas de formación que aparecen en la Tabla 8.1.

Tipo de formación	Características	A quién va dirigida
Formación programada por las empresas	Constituida por las acciones formativas de las empresas, financiadas total o parcialmente con fondos públicos, para atender las necesidades específicas de formación planteadas tanto por la empresa como por su personal.	Destinada a las personas asalariadas, incluidas las fijas discontinuas en los periodos de no ocupación, así como las trabajadoras y los trabajadores que accedan a situación de desempleo, cuando se encuentren en periodo formativo, y las personas acogidas a regulación de empleo en sus periodos de suspensión de empleo por expediente autorizado.
Formación para personal ocupado	Integrada por los planes de formación, sectoriales y transversales, y por la oferta formativa dirigida a obtener certificados de profesionalidad.	Destinada a las personas ocupadas, pudiendo participar trabajadores y trabajadoras desempleados en la proporción que las administraciones determinen.
Formación para personal desempleado	Incluye las acciones formativas para cubrir las necesidades detectadas por los servicios públicos de empleo, los programas específicos de formación y los programas formativos con compromiso de contratación.	Esta oferta formativa dará prioridad a las personas desempleadas con bajo nivel de cualificación profesional.
Otras iniciativas de formación	Incluye los permisos individuales de formación, la formación en alternancia con el empleo, la formación del personal de las administraciones públicas, y la formación no financiada con fondos públicos, desarrollada por entidades de iniciativa privada y destinada a la obtención de los certificados de profesionalidad.	

Tabla 8.1. Iniciativas de formación profesional para el empleo en el ámbito empresarial.

¿SABÍAS QUE...?

Fundación Estatal para la Formación en el Empleo

fundae.es

La Fundación Estatal para la Formación en el Empleo, a través de la gestión de fondos públicos, ayuda a las empresas a formar a las personas trabajadoras al tiempo que facilita su acceso gratuito a la oferta formativa de calidad para todas las personas trabajadoras, tanto en activo como desempleadas.

ACTIVIDADES

2. Marisa y Fabián trabajan en el departamento de administración y creen necesario actualizar sus conocimientos contables, por lo cual desean realizar un curso de formación. Accede a la web de la Fundación Estatal para la Formación y el Empleo **(bit.ly/Fundae_Buscador_cursos)** y localiza algún curso sobre contabilidad y fiscalidad que te parezca interesante y que se realice en tu provincia o en tu comunidad autónoma.

1.4. Los programas de formación en la Administración pública

El **Real Decreto Legislativo 5/2015, de 30 de octubre,** por el que se aprueba el Texto Refundido de la Ley del Estatuto Básico del Empleado Público, establece en su artículo 14 el **derecho de las empleadas y los empleados públicos** a la **formación continua** y a la **actualización permanente** de sus conocimientos y capacidades profesionales, preferentemente en horario laboral.

Las administraciones públicas, al igual que las empresas, tienen que contar con personal adaptado a los cambios que se producen en la sociedad y están sometidas a un importante proceso de modernización que exige formación continuada.

Junto al objetivo de mejorar las competencias del personal e incrementar la calidad de los servicios públicos, la formación de este colectivo tiene otra importante función en la promoción: la formación se valora como **méritos en la fase de concurso de las oposiciones,** así como en los sistemas de ascenso.

La Administración pública organiza planes de formación para su personal que siguen el mismo método y fases que la organización de un plan de formación para la empresa privada. Estos planes deben estar integrados en un plan estratégico coordinado con los diferentes actores que pueden promover la formación del funcionariado.

IMPORTANTE

Formación en la Administración pública

Los planes de formación en la Administración pública se llevan a cabo en la Administración General del Estado, en las comunidades autónomas y en las administraciones locales. Se desarrollan tanto para funcionariado como para personal laboral o estatutario y son financiados por la Ley de Presupuestos Generales del Estado.

¿SABÍAS QUE...?

Teléfono 060

El teléfono 060 ofrece información administrativa general sobre los servicios públicos y trámites de la Administración General del Estado. Informa sobre empleo público, ayudas económicas, subvenciones, becas y premios, etc.

PONTE A PRUEBA 1

Convocatorias de empleo público

Adela ha finalizado los estudios del ciclo formativo de Administración y Finanzas y desea acceder a un empleo como funcionaria pública. Investiga para conocer lo siguiente:

a) Los cuerpos de la Administración General del Estado a los que puede acceder.

b) Las oposiciones para optar a plazas de empleo público de las administraciones locales (comunidades autónomas, ayuntamientos, diputaciones, comarcas), para puestos de administrativo.

c) Indica cuáles son los requisitos generales para acceder a las pruebas.

d) El tipo de pruebas que suelen realizarse.

Pautas para la resolución:

Se pueden localizar las ofertas de empleo relacionadas con la Administración General del Estado, con las comunidades autónomas y con las administraciones locales mediante el buscador de empleo público de la web del Gobierno de España: **bit.ly/Convocatorias_empleo_público.**

También se pueden conocer las convocatorias de empleo público en las diferentes administraciones en las páginas web de centros de formación, como **opositor.com.**

WEB

Instituto Nacional de Administración Pública (INAP)

inap.es

El INAP (Instituto Nacional de Administración Pública) gestiona la oferta formativa para la actualización permanente de los conocimientos y capacidades de los recursos humanos de la Administración pública.

ACTIVIDADES

3. Accede a la oferta formativa actual del INAP (**inap.es**) y realiza las siguientes actividades:

a) Localiza la oferta formativa del INAP e identifica los cursos de formación que puede realizar el funcionariado público de la Administración local, en la provincia en que resides.

b) ¿Qué lenguas extranjeras y cooficiales pueden perfeccionar las empleadas y empleados públicos para el desarrollo de sus funciones?

4. Descarga la aplicación móvil de Empleo Público en el enlace **bit.ly/Suscripción_empleo_público,** guarda las búsquedas que realices y suscríbete a las notificaciones de empleo público para recibirlas en la app cuando se publiquen convocatorias que coincidan con los criterios de tus búsquedas guardadas.

2. El plan de formación

El plan de formación es el conjunto de **actividades** que se ponen en marcha para que la empresa cubra sus necesidades y los **recursos necesarios** para llevar a cabo esas acciones. Este plan es elaborado por el departamento de recursos humanos.

2.1. Diseño y creación del plan de formación

El diseño y la creación de un plan de formación requiere el desarrollo de **tareas**, cuyo **registro** dará como resultado el plan de formación para implantar en la empresa (Tabla 8.2).

Tareas de diseño y creación del plan formativo	**Fijar los objetivos** del plan formativo: deben quedar definidos y ser coherentes con los objetivos estratégicos de la empresa.
	Analizar y priorizar las **necesidades formativas** del personal: elegir el contenido adecuado, ya que no siempre se podrán atender todas las necesidades formativas de la empresa.
	Seleccionar al **personal afectado** por el plan de formación.
	Seleccionar **formadores y formadoras**, personas o empresas, y decidir si la actividad será presencial, a distancia o *e-learning*.
	Decidir cómo, **dónde y con qué recursos** se desarrollará la formación para establecer los recursos económicos necesarios.
	Temporalizar el plan formativo: establecer un calendario con las fechas de la formación.
	Aprobar el plan formativo por la dirección o el departamento correspondiente.
	Emitir el informe sobre el plan de formación por el comité de empresa, con carácter previo a la ejecución de este.
Implantación	En el **tiempo estimado** y para el personal designado.
Evaluación	**Análisis de resultados** y obtención de datos sobre formación para los próximos años.

Tabla 8.2. Fases en el diseño y la creación del plan formativo.

CASO PRÁCTICO 1

Plan de formación

En la empresa en la que trabajas, se detecta que el personal necesita formación en prevención de riesgos laborales, por lo que deciden organizar un curso de 50 horas. A la plantilla se la avisa con un día de antelación a la fecha de inicio, pero sus horarios no son compatibles con el desarrollo del curso. ¿Qué fase del diseño y la creación del plan de formación ha fallado en la organización de este curso de formación?

Solución:

La empresa debió comprobar la disponibilidad de las personas designadas para la formación, averiguando si podían recibirla. Además, la temporalización de la formación no fue la adecuada porque se avisó a la plantilla con un día de antelación, lo que hizo que no pudieran ajustar sus calendarios de formación con las tareas pendientes en sus trabajos.

La formación ha de desarrollarse en horario laboral, por lo que el departamento de recursos humanos, que gestiona la formación, habrá de tener en cuenta este extremo para poder organizar los calendarios y horarios adecuados para que la formación pueda llevarse a cabo de la manera más satisfactoria posible.

IMPORTANTE

Fases del plan de formación

1. Diseño y elaboración del presupuesto.
2. Desarrollo y ejecución.
3. Evaluación.

¿SABÍAS QUE...?

Beneficios de los planes de formación

Un plan de formación bien diseñado y ejecutado tiene beneficios para la empresa, ya que:

- Reduce los costes derivados de las bajas médicas cuando se realiza formación específica sobre el desempeño correcto y seguro de las tareas.
- Detecta las tareas obsoletas que restan eficacia al proceso productivo.
- Mejora la motivación del personal, ya que se sentirán mejor preparados para el desempeño de sus tareas.

3. La detección de las necesidades de formación

La **detección de necesidades** es un proceso que tiene como objetivo **planificar una formación ajustada** a las necesidades empresariales.

Cuando una empresa planifica la formación de su personal, debe comprobar qué necesidades de formación reales existen, comparando qué se tiene que hacer en un puesto de trabajo concreto con lo que realmente sabe hacer quien lo ocupa.

La detección de las necesidades formativas suele ser responsabilidad del departamento de recursos humanos, que puede formar en dos momentos diferentes: *al incorporarse* al puesto de trabajo o, una vez incorporado en la empresa, mediante la *formación dentro de un plan de carrer*a o por una nueva estrategia de la compañía.

EJEMPLO

La formación de una persona que se incorpora a la empresa es un ejemplo de formación antes de que exista la necesidad, mientras que la introducción de un nuevo programa informático en la gestión de la empresa, que toda la plantilla tiene que usar, es una formación para una necesidad ya creada.

Los métodos para detectar las necesidades formativas se clasifican en dos categorías: métodos relacionados con las **consultas al personal** y métodos que derivan del **proceso de planificación y desarrollo de la empresa** (Tabla 8.3).

Método	Herramienta	Proceso
Relacionados con la consulta	Entrevista	Recoge datos del encuentro con una o varias personas para dialogar sobre las necesidades que ellas ven en su puesto de trabajo. Puede realizarse en cualquier nivel jerárquico.
	Observación	Consiste en detectar las necesidades de formación a través de la observación diaria del trabajo que presta una persona.
	Encuesta	Recoge por escrito las opiniones del personal sobre las necesidades formativas.
	Círculos de calidad	Reuniones de un equipo organizadas sistemáticamente para detectar posibles deficiencias, mejoras y necesidades de formación de las personas que ocupan los puestos.
Relacionados con la planificación y el desarrollo empresarial	Estudio de puestos de trabajo	Analiza las tareas que hay que desarrollar en un puesto para establecer qué necesita aprender la persona que lo ocupa o va a ocuparlo para desarrollarlo con la máxima eficacia.
	Análisis de fallos	Analiza los defectos que se han producido en la actividad desarrollada en un puesto de trabajo y su relación con la falta de formación de quien lo ocupa.

Tabla 8.3. Métodos para la detección de necesidades formativas.

CASO PRÁCTICO 2

Necesidades de formación

Inés trabaja como encargada de la formación del personal de su empresa. Su superior le encomienda que analice las necesidades de formación de dos administrativos a su cargo y de un mando medio de la planta productiva de la empresa. ¿Qué método de detección de necesidades formativas sugieres que debería emplear para cada supuesto?

Solución:

Inés podrá utilizar algún método relacionado con la consulta para los puestos de los administrativos.

Podrá realizar alguna encuesta al personal para valorar las necesidades que perciben en sus puestos de trabajo y también podrá utilizar el método de la observación.

Para el puesto del mando medio, podría utilizarse un método relacionado con la planificación empresarial, ya que este puesto es clave en el propio desarrollo de la empresa; por ejemplo, el método de estudio de puestos de trabajo para formar al trabajador o trabajadora en aquellas tareas que se consideren clave en su desempeño profesional.

4. La gestión y organización administrativas de la formación

La **gestión y organización** de la formación es la etapa en la que se desarrollan, por parte del departamento de recursos humanos, los **trámites necesarios** para hacer realidad la formación planificada; se divide en siete fases.

1. Primera fase: concretar la acción formativa

Esta concreción se realiza una vez que se han detectado las necesidades de formación del personal en la empresa. Para ello, se utilizará la información recogida en un documento escrito. En la Tabla 8.4, mostramos un modelo de ficha de detección de necesidades que puede utilizar quien se encarga de esta tarea.

Puesto de trabajo	Herramienta	Necesidad formativa	
Puesto:	D./D.ª ____________	Competencias	Conocimientos:
			Habilidades sociales:
			Competencias técnicas:
		Actitudes	
Puesto:	D./D.ª ____________	Competencias	Conocimientos:
			Habilidades sociales:
			Competencias técnicas:
		Actitudes	

Tabla 8.4. Modelo para documentar la detección de necesidades formativas.

2. Segunda fase: seleccionar al personal afectado por el plan de formación

La elección del personal afectado está condicionada a la detección de **necesidades realizada previamente.** En la Tabla 8.5, mostramos un modelo que puede utilizarse para la selección del personal que participará en el plan de formación. Este modelo ayudará en la *priorización* de las trabajadoras y los trabajadores para participar en la selección.

Trabajador/a	Categoría	Antigüedad	Titulación	Necesidad formativa que precisa
1. Nombre y apellidos	[...]	[...]	[...]	[...]
2.	[...]	[...]	[...]	[...]
3.	[...]	[...]	[...]	[...]

Tabla 8.5. Modelo para documentar la selección de la plantilla afectada.

3. Tercera fase: decidir el tipo de formación que va a realizarse

Los responsables de poner en marcha el plan de formación tendrán que evaluar el tipo de formación que van a realizar. Los modelos más habituales de formación son, la formación presencial en la empresa o en un centro ajeno a la empresa, la formación a distancia y la formación *on-line*.

El sistema de formación *on-line* es muy habitual dadas sus grandes ventajas, entre ellas evitar la pérdida de tiempo en los desplazamientos y la posibilidad de realizar las actividades formativas en remoto.

ABC VOCABULARIO

e-learning. Simplificación de *electronic learning,* también llamado teleformación, formación *on-line,* enseñanza virtual, etc.

En estos procesos de aprendizaje se produce una **interacción didáctica continuada,** donde el alumnado tiene que autogestionar su aprendizaje con ayuda docente y del resto de la clase.

El *e-learning* permite realizar la formación en casa o en el trabajo, pues los contenidos son accesibles cualquier día y a cualquier hora gracias a Internet.

b-learning (blended learning). Consiste en procesos de enseñanza-aprendizaje semipresenciales, es decir, que los cursos en este formato incluyen tanto clases presenciales como actividades *e-learning.*

IMPORTANT

Financiación de la formación

Las empresas pueden financiar la formación de su plantilla mediante un crédito, con cargo a la cuota de la Seguridad Social, que ingresan mensualmente para formación profesional.

La financiación se materializa mediante la aplicación de un **sistema de bonificaciones** en las cuotas mensuales de la Seguridad Social, de tal manera que el desembolso mensual que hacen por su personal en materia de Seguridad Social puede transformarse en opciones de formación para este.

4. Cuarta fase: elaboración del presupuesto

La elaboración del presupuesto dependerá del tipo de formación que se decida y de quienes se contrata para formar.

Los presupuestos de formación de una empresa deben incluir los costes directos e indirectos:

a) Los **costes directos** incluyen los gastos derivados de la realización de la formación (profesorado, aulas alquiladas, medios técnicos, documentación, material fungible...).

b) Los **costes indirectos** son aquellos que tiene la empresa como consecuencia de la realización permanente de acciones de formación (aulas propias, personal permanente en tareas de formación, tiempo para la gestión de necesidades, tareas administrativas y tiempo invertido de la dirección).

5. Quinta fase: informar a la dirección

Una vez que el departamento de recursos humanos tiene claro qué necesidades formativas existen, a quién ha de darse la formación y cuál es la propuesta concreta formativa y presupuestada, se ha de iniciar un proceso de información al equipo directivo que ha de aprobar el plan formativo.

Las y los responsables de recursos humanos pueden elaborar un dosier con toda la documentación relativa a la detección de necesidades formativas, personal seleccionado, tipos de formación que pueden darse y presupuestos. Esta información se puede hacer llegar por escrito al equipo directivo mediante cualquier soporte, utilizando nuevas tecnologías como PowerPoint o Prezi.

6. Sexta fase: información al personal

Esta fase comprende tanto la información a la representación legal de trabajadores y trabajadoras como al personal afectado.

- **Representación del personal**

  La empresa debe informar a la representación legal del personal (comités de empresa, comité intercentros, delegados y delegadas de personal, etc.) sobre su plan de formación, con carácter previo a su ejecución. De este modo la representación legal puede emitir un informe sobre el plan y realizar las alegaciones que estime oportunas.

- **Personal**

  El objetivo del proceso de información al personal de la empresa es que conozcan la formación, motivarles y limar asperezas respecto a las novedades que les plantee en el futuro su trabajo. Para informar a la plantilla, pueden realizarse reuniones, carteles informativos, correos electrónicos, redes sociales de la empresa, web de la empresa, etc.

ACTIVIDADES

5. Accede a la web de la Fundación Estatal para la Formación en el Empleo **fundae.es/empresas** y localiza los documentos relacionados con los costes. Descarga el documento de costes de la formación programada por las empresas para su plantilla e indica lo siguiente:

a) ¿Cuáles son las clases de costes que se reflejan en el documento de resumen de costes?

b) Indica, para los costes directos e indirectos, los que creas que tienen una mayor repercusión económica.

c) ¿Cuáles son los costes salariales de las personas formadas en horario laboral?

d) Accede al documento en el que se refleja el coste por hora de la persona trabajadora, en los permisos individuales de formación, e indica cómo se calcula el coste total imputado a la acción formativa.

6. Con anterioridad al inicio de la ejecución de las acciones formativas, las empresas deben informar a la representación legal de los trabajadores y trabajadoras (RLT). Accede, en la web de la Fundación Estatal para la Formación en el Empleo, a la sección de *Documentos y modelos* **(bit.ly/Fundae_Documentos_modelos)** y localiza el documento que se utiliza para facilitar el proceso de información a la RLT sobre las acciones formativas de las empresas y los permisos individuales de formación. Contesta a las siguientes cuestiones:

a) ¿Qué información han de facilitar las empresas a la RLT?

b) Identifica el documento que se utiliza para manifestar las discrepancias con los y las representantes del personal, si surgen, sobre la información recibida. ¿Cuál es el plazo para elaborar el documento informativo? ¿Qué órgano tiene que resolver las discrepancias?

7. Séptima fase: desarrollo y ejecución de la formación

Esta fase, de gran importancia, ya que se ejecuta todo el trabajo desarrollado anteriormente, incluye la realización de dos actividades distintas, pero interdependientes a la vez:

a) **Organizar fechas y horarios de formación y sustitutos para las personas que participan en el plan de formación.** Entre las gestiones que deben hacer quienes diseñan la formación, se encuentra la organización de los horarios de quienes van a asistir a los cursos de formación, puesto que los horarios de trabajo pueden verse modificados. Si la formación exige la ausencia de la trabajadora o trabajador por un periodo significativo de días, habrá que establecer quién le sustituye en sus tareas.

b) **Ejecución de las acciones formativas.** En esta fase, se desarrollan las acciones formativas que han sido decididas. Será de vital importancia la labor del personal administrativo tanto para convocar a quienes participan como para preparar la logística de los cursos.

¿SABÍAS QUE...?

Digitalízate

La Fundación Estatal para la Formación en el Empleo ayuda dando respuesta a las nuevas necesidades derivadas del proceso de cambio tecnológico, digital y productivo, y ha desarrollado un espacio donde se encuentran cursos de formación y recursos formativos diseñados por grandes empresas, para utilizarlos sin coste alguno.

Estas grandes empresas disponen en sus páginas web de recursos formativos gratuitos en competencias digitales.

fundae.es

4.1. Gestión administrativa del plan de formación

El personal de administración de las empresas tiene una *importante presencia* en muchas fases de la gestión del plan de formación y pueden participar en las siguientes **tareas:**

- Recoger información sobre las necesidades de formación en la empresa.
- Extraer estadísticas sobre los datos recogidos bajo la supervisión de su mando superior.
- Buscar y contactar con empresas proveedoras de formación.
- Organizar la logística de las actividades formativas que desarrolla el plan de formación.
- Redactar documentos para informar al personal sobre los cursos de formación.
- Colaborar y apoyar en la elaboración de horarios alternativos a la formación.
- Distribuir y recoger los test de evaluación y tratamiento de la información.
- Registrar las acciones formativas de los trabajadores y trabajadoras en sus expedientes personales.
- Realizar los trámites administrativos pasa solicitar las subvenciones para la formación en la Fundación Estatal para la Formación en el Empleo.

1. Documentación de la detección de necesidades.
2. Selección del personal.
3. Elaboración del dosier informativo para la dirección y el comité de empresa.
4. Análisis de ventajas e inconvenientes de cada tipo de formación.
5. Elaboración del presupuesto escrito.
6. Calendario:
   - Fechas.
   - Horarios.
7. Ejecución de las acciones formativas.

Fig. 8.3. Trámites administrativos que precisan documentarse en la gestión de formación.

CASO PRÁCTICO 3

Formación presencial frente a formación *on-line*

Trabajas como técnica administrativa en el área de formación de una gran empresa. La persona que dirige el departamento ha decidido que el personal del departamento de administración reciba un curso de formación sobre manejo de un programa de hojas de cálculo.

Algunos proveedores a los que ha pedido presupuesto para impartir el curso plantean la posibilidad de desarrollarlo *on-line*.

Tu responsable te pide que consideres las ventajas e inconvenientes que podría tener esta modalidad formativa, realizando un cuadro comparativo para ayudarle a tomar la decisión.

Solución:

Método formativo	Ventajas	Inconvenientes
Presencial	• Inmediatez en la consulta de dudas.	• Necesidad del profesorado presencial. • Necesidad de un lugar y tiempo predeterminado.
On-line	• Inmediatez. • Trato cercano. • Facilidad para consultar dudas.	• La resolución de dudas no es inmediata. • La evaluación del proceso puede no hacerse a diario.

5. Evaluación del plan de formación

> La evaluación de un plan de formación para el desarrollo profesional incluirá la **evaluación global del plan de formación** elaborado y las **actividades concretas** de formación realizadas.

¿Qué se evalúa?	Objetivos	Características
Evaluación global del plan	Determinar si se han cubierto las expectativas u objetivos **del plan completo**, si se han utilizado los métodos adecuados y si la formación ha contribuido a superar la situación que se quería resolver.	Ha de ser continua para permitir corregir las posibles desviaciones que se puedan ocasionar.
Evaluación de acciones formativas concretas	Analizar si el personal ha cubierto las necesidades de formación y su aplicación en el **puesto de trabajo concreto.**	Se evalúa la propia actividad formativa en cuanto a metodología, idoneidad del formador o formadora, tiempo invertido y coste.

Tabla 8.6. Evaluación de las actividades formativas.

La evaluación del plan de formación se puede realizar en niveles muy distintos. Estos son los aspectos más significativos del plan de formación: satisfacción e interés de quienes asisten a la formación, grado en el que consiguen conocimientos y competencias, aplicación de los conocimientos al puesto de trabajo e incidencia del plan de formación o de la acción formativa concreta en la empresa. Los dos primeros niveles analizan el impacto de la formación en la trabajadora o el trabajador y los dos últimos el impacto de la formación en la actividad de la empresa.

5.1. Gestión de la evaluación

La evaluación se realiza por agentes de evaluación con diferentes métodos:

- **Agentes de la evaluación.** La evaluación global de la formación ha de ser realizada por los mandos responsables de recursos humanos o por la dirección de la empresa, mientras que las actividades formativas concretas han de ser evaluadas por quienes participan en la formación, los propios formadores o formadoras, o el departamento de recursos humanos.
- **Métodos para evaluar.** Estos métodos pueden ser muy variados y dependen de si se evalúa el plan de formación o las acciones formativas concretas.

  Los métodos más habituales son los test, las entrevistas, las encuestas o el análisis del grado de cumplimiento del plan, entre otros. También es muy habitual utilizar un formulario (Fig. 8.5) donde los participantes en formación expresen su opinión sobre aspectos como la pertinencia de la formación, las capacidades de quienes forman, el tiempo utilizado o la aplicación práctica de los contenidos y las competencias adquiridas.

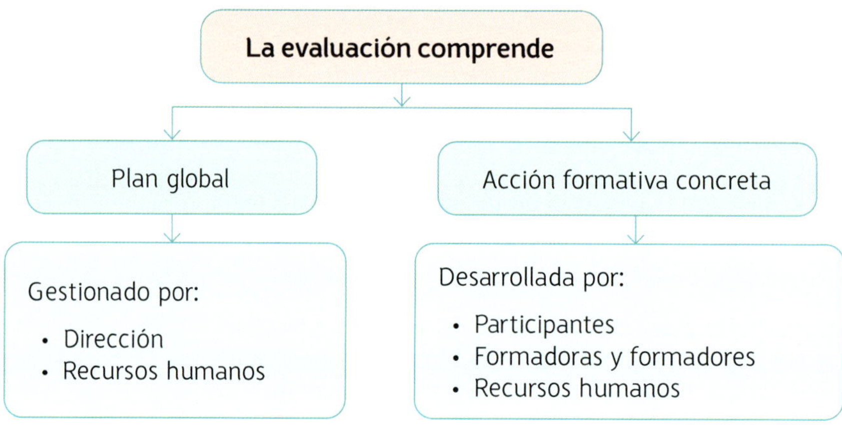

Fig. 8.4. Agentes que intervienen en la evaluación de los planes de formación.

? ¿SABÍAS QUE...?

Datos de la evaluación

Los datos que se obtengan de la evaluación serán de gran ayuda para planificar nuevas acciones formativas, repetir lo que haya sido exitoso o cambiar lo que no haya ido bien.

@ WEB

Documentación de los cursos de formación

bit.ly/Fundae_documentos_modelos

La Fundación Estatal para la Formación en el Empleo ofrece toda la documentación necesaria para la gestión de los cursos de formación:

- Contratación de una entidad organizadora.
- Representación legal de los trabajadores.
- Impartición.
- Evaluación.
- Costes.
- Permiso individual de formación.

Evaluación de la formación

Nombre y apellidos	
Puesto	
Fecha	

1. ¿Le ha parecido satisfactorio el curso?
   - ☐ Muy satisfactorio
   - ☐ Satisfactorio
   - ☐ Poco satisfactorio
   - ☐ Nada satisfactorio
2. ¿Considera que la enseñanza impartida se adapta a la función que usted desempeña?
   - ☐ Sí
   - ☐ Algo
   - ☐ No
3. ¿Recomienda este curso a otros compañeros y compañeras?
   - ☐ Sí
   - ☐ No

   Explicar por qué sí o no: ______________________________
4. ¿Eran buenas las condiciones que ofrecía el aula de formación?
   - ☐ Sí
   - ☐ No
5. ¿Cómo calificaría la actuación de quien ha desarrollado la formación?
   - ☐ Muy acertada
   - ☐ Acertada
   - ☐ Poco acertada
   - ☐ Nada acertada
6. ¿El material recibido fue el necesario y adecuado para complementar la teoría?
   - ☐ Sí
   - ☐ No
7. ¿Volvería a realizar cursos de formación similares a este?
   - ☐ Sí
   - ☐ No

Observaciones

Fig. 8.5. Ejemplo de un formulario.

@ WEB

Entra en el siguiente enlace de la web de la Fundación Estatal para la Formación en el Empleo y consulta el cuestionario para la evaluación de la calidad de las acciones formativas de la formación de demanda:

bit.ly/Fundae_Documentos_modelos

ACTIVIDADES

7. En la web de Fundae (**fundae.es** > *Trabajadores* > *Formación gratuita en competencias digitales*), se ofrecen cursos gratuitos de formación y recursos formativos elaborados por grandes empresas.

a) Accede a un curso, por ejemplo, de Sabadell, Fujitsu, etc., e investiga las características y el programa.

b) Accede desde **bit.ly/Fundae_documentos** al cuestionario de evaluación de la calidad y cumpliméntalo como si hubieses realizado el curso. Con este ejercicio se pretende que, rellenándolo, conozcas cómo es un documento de evaluación y no de una evaluación estricta.

6. Métodos y técnicas de desarrollo profesional

> Un método formativo es el **conjunto ordenado de acciones** que se desarrollan según unos **principios pedagógicos** para que las personas adquieran nuevas competencias.

La elección de la técnica formativa depende de numerosas variables:

a) **El fin que se pretenda conseguir** con la acción de formación concreta. No siempre se llega a los mismos resultados aplicando los mismos métodos formativos, por lo que habrá que elegir la técnica adecuada a cada contexto concreto de formación. Los métodos aplicados son distintos si se pretenden desarrollar habilidades técnicas o si se quieren impulsar nuevos comportamientos.

b) **La experiencia y la edad** de las personas formadas. El método formativo podrá variar si se trata de impartir formación a personas con mucha experiencia o bien a jóvenes y con poca experiencia.

6.1. Técnicas de formación

Existen muchas técnicas de formación en el mundo empresarial. Las más habituales son las que se muestran en la Tabla 8.7.

Técnica de formación	Ejemplo
• **Lección magistral.** Presenta conocimientos a través de una exposición oral y sitúa a la persona que se forma en una actitud pasiva en el aula. Hoy en día, las lecciones suelen ir acompañadas de presentaciones realizadas con herramientas como PowerPoint o Prezi.	Una investigadora importante realiza una lección magistral en una empresa farmacéutica para el personal de laboratorio sobre los beneficios de un nuevo fármaco.
• **Estudio de caso.** Un grupo de personas analiza un caso para aprender a resolver situaciones que se pueden presentar en la vida real. El caso debe ser lo más detallado y completo posible, pues ello ayudará al equipo en la búsqueda de soluciones a problemas complejos. Este tipo de técnica precisa de trabajo en equipo y participación activa del alumnado. Sus fases de desarrollo son estas: 1. Se estudia el caso, elaborando ideas para su solución. 2. Se comenta con el equipo el caso y cada participante aporta sus soluciones. 3. Se extraen conclusiones con el fin de aplicarlas a situaciones análogas.	El equipo de atención al cliente de una clínica dental estudia el caso de un usuario insatisfecho que intenta poner una demanda a la clínica por mala praxis médica.
• **Dramatización o *role-playing*.** Es una técnica activa de formación que permite analizar problemas desde el punto de vista de quien recibe la formación, lo que puede ayudar a decidir cómo actuar en el futuro ante una situación similar. Se trata de una técnica de aprendizaje en equipo a partir de un guion que han elaborado quienes imparten la formación. Se pide a las y los participantes que asuman un papel y lo representen. Después de la representación, se comentan las reacciones o los sentimientos de quienes han actuado y se analiza cómo se enfrenta cada persona a la situación.	En una empresa multinacional de informática, se decide realizar un *role-playing* simulando una situación de caída de sistema en una empresa cliente. Los papeles se reparten entre el equipo informático y cada miembro responde a la situación de una determinada manera.
• **Formación en el exterior o *outdoor-training*.** Este método está muy extendido en la actualidad y consiste en realizar la formación en espacios alejados del ambiente normal de la empresa y en contacto con la naturaleza. Es un sistema de formación y de desarrollo de comportamientos que permite el aprendizaje de habilidades sociales a través del desarrollo de actividades deportivas o naturales.	Algunas de las actividades que utiliza la formación en el exterior son las yincanas, el *paintball* o las actividades de multiaventura.

! IMPORTANTE

Principios pedagógicos

Un principio pedagógico es un criterio que indica de qué manera una persona puede aprender con más facilidad.

Algunos principios pedagógicos básicos en la formación son los siguientes:

- Tener en cuenta el **nivel de desarrollo** del alumnado para planificar las acciones formativas.
- Utilizar **métodos activos** que cuenten con la participación del alumnado.
- Desarrollar aprendizajes que sean funcionales, es decir, que sirvan para **aplicar en el trabajo.**

? ¿SABÍAS QUE...?

Consolidación del aprendizaje

Para consolidar el aprendizaje es muy útil:

- **Aprender del error:** la corrección de los errores cometidos, seguida de una explicación contextualizada, permite reflexionar sobre la causa del error y corregir las debilidades.
- **Enseñar a otros:** explicar lo aprendido al resto de la clase, reelaborando los mensajes con palabras propias y simplificando, es muy efectivo para interiorizar lo aprendido.
- **Autoevaluarse:** se pone a prueba lo aprendido, con preguntas que fomenten la curiosidad y hagan pensar de forma relajada.

Técnica de formación	Ejemplo
• **Formación en línea *(on-line)* o *e-learning*.** Es una de las modalidades de formación más habituales por la comodidad que supone la organización de los horarios del aprendizaje, así como que no se necesite un aula. Tiene el inconveniente de que no sirve para trabajos o actividades en los que la formación requiera el manejo de maquinaria. Las claves de este sistema de aprendizaje son tener un ordenador, organizar un aula virtual y designar a un tutor o tutora en línea que guíe la formación.	Una empresa decide impartir un curso de inglés comercial a su fuerza de ventas en formato *e-learning* para que no afecte al horario habitual de trabajo.
• ***Coaching*.** Este método de formación consiste en que el o la *coach* (entrenadora o entrenador) dirige y sigue la formación en determinados campos de la persona a quien entrena (*coachee*). Normalmente, se relaciona con el aprendizaje de comportamientos o habilidades sociales. La o el *coach* propone actividades que la persona que se forma tiene que realizar. Llevará un seguimiento del proceso, pero normalmente no acompaña a diario al *coachee*.	Esta técnica se utiliza con personal directivo de cualquier ámbito empresarial para incrementar sus habilidades o potenciar que sepa activar las competencias de quienes están bajo su dirección.
• **Tutorización o *mentoring*.** Esta técnica de formación consiste en designar a un tutor o tutora que acompaña a una persona en su proceso de aprendizaje de manera permanente mientras dura la formación. El tutor o tutora enseña a quien tutela los conocimientos, competencias o técnicas que precisa. Puede ser una persona de la empresa o una contratada del exterior.	En un estudio de publicidad, una *copy senior* es la tutora del nuevo *copy junior,* al que está acompañando en su aprendizaje en la empresa mientras realiza la formación.

Tabla 8.7. Técnicas de formación en la empresa.

Muchos de estos métodos tienen un elemento común que consiste en hacer a la persona que se forma **sujeto activo del aprendizaje,** frente a los modelos tradicionales de formación.

Estas técnicas, que se incluyen en muchos de los métodos analizados (*coaching,* dramatización, estudio de caso...), se cimientan en el concepto de **aprender haciendo,** al suponer que el aprendizaje se realiza desde la propia experiencia personal y que lo aprendido desde la experiencia se lleva a la práctica en la empresa con mayor rapidez y fiabilidad.

¿SABÍAS QUE...?

Tutorización informal

Existe una tutorización informal de la plantilla que se desarrolla cuando una persona con más experiencia ayuda en las tareas otra se acaba de incorporar a la empresa.

CASO PRÁCTICO 4

Técnicas de formación

Una empresa ha detectado que en el departamento comercial existen problemas de convivencia entre el personal por la falta de costumbre al trabajar en equipo. Para solucionar el problema, la empresa envía a cinco empleados y empleadas a realizar un curso de actividades multiaventura en los Pirineos.

¿Qué tipo de técnica de formación ha utilizado esta empresa?

Solución:

El método de formación empleado es la formación en el exterior o *outdoor training,* que tiene como objetivo mejorar las habilidades sociales a través de actividades en contacto con la naturaleza fuera del ambiente de la oficina.

PONTE A PRUEBA 2

Documentación de los permisos individuales de formación

Patricia trabaja en la sección de formación de una empresa metalúrgica. Le han encargado crear una carpeta denominada *Documentación de los permisos individuales de formación.* En esta carpeta tienen que aparecer todos los documentos necesarios para gestionar los permisos individuales de formación.

Localiza todos los documentos pertinentes y crea en tu ordenador una carpeta a la que llames *Documentación de los permisos individuales de formación.* Archiva estos documentos para que sean utilizados cuando el personal solicite algún permiso.

Supón que la destinataria de uno de los cursos es una joven desempleada. Localiza el impreso de solicitud de becas y ayudas.

Pautas para la resolución:

Puedes encontrar estos documentos en la documentación de la web de la Fundación Estatal para la Formación en el Empleo y en las webs de las organizaciones empresariales y sindicales.

SÍNTESIS La formación en las empresas

1. Completa en un documento aparte este esquema:

La formación de la plantilla	Tiene como objetivos:	Primer objetivo: [...] Segundo objetivo: [...]	
Métodos de detección de las necesidades de formación	Enumera, al menos, cuatro métodos.	Pasos en el desarrollo de la formación.	Indica qué pasos faltan en la relación: • Seleccionar a las personas elegidas. • Decidir el tipo de formación. • Organizar fechas y horarios de la formación.
Métodos de formación	Completa los métodos que faltan: lección magistral, dramatización, *coaching*...	Evaluar la formación impartida.	¿Quiénes evalúan la formación?
Formación para el empleo	¿A quiénes va dirigida esta formación?	Iniciativas de formación para el empleo.	Enuméralas: [...]

INVESTIGACIÓN

2. El personal de las empresas tiene derecho a acceder y a realizar la formación bonificada dentro del plan de formación de las empresas. Las compañías disponen de un crédito anual que depende de la plantilla media y una parte de la cotización a la Seguridad Social del año anterior.

   a) Investiga qué aportación a la Seguridad Social se utiliza para calcular el crédito de las empresas para formación.

   b) Localiza e indica los importes de las bonificaciones a las que tienen derecho las empresas en el año en curso.

   c) Investiga qué sucede si la empresa no hace uso del crédito para formar a su personal antes de finalizar el año natural. Puedes buscar información en la *Guía para la aplicación de las bonificaciones por formación* publicada por la Fundae **bit.ly/Fundae_Guías_manuales.**

3. Accede a **bit.ly/Fundae_crédito,** web de la Fundación Estatal para la Formación en el Empleo para calcular el crédito que le será asignado a las empresas para sus acciones formativas en las siguientes situaciones:

   a) Una empresa con una plantilla media de cuatro personas y que en el año anterior ha cotizado por formación profesional 560 €.

   b) Una empresa de nueva creación con dos personas empleadas que en el ejercicio anterior ha cotizado 252 € por la cuota de formación profesional.

   c) Una empresa con una plantilla media de 300 personas que ingresó 37 000 € en el año anterior por la cuota de formación profesional.

   d) Una empresa con seis personas empleadas ha ingresado el año pasado 450 € en concepto de cuota de formación profesional. Este año ha impartido cursos de formación cuyo coste ha sido de 250 €. ¿Cuál es el crédito de que dispone la empresa para formación? ¿Cuánto podrá bonificarse por esta formación?

4. El departamento de recursos humanos de una empresa dedicada a la fabricación de perfumes y cosméticos en la que trabajan 400 personas ha recibido la solicitud de dos componentes del departamento de *marketing* para realizar un curso de formación en la gestión de las redes sociales y la reputación *on-line* de la empresa. Supón que trabajas en el área de formación:

   a) Calcula el crédito del que disponen en la empresa para formación si el año anterior cotizó por formación profesional 39 000 €. Para realizar esta tarea puedes buscar información tanto en la página web de la Fundación Estatal para la Formación en el Empleo **(fundae.es)** como en los servicios públicos de empleo de las comunidades autónomas y desde la web del SEPE **bit.ly/SEPE_Sistema_FP_empleo.**

   b) Busca en Internet el convenio colectivo estatal de perfumería y localiza los artículos en los que se regulan la formación y los ascensos para responder a las siguientes cuestiones:

   - ¿Qué establece el convenio sobre la formación?
   - ¿Qué sistema se utiliza para regular los ascensos?

TEST DE REPASO

1. La formación, como derecho fundamental, se regula en:

(a) El Estatuto de los Trabajadores.
(b) El artículo 27 de la Constitución española.
(c) La Ley 30/2015, de 9 de septiembre.
(d) El Código Civil.

2. La formación de mantenimiento del personal tiene como objetivo:

(a) Actualizar sus competencias.
(b) Adquirir nuevas competencias.
(c) Motivarlo.
(d) Formar al equipo directivo.

3. La formación para la promoción consiste en:

(a) Ascender de puesto a una persona.
(b) Que el personal adquiera nuevas competencias.
(c) Que el personal aprenda a cómo usar las competencias que ya ha adquirido.
(d) Que el personal actualice las competencias que posee.

4. La formación en aptitudes técnicas se refiere a:

(a) Potenciar la inteligencia emocional.
(b) La manera en la que las personas afrontan los problemas.
(c) El aprendizaje de nuevos procesos o la utilización de nuevos equipos.
(d) Perfeccionar las competencias interpersonales.

5. La formación programada por las empresas:

(a) Está constituida por las acciones formativas de las empresas.
(b) Se financia total o parcialmente con fondos públicos.
(c) Atiende a las necesidades específicas de formación planteadas por la empresa y por el personal.
(d) Todas las respuestas anteriores son ciertas.

6. No es cierto que la Fundación Estatal para la Formación en el Empleo:

(a) Gestione fondos privados para formación.
(b) Ayude a las empresas a formar a las personas trabajadoras.
(c) Facilite la formación de todas las personas trabajadoras.
(d) Facilite la formación de todas las personas trabajadoras desempleadas.

7. Las empresas tienen la obligación de formar a su plantilla durante al menos:

(a) 10 horas cada año.
(b) 20 horas cada seis meses.
(c) 20 horas cada año.
(d) 25 horas cada año.

8. El personal tiene derecho a disfrutar de:

(a) Los permisos necesarios para concurrir a exámenes.
(b) Dos días para concurrir a exámenes.
(c) Tres días para concurrir a exámenes.
(d) Dos horas en la jornada habitual para examinarse.

9. El *coaching* es una técnica de formación:

(a) En la que un entrenador o entrenadora dirige la formación de una persona en ciertos campos.
(b) Que se realiza normalmente *on-line*.
(c) Que se desarrolla en ambientes rodeados de naturaleza.
(d) Que estudia un caso concreto para luego aplicarlo a situaciones semejantes.

10. Son costes directos de la formación:

(a) Las tareas administrativas de organización.
(b) El tiempo requerido para detectar las necesidades de formación.
(c) El tiempo que invierte la dirección en la supervisión.
(d) El alquiler de aulas.

11. Son costes indirectos de la formación:

(a) El coste del profesorado.
(b) El material entregado a las personas que se forman.
(c) Los medios técnicos empleados.
(d) Las aulas propias de la empresa.

12. La formación se evalúa para:

(a) Determinar si se han cubierto los objetivos de un plan formativo.
(b) Corregir las posibles desviaciones que hayan surgido en la formación.
(c) Analizar si el personal ha cubierto las necesidades formativas en el puesto de trabajo concreto.
(d) Todas las respuestas anteriores son ciertas.

13. El *outdoor training* de desarrollo profesional se utiliza frecuentemente para desarrollar:

(a) Competencias tecnológicas.
(b) Competencias lingüísticas.
(c) Análisis de problemas.
(d) Comportamientos.

14. En el role-*playing*:

(a) Cada participante asume y representa un papel.
(b) Una situación imaginaria se presenta como real.
(c) Se analizan las reacciones de quienes han actuado.
(d) Todas las afirmaciones anteriores son ciertas.

COMPRUEBA TU APRENDIZAJE

1. Señala qué objetivo tiene la empresa con la formación que se va a realizar en este caso:

   En el departamento de recursos humanos de una empresa, se ha decidido que el personal auxiliar y oficial administrativo que se encarga de las nóminas participe en un curso de formación. Versará sobre las novedades fiscales que el Gobierno ha publicado recientemente.

2. Relaciona los siguientes métodos de detección de necesidades formativas con su desarrollo:

1. Observación	*a)* En una reunión de equipo, se detectan las deficiencias del trabajo.
2. Estudio de puesto	*b)* Se examina el trabajo diario de una trabajadora o un trabajador.
3. Encuestas	*c)* Analiza los defectos que se han producido en la actividad desarrollada.
4. Análisis de fallos	*d)* Analiza las tareas que se desarrollan en un puesto concreto de trabajo.
5. Círculos de calidad	*e)* Recogen por escrito ideas y opiniones de la plantilla.

3. Supón que estás trabajando en un departamento de recursos humanos. Tu jefa te encarga que diseñes una encuesta para detectar las necesidades formativas que existen en el departamento de contabilidad.

   Elabora un conjunto de preguntas que te interesaría recoger para evaluar las necesidades del personal.

4. A continuación, se enumera un conjunto de fases por las que discurre un plan de formación. Ordénalas según tengan que desarrollarse:

   - Determinar las personas que impartirán la formación.
   - Temporalizar las enseñanzas.
   - Aprobar el plan formativo.
   - Decidir los recursos necesarios.
   - Fijar los objetivos que se pretenden lograr con la formación.
   - Detectar las necesidades formativas.
   - Elegir al personal que participará en la formación.

5. ¿Qué fase del proceso del plan de formación se describe en el siguiente supuesto?

   El departamento de recursos humanos de una empresa petrolera decidió realizar un curso de prevención de riesgos laborales para el personal que trabaja en la sección de refinería. La directora ha encargado a su auxiliar administrativo que recabe información sobre empresas que puedan dar esta formación a su plantilla.

6. Señala qué información habría que generar en cada una de las siguientes fases de los procesos de formación:

Definir las necesidades formativas	[...]
Seleccionar al personal	[...]
Elegir el modelo de formación	[...]
Calcular los costes de la formación	[...]
Recoger información sobre el resultado de la formación	[...]

7. El departamento de recursos humanos de un hospital está decidiendo la formación para el personal médico que trabaja en el área de medicina intensiva. Los y las responsables de la formación no tienen claro si realizar la formación presencial en la empresa o en un centro ajeno a la empresa.

   Realiza un estudio comparativo de las ventajas e inconvenientes de ambos sistemas para que la dirección de la empresa pueda decidir.

8. Paloma trabaja como técnica en una empresa de telefonía. Realiza a la perfección su trabajo técnico, pero le cuesta mucho atender telefónicamente a los clientes de la empresa. Su superior percibe cierta pasividad en su trabajo, ya que tiene poca empatía y escasa capacidad para hacerse entender por la clientela. Indica qué tipo de competencia tiene que reforzar esta trabajadora. ¿Qué técnica de formación crees que sería más adecuada? ¿Qué contenidos debería tener esta formación?

9. Un trabajador del departamento de administración de una empresa deseaba ampliar su formación y se matriculó en un ciclo formativo de grado superior de Administración y Finanzas a distancia.

   Indica cuánto tiempo tiene derecho el trabajador para asistir a exámenes. ¿Perderá el salario del tiempo empleado para realizar exámenes? ¿Deberá recuperar este tiempo?

10. Pedro lleva trabajando cinco años como auxiliar en una empresa dedicada a la fabricación mecánica de estructuras metálicas. Es muy competente en su trabajo y podría ascender y cobrar el sueldo de un grupo profesional superior al actual, pero carece de la titulación necesaria.

    En el departamento de recursos humanos le han informado de que puede conseguir sus objetivos superando un curso de Formación Profesional para el Empleo que se acredite mediante un certificado de profesionalidad.

    a) Investiga qué son los certificados de profesionalidad y qué acreditan.

COMPRUEBA TU APRENDIZAJE

b) Esta persona desea saber a qué centros de formación puede acudir a formarse para obtener el certificado de profesionalidad, dentro de la localidad en la que reside.

Accede a la web del SEPE: **bit.ly/SEPE_Certificados_profesionalidad** para identificar las entidades de formación que existen en tu localidad o provincia para estudiar de forma presencial, *on-line* o mixta.

11. Una persona que trabaja en una empresa de seguros acude al departamento de recursos humanos para solicitar un permiso para formarse en un programa informático de gestión de personal.

a) ¿Qué tipo de premiso debe solicitar?

b) Busca algún curso gratuito relacionado con la administración y cumplimenta con tus datos el documento que sirve para solicitar a la empresa el permiso para realizarlo.

12. Localiza en Internet el convenio colectivo de gestorías administrativas y busca los artículos en los que regula la formación para responder a las siguientes cuestiones:

a) ¿Está obligado el personal a desarrollar todas las acciones formativas que sean precisas para realizar sus funciones?

b) ¿A cuántas horas de formación tiene derecho cada persona trabajadora anualmente? ¿Se pueden acumular estas horas para otros años?

c) ¿Tiene derecho el personal a alguna acreditación de la formación recibida?

Puedes ayudarte consultando las webs **boe.es**, **industria.ccoo.es** y **noticias.juridicas.com.**

13. Señala qué método te parece más adecuado para realizar la evaluación del plan global de formación.

14. Indica qué método te parece más adecuado para realizar la evaluación de una acción concreta de formación que se desarrolle en una empresa.

15. Señala qué método de desarrollo profesional elegirías para cada una de estas situaciones:

a) Una empresa contrata a un nuevo trabajador para sustituir a una trabajadora que se jubila parcialmente. El nuevo trabajador tiene que aprender las tareas que realiza la que se jubila parcialmente para que, cuando llegue la jubilación total, conozca el trabajo completo.

b) Los trabajadores del departamento de atención al cliente de una empresa de seguros están teniendo cada vez mayor número de problemas con la clientela; los problemas derivan de las nuevas condiciones de las pólizas. El personal precisa saber cómo resolver estos problemas para tener recursos cuando surjan tales incidencias.

16. Indica qué método de formación sería adecuado para atender las siguientes necesidades de formación:

a) Se quiere contratar a una persona para que dirija el departamento técnico. Tiene un buen currículum técnico pero carece de experiencia en gestión de equipos.

b) Un nuevo empleado se incorpora al área de fabricación. Se designa una tutora como responsable para que durante tres meses realice el seguimiento del nuevo empleado.

c) En una empresa contratan a una persona como agente comercial. Sus competencias de comunicación son excelentes, pero carece de una sólida formación técnica.

d) Una empresa precisa formar a las personas que trabajan en promoción y venta telefónica en nuevas técnicas de ventas.

e) La dirección de una empresa ha detectado que el personal del departamento de administración debe mejorar sus competencias en inglés, pero desean evitar pérdidas de tiempo en desplazamientos para realizar la formación.

17. Señala qué método de desarrollo profesional se aplica en el siguiente supuesto:

El equipo comercial de una empresa farmacéutica ha recibido un curso de formación que ha consistido en la realización de una experiencia de multiaventura náutica en la costa de Levante. Las actividades han sido desarrolladas siempre en equipo y han tratado de potenciar la comunicación en los equipos en los que han participado.

¿Cuál es uno de los objetivos fundamentales de este método de desarrollo profesional?

18. Una empresa está pensando lanzar una línea comercial que consiste en vender *on-line* sus productos. Uno de los inconvenientes es la escasa formación de su plantilla en nuevas tecnologías.

¿Qué método de desarrollo profesional podría emplearse en esta situación?

19. Un equipo de profesionales de un gimnasio ha tenido, en el último mes, tres reclamaciones de clientes porque uno de los monitores deportivos ha tratado con desprecio a una de las clientas en una clase de aerobic.

¿Qué método de desarrollo profesional utilizarías para resolver este problema? Razona la respuesta.

20. Carlos ha finalizado el ciclo formativo de técnico superior en Educación Infantil y desea presentarse a las oposiciones de técnico educador de escuelas infantiles.

a) Investiga en Internet si existe alguna convocatoria de las comunidades autónomas, ayuntamientos, diputaciones o comarcas a las que se pueda presentar.

b) Indica cuáles son los requisitos para poder acceder a las pruebas.

Puedes informarte de las convocatorias en **inap.es/pruebas-selectivas** y en las web de centros de preparación de oposiciones, como **opositor.com.**

9 UNIDAD

Evaluación del desempeño, promoción y control de los recursos humanos

ESTUDIARÁS

- Sistemas de gestión de evaluación.
- Sistemas de promoción.
- Registro de formación y promoción del personal.
- Control del personal.

Y SERÁS CAPAZ DE

- Gestionar los procedimientos administrativos relativos a la formación, la promoción y el desarrollo de recursos humanos, designando los métodos e instrumentos más adecuados.
- Coordinar los flujos de información del departamento de recursos humanos a través de la organización, aplicando habilidades personales y sociales en procesos de gestión de personal.

Antonio es un trabajador del departamento de asistencia técnica de una empresa de instalación y mantenimiento de equipos industriales. Sus principales tareas son gestionar conflictos y fidelizar a la clientela.

Al inicio del año le comunicaron que los objetivos para su puesto de trabajo eran reducir el abandono de la clientela un 10 % y las reclamaciones en un 30 %.

Antonio recibió 70 horas de formación. A finales de año logró reducir el abandono en un 8,5 % y las encuestas de satisfacción de la clientela mostraron que la satisfacción había crecido un 10 %.

La evaluación del desempeño evidencia un buen trabajo, pero no excelente, pues hay aspectos en los que se puede mejorar si se cursa formación en gestión del tiempo y se asocia a la consecución de los objetivos un incentivo económico.

¿Crees que evaluando el desempeño se puede medir el trabajo realizado y detectar si las personas reúnen las competencias necesarias para desempeñar un puesto de trabajo de forma excelente? ¿Crees que los incentivos económicos asociados a la consecución de unos objetivos pueden mejorar el desempeño de las tareas?

a) ¿Para qué crees que sirve la evaluación del desempeño de los recursos humanos?

b) Indica alguna fórmula que conozcas para promocionar dentro de las empresas.

c) ¿Con qué relacionas el control de los recursos humanos?

1. Evaluación del desempeño

Las empresas utilizan distintos sistemas para medir el rendimiento de sus trabajadoras y trabajadores y conocer qué grado de eficacia y eficiencia tienen en la organización.

> La **evaluación del desempeño,** también denominada *evaluación del rendimiento* es el proceso continuo que realiza una organización para medir el valor que un trabajador o trabajadora aporta a esta. Esta evaluación forma parte de la estrategia de las empresas para dirigir a las personas integradas en ellas y se define como **qué hay que hacer** y **cómo hay que hacerlo.**

Una de las características más importantes de esta herramienta de gestión de evaluación consiste en que mide el desempeño de una persona en un *periodo de tiempo concreto;* es decir, el sistema no trata de ver la totalidad de las aportaciones de la trabajadora o del trabajador a lo largo de su vida laboral en la empresa, sino su concreto desempeño en una etapa determinada (un año o menos).

La evaluación del desempeño se centra en el **análisis de las siguientes variables:**

1. Competencias técnicas o personales que la persona debe usar en su puesto de trabajo.

2. Objetivos que hayan sido planificados para su consecución.

La empresa no mide todos los aspectos que pueden ser objeto de evaluación en el quehacer diario de una trabajadora o un trabajador, sino que elige aquellas competencias que resultan de especial importancia en ese momento concreto por el éxito que pueden aportar a la organización.

La evaluación del desempeño de cada persona suele ser realizada por el **mando superior inmediato,** quien utiliza como herramienta un cuestionario redactado por el departamento de recursos humanos. Aunque el método de evaluación por este mando es el más común, a veces la persona empleada es sometida a la evaluación por parte de compañeros u otros mandos superiores.

¿SABÍAS QUE...?

Evaluación del desempeño

Las empresas de Estados Unidos fueron las pioneras en establecer sistemas de evaluación del desempeño de sus trabajadores en la década de los años veinte del siglo pasado.

Las empresas europeas han tardado más en aplicar este sistema, que se desarrolló entre los años ochenta y noventa del siglo xx.

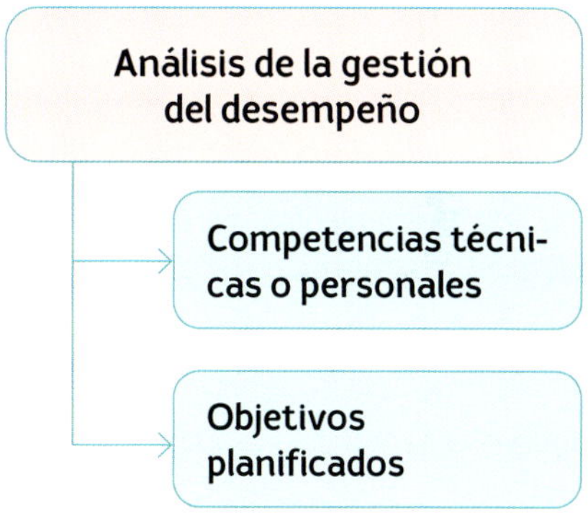

Fig. 9.1. Variables analizadas en la gestión del desempeño.

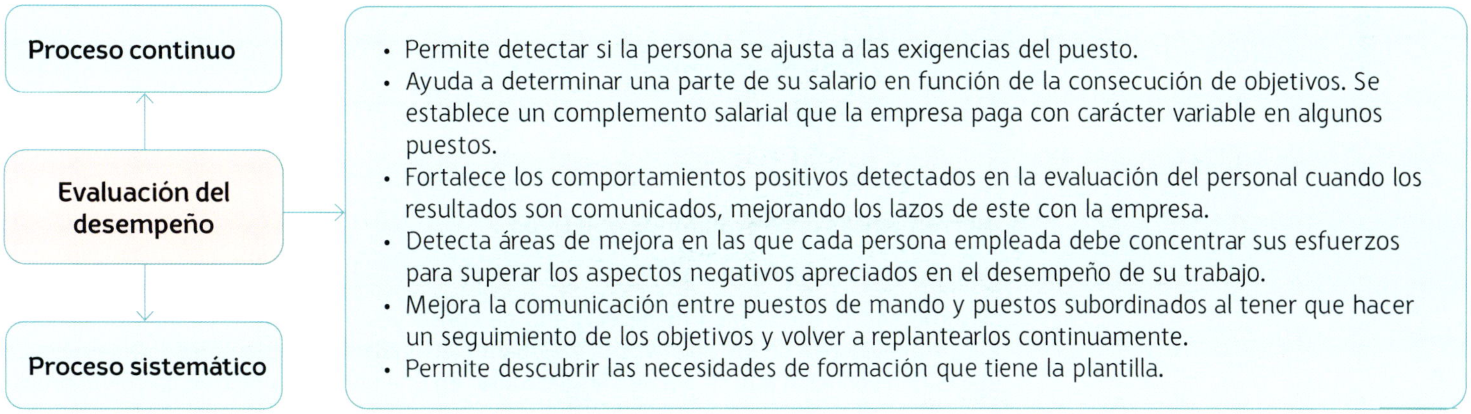

Fig. 9.2. Características del proceso de evaluación del desempeño.

ACTIVIDADES

1. En una empresa que aplican una política de evaluación continua del desempeño, van a realizar la evaluación del desempeño a una administrativa del área de ventas que fue contratada hace un año. Deben decidir, a partir de la evaluación, si le proponen firmar un contrato indefinido o bien si no le renuevan el contrato. La empresa contrató a esta persona por sus conocimientos en gestión administrativa de las ventas, y por el conocimiento del idioma inglés, ya que la empresa se está introduciendo en el mercado internacional.

   ¿Qué variable crees que deben priorizar en la evaluación del desempeño de esta persona?

La evaluación del desempeño se realiza mediante:

- Escalas gráficas
- Lista de comprobación
- Valoración por objetivos
- Valoración 360 grados

Fig. 9.3. Herramientas para la evaluación del desempeño.

1.1. Métodos para realizar la evaluación del desempeño

Las empresas han desarrollado *herramientas* para realizar *la evaluación de su plantilla* en función de las necesidades que surgen a lo largo de su vida organizacional. Este sistema suele estar implantado para toda la compañía.

El departamento de recursos humanos apoyará y asesorará a quien coordina al trabajador o trabajadora a la hora de aplicar las herramientas para evaluar su desempeño.

Las herramientas más frecuentes de evaluación del desempeño que el personal administrativo puede utilizar en un departamento de recursos humanos aparecen en la Figura 9.3. Se utiliza de forma general *cuestionarios* que pueden adaptarse a lo que se quiere medir: competencias técnicas, personales u objetivos marcados.

A. Herramientas para evaluar las competencias

- **Sistema de escalas gráficas**

  Esta herramienta es una de las más habituales en la evaluación del desempeño. Se basa en *medir,* mediante un cuestionario, **factores relativos al trabajo** que realiza el personal evaluado con el fin de detectar **en qué medida los cumple** (Fig. 9.7 y Caso práctico 1).

- **Sistema de lista de comprobación**

  Este sistema está muy extendido entre los métodos de evaluación del desempeño y también se conoce con el nombre anglosajón de *checklist.*

  Aunque existen distintas variantes del método, un sistema de lista de comprobación muy común consiste en elaborar una lista con **diferentes indicadores** o **conductas** que se quieren medir de una persona para que quien la evalúa indique, en el mismo documento donde se recoge la lista, si los cumple o no, tal como aparece en la Figura 9.4.

Nombre y apellidos: **Puesto que ocupa:**	**Fecha de la evaluación:** **Evaluador/a:**	
Indicadores	**Sí**	**No**
1. Aporta nuevas ideas		
2. Es creativa o creativo		
3. Resuelve conflictos con rapidez		
4. Mantiene una actitud proactiva en el trabajo		

Fig. 9.4. Modelo de lista de comprobación de la evaluación del desempeño.

B. Herramientas para evaluar los objetivos

- **Evaluación por objetivos**

  Este método se utiliza para medir el grado de consecución, por parte de las trabajadoras y los trabajadores, de los objetivos fijados para ellas y ellos por su empresa. Quien evalúa utiliza una encuesta que se puede cumplimentar en una entrevista de trabajo con el propio trabajador o trabajadora (Fig. 9.5).

Nombre y apellidos: **Evaluador/a:** **Fecha de la determinación de los objetivos:**	**Puesto que ocupa:** **Fecha de la evaluación:**	
Objetivos	**% conseguido**	**% de diferencia con el objetivo**
1. Incrementar la productividad un 20 %		
2. Disminuir el gasto un 30 % respecto a la evaluación anterior		

Fig. 9.5. Modelo de documento para la valoración por objetivos.

- **Valoración 360 grados**

Este sistema de evaluación se basa en las mismas premisas que la evaluación del desempeño, pero con la variante de que dicha evaluación la llevan a cabo todas las personas que rodean la persona empleada. En ese elenco de personas, se incluyen los mandos inmediatos y los superiores, los compañeros y compañeras de trabajo, la clientela a la que presta servicios, su propio personal subordinado e incluso los proveedores (Fig. 9.6).

La evaluación 360 grados permite detectar qué puntos fuertes tienen las trabajadoras y trabajadores y en qué áreas de mejora hay que profundizar para que su desempeño en la organización resulte más satisfactorio.

Fig. 9.6. Evaluación 360 grados.

CASO PRÁCTICO 1

Sistema de evaluación de escalas gráficas

En la empresa en la que trabajas desean realizar la evaluación del desempeño de todo el personal usando un sistema de escalas gráficas. En tu departamento, el de recursos humanos, te han elegido para que realices el borrador de una tabla que sirva como instrumento de evaluación de cinco competencias personales: capacidad de trabajo en equipo, capacidad de comunicación, capacidad para la toma de decisiones, capacidad de análisis y capacidad de liderazgo. ¿Cómo elaborarías la tabla?

Solución:

Podrías utilizar el modelo que aparece a continuación:

Nombre y apellidos: **Puesto que ocupa:**		**Fecha de la evaluación:** **Evaluador/a:**		
Factor *(indicar la evidencia si se posee la competencia)*	**1** **Siempre**	**2** **Frecuentemente**	**3** **Alguna vez**	**4** **Nunca**
Capacidad de trabajo en equipo				
Capacidad de comunicación				
Capacidad para la toma de decisiones				
Capacidad de análisis				
Capacidad de liderazgo				

Fig. 9.7. Sistema de evaluación de escalas gráficas.

PONTE A PRUEBA 1

Evaluación de competencias

Tienes que realizar un documento para evaluar las competencias de una persona que ocupa un puesto técnico administrativo en el departamento de recursos humanos de una empresa de tamaño medio:

a) Confecciona una lista de las competencias directamente relacionadas con un puesto en el que se realizan tareas administrativas en el departamento de recursos humanos.

b) Elige la herramienta más adecuada para efectuar la evaluación del desempeño del puesto administrativo del departamento de recursos humanos.

c) Elabora el documento necesario para esta evaluación incluyendo al menos cinco de las competencias seleccionadas.

Pautas para la resolución:

Localiza las competencias en el decreto que regula el título de técnico superior en Administración y Finanzas, e identifica las competencias profesionales, personales y sociales del título en esta web: **todofp.es.** También puedes investigar en los resultados de aprendizaje y criterios de evaluación del módulo *Recursos humanos y responsabilidad social corporativa.*

IMPORTANTE

Claves para diseñar una política retributiva eficiente

Estas son algunas de las claves de una política retributiva eficiente:

- **Compensación total,** con elementos dinerarios y no dinerarios.
- **Invertir en retribución** siempre que empresa y plantilla se beneficien.
- **Pagar de forma diferencial** al personal, en función de su contribución a los resultados.
- **Conseguir los objetivos** de la empresa, tanto la aportación individual como la de los equipos.
- **Evaluar sistemáticamente los resultados** y adaptarse a la situación de la empresa.

2. La valoración de puestos de trabajo

El desempeño del trabajo es uno de los indicadores que se utilizan para fijar el nivel salarial de la plantilla, pero, desde mediados del siglo xx, se desarrolla también una valoración de puestos de trabajo para **fijar el valor de cada tarea.**

> La **valoración de puestos de trabajo** es un proceso sistemático que, según la comparación de los puestos que existen en la empresa, permite fijar su *valor* con relación a las *tareas* que se desarrollan en cada uno y las *competencias* que se exigen para ocuparlos, obteniendo una *estructura salarial más justa y equilibrada.*

Para valorar las tareas que se hacen en cada puesto y las competencias que se precisan para ello, es necesario que la empresa tenga realizado **el análisis y la descripción de puestos de trabajo** (ADPT), que se realiza con **carácter previo** a la valoración de puestos de trabajo y a la evaluación del desempeño.

Análisis de puestos: describe puestos y perfiles profesionales	**Valoración de puestos:** determina el valor de los puestos
↓	↓
Permite **saber qué se hace** en el puesto y qué tipo de perfil se necesita.	Permite **establecer una estructura salarial** ajustada al valor de las tareas y de las competencias exigidas.

Fig. 9.8. Comparación de los fines del análisis y la valoración de puestos de trabajo.

A. Objetivos de la valoración de puestos de trabajo

Con esta valoración, se persiguen *objetivos* tanto en el *ámbito salarial* como en el *ámbito social,* tal como se muestra en la Figura 9.9.

En el **ámbito salarial** →	• Fijar los salarios de la plantilla en relación con el valor de las tareas que realizan en sus puestos de trabajo. • Comparar los salarios de los diferentes puestos dentro de la empresa y con los niveles retributivos de otras organizaciones empresariales. • Negociar los salarios, tanto con puestos ejecutivos como con comités de empresa, de los distintos puestos en los convenios colectivos de empresa y de ámbito superior.
En el **ámbito social** →	• Disminuir las quejas de las personas respecto a sus salarios en comparación con los de sus compañeras y compañeros, al estar claramente definido el valor de cada tarea. • Seleccionar mejor las candidaturas a los puestos de trabajo. • Sentar las bases para las políticas de incentivos de la empresa.

Fig. 9.9. Objetivos de la valoración de puestos de trabajo.

ACTIVIDADES

2. Dividid la clase en equipos de tres personas para elegir la herramienta que creáis más adecuada para realizar la evaluación del desempeño del puesto de trabajo de administración en un departamento comercial. Tenéis que utilizar la técnica del grupo nominal que se explica en la página 120 de este libro.

Una vez que cada equipo haya valorado las herramientas, se repetirá la misma técnica del grupo nominal para elegir entre las dos que hayan recibido las valoraciones más altas.

Posteriormente, se explicará la ventaja de la herramienta elegida.

2.1. Métodos para la valoración de puestos de trabajo

Los expertos clasifican los métodos de valoración de puestos de trabajo en dos grandes grupos: métodos cualitativos y métodos cuantitativos (Fig. 9.10).

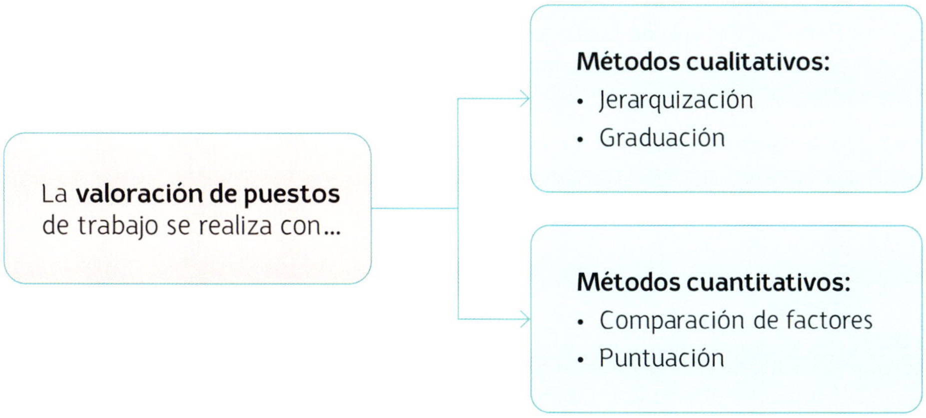

Fig. 9.10. Métodos cualitativos y cuantitativos de valoración de puestos de trabajo.

A. Métodos cualitativos

Estos métodos centran su análisis en la ordenación de los puestos en función del grado de dificultad de las tareas que en ellos se realizan.

- **Método de la jerarquización**

  Este sistema trabaja con dos variables de gran relevancia: la **dificultad** de las tareas y la **importancia** de estas. Lo que pretende es determinar el grado de dificultad e importancia que cada puesto tiene en la organización con el siguiente proceso:

  - Se comparan los puestos en función de las variables indicadas.
  - Se jerarquizan todos los puestos que existen en la organización. Algunos puestos quedarán por encima de otros, aquellos que realizan las tareas más difíciles e importantes.

- **Método de la graduación**

  La graduación consiste en decidir **en qué grado se incluye cada puesto de trabajo**, teniendo en cuenta que ha de construirse una escala de grados o niveles generales.

  La *escala de grados*, que se construye de forma previa a la valoración de los puestos, organiza y clasifica los niveles de tareas en la empresa, de las más simples a las más complejas. Una vez que la empresa tiene la escala de grados, decide qué actividades y tareas hay que hacer en cada nivel.

  Realizada esta tarea previa, se determina en qué grado se puede incluir cada puesto de trabajo en la escala. La decisión se toma comparando cada puesto con los grados de la propia escala.

B. Métodos cuantitativos

Estos métodos miden cada una de las tareas que se hacen en un puesto comparándolas con las de los demás para fijar su valor.

- **Método de la comparación de factores**

  La organización define cuáles son los puestos más importantes de la organización y señala los factores que se valoran en ellos. Una vez detectados los puestos clave y valorados los factores presentes en ellos, se les asigna un **valor salarial** en la organización, de forma que quedan jerarquizados.

  El resto de puestos de trabajo de la empresa **se compara con los puestos de trabajo clave** y **se valora salarialmente** en función de la presencia o no de los factores que se han valorado en los puestos estratégicos. El esquema completo se muestra en la Figura 9.11.

  La comparación de todos los puestos es un sistema complejo que puede realizarse de múltiples formas, pero permite jerarquizar a nivel salarial todos los puestos de la empresa.

IMPORTANTE

Manual de valoración

Este manual es un documento escrito que refleja los factores que se miden en todos o casi todos los puestos de trabajo, así como la aplicación de la ponderación de cada uno y la puntuación que ha de darse en función de esa ponderación asignada a cada factor.

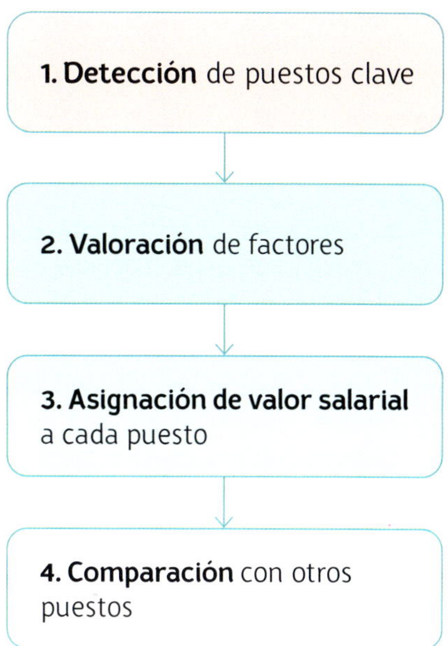

Fig. 9.11. Proceso del método de comparación por factores.

- **Método de la puntuación**

Este método utiliza un **manual**, que pueden haber elaborado los responsables de la valoración antes del proceso de medir los puestos de trabajo o que se puede haber comprado a una empresa especializada en estas tareas.

El manual contiene un **listado de factores** que se van a medir para valorar cada puesto, tal como aparece en la Figura 9.12. Los factores son los rasgos importantes y presentes en los puestos de trabajo.

A cada factor se le asigna un **porcentaje en puntos** para el puesto. Sumando los puntos de cada uno de los factores, los puestos quedan jerarquizados cuantitativamente. El número máximo de puntos por puesto queda definido en el manual de valoración.

	Factor	Ponderación	Puntuación
Puesto de trabajo: ________	Titulaciones universitarias superiores	--- %	XX
	Conocimiento de lengua inglesa	--- %	XX
	Responsabilidad	--- %	XX
Puesto de trabajo: ________	Titulaciones universitarias superiores	--- %	XX
	Conocimiento de lengua inglesa	--- %	XX
	Responsabilidad	--- %	XX

Fig. 9.12. Modelo de valoración de un factor según el método de la puntuación.

CASO PRÁCTICO 2

Método de la puntuación

El departamento de recursos humanos de la empresa en la que trabajas, para eliminar recelos de los trabajadores —molestos respecto a sus retribuciones—, estudia la posibilidad de desarrollar un proceso de valoración de puestos de trabajo utilizando un método cuantitativo, pero no tiene claro si optar por el método de la puntuación o por el de la comparación de factores.

¿Podrías indicar a tus mandos superiores alguna ventaja y algún inconveniente de cada herramienta de valoración?

Solución:

El método de la puntuación, al emplear un manual escrito, permite ser riguroso en su aplicación; sin embargo, puede provocar algún desequilibrio al valorar algunos perfiles, pues no en todos los puestos de trabajo aparecen todos los factores susceptibles de ser medidos.

En el método de la comparación de factores, todos los puestos de trabajo se comparan respecto a uno que tiene asignado un nivel salarial, por lo que es más transparente, pero precisa de mayor consenso entre las personas que realizan la valoración respecto al salario que se asigna a cada factor.

ACTIVIDADES

3. Una cadena de restaurantes especializada en comida tradicional gallega, aunque obtiene beneficios, está perdiendo clientela y la que mantiene realiza un consumo de menor importe.

Los puestos de trabajo habituales de un restaurante tipo de la cadena son los siguientes: gerencia del restaurante, que también se encarga de la gestión administrativa del personal; *maître*, que se encarga de atender a la clientela y de dirigir al personal; camareros y camareras; una jefa o jefe de cocina, y ayudantes de cocina.

a) Establece cuatro factores aplicables a cada puesto, en caso de que se realice una valoración de puestos de trabajo utilizando el sistema de evaluación de escalas gráficas.

b) Asigna los puntos correspondientes a cada factor según el método de jerarquización de valoración de puestos de trabajo.

Tomando en consideración los factores identificados y las puntuaciones asignadas:

c) Jerarquiza los puestos de trabajo en función de los que consideres más relevantes. Ten en cuenta que esta jerarquización servirá para establecer los niveles salariales.

d) Indica qué criterios generales tendrías en consideración para retribuir a las personas que trabajan en los restaurantes.

3. Políticas de promoción

El gran reto de las empresas es lograr la estabilidad de sus plantillas, sobre todo del personal clave, y evitar la fuga del capital humano. Aunque la importancia de la salida de la empresa de una persona varía en función del puesto y el nivel jerárquico que ocupe, la pérdida de cualquier puesto puede generar un desequilibrio en la organización.

Fig. 9.13. El plan de carrera es el conjunto de actividades que desarrolla la empresa y que permiten al personal realizar su promoción profesional, tanto de forma vertical como horizontal.

3.1. La promoción profesional

Los departamentos de recursos humanos de las empresas organizan sus sistemas de promoción profesional dentro del llamado *plan de carrera.*

> El **plan de carrera** son las actividades que desarrolla una empresa con el fin de cubrir los puestos que quedan libres, por la salida de alguna persona de la empresa o porque son de nueva creación, con el personal que forma parte de la organización. La empresa puede decidir establecer un sistema de planificación de carreras a nivel global en la organización.

Las políticas de planificación de carreras y de promoción aportan ventajas tanto a la empresa como al personal que resultan de gran importancia en el desarrollo del trabajo (Tabla 9.1).

Empresa	Trabajador/a
Permite retener en la empresa a las personas que aportan gran valía a la organización.	Logra tener a la plantilla motivadora gracias a la perspectiva de la promoción.
Elimina el estrés que supone para el departamento de recursos humanos no tener a una persona preparada para ocupar un puesto vacante.	La promoción suele conllevar un aumento en la retribución del empleado o empleada.
La trabajadora o el trabajador conoce la cultura de la empresa y la adaptación al nuevo puesto es más rápida.	Se consigue un desarrollo de nuevas capacidades profesionales.

Tabla 9.1. Ventajas de la planificación de carreras.

A. Fases de la promoción

La promoción de una persona requiere el desarrollo de varias fases por el departamento de recursos humanos, tal como se muestra en la Figura 9.14.

La promoción profesional puede ser vertical u horizontal. La **promoción vertical** es un ascenso de la trabajadora o trabajador a una categoría superior. La **promoción horizontal** supone la aplicación de la movilidad funcional a una persona, asumiendo tareas diferentes con la misma categoría.

Fase 1. Detección de necesidades	Determinar los puestos que pueden quedar vacantes y qué necesidades de personal habrá que afrontar.	La empresa se debe preguntar qué metas desea lograr.
Fase 2. Recogida de datos del personal para medir su potencial	El departamento de recursos humanos analiza los perfiles de la plantilla, recogiendo los datos más significativos para su evaluación y encaje en puestos superiores.	Los datos que deben recogerse y valorarse son: titulaciones, evolución en la organización, logros obtenidos, aptitudes y actitudes personales.
Fase 3. Cubrir las necesidades de formación	El departamento de recursos humanos decide qué actividades de formación ha de seguir el candidato a la promoción.	La formación puede ser interna o externa, teórica o práctica.
Fase 4. Hacer efectiva la promoción	La persona promocionada ocupa su nuevo puesto.	Implica una evaluación de la decisión y el seguimiento de la trabajadora o del trabajador en su nuevo puesto.

Fig. 9.14. Fases de la promoción.

IMPORTANTE

Entrevistas de incidentes críticos

Este tipo de entrevistas se utiliza en la selección por competencias.

Se parte de la premisa de que comportamientos pasados son predictores de comportamientos futuros.

En estas entrevistas se pide a la persona entrevistada que narre algún hecho que tenga relación con una situación similar que pueda producirse en el puesto de trabajo al que se aspira.

La persona entrevistada tiene que explicar como actuó, qué pensó, qué sintió cuando tuvo que tomar decisiones para resolver la situación y cuál fue el resultado de sus actuaciones.

3.2. *Assessment center*

El *assessment center* es un sistema de evaluación del potencial profesional que se utiliza frecuentemente en las grandes empresas como método para la promoción, ya que este sistema de evaluación del desempeño permite medir si la persona elegida posee las **competencias imprescindibles** que el puesto requiere. Algunas empresas suelen subcontratar este sistema con consultoras. La consultora emite un informe sobre los aspectos que se han medido, identificando las fortalezas y las áreas de mejora del personal evaluado.

Las **características** del *assessment center* son las siguientes:

- Aunque se puede utilizar de manera individual, generalmente se aplica de manera grupal, normalmente en grupos pequeños de seis o siete personas.
- Permite medir tanto las competencias técnicas como las propias de la inteligencia emocional.
- Se mide a la persona enfrentándola a circunstancias, situaciones o problemas parecidos a los que se encontrará en su puesto de trabajo.
- Se usan en el desarrollo de los planes de carrera para puestos de dirección, pero también se desarrolla este método para otros puestos, como los comerciales.
- Los participantes son evaluados por observadores que miden el desempeño de la plantilla a través de diversas técnicas, como el *role-playing,* la técnica del estudio de casos, la técnica *in-basket,* la técnica de roles asignados o las entrevistas por incidentes críticos.

CASO PRÁCTICO 3

Pruebas de *assessment center*

Los *assessment centers* son actividades de evaluación que incluyen diferentes técnicas y personal que evalúe (personal técnico de la empresa cliente y consultorías externas) con el objetivo de recoger la máxima información posible sobre las competencias observables en grupos de candidaturas. Investiga en qué consisten las siguientes pruebas del *assessment center:*

- *Role-playing.*
- *In-tray* o bandeja de documentos.
- Dinámica de grupos.
- Ejercicios de análisis y presentación.

Solución:

Estas son las características de las técnicas de los *assessment centers:*

- ***Role-playing.*** Se plantea a las personas candidatas situaciones imaginarias en las que deben representar un papel determinado y comportarse del modo que consideren más conveniente para resolver adecuadamente la situación planteada.
- ***In-tray* o bandeja de documentos.** Se presentan una serie de materiales y documentos del puesto de trabajo sobre los que tienen que tomar decisiones en un tiempo asignado. Por ejemplo, se proporcionan una serie de correos electrónicos, una agenda con eventos programados y varias llamadas sobre lo que hay que decidir si contestar, delegar, etc., para dejar todo gestionado en 10 minutos.
- **Dinámica de grupos.** Es la prueba de *assessment centers* por excelencia. Su duración media suele ser de entre 45 minutos y una hora, ya que transcurrida media hora se pueden observar elementos como la fatiga, la persuasión y la empatía. Debe haber como mínimo dos personas que evalúen y se suelen formar dos tipos de grupo de discusión:
  - *Con roles asignados.* Se plantea al grupo un problema y se asigna a cada persona candidata un papel que tiene que representar para resolver el problema planteado.
  - *Sin roles asignados.* Ante un problema planteado, se observa el rol que asume cada persona candidata dentro del grupo y cómo se posiciona para resolver el problema.
- **Ejercicios de análisis y presentación.** Se entrega a las personas candidatas documentación en la que se plantean tareas y situaciones concretas. Cada una de ellas preparará su propio material audiovisual y realizará una presentación. Seguidamente, quienes evalúan realizan preguntas, similares para todas las personas que están postulando, con el objetivo de profundizar en las competencias de cada una de ellas.

3.3. Sistema de incentivos

La promoción profesional, tanto si es vertical como horizontal, normalmente va unida a la adquisición por parte del personal de una nueva posición en la empresa, que conlleva el disfrute de ciertos incentivos.

> Los **incentivos** son la aplicación de una medida que favorece a la trabajadora o trabajador y que, en cierta forma, debe reportar un incremento en su motivación por el trabajo que desarrolla.

Las empresas utilizan distintos métodos para incentivar a la plantilla y, normalmente, recompensan el desempeño profesional del personal en las organizaciones.

Los sistemas más habituales de incentivos valoran dos factores:

- El **tiempo de producción** o **de prestación** de servicios.
- La **cantidad de producto** o **servicio** prestado o comercializado.

¿SABÍAS QUE…?

La calidad en el servicio

El grado de calidad con que se trabaja es un criterio para incentivar a la plantilla. En algunas empresas, la calidad se mide por el nivel de reclamaciones: a menor volumen de reclamaciones, mayor nivel de calidad.

Sistemas de incentivos	Características	Tipos de empresas o actividades donde se emplea
Destajo	Se caracteriza porque incentiva al personal en función del número de piezas que produce.	Fue muy habitual en industria y construcción. Hoy en día, se utiliza menos por las deficiencias en la calidad del producto.
Sistema de tiempo	Este sistema paga a la plantilla en función del tiempo que tardan en realizar un producto o una tarea. El tiempo medio está predeterminado.	Se utiliza en empresas para tareas que no se repiten frecuentemente y que precisan múltiples capacidades.
Sistema York	Establece un salario fijo al personal y un incentivo por cada pieza que produzca.	Es muy habitual en la industria.
Incentivo por comisiones	Se suele combinar un salario fijo con un incentivo económico (comisión o porcentaje prefijado) por cada producto vendido, para que la comisión funcione como verdadero incentivo en el trabajo.	Sistema de pago habitual entre comerciales de empresas.
Bonos por méritos logrados	Incentivo económico que el personal recibe cada cierto tiempo (seis meses, un año, etc.) y que está en función de los méritos demostrados.	Se puede utilizar para trabajos en los que se puedan fijar objetivos claros o para tareas administrativas en las que se puedan evaluar los méritos de las personas.
Incentivos con acciones	La plantilla recibe como incentivo la participación en la empresa mediante acciones o participaciones sociales, que pueden vender cuando su precio les reporte un beneficio económico.	Se utiliza en grandes empresas que tienen dividido su capital social. Incentiva la participación y la motivación de la plantilla.

Tabla 9.2. Sistemas de fijación de incentivos.

PONTE A PRUEBA 2

Incentivo por comisiones

Resuelve el siguiente ejercicio en el que se pone en práctica la comisión variable. Imagina una persona que trabaja en nombre de una empresa y que le han ofrecido que elija entre dos formas de cobrar las comisiones:

a) Comisión lineal del 7 %.

b) Percibir comisiones de acuerdo con la siguiente escala:

- Por facturar hasta 25 000 €, el 5 %.
- Por facturar entre 25 001 € y 50 000 €, el 7 %.
- Por facturar más de 50 000 €, el 9 %.

Indica qué es más interesante para quien recibe la comisión en las dos situaciones siguientes:

- Situación 1: si facturase en torno a 80 000 €.
- Situación 2: si facturase en torno a 65 000 €.

Pautas para la resolución:

La comisión lineal se aplica sobre el importe total de las ventas. La comisión variable creciente se aplica por tramos según el porcentaje aplicable al volumen de ventas.

4. Registro de formación y promoción de los trabajadores

El registro de formación y promoción del personal tiene por finalidad **dejar constancia** de la **formación** y de las **competencias adquiridas** por la plantilla de la empresa.

En este registro, se recoge tanto la formación exigida con carácter obligatorio como la actualización y superación de conocimientos específicos del puesto para adquirir mayores responsabilidades y promocionar en la empresa.

El registro deberá contar con un responsable encargado de su actualización. Este responsable deberá *garantizar,* tanto en soporte informático como en papel, la *inviolabilidad del contenido.*

Funciones del registro de formación del personal

- **Identificar al personal** sin la formación adecuada.
- **Elaborar el currículo de las personas empleadas** de forma automática.
- **Definir la formación y los cursos** necesarios para los puestos.
- **Conocer a las formadoras y formadores,** internos o externos, y los centros que imparten formación.
- **Gestionar la documentación entregada** al personal: justificantes de asistencia, evaluación de participantes y docentes, y certificados de los cursos realizados.
- **Consultar la formación realizada** por la plantilla.
- **Planificar las acciones formativas,** tanto internas como externas, así como sus costes.
- **Registrar el resultado de las acciones formativas** y actualizar automáticamente el currículo de la persona empleada.

Fig. 9.15. Funciones del registro de formación del personal.

IMPORTANTE

Protección de datos

Al tratarse de datos personales, el registro de formación implica para la empresa la obligación de cumplir con las exigencias establecidas en Ley Orgánica de Protección de Datos Personales y Garantía de los Derechos Digitales.

4.1. Formación que se debe registrar

El sistema de registro de la formación debe contener los siguientes tipos de formación:

- **Formación inicial.** Solicitada al incorporarse a la empresa: presentación del título oficial y copia cotejada, que será la que se archive en el expediente.
- **Formación para la persona empleada.** Actualización de los conocimientos de forma permanente durante la estancia en la empresa.
- **Formación solicitada por la empresa según el plan de formación** diseñado e implantado por el departamento de recursos humanos. Para la organización de este tipo de formación, se definirá el criterio utilizado para la promoción interna, como aptitudes, mérito, igualdad de oportunidades, antigüedad o formación requerida o impartida para desempeñar el puesto.

La documentación sobre la formación realizada en la empresa se archivará en el expediente de la persona (expediente físico y expediente digital), haciendo constar los cursos realizados: nombre del curso, horas de duración, fecha de realización, objetivos, contenidos, evaluación, certificación, empresa que lo ha impartido, capacitación aportada por este, etc.

CASO PRÁCTICO 4

Actualización de la formación del personal

En una empresa que tiene una plantilla de diez personas, desean realizar una actualización de los registros de formación del personal. La directora encarga a un administrativo que actualice los registros de la formación de cada una de las personas empleadas.

Indica los pasos que deberá dar para realizar el registro.

Solución:

- Paso 1: comunicar a la plantilla que se va a realizar la actualización de registros de formación y solicitar los certificados o justificaciones correspondientes.
- Paso 2: anotar en el expediente de formación de cada persona (soporte papel o informático) el nombre del curso realizado, la fecha de duración, los objetivos y contenidos de este, y la certificación que posee.

4.2. Inventario de recursos humanos

> El **inventario de recursos humanos** es el registro pormenorizado de la información sobre el personal de la empresa. Este inventario se materializa en una base de datos en la que se recoge información sobre las personas contratadas: formación, experiencia laboral, trayectoria en la empresa, perfil profesional y desempeño laboral.

La información facilitada por el inventario de recursos humanos permitirá a las empresas realizar una adecuada *planificación del personal* y de las *carreras profesionales.*

Las principales **finalidades** del inventario son las siguientes:

- Conocer *el potencial humano* con que cuenta la empresa, ubicando y clasificando a las personas más idóneas para cubrir demandas futuras mediante promociones o transferencias de personal.
- Reconocer al personal que requiere *mayor entrenamiento* o *formación.*
- Localizar fácilmente a las personas que *encajan en el perfil profesional requerido* para cada puesto de trabajo concreto.
- Conocer los puestos de trabajo que serán cubiertos por *reclutamiento externo.*

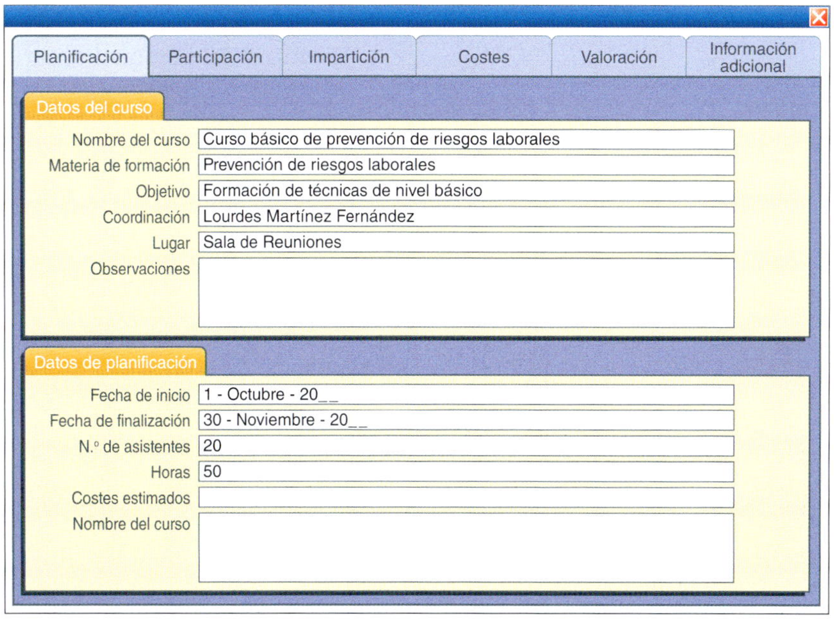

Fig. 9.16. Para la planificación y el registro de la formación impartida y la documentación necesaria, existen aplicaciones informáticas específicas, que suelen estar incluidas en los programas informáticos de gestión de recursos humanos.

CASO PRÁCTICO 5

Evaluación del desempeño y registro de formación y promoción

A un administrativo que trabaja en el departamento de recursos humanos le encargan que realice un listado de las tareas propias de su puesto de trabajo en relación con las actividades de evaluación de la plantilla y actualización y registro de la información.

Esta información servirá para definir las tareas y funciones de este puesto de cara a la realización del perfil profesional asociado a él, la evaluación del desempeño y el establecimiento de posibles incentivos económicos.

Con el conocimiento que has adquirido y la consulta del decreto que regula el título de técnico superior en Administración y Finanzas, identifica cuáles pueden ser estas tareas.

Solución:

Las principales tareas propias de un puesto administrativo en relación con la evaluación del personal y el registro de la información pueden ser:

- Colaborar en la redacción y organización de los documentos necesarios para la evaluación.
- Trascribir los cuestionarios elaborados por las y los responsables de la evaluación.
- Informar al personal de que se van a realizar evaluaciones de desempeño.
- Registrar y archivar la documentación relativa a la evaluación.
- Buscar empresas consultoras que puedan realizar la valoración de puestos de trabajo en las empresas.
- Recoger y organizar la documentación entregada a la plantilla.
- Comprobar la veracidad de la documentación, cotejando los documentos con los originales.
- Archivar la documentación en el expediente personal.
- Asignar un nivel de protección a cada documento.
- Actualizar los datos del expediente personal con la información recibida.
- Actualizar en el expediente personal el puesto que ocupa tras la promoción.
- Actualizar los datos para realizar las nóminas con el nuevo puesto y categoría ocupado.

5. El control del personal

> El **control del personal** es un proceso que determina si los resultados obtenidos son acordes con lo planificado y, si no es así, establece las medidas correctivas pertinentes para no reincidir en los errores cometidos.

Mediante el control del personal, se pretende:

- Detectar las causas que originan desviaciones en los objetivos marcados.
- Establecer medidas para corregir las desviaciones.
- Incrementar la productividad, tanto en cantidad como en calidad, puesto que se evitará la repetición de errores.

El control del personal no debe entenderse como una función para reprimir las actitudes y comportamientos que reducen la productividad, sino como un proceso mediante el que se pretende *mejorar la productividad* y la *motivación de la plantilla,* al tiempo que permite alcanzar los objetivos individuales (realizar una carrera profesional o compatibilizar la vida profesional y laboral).

5.1. El proceso de control

El proceso de control del personal es un ciclo que sirve para ajustar las operaciones a los estándares preestablecidos. Este proceso se compone de cinco etapas, que se muestran en la Figura 9.17.

1. **Establecimiento de estándares o indicadores**
Son los objetivos que el proceso de control deberá asegurar que se cumplen, expresados en cantidad, calidad, tiempo o coste.

2. **Seguimiento del desempeño**
Se trata de obtener información precisa sobre las operaciones que se llevan a cabo.

3. **Comparación del desempeño con los estándares**
La comparación se llevará a cabo mediante informes, indicadores, estadísticas, gráficos, porcentajes, etc., para localizar posibles desviaciones.

4. **Corrección de las desviaciones**
Los errores o desviaciones deben corregirse para que lo realizado cumpla los estándares fijados.

5. **Retroalimentación**
El proceso debe ser continuo para mejorar los estándares y los medios de control.

Fig. 9.17. Representación del proceso de control.

CASO PRÁCTICO 6

La función de control y la teoría de McGregor (teoría X y teoría Y)

El seguimiento del desempeño puede variar desde un control rígido y centralizado hasta un sistema flexible y descentralizado. Tomando como referencia la teoría de McGregor que has estudiado en la Unidad 7, indica cómo entenderán la función de control quienes apliquen la teoría X y quienes apliquen la teoría Y.

Solución:

- **Teoría X:** las normas y los procedimientos son impuestos por la dirección y el comportamiento de la plantilla está sometido a controles rígidos de vigilancia y disciplina.

  El control se gestiona desde el departamento de recursos humanos.

- **Teoría Y:** el comportamiento del personal depende del autocontrol y se caracteriza por la flexibilidad y la responsabilidad. Las personas tienen autonomía e independencia para realizar sus tareas. El control se lleva a cabo mediante procesos en los que participan los departamentos y los equipos de trabajo.

5.2. Tipos de controles

El control de los recursos humanos también tiene como objetivo el cumplimiento de las normas, en lo referente al *control de asistencia,* al *uso de Internet* y al *uso del correo electrónico.*

A. Control de asistencia

El control de asistencia tiene como finalidad conocer y evitar el **absentismo laboral,** o ausencia de una persona de su puesto de trabajo, en horas que correspondan a un día laborable dentro de la jornada legal de trabajo.

Desde el punto de vista de la gestión administrativa de los recursos humanos, el absentismo repercute en la confección de los recibos de salarios, la realización de los documentos de cotización a la Seguridad Social, las posibles sanciones por incumplimiento, etc.

- **Control horario**

  Mediante los *controles de asistencia y presencia,* las empresas pueden conocer los días trabajados y no trabajados, las horas trabajadas, los retrasos, el cumplimiento de los horarios laborales, las horas extraordinarias y cualquier incidencia que se pueda producir.

  Para conocer la asistencia y la permanencia del personal en la empresa, se establecen controles que garanticen el cumplimiento del horario y el conocimiento de las incidencias que se producen durante la jornada laboral. Estos controles se establecen mediante diferentes sistemas que se muestran en la Tabla 9.3.

Método de control	Características
Controles biométricos	Consisten en el reconocimiento de la huella digital o la voz de las empleadas y empleados. Este tipo de controles reflejan fielmente la presencia del personal en el lugar de trabajo y evitan la picaresca de que unas personas fichen o firmen por otras.
***App* o aplicación web**	Se ficha y se controlan las horas trabajadas utilizando el *smartphone* (mediante una *app*) o con una aplicación web (a través del navegador).
Tarjetas personalizadas	Es un sistema muy extendido, pero en ocasiones poco efectivo, porque siempre puede haber una persona que fiche por otra.
Partes de firmas	Algunas empresas controlan la asistencia por medio de un parte de firmas, dando un margen de diez minutos antes de retirar el parte.

Tabla 9.3. Clases de controles de presencia.

- **Absentismo**

  El absentismo puede ser definido como la ausencia de una persona en su puesto de trabajo durante las horas que debería estar presente.

  Se pueden distinguir dos clases de absentismo:

  – **Absentismo previsible y justificado:** son los periodos de tiempo en que una persona se ausenta de su puesto, dentro del horario de trabajo, por causas justificadas reconocidas legalmente (incapacidad temporal por enfermedad o accidente, permisos legales retribuidos, permisos no retribuidos, actividad sindical, etc.).

  – **Absentismo no previsible y sin justificación:** es una falta o abandono del puesto de trabajo sin autorización de la empresa y sin causa que lo justifique. En este grupo se incluyen causas injustificadas de retrasos, salir antes de finalizar la jornada, no acudir al trabajo por enfermedades fingidas, faltar al trabajo para cuidar de menores o mayores dependientes, etc.).

  El absentismo se mide mediante una tasa, en cuyo cálculo se incluyen las ausencias debidas a todas las causas, justificadas o no. La tasa de absentismo representa el porcentaje de horas pactadas que no se realizan por dichas ausencias.

$$\text{Tasa de absentismo} = \frac{\text{Total de horas no trabajadas}}{\text{Total de horas pactadas}} \cdot 100$$

¿SABÍAS QUE...?

Registro de la jornada

En el Real Decreto Ley 8/2019, art. 10, se establece lo siguiente:

La empresa garantizará el registro diario de jornada, que deberá incluir el horario concreto de inicio y finalización de la jornada de trabajo de cada persona trabajadora, sin perjuicio de la flexibilidad horaria.

La empresa conservará los registros a que se refiere este precepto durante cuatro años y permanecerán a disposición de las personas trabajadoras, de sus representantes legales y de la Inspección de Trabajo y Seguridad Social.

ABC VOCABULARIO

Absentismo presencial o presentismo

Se manifiesta cuando una persona acude a su trabajo pero dedica una parte del tiempo a tareas que no son propias del puesto. Por ejemplo, consultar redes sociales, usar mensajería instantánea, navegar por Internet, realizar llamadas personales, salir a fumar, etc.

El presentismo tiene como consecuencia el descenso de la productividad laboral y repercute negativamente en el estado anímico de quien lo practica (desmotivación, síndrome de estar quemado, fatiga, aburrimiento...).

IMPORTANTE

Procedimiento para el control de Internet y del correo electrónico

El control del uso de Internet debe contar con *normas escritas* para informar de que el sistema se utilizará solo para fines laborales. Las normas se notificarán a los y las representantes de la plantilla y esta debe conocerlas en el momento de iniciar la relación laboral.

Resulta conveniente que las trabajadoras y los trabajadores firmen una hoja de conformidad.

B. Control de la utilización de Internet

La inadecuada utilización de Internet puede perjudicar a la empresa cuando se utiliza para fines particulares y no para el trabajo, y deriva en importantes **problemas:**

- Reducción de la productividad por el tiempo perdido en fines personales.
- Entrada de virus y *software* maliciosos.
- Posible fuga de información corporativa confidencial.

Aunque el personal necesite utilizar esta herramienta para cumplir con su trabajo, las **empresas podrán realizar** las siguientes **acciones** para evitar cualquier perjuicio:

- *Bloquear el acceso a ciertas direcciones de Internet* por entender que no son necesarias para el desarrollo de la actividad laboral.
- *Rastrear la navegación por Internet,* revisando los registros de acceso y navegación que graba el sistema.
- *Identificar a las personas que navegan por Internet,* así como las páginas que visitan.

C. Control del correo electrónico

La empresa, para controlar y vigilar si la plantilla utiliza el correo electrónico corporativo de forma indebida (no el correo privado de la trabajadora o trabajador), debe actuar con absoluta transparencia e informar al personal, con carácter previo, acerca de las medidas de control y vigilancia adoptadas en cada caso.

En caso de procederse a una inspección del correo electrónico de una empleada o empleado, es necesario, **a efectos probatorios:**

- Que se realice en las oficinas de la empresa y en horario laboral.
- Que se realice en presencia de la persona implicada, de un o una representante de los trabajadores o, en su defecto, de cualquier otra persona empleada de la empresa.

CASO PRÁCTICO 7

Control mediante cámaras de videovigilancia

Una empresaria está valorando la posibilidad de instalar cámaras de vigilancia en la nave de montaje de sus productos y en los almacenes. El comité de empresa ha manifestado su oposición, ya que cree que la instalación de equipos de videovigilancia puede vulnerar la intimidad y la dignidad de las personas que trabajan en ella.

Investiga si es legal la instalación de cámaras de videovigilancia y si estas pueden vulnerar algún derecho de la plantilla.

Solución:

El artículo 20.3 del Estatuto de los Trabajadores faculta a la empresa para adoptar las medidas que estime más oportunas con el fin de controlar el cumplimiento, por parte de la empleada o empleado, de sus obligaciones y deberes laborales, siempre en un marco de respeto de sus derechos fundamentales.

La instalación de cámaras de videovigilancia puede vulnerar la intimidad del personal; por ello, se han de tener en cuenta *la idoneidad, la necesidad y la proporcionalidad.*

Diferentes tribunales han dictado sentencias en el sentido de que instalar cámaras de videovigilancia en el lugar de trabajo, para controlar los posibles incumplimientos laborales y como medida de seguridad frente a posibles robos, es una medida adecuada siempre que se respete la intimidad de las personas. No podrán colocarse cámaras de videovigilancia en aseos, comedores ni en lugares de descanso.

Estos tribunales entendieron que la instalación de las cámaras de videovigilancia no es un medio agresivo que ataque directamente la intimidad de las trabajadoras y trabajadores de la empresa, sino que guarda relación directa con la vigilancia del cumplimiento de sus obligaciones laborales y del mantenimiento de las instalaciones.

ACTIVIDADES

4. En una empresa se está calculando el índice de absentismo. Se ha determinado el índice de absentismo de todos los departamentos, excepto del de recursos humanos.

a) Calcula la tasa de absentismo total del departamento de recursos humanos, sabiendo que trabajan 14 personas en él, que tienen que realizar por convenio 1 800 horas anuales. Las horas no trabajadas por incapacidad temporal han sido 450, y las horas no trabajadas por causas no justificadas, 310.

b) La tasa de absentismo medio del resto de departamentos es 2,40 %. Indica algún factor que pueda estar influyendo para que se produzca esta situación.

5.3. Auditoría de recursos humanos

La principal herramienta para realizar una evaluación sistemática de todas las funciones de recursos humanos es la auditoría, cuya finalidad es **detectar** y **corregir posibles desviaciones** en los **objetivos marcados** para el departamento de recursos humanos (Tabla 9.4).

Reclutamiento y selección	Se evalúa la efectividad de esta área mediante el *análisis* de los siguientes aspectos: • Integración en la empresa del nuevo personal. • Productividad del personal contratado. • Despidos y sus causas. • Bajas voluntarias. • Causas de las no renovaciones de contratos.
Gestión del personal	Se evalúa la efectividad del personal mediante *indicadores* como: • Absentismo. • Número de productos deteriorados. • Reclamaciones de clientes o quejas del personal subordinado, compañeros y compañeras, mandos intermedios, etc. • Informes sobre el cumplimiento de los objetivos.
Formación y desarrollo profesional	Se realiza mediante el estudio de las mejoras en la productividad y el desarrollo de las carreras profesionales.
Motivación	Se puede obtener información y evaluar la motivación mediante: • Encuestas de clima laboral. • Estudios del absentismo y del cumplimiento de los horarios. • Conflictos laborales y personales. • Buzones de quejas y sugerencias. • Evolución de la productividad.
Retribución	Estos son algunos medios para efectuar la *evaluación de los salarios:* • Estudio comparativo con los salarios de las empresas similares del entorno. • Incentivos para incrementar la productividad. • Dificultad de las tareas de los puestos.
Seguridad e higiene	Se lleva a cabo a través de: • Índices de accidentes laborales. • Estudios de absentismo por enfermedades profesionales, por fatiga y por estrés. • Quejas y sugerencias.

Tabla 9.4. Ámbitos e instrumentos para la evaluación de los recursos humanos.

Fig. 9.18. Los ámbitos que se evalúan en una auditoría de recursos humanos son los siguientes: reclutamiento y selección, gestión del personal, formación y desarrollo profesional, motivación, retribución y seguridad e higiene.

ACTIVIDADES

5. Señala qué sección del departamento de recursos humanos puede ser responsable de las desviaciones que se indican a continuación:

- El personal no conoce el nuevo programa para realizar nóminas.
- Existe un número elevado de bajas por depresión.
- Existen tensiones porque los salarios son bajos.
- El control de calidad detecta un aumento en los defectos de los productos.
- El personal del departamento fiscal comete errores en las liquidaciones de impuestos.
- Se ha reducido la productividad sin causa aparente.
- Han aumentado los accidentes laborales.
- Aumentan las renuncias y los despidos de nuevas trabajadoras y trabajadores.
- Se reduce la productividad por falta de adaptación a nuevos equipos de trabajo.
- Algunas de las nuevas incorporaciones no acaban de integrarse en la empresa.

1. Completa en un documento aparte el siguiente esquema:

Evaluación del desempeño → ¿Qué permite conocer? → Enumera los métodos que conozcas para evaluar el desempeño.

Métodos para valorar los puestos de trabajo → Son cuantitativos: [...] / Son cualitativos: [...] — Completa las fases de la promoción. → 1.º Detección de necesidades. 2.º [...] 3.º Implantación de la formación. 4.º [...]

Ordena las fases del proceso de control → Establecimiento de estándares; retroalimentación; corrección de las desviaciones; comparación del desempeño con los estándares; seguimiento del desempeño.

Auditoría de recursos humanos → Indica qué ámbitos de la auditoría de recursos humanos no aparecen en esta relación: reclutamiento y selección; formación y desarrollo; motivación; retribución.

Medios para el control de asistencia y presencia → Indica los medios que conozcas. → Control de la utilización de Internet. → La empresa: ¿Puede rastrear la navegación? ¿Puede identificar a quien navega? ¿Puede inspeccionar el correo electrónico?

INVESTIGACIÓN

2. El primer paso para detectar, prevenir y corregir el absentismo es detectar los tipos de absentismo que surgen en las empresas. Habitualmente se definen diferentes tipos de absentismo: absentismo justificado, absentismo injustificado, absentismo presencial y absentismo emocional. Investiga y describe brevemente en qué consisten cada uno de estos tipos de absentismo.

3. El absentismo laboral reduce la productividad de las empresas, provoca problemas organizativos y genera altos costes, ya que al cubrir el puesto de la persona absentista se retrasa la producción y se infrautilizan los equipos, entre otros inconvenientes. Investiga las siguientes cuestiones:
   - La tasa de absentismo en España.
   - Las comunidades autónomas con mayor y menor absentismo y en la comunidad en la que resides.
   - Los sectores de actividad en los que el absentismo es mayor y menor.

   Puedes encontrar información, por ejemplo, en **research.randstad.es.**

4. Las empresas deben conocer las verdaderas causas del absentismo laboral del personal para darles el tratamiento correcto mediante medidas eficaces que lo prevengan y corrijan.
   a) Busca información e identifica las principales causas del absentismo laboral en España atribuibles a las personas trabajadoras y las atribuibles a la empresa.
   b) Investiga cómo la empresa puede intervenir para prevenir y corregir el absentismo laboral y plasma por escrito las intervenciones que consideres más efectivas.

5. Investiga cómo afecta el absentismo a la empresa, a las personas absentistas, a la Seguridad Social, y, por tanto, a la ciudadanía en general.

6. Faltar al trabajo sin justificar es una infracción que se produce cuando una persona no acude a su puesto de trabajo y no avisa ni lleva un justificante. También, cuando no se presenta en la empresa sin motivo o sin ser una de las causas que contempla la ley.
   a) Localiza el convenio colectivo estatal de gestorías administrativas vigente en este momento e indica qué faltas, leves, graves y muy graves, están relacionadas con el absentismo laboral.
   b) Clasifica las siguientes faltas: retrasos en las entradas y adelantos en las salidas; ausentarse sin justificación una hora del trabajo; faltar un día sin justificar; absentismo simulando una enfermedad o accidente; faltar dos días en un periodó de dos meses; fichar o firmar el control de asistencia por otra persona; más de cinco retrasos en las entradas y adelantos en las salidas en un mes.

   Puedes buscar información en **boe.es, ccoo-servicios.es** y **noticias.juridicas.com.**

TEST DE REPASO

1. **En la evaluación del desempeño se analizan:**
   - (a) Las competencias técnicas.
   - (b) Las competencias personales.
   - (c) Los objetivos planificados.
   - (d) Todas son ciertas.

2. **La evaluación del desempeño es un proceso:**
   - (a) Continuo y aleatorio.
   - (b) Organizado y estático.
   - (c) Continuo y sistemático.
   - (d) No tiene el carácter de proceso.

3. **La evaluación 360 grados es realizada:**
   - (a) Por todo el personal que rodea la persona evaluada.
   - (b) Por los mando superiores.
   - (c) Por los compañeros y compañeras.
   - (d) Por la dirección de la empresa.

4. **En el método de evaluación del desempeño denominado *lista de comprobación*, quien evalúa indica:**
   - (a) El nivel con el que se cumple el indicador.
   - (b) El nivel de compromiso con el que se realiza el trabajo.
   - (c) La satisfacción de la persona evaluada.
   - (d) Si se cumple o no el indicador.

5. **En el sistema de evaluación por objetivos, quien evalúa indica:**
   - (a) La satisfacción de la persona evaluada en la empresa.
   - (b) El grado en que ha conseguido el objetivo.
   - (c) Si ha conseguido el objetivo.
   - (d) Todas las respuestas anteriores son correctas.

6. **La promoción vertical supone:**
   - (a) Una modificación funcional en la misma categoría profesional.
   - (b) Un ascenso.
   - (c) Un cambio a inferior categoría.
   - (d) Un enriquecimiento de tareas en el mismo puesto.

7. **Un *assessment center* es:**
   - (a) Un lugar donde se evalúa al personal.
   - (b) Un lugar donde se evalúa a los puestos directivos.
   - (c) Un lugar donde se evalúa a mandos medios.
   - (d) Un método para evaluar el potencial profesional.

8. **El sistema de incentivos por bonos se basa:**
   - (a) En los méritos de la persona empleada.
   - (b) En el número de horas trabajadas.
   - (c) En el número de actividades realizadas.
   - (d) Todas las respuestas anteriores son correctas.

9. **Una tarea de un puesto administrativo en relación con el registro de la promoción en la empresa es:**
   - (a) Proponer el tipo de formación a impartir en la empresa.
   - (b) Proponer incrementos de sueldo ligados a la formación.
   - (c) Gestionar la documentación en el expediente personal.
   - (d) Proponer ascensos en función de los resultados en las valoraciones de los puestos.

10. **Mediante el control se pretende:**
    - (a) Detectar las causas de las desviaciones.
    - (b) Implantar medidas para corregir las desviaciones.
    - (c) Incrementar la productividad.
    - (d) Todas son correctas.

11. **En la auditoría de recursos humanos no se analizan:**
    - (a) Las causas del absentismo laboral.
    - (b) Los despidos y sus causas.
    - (c) La evolución de la productividad del personal.
    - (d) La contabilidad de recursos humanos y seguros sociales.

12. **El absentismo laboral es el conjunto de:**
    - (a) Ausencias justificadas.
    - (b) Ausencias injustificadas.
    - (c) Ausencias justificadas e injustificadas.
    - (d) Ausencias injustificadas y presenciales.

13. **La inspección del correo electrónico de un miembro de la plantilla se debe realizar:**
    - (a) En la empresa.
    - (b) En horario laboral.
    - (c) En presencia de un compañero o compañera de trabajo.
    - (d) Todas las respuestas anteriores son correctas.

COMPRUEBA TU APRENDIZAJE

1. Relaciona los siguientes métodos de realización de la evaluación del desempeño con sus características:

1	Escalas gráficas	*a)*	Mide el nivel de consecución del objetivo marcado.
2	Lista de comprobación	*b)*	Mide factores relativos al trabajo.
3	Valoración por objetivos	*c)*	Mide si se cumple o no un indicador.

2. Observa el siguiente documento y señala a qué tipo de método de evaluación del desempeño corresponde:

Nombre y apellidos: **Fecha de la evaluación:**
Puesto ocupado: **Evaluador/a:**

Indicador	Sí	No
Se comunica con fluidez		
Cumple con la tarea adecuadamente		
Es puntual		
Ha sufrido alguna reclamación		

3. En una empresa comercial se lleva a cabo una evaluación del desempeño por el método de valoración 360 grados.
   a) Indica qué personas participarán en la evaluación del desempeño de la persona que ocupa la jefatura de la sección de compras del departamento comercial.
   b) Señala qué aspectos imprescindibles se deberían medir con relación al desempeño en este puesto de trabajo.

4. Relaciona cada método de fijación de incentivos con su característica principal.

Método		Características	
1	Bonos por méritos	*a)*	Se paga un tanto por ciento por producto vendido.
2	Destajo	*b)*	Se conceden acciones o participaciones sociales.
3	Incentivo por acciones	*c)*	Se fija un incentivo por pieza producida.
4	Comisiones	*d)*	Se ofrece un incentivo en función de los objetivos logrados.

5. Supón que formas parte del equipo del departamento de recursos humanos que realiza la valoración de puestos de trabajo en la empresa. Confecciona el documento necesario para la evaluación de un puesto de trabajo administrativo del departamento de administración. Deberá incluir, al menos, cinco factores o indicadores. Puedes apoyarte en el decreto que regula el título de técnico superior en Administración y Finanzas.

6. Lee el siguiente supuesto e indica el tipo de método de evaluación del desempeño que habría que aplicar en función de los objetivos que se quieren conseguir.

   Alberto Rivas es el jefe del departamento comercial en una empresa de materiales prefabricados para la construcción y tiene que realizar la evaluación del desempeño de los tres comerciales que tiene a su cargo. Alberto tiene que informar a quienes lo coordinan sobre los siguientes aspectos:

   a) Grado de consecución de los objetivos de ventas fijados.
   b) Incremento de las ventas respecto al año anterior.
   c) Porcentaje de nuevos clientes.

7. Supón que perteneces al personal administrativo en un departamento de recursos humanos de una empresa y tu jefa te encarga que elabores un documento con las actividades que debería realizar con solvencia una persona que va a ser promocionada para trabajar en el departamento de selección de personal.

   Tu jefa te comenta que pongas por escrito algunas de las actividades a las que someterías a las y los postulantes con la técnica *in-basket*. Señala en el documento al menos tres actividades que deban resolver.

8. Señala qué técnica se utiliza en el siguiente proceso de *assessment center* que se describe a continuación.

   Las personas que forman el equipo trabajan en el departamento comercial y han sido convocadas para participar en un proceso de promoción profesional.

   a) El equipo ha sido informado de que la primera prueba tratará sobre la toma de decisiones en asuntos que se les plantearán de manera objetiva. Les han entregado documentación sobre situaciones comerciales concretas que tienen que resolver elaborando su propio material.
   b) En la segunda prueba se planteará un tema de discusión para observar cómo defiende sus posiciones cada miembro del grupo.
   c) En la tercera prueba, cada persona deberá enfrentarse a un cliente difícil que plantea temas delicados y tendrá que conseguir que comprenda sus argumentos y las razones de la empresa.

COMPRUEBA TU APRENDIZAJE

9. Una empresa precisa cubrir el puesto de jefe del departamento de administración que acaba de quedar vacante por jubilación. La empresa quiere cubrir la vacante mediante un proceso de promoción interna. Señala qué datos debería recoger la compañía de su personal en la segunda fase del proceso de promoción profesional.

10. Señala qué sistema de incentivos se aplica en las siguientes situaciones:

a) Una empresa dedicada a la tapicería de sofás, sillones y sillas pagan al personal por cada pieza que terminan.

b) Una empresa establece un salario de 1200 € por ocho horas de trabajo y una prima del 2 % por pieza producida.

c) El personal recibe un extra de 1000 € si cumple los objetivos semestrales.

d) Una persona cobra el salario base interprofesional y un porcentaje variable creciente sobre las ventas.

11. Imagina que eres quien se encarga del registro de la formación de la plantilla en la empresa. Elabora un listado de los datos imprescindibles de formación que te parece que deberían quedar registrados en el expediente personal de cada miembro de la plantilla.

12. Indica qué clase de absentismo laboral se describe en estas situaciones:

a) Una trabajadora sale del trabajo durante dos horas para asistir a una revisión médica.

b) Un trabajador consulta sus redes sociales durante el tiempo de su jornada laboral.

c) Un trabajador sale media hora antes del trabajo para recoger a su hija del colegio.

d) Una trabajadora prolonga media hora todos los días el tiempo del descanso para tomar café porque está muy estresada.

e) Un trabajador llega 50 minutos tarde debido a problemas en el transporte público.

f) Una trabajadora ocupa todos los días su puesto pero mentalmente se encuentra en otro lugar.

13. En un departamento de recursos humanos se realiza un estudio sobre el absentismo laboral en la empresa para compararlo con los cinco años anteriores.

a) Calcula la tasa de absentismo si en la empresa trabajan 120 personas que según su convenio tienen que realizar 1750 horas anuales. Las horas no trabajadas por enfermedades han sido 4000 y las horas no justificadas, 1950.

b) La tasa media de absentismo de los cinco años anteriores es de 1,95 %. Indica qué intervenciones puede realizar la empresa si hubiese aumentado el absentismo.

14. Localiza el convenio colectivo de ámbito estatal de las empresas que se dedican a la fabricación de perfumes. Estudia los artículos referidos a las faltas de asistencia para abordar la siguiente situación:

En una empresa dedicada a la fabricación de perfumes y cosméticos, mediante el control de presencia, se ha detectado que un trabajador ha llegado con más de quince minutos de retraso dos días en el mismo mes.

a) La directora del departamento de recursos humanos te encarga que localices el convenio colectivo y que le presentes un informe respondiendo a las siguientes cuestiones:

- ¿De qué tipo de falta se trata?
- ¿Qué sanción acarrea?

b) Con posterioridad a la notificación de la sanción, detectan que un compañero ficha por el trabajador sancionado. Responde:

- ¿De qué clase de falta se trata en este caso?
- ¿Qué sanción acarrea?

c) Una trabajadora ha precisado asistir a un consultorio médico durante su jornada laboral. Busca en el convenio cómo se ha de actuar en este caso.

d) Investiga en el convenio colectivo cómo se actuará si una persona necesita acompañar a un hijo menor de doce años a una consulta médica.

15. Supongamos que trabajas en el departamento de recursos humanos de una empresa y te encargan realizar un protocolo de actuación para implantar un control de Internet.

Describe todos los pasos que sería conveniente seguir para implantar este control sin que se vulnere ningún derecho de las personas que trabajan en la empresa.

16. En el departamento comercial, tienen la certeza de que un empleado utiliza la cuenta de correo electrónico de la empresa con fines personales no relacionados con el contenido de sus tareas.

La directora del departamento comercial te solicita información sobre cómo debe actuar para realizar una inspección del correo de este empleado y para que esta inspección tenga efectos probatorios.

Esta directora de departamento sostiene que también se debe inspeccionar el correo personal del trabajador, puesto que sospecha que pueda estar filtrando información de la empresa a la competencia.

Indica cómo deberías proceder en este caso.

10 UNIDAD

Ética y empresa

No hay que confundir lo legal con lo ético. La ética se mueve en un espacio mucho más amplio que la ley.

Lo legal lo establece el poder legislativo. La ética surge de los valores que rigen una sociedad.

Mientras las leyes son de obligado cumplimiento, la ética depende de los valores de la persona. A veces lo ético está por encima de lo jurídico.

Accede a la página **bit.ly/Ley_y_ética** y lee detenidamente el artículo «La ley y la ética» publicado por *ABC Cataluña* en 2012. Reflexiona si basta con cumplir la ley para que una empresa tenga un comportamiento ético.

a) ¿Sabes lo que es la ética en la empresa?

b) ¿Las empresas siempre actúan de manera ética?

c) ¿Conoces la diferencia entre ética en la empresa y responsabilidad social corporativa (SRC)?

ESTUDIARÁS

- La ética de la empresa.
- La gestión de la ética en la empresa.
- Recursos humanos y la ética en la empresa.
- La globalización y la ética.
- La empresa como comunidad de personas.
- Los valores en la empresa.
- La dirección por valores.
- La ética y su comunicación.

Y SERÁS CAPAZ DE

- Caracterizar la empresa como una comunidad de personas, distinguiendo las implicaciones éticas de su comportamiento con respecto a las personas que se implican en esta.

1. La ética de la empresa

Durante los últimos años en el mundo empresarial se observa un creciente interés por la ética. Algunos escándalos económicos y financieros han sido percibidos por la sociedad como una *crisis ética y de valores;* por ello, la ética no puede ser algo ajeno a la actividad empresarial, sino que la **empresa del siglo XXI debe ser** una empresa **basada en valores éticos.**

La presencia continua en los medios de comunicación de noticias sobre malas prácticas de políticos y empresas ha generado una *pérdida de confianza* sobre el funcionamiento del mundo de la empresa. Estas conductas poco éticas han perjudicado a las organizaciones tanto a *nivel de ingresos* como en su *reputación,* tal como se muestra en la Figura 10.1.

Conductas empresariales poco éticas → Pérdida de confianza y reputación en la opinión pública → Pérdida de rentabilidad económica

Fig. 10.1. Repercusión de la falta de ética en la empresa.

Además, las empresas reconocen la importancia de incorporar prácticas éticas en su gestión como elemento para tomar decisiones y mejorar su reputación, ya que la sociedad demanda de ellas que sean *transparentes, honestas* y *responsables.*

ABC VOCABULARIO

Ética. Según la Real Academia de la Lengua, la ética es «la parte de la filosofía que trata del bien y del fundamento de sus valores».

Según la filósofa Adela Cortina, la ética es «un saber que pretende orientar la acción humana de un modo racional en el conjunto de nuestra vida».

1.1. Concepto de *ética de la empresa*

La **ética de los negocios** es una reflexión sobre las prácticas de negocios en la que se implican las normas y valores de las personas, de las empresas y de la sociedad, según la European Business Ethic Network (EBEN).

La ética de la empresa debe ser la base de toda acción empresarial. No se trata solo de una propuesta moral, sino también de un **modo de gestionar las empresas**; es decir, se necesita una *ética aplicada* que fije las directrices a seguir en la empresa.

La ética de la empresa orienta sobre cómo aplicar los principios éticos en la toma de decisiones y en acciones concretas de las empresas.

Conviene diferenciar la ética en la empresa de la responsabilidad social corporativa, ya que son dos términos que se usan a menudo de forma equivalente y, sin embargo, son distintos, aunque muy relacionados:

Ética de empresa	Normas y principios bajo los cuales se rigen las actividades que desempeña una empresa y que se utilizan para resolver los diversos problemas morales o éticos que pueden surgir en su entorno.
Responsabilidad social corporativa (RSC)	Es la forma de hacer negocios que incluye las actuaciones voluntarias de la empresa para abordar los efectos sociales, ambientales y económicos de la acción empresarial, integrando en ella el respeto por los valores éticos.

Tabla 10.1. Ética y responsabilidad social corporativa.

! IMPORTANTE

Teoría del bien común

Las empresas son parte fundamental del entramado económico y social, por lo que, además de cumplir con las obligaciones legales que regulan su actividad, deben actuar conforme a los principios éticos de **respeto del bien común** y contribuir con su acción a la mejora y la transformación de la sociedad.

PONTE A PRUEBA 1

Ética en la empresa

Hemos estudiado que la ética en la empresa no es solamente una propuesta moral, sino también un modo de gestionar las compañías, ya que la sociedad demanda de ellas transparencia y honestidad.

Pautas para la resolución:

Accede al siguiente enlace y busca información para indicar en qué medida la transparencia puede beneficiar a las empresas y la importancia de un sistema de valores basado en la comunicación: **bit.ly/Revistaempresarial_Transparencia_honestidad.**

1.2. Origen de la ética de la empresa

El caso Watergate, ocurrido en la década de 1970 en Estados Unidos, provocó que la sociedad civil **perdiera la confianza** en las **empresas** y en el **Gobierno**, surgiendo con fuerza el concepto de *business ethics* (ética de los negocios).

Desde entonces hasta la actualidad, la ética en la empresa ha ido evolucionando, convirtiéndose ahora en un concepto importante que centra tanto la propia práctica empresarial como las investigaciones y las publicaciones en los medios de comunicación (Fig. 10.2).

? ¿SABÍAS QUE…?

Caso Watergate

Nixon renunció a la presidencia del Gobierno de EE. UU. en 1974 tras destaparse su implicación en una trama de actividades ilegales relacionadas con abusos de poder, tales como el acoso a activistas y a opositores políticos.

El escándalo político surgió a partir del robo de documentación sustraída del edificio Watergate, sede del Partido Demócrata en Washington D. C.

Década de 1970	Surge en EE. UU. la *business ethics* a raíz del caso Watergate, que provocó una pérdida de confianza en el Gobierno y las empresas.
Década de 1980	La preocupación por la ética en el mundo de los negocios era prácticamente inexistente, ya que la prioridad de las empresas era obtener beneficios y su visión era a corto plazo. Frente a esta postura, empezaron a consolidarse las posiciones éticas desde el ámbito empresarial, surgiendo instituciones y publicaciones específicas vinculadas al ámbito de la ética empresarial y de la RSC. Este concepto llegó a Europa, donde se le asignó el nombre de *ética de la empresa:* la empresa es algo más que un negocio, es un grupo humano que lleva adelante una valiosa tarea para la sociedad.
Década de 1990	Grandes escándalos financieros e inmobiliarios como los de Enron, Parmalat o WorldCom provocaron el resurgimiento de la ética de la empresa, lo que llevó a una búsqueda del equilibrio entre la ética, los resultados financieros y los valores.
Actualidad (siglo XXI)	La ética en la empresa se convierte en una cuestión relevante que centra investigaciones, publicaciones, medios de comunicación y la propia práctica empresarial. Grandes titulares sobre beneficios indebidos mediante fraudes, sobornos, corrupción, privilegios, competencia desleal, productos en mal estado, etc., han dado lugar en muchos países a demandar que se ponga freno a este tipo de conductas.

Fig. 10.2. Evolución de la ética de la empresa.

! IMPORTANTE

ODS y empresa

Existe en la actualidad la convicción en la sociedad de que una empresa no solo debe ser rentable en términos financieros, sino que también debe aportar valor a la sociedad y beneficiar a sus grupos de interés. Nunca antes de la Agenda 2030 sobre el Desarrollo Sostenible, con sus 17 Objetivos de Desarrollo Sostenible (ODS), el mundo empresarial había tenido un papel tan relevante en los objetivos de Naciones Unidas. La ética exige que las iniciativas llevadas a cabo por las empresas pueden relacionarse con su impacto en los ODS.

ACTIVIDADES

1. Reflexiona sobre las dos siguientes posturas y debate en clase cuál es la más ética:
   - Para Milton Friedman, «la única responsabilidad social de la empresa es aumentar sus ganancias y generar el máximo rendimiento al accionista».
   - Para Edward Freeman, «la ética consiste en hacer cosas por los demás y por uno mismo».
2. Responde a las siguientes cuestiones y justifica tus respuestas:

   a) ¿Es posible que exista la economía sin ética?

   b) ¿Puede ser rentable ser ético?

1.3. Razones de la ética de la empresa

El concepto de *ética en la empresa* surge por varios motivos:

- **Las actuaciones inmorales y falta de ética de las empresas**, que están detrás de numerosos casos de corrupción, abuso de poder o falta de responsabilidad, han desencadenado una pérdida de confianza con dos consecuencias muy importantes: **disminución de ventas** y **deslealtad**, tanto de consumidores como de la plantilla.
- **El fenómeno de la globalización** ha supuesto, por una parte, el crecimiento del poder de las empresas y, por otra, la deslocalización de estas. Esto ha hecho que las leyes existentes sean insuficientes y el poder de los gobiernos sobre las empresas disminuya. También las decisiones de las empresas afectan a un mayor número de personas, lo que debería convertirse en un correspondiente **aumento de la responsabilidad.**
- **La imagen y la reputación corporativa** se han convertido en los últimos años en **ventajas competitivas** de las empresas, que se esfuerzan por ser asociadas con valores éticos y ganarse la confianza de los consumidores.

1.4. Ventajas de la ética de la empresa

Una empresa con comportamientos éticos gana en **rentabilidad económica** porque consigue una mayor fidelidad de clientes, mejora su **posicionamiento de imagen** ante ellos y los medios de comunicación, se distingue de su **competencia** y se identifica con la **comunidad** en la que opera. Estas ventajas se muestran en la Tabla 10.2.

Incrementa el compromiso, la motivación y mejora el clima laboral	La ética en la empresa no debe centrarse en motivos como la remuneración o el prestigio social, sino también en el respeto por los valores éticos que motivan a las personas y afectan a su rendimiento y actitud, a la vez que atraen a trabajadoras y trabajadores de mayor cualificación.
Genera cohesión interna	Proporciona una cultura de empresa fuerte, a partir de la cual empresa y plantilla comparten los mismos valores éticos.
Mejora la imagen empresarial, la reputación y las ventas	Una buena reputación en los negocios es uno de los principales activos empresariales. Cuando una empresa actúa mal, ya sea incumpliendo sus promesas, no dando la calidad ofrecida por un producto o simplemente dando un mal servicio, se producen quejas, se crea mala reputación y las ventas caen. Al revés también ocurre: una buena reputación acaba generando confianza entre los diferentes grupos que interactúan con la empresa.
Evita casos de corrupción	Gracias a una política clara que presta atención a los posibles conflictos de intereses, los casos de corrupción empresarial se evitan.

Tabla 10.2. Ventajas de la aplicación de valores éticos en la empresa.

EJEMPLO

En 1982, Johnson&Johnson gastó más de 100 millones de dólares retirando Tylenol, su producto más vendido, después de que alguien manipulase las botellas de analgésico. La compañía siguió su credo, un conjunto de valores éticos de la organización, y el resultado fue un aumento en la confianza de los consumidores a pesar de la amenaza de contaminación.

ACTIVIDADES

3. Busca alguna empresa que tenga instaurada la figura de directora o director de cumplimiento, o *compliance*, y explica en qué consisten principalmente sus funciones.
4. Algunas corrientes dicen que la ética es una cuestión tan solo de estética. Accede al siguiente vínculo desde tu navegador: **bit.ly/Ética_estética.** Lee el artículo «Ética y estética» y expresa cuál es tu opinión al respecto.

IMPORTANTE

El cumplimiento normativo o *compliance*

El cumplimiento normativo permite a las empresas detectar y gestionar los riesgos de incumplimiento de las obligaciones regulatorias, mitigar los riesgos de sanciones y evitar pérdidas que deriven de tales incumplimientos.

Los riesgos de incumplimiento son posibles sanciones legales o normativas y pérdida financiera, material o de reputación.

¿SABÍAS QUE...?

Objetivo de Desarrollo Sostenible 16: Paz, justicia e instituciones sólidas

Los conflictos, la inseguridad, las instituciones débiles y el acceso limitado a la justicia continúan suponiendo una grave amenaza para el desarrollo sostenible. Desde la empresa privada se puede contribuir a este objetivo fomentando la transparencia, cumpliendo con la legislación y con el desarrollo de una política a favor de los derechos humanos.

WEB

Étnor

etnor.org

La Fundación Étnor (Ética de los Negocios y de las Organizaciones) nace en España en 1991 con el fin de promover el reconocimiento, la difusión y el respeto de los valores éticos.

FUNDACIÓN ÉTNOR
ÉTICA DE LOS NEGOCIOS Y LAS ORGANIZACIONES

IMPORTANTE

Stakeholders

Edward Freeman, experto en ética de la empresa, define *stakeholders* como cualquier grupo o individuo identificable que pueda afectar al logro de los objetivos de una organización: grupos de interés público, grupos de protesta, agencias gubernamentales, asociaciones de comercio, competidores, sindicatos, segmentos de clientes, accionistas y otros.

1.5. Dimensión de la ética en la empresa

La ética está implicada en cualquier decisión que tome la empresa, ya sean negociaciones con proveedores o con sindicatos, contrataciones o despidos de personal, reparto de responsabilidades o venta de productos.

Los actos de las empresas y de quienes trabajan en ellas repercuten de manera positiva o negativa en otras empresas, otras personas y otros procesos, estableciendo dos ámbitos diferentes:

- **En el ámbito interno,** se debe poner especial atención a la demanda de ética por parte de la plantilla, que exige la aplicación de valores que eviten malas prácticas en la gestión de las personas y una actuación justa en el otorgamiento de oportunidades, evitando favoritismos basados en intereses personales.

  La gestión de los recursos humanos debe realizarse desde la ética empresarial para establecer la relación entre problemas con las personas y problemas éticos.

- **En el ámbito externo,** los consumidores penalizan a las empresas que no tienen un comportamiento responsable no consumiendo sus productos o servicios, a la vez que tienen un comportamiento positivo hacia aquellos productos responsables desde estándares éticos.

Ámbito	Grupos implicados	Problemas éticos
Interno	• Trabajadores/as • Sindicatos	• Discriminación y falta de igualdad de oportunidades. • Acoso moral o laboral *(mobbing)*. • Falta de retribución justa. • Falta de confidencialidad y privacidad de la información.
Externo	• Consumidores/as • Inversores/as • Proveedores/as • Sociedad • Comunidad	• Falta de veracidad y transparencia informativa. • Publicidad engañosa. • Falta de respeto medioambiental. • Corrupción. • Falta de calidad de los productos.

Tabla 10.3. Dimensión ética de la empresa.

CASO PRÁCTICO 1

Grupos de interés

Trabajas en el departamento de recursos humanos de una empresa de obras públicas. El equipo directivo de la empresa se plantea ofrecer un regalo a la funcionaria encargada de resolver el concurso público de adjudicación del contrato para que se muestre más favorable a la oferta de su empresa.

¿Cuáles son los grupos de interés más afectados por la conducta poco ética de la empresa? ¿Crees que puede afectar a la plantilla?

Solución:

Las conductas poco éticas pueden afectar a varios grupos de interés.

En este caso concreto, la afectada sería la competencia de la empresa, que no concurrirá en igualdad de condiciones y, por otra parte, la sociedad en general, que puede pagar más por el contrato o porque la oferta seleccionada no sea la mejor para el servicio público.

ACTIVIDADES

5. Indica a qué dimensión de la ética afectan estos ejemplos de conductas poco éticas:

- Indemnizar por jubilación a altos mandos directivos cuando la empresa recibe ayudas públicas.
- Verter contaminantes para evitar gastos de eliminación.
- Bajar el sueldo a la plantilla mientras el equipo directivo se reparte bonos.
- Realizar gastos elevados y lujosos a cargo de la empresa.

2. La gestión de la ética en la empresa

La ética es un valor fundamental en la actuación de la empresa y su aplicación no debe ser consecuencia de la improvisación, sino que debe basarse en **dos pilares** importantes, que se muestran en la Figura 10.3.

1. La **definición** y **aceptación** por parte de la empresa de un conjunto de **valores, principios y normas de actuación éticos,** integrados en la cultura de la empresa.

2. La **creación** de **herramientas** que sirvan como pauta de conducta o **prácticas éticas** para transmitir a **todos quienes integran la empresa.**

Fig. 10.3. Pilares básicos de la gestión ética en la empresa.

Las empresas utilizan diversos tipos de prácticas o herramientas para aplicar la ética empresarial e integrarla en la gestión del día a día, tal como se muestra en la Figura 10.4.

> Las **prácticas para la gestión de la ética** son documentos o programas que formalmente se establecen en las empresas para definir, transmitir y potenciar los valores y principios éticos que se espera que siga el personal.

Valores y principios éticos fundamentales

Normas éticas

Ética de la empresa

- Criterios para la **toma de decisiones.**
- Criterios para las **actuaciones** de la **empresa.**
- Criterios para las **actuaciones** del **personal.**

Prácticas de aplicación:

1. Códigos de ética.
2. Comité de buen gobierno.
3. Comités de ética.
4. Canales éticos.
5. Formación ética.
6. Programas de auditoría.
7. Gestor ético.

Fig. 10.4. Gestión ética de la empresa.

2.1. Códigos éticos o de buena conducta

> Los **códigos éticos de conducta o valores** son documentos formales en los que se manifiestan el conjunto de valores que guía la conducta de la organización y los compromisos adquiridos para orientar la actividad de las personas de la empresa.

El código ético debe inspirar los procedimientos y formas de trabajo que concretan las **relaciones con los grupos de interés:** accionistas, clientes, plantilla, proveedores, competencia y sociedad en general.

Códigos éticos

Contenidos

- Identificación de los principios y valores de la compañía.
- Proyección interna: aspectos relativos a la conducta tanto de la plantilla como del personal directivo y consejero.
- Proyección externa: identificación de los grupos de interés y de las responsabilidades de la empresa frente a estos.

Ejemplo

En el código ético de Endesa, en el apartado de *Competencia leal,* se establece que Endesa pretende defender el principio de la competencia leal absteniéndose de conductas colusorias, predatorias y del abuso de su posición de poder.

Temas

- Corrupción y sobornos.
- Regalos e invitaciones.
- Confidencialidad de la información.
- Productos/servicios.
- Relaciones con la competencia.
- Conflictos de intereses.
- Seguridad y salud laboral.
- Violencia/acoso, discriminación, igualdad, etc.

Fig. 10.5. Códigos éticos: qué incluyen y qué temas tratan.

2.2. Códigos de buen gobierno

Los códigos de buen gobierno son una herramienta para aumentar la confianza de las inversiones, los proveedores, los trabajadores y trabajadoras, y la sociedad en general, hacia los órganos de gobierno y la dirección de las organizaciones.

Los **códigos de buen gobierno** corporativo, según la Asociación Española de Contabilidad y Administración de Empresas (AECA), están compuestos por una serie de **recomendaciones precisas** que mejoran el comportamiento de las empresas respecto a la transparencia informativa, la composición y el funcionamiento de los órganos de gobierno y su relación con distintos grupos de interés.

La Comisión Nacional del Mercado de Valores debe supervisar el cumplimiento de las exigencias sobre gobierno corporativo en este tipo de sociedades, las cuales deben publicar anualmente un **informe del grado de cumplimiento** de las recomendaciones de buen gobierno.

Contenido del Código Unificado de Buen Gobierno de las Sociedades Cotizadas (64 recomendaciones)

- Aspectos generales.
- Junta general de accionistas.
- Consejo de administración.
- Funcionamiento del consejo de administración.
- Organización del consejo de administración.
- Responsabilidad social corporativa.
- Remuneraciones del equipo de consejo.

Fig. 10.6. Contenido del Código Unificado de Buen Gobierno.

IMPORTANTE

Código Unificado de Buen Gobierno

La Comisión Nacional del Mercado de Valores (CNMV) publicó un nuevo Código Unificado de Buen Gobierno de las Sociedades Cotizadas en febrero de 2015.

El Código Unificado de Buen Gobierno está dirigido a las sociedades cotizadas, entendiendo por tales aquellas cuyas acciones están admitidas a negociación en un mercado secundario oficial de valores.

Estos códigos complementan a las leyes y reglamentos de obligado cumplimiento que regulan la vida de las empresas y nunca deben sustituirlos.

2.3. Comités de ética

Las prácticas éticas empresariales se están generalizando, por lo que, en un corto plazo de tiempo, será necesario que las empresas creen *cargos directamente relacionados con la ética* para supervisar el cumplimiento de las normas éticas e incentivar su uso.

El comité de ética está vinculado al **desarrollo de códigos éticos** y tiene como **funciones:**

- Vigilar el cumplimiento del código ético.
- Resolver conflictos y dilemas.
- Interpretar las normas.

Para funcionar correctamente, los comités de ética deben estar compuestos por personas que representen a todos los estamentos de la empresa y a todos los grupos de interés.

VOCABULARIO

Gestor ético. Figura vinculada a los códigos éticos cuya función principal es defender a los grupos de interés y responder a sus pretensiones.

2.4. Canales éticos

Los **canales éticos** son los canales formales para la resolución de conflictos o dudas éticas.

Algunas empresas promueven **políticas de «delatores»** que transmiten las actividades poco éticas a la oficina o al comité ético de la empresa, que juzgará e investigará la situación de forma justa e imparcial. Las políticas de delatores protegen a la plantilla que revelan las prácticas ilegales o inmorales.

EJEMPLO

Grupo ACS posee un canal ético que permite a cualquier persona comunicar las conductas irregulares en cualquiera de las empresas que forman parte del grupo o cualquier incumplimiento de las normas recogidas en el código de conducta.

Inditex, por su parte, tiene un comité ético que vigila el cumplimiento de su código ético, mientras que Red Eléctrica ha designado a un gestor ético para resolver las dudas que se puedan producir y para que recoja, analice y resuelva las diferentes denuncias que se reciban.

2.5. Formación ética

La formación en ética empresarial es un elemento básico y primordial para implementar el comportamiento ético en cualquier ámbito, ya sea público o privado.

> La **formación ética** proporciona a los directivos y empleados formación práctica ante la **resolución de dilemas éticos.**

Este tipo de formación es una herramienta muy valiosa, ya que la mayoría de los incumplimientos éticos no se deben a una mala voluntad, sino a un *desconocimiento* de las cuestiones éticas. La formación en ética es muy distinta en cada empresa, pero se utiliza principalmente para transmitir la preocupación de la organización por integrar la ética empresarial en el día a día e informar sobre qué es y cómo se lleva a cabo esta integración.

@ WEB

greatplacetowork.com

Great Place to Work es una asesoría especializada en la medida del clima laboral de las empresas que establece cuáles son los valores más importantes en la gestión de estas y que contribuyen a mejorar la confianza entre empresa y personal.

2.6. Programas de auditoría

> Las **auditorías, certificaciones** o **informes éticos** son una herramienta fundamental para responder a una mayor exigencia de transparencia de la dirección empresarial en un entorno cada vez más complejo económica, social y culturalmente.

En España existen **dos sistemas** para acreditar el cumplimiento de una política ética y socialmente responsable por parte de la empresa:

- **SGE21:** iniciativa que surge de la asociación de varias empresas (Forética).
- **Norma SA8000:** proviene de la organización Social Accountability International.

CASO PRÁCTICO 2

Códigos éticos

En la empresa en la que trabajas como administrativo, observas que los criterios para la selección de proveedores no siempre son claros.

a) ¿Qué deberías hacer para ver si la actuación es adecuada a los principios éticos de la empresa?

b) En caso de que los comportamientos observados no sean éticos, indica cómo debería ser el procedimiento a seguir.

Solución:

a) Los códigos éticos o de conducta recogen los valores que deben guiar la conducta de las empresas, por lo que se debería comprobar que las conductas seguidas se ajusten a estos.

b) En caso de observarse conductas poco éticas, se debe acudir a los canales éticos que permitan dar a conocer estas conductas a los comités de ética, que son los encargados de vigilar el cumplimiento de los códigos éticos.

CASO PRÁCTICO 3

Falta de ética

Marta es una excelente vendedora que solicita empleo al departamento de recursos humanos de una empresa. Esta trabajadora trae consigo la cartera de clientes de su empresa anterior. La jefa de recursos humanos estima que es una falta de ética, pero lo considera una gran oportunidad, pues influirá en los resultados y esto es lo que importa. ¿Crees que se debería contratar a Marta?

Solución:

La jefa de recursos humanos debería analizar si la conducta de Marta sería aceptable de acuerdo con lo establecido en el código ético o de conducta de la empresa. En el supuesto de que se diera alguna contravención de valores —como pudieran ser la falta de integridad u honestidad, o bien la divulgación de información confidencial— la conducta a seguir sería no contratar a Marta.

ACTIVIDADES

6. Busca el código de conducta de Vodafone e indica qué establece con respecto a sobornos y pagos improcedentes.

7. Busca el código ético de la empresa Banco Santander y describe cuál es el procedimiento específico en materia de prevención de situaciones de acoso laboral y sexual.

8. Investiga cuáles son los ámbitos del código de conducta interno de Inditex.

9. Busca en Internet una empresa que tenga canal ético y explica cómo debe proceder una persona que quiera denunciar una conducta no ética.

¿SABÍAS QUE...?

Ética en la empresa

La ética de la empresa se debe hacer patente en todas sus áreas, pero es el departamento de recursos humanos el que ejerce un mayor impacto en esta materia: contribuye a configurar la ética de la empresa y determina en mayor medida la manera de trabajar del personal. Su función está muy ligada a la relación y el desarrollo de las personas y es fácil establecer la conexión entre problemas con las personas y problemas éticos.

3. Recursos humanos y la ética en la empresa

Las áreas de la empresa donde se plantean problemas éticos con más frecuencia son recursos humanos, comercial, compras y ventas, ya que su propia naturaleza los hace más propicios a la aparición y detección de problemas éticos.

> La **gestión de los recursos humanos es una herramienta necesaria** para la construcción de la ética de la empresa, pues es un departamento clave para la integración de la ética en la gestión diaria.

Dentro de este departamento, la ética de la empresa se aplica en los ámbitos que se enumeran en la Tabla 10.4.

Reclutamiento y selección	• El departamento de recursos humanos deberá seleccionar a aquellas personas cuyos **principios** y **valores coincidan con los de la empresa.** • En el proceso de selección, se gestionará la información personal de tal manera que no se solicitará información personal no relevante ni se preguntará sobre el estado civil o la religión. • Para forjar la ética corporativa, se podría seleccionar a personas capacitadas para el puesto, pero marginadas por algún tipo de motivo, como personas con discapacidad, mujeres en entornos machistas, personas extranjeras en entornos xenófobos, etc. • Las **políticas que fomentan la diversidad** también deben desarrollarse para crear entornos de trabajo que transmitan claramente al personal que será valorado por lo que pueden aportar y no por elementos relativos a su persona. • La nacionalidad, la raza, la edad, la religión, el sexo o el estatus social no deben ser elementos determinantes a la hora de seleccionar.
Evaluación del rendimiento	La evaluación del rendimiento es un sistema de valoración de la plantilla que debe utilizarse, más que como una forma de control, como un reconocimiento para **motivar a la plantilla** y **generar cohesión.**
Formación y desarrollo de la plantilla	La gestión de los recursos humanos también se responsabiliza del proceso de **formación** y **desarrollo del personal,** capacitándolo para un mejor desempeño del puesto de trabajo. Además, cada vez más empresas utilizan la formación en ética empresarial como forma de conseguir que la plantilla revise sus valores y comprenda los valores corporativos.

Tabla 10.4. Ámbitos de aplicación de la ética corporativa en el departamento de recursos humanos.

CASO PRÁCTICO 4

El código ético y las funciones del personal administrativo en recursos humanos

Como personal administrativo de recursos humanos, debes adecuar tu comportamiento en el desempeño de tus funciones a las normas y principios éticos de la empresa para la que trabajas. Teniendo en cuenta cuáles son las funciones técnicas administrativas dentro del departamento de recursos humanos, ¿de qué manera podrías aplicar la ética empresarial en tu gestión diaria?

Solución:

Los aspectos que se relacionan con la ética de la empresa, desde el punto de vista del personal administrativo del departamento de recursos humanos, tienen que ver con el respeto de los derechos humanos y la intimidad de la plantilla, con la no discriminación y la promoción de la igualdad, en especial de trabajadoras, con la creación de empleo, la mejora de las condiciones del personal y el apoyo de la conciliación de la vida laboral y familiar.

4. La globalización y la ética

El mundo actual es un mundo globalizado desde la perspectiva de la economía, de la tecnología y de la comunicación, lo que hace necesario hablar de unos **principios éticos** también **globales.**

El fenómeno de la globalización ha supuesto para las empresas la posibilidad de incrementar su poder, tanto en la esfera económica como en la social, pero también aumentan sus *responsabilidades,* ya que deben dar respuesta a las expectativas de la sociedad: creación de empleo, incremento del bienestar social y económico, cuidado del medioambiente, compromiso con el desarrollo de los pueblos, expansión de los derechos humanos, etc.

> La empresa, como uno de los agentes económicos más importantes, debe asumir su **responsabilidad en la consecución de un mundo más justo,** asumiendo comportamientos éticos.

Fig. 10.7. La empresa ***debe trasladar*** *sus códigos y estándares éticos a todos los lugares donde opera.*

La *ética de la globalización* demanda que las empresas que aplican criterios éticos en sus países de origen los mantengan también en países con regímenes autoritarios y faltos de libertades.

A pesar de que las leyes y el sistema de un país puedan ser antidemocráticos e ilegales, las políticas internas de una empresa deberían ser de respeto hacia los trabajadores y trabajadoras y grupos de interés, ofreciéndoles un buen ambiente de trabajo, buenas condiciones laborales, salarios justos, formación, seguridad, etc.

EJEMPLO

- La multinacional Shell, en la España de la década de 1950, tenía incorporadas unas políticas sociales y laborales muy avanzadas en aquel contexto (salarios más altos que la media en España, jornadas más cortas y otra serie de ventajas, como los desayunos a media mañana, café o té por la tarde, revisiones médicas, ayuda de estudios, excursiones, ayuda en la compra de vivienda, etc.).
- Apple publica todos los años un informe en el que analiza a sus proveedores y expone los casos en los que no se han ajustado a los principios pactados en el contrato, indicando cuáles son las sanciones correspondientes. En 2015, obligó a una empresa a pagar 4 millones de dólares en indemnizaciones a las víctimas de explotación laboral, según se desprende de su última memoria, que resume las 633 auditorías que han cubierto a 1,6 millones de trabajadoras y trabajadores.

ACTIVIDADES

10. Indica qué herramientas de gestión de la ética pueden utilizar las empresas y explica en qué consisten.

11. Entra en las páginas de Repsol y Fomento de Construcciones y Contratas. Compara e indica qué instrumentos de gestión de la ética utilizan cada una de ellas.

12. El 24 de abril de 2013 se derrumbó el edificio Rana Plaza en Savar, cerca de Dacca (Bangladesh). El edificio albergaba varias fábricas que producían prendas para 28 marcas. Como consecuencia del derrumbe, murieron más de mil personas. Primark, una de las empresas que tenía fábricas en dicho edificio, ha desarrollado varias acciones como parte de su responsabilidad.

Busca información en Internet sobre las acciones de Primark y explica en qué ha consistido su actuación.

13. Si accedes a los siguientes enlaces, encontrarás dos artículos: «Empresa y derechos humanos», de Adela Cortina, **bit.ly/Empresa_derechos_humanos,** y «El precio social de la ropa», de Naiara Galarraga, **bit.ly/Precio_social_ropa.**

Lee atentamente ambos artículos y selecciona dos ideas sobre ética y globalización para comentarlas en clase.

14. Reflexiona si es ético que se vendan armas por parte de las empresas armamentísticas a un país que esté en guerra.

15. Busca algún ejemplo de conducta de empresa que tú consideres ética e indica a qué dimensión pertenece y a qué grupo afecta.

16. Señala si consideras que hay algún sector de actividad económica en que las prácticas poco éticas son más frecuentes.

5. La empresa como comunidad de personas

ABC VOCABULARIO

Tecnocrático. Que se optimiza mediante el análisis científico y el uso extendido de la tecnología.

Sistémico. Organizado como un número de subsistemas o componentes en interacción.

La empresa es una **comunidad de personas** que aportan conjuntamente su **trabajo directivo**, su **trabajo operativo** y su **inversión.** La tarea principal de la empresa es conseguir la síntesis y el logro de todos los intereses de las personas que constituyen la compañía.

La empresa como *comunidad de personas* debe orientarse a la contribución al bien común y a la valoración de la dignidad del trabajo y del personal por encima de los instrumentos productivos. El fin de la empresa debe ser la **dignidad** de quienes se relacionan con ella y de la comunidad y la sociedad en la que actúa. En su toma de decisiones, la empresa debe respetar la dignidad humana, no tratando a las personas como un simple recurso.

La empresa actual debe dar respuesta a los retos que aparecen en la Tabla 10.5.

Reto	Respuesta
Institucionalización. La empresa, obligada por cuestiones legales y normativas, se ha consolidado como una realidad tecnocrática y sistémica.	La empresa debe **reconocer la importancia de los valores** como parte de su identidad y misión.
Globalización. La empresa debe actuar dentro de la sociedad de manera relacional.	La empresa **debe escuchar** al mercado, a la clientela, a la plantilla y a la sociedad, dando respuesta a sus necesidades.
Factor motivacional. El trabajo no se ve exclusivamente como un medio de sustento y de satisfacción de necesidades.	El personal mira el trabajo como un lugar donde debe poder **poner en práctica sus talentos** y, en última instancia, satisfacerlos de manera razonable.
Nueva conceptualización de la gestión empresarial. La crisis ética y económica ha puesto de manifiesto la necesidad de que ética y empresa vayan de la mano.	La ética debe situarse en el **centro de la toma de decisiones** en la empresa.

Tabla 10.5. Retos de la empresa actual.

5.1. La personificación de las tareas

Al ser la empresa una comunidad de personas más que una conjugación de elementos o una combinación de actividades, es necesario **personificar las tareas.**

Esta personificación debe comenzar por la reivindicación del trabajo sobre el capital o la estructura productiva y debe terminar con el convencimiento de que, *detrás de cada actividad* realizada en el trabajo, *hay una persona.*

Esta personificación de tareas de los diferentes grupos que componen la empresa se muestra en la Figura 10.8.

Dirección → La función directiva de la empresa la deben desarrollar personas con un liderazgo ético en sintonía con los valores de la empresa.

Plantilla → El personal de la empresa no solo buscan una remuneración económica, sino un medio para lograr un desarrollo personal y profesional.

Accionistas → Los inversionistas generalmente son personas que buscan beneficios económicos en sus inversiones.

Proveedores/as y compradores/as → Cuando se compra a personas que proveen y se vende a clientela, hay que tener en cuenta que son personas con intereses propios.

Fig. 10.8. Distintos niveles de personificación de las actividades empresariales según el filósofo Carlos Llano.

5.2. La responsabilidad de la empresa

Las empresas se ven obligadas a tener en cuenta las **consecuencias de sus acciones** y **decisiones**, es decir, a **asumir su responsabilidad** por todos los actos y decisiones que toman y que afectan a diferentes implicados, grupos de interés o *stakeholders*.

La Fundación Étnor diferencia dos aspectos del término *responsabilidad:*

- El concepto *responsabilidad* hace referencia a la idea de **rendir cuentas.** Las empresas se ven obligadas a ser transparentes en la información que ofrecen a la sociedad en relación con sus prácticas y forma de gestión.
- El concepto *responsabilidad* hace referencia también a **dar respuestas** a las expectativas de la sociedad sobre las empresas. La legitimidad de la empresa se alcanza dando respuesta a lo que la sociedad espera de ella. De esta forma se genera confianza.

5.3. La empresa como sujeto moral

Las decisiones empresariales han de sustentarse en una *ética personal:* las empresas solo podrán ser éticas si las personas que trabajan en ellas son éticas.

La **ética empresarial** no **atañe** solamente a los cargos directivos de las empresas, ni a los y las accionistas, sino **a cada una de las personas** que componen la empresa como entidad.

El concepto de *responsabilidad moral,* tal como se aplica a las personas, otorga a la empresa derechos y deberes adicionales, lo que constituye la base de su propia responsabilidad moral. Puede ser proyectado con tres significados diferentes:

- Ser responsable haciéndose cargo de las consecuencias de sus acciones.
- Seguir las reglas cumpliendo con la legalidad.
- Tomar decisiones empresariales adoptando un punto de vista moral.

IMPORTANTE

Comunidad de personas

El filósofo mexicano Carlos Llano define la empresa como «una comunidad de personas donde la condición de ser persona prevalece sobre cualquier otra condición, incluso la condición que se deriva de su pertenencia a esa comunidad que llamamos empresa». La empresa debe conseguir la síntesis y el logro de los intereses de todas las personas que la constituyen.

CASO PRÁCTICO 5

La personificación de las tareas del departamento de recursos humanos

En una empresa, el departamento de recursos humanos está llevando a cabo una selección de personal para una nueva plaza. Indica cómo se puede incorporar la personificación de tareas en este procedimiento.

Solución:

La personificación de las tareas parte de centrar estas en la persona que las realiza y no solo en el resultado de su actividad. Aplicado a la selección de personal, consiste en seleccionar a una persona teniendo en cuenta sus expectativas personales y profesionales, pero también sus perspectivas de desarrollo profesional.

CASO PRÁCTICO 6

Objetivos no conseguidos

Iván, CEO de una empresa de un *holding,* no ha alcanzado los objetivos. Próximamente, todos los CEO deben presentar los resultados para solicitar aprobar los próximos presupuestos. Iván precisa una ampliación de los mismos para lograr los objetivos, pero los resultados obtenidos le restan capacidad de convencimiento. ¿Qué crees tú que debería hacer este directivo?

Solución:

El concepto de *responsabilidad para las empresas* implica la obligación de rendir cuentas, es decir, ser transparentes en la información que ofrecen a la dirección general, de manera que sea fidedigna y no parcial en lo que respecta a sus actos y formas de gestión y hacer hincapié en los objetivos conseguidos.

ACTIVIDADES

17. ¿Qué respuestas puede ofrecer la gestión empresarial, y en particular el departamento de recursos humanos, a los retos éticos a los que se enfrentan las empresas?

18. Una empresa está aplicando políticas salariales injustas. Explica en qué consiste la responsabilidad que la empresa debe asumir por tales hechos.

6. Los valores en la empresa

Los **valores** son principios de acción adecuados para conseguir lo que nos proponemos y **orientan las conductas** ante el **trabajo**, las **relaciones** entre las personas y los **resultados** a obtener.

Las personas tenemos valores, pero también las empresas se dirigen por valores. Estos valores son los de las personas que forman parte de ellas, aunque las organizaciones también manifiestan sus propios valores asociados a su *visión, misión* y *cultura.*

La plantilla debe conocer esos valores, ya que el alineamiento entre los valores de las personas y los de la empresa crea un *sentido de identidad* del personal con la organización.

Los valores orientan en la toma de decisiones. A lo largo de un día de trabajo, se toman decisiones de mayor o menor importancia en la empresa, pero en las que los valores personales y empresariales siempre están presentes.

6.1. La cultura de empresa: misión, visión y valores

Las organizaciones están afectadas por la **cultura de empresa,** que es el conjunto de valores, tradiciones, creencias, hábitos, normas y actitudes interiorizadas que dan identidad y destino a una organización para el logro de sus fines económicos y sociales.

La **misión, visión y valores** se convierte en el elemento central o propósito por el cual existe una organización, qué quiere ser, dónde quiere llegar y cómo va a conseguirlo, tal como se muestra en la Figura 10.9.

Misión →
- Es la finalidad o razón de ser de la organización.
- Es el carácter y la identidad de una organización.
- Define quiénes somos, qué hacemos y para quién lo hacemos.

Visión →
- Describe el modelo de organización en el que deseamos convertirnos.
- Es la imagen mental de cómo se desea que sea la organización en el futuro.

Valores → Normas, creencias y comportamientos que forman parte de la cultura de la empresa.

Fig. 10.9. Misión, visión y valores de la empresa.

En la cultura corporativa, los *valores* representan cómo se hacen o se deben hacer las cosas en una organización y, por tanto, deben estar al servicio de la misión y la visión de la empresa. Para ello, estos valores deben ser asumidos, interiorizados y compartidos por todos los miembros de la organización.

EJEMPLO

Ecoembes establece su misión, visión y valores:

Misión. Contribuir al desarrollo sostenible a través de una gestión eficiente, responsable y sin ánimo de lucro del reciclado de envases.

Visión. Ser el referente de una sociedad responsable en el cuidado de su medio ambiente a través del reciclado, con la colaboración de ciudadanía, administraciones y empresas.

Valores. Los valores corporativos sustentan la visión de Ecoembes y representan su identidad y cultura corporativas. Inspiran y guían su conducta interna y su relación con clientela, accionistas y otros grupos de interés. Son la integridad, sostenibilidad, colaboración, eficiencia, rigor, innovación y proactividad.

6.2. Los tipos de valores de la empresa

Toda empresa debe tener definidos dos grupos de valores que orientan sus objetivos y su actividad cotidiana: los *valores finales* y los *valores instrumentales.*

- Los **valores finales** están asociados con la **visión** de la empresa (¿hacia dónde vamos?) y su **misión** (razón de ser o para qué).
- Los **valores instrumentales** u **operativos** están asociados a la **forma de pensar y hacer las cosas:** son los medios tácticos, los principios que deben regir la conducta de la empresa para alcanzar la misión/visión.

Tipo de valores	Descripción	Ejemplo
Valores finales asociados a la visión	• Dan sentido y cohesionan el esfuerzo de la empresa. • Se refieren al tipo de negocio que se quiere llegar a ser, la dimensión y la diferencia que se quiere alcanzar.	Ejercer el liderazgo, promover la innovación, etc.
Valores finales asociados a la misión	• Relacionados con la misión económica de la empresa. • Relacionados con la misión social general de la empresa. • Relacionados con la función específica de la actividad.	• Misión económica: lograr rentabilidad, dar beneficios. • Misión social: generar empleo, satisfacer necesidades. • Función de la empresa: enseñar, curar, limpiar, etc.
Valores instrumentales	Cómo alcanzar la misión y la visión.	Calidad, confianza mutua, trabajo en equipo, honestidad, etc.

Tabla 10.6. Valores finales y valores instrumentales.

*Fig. 10.10. Los **valores finales** y los **valores instrumentales** están asociados a la misión, la visión y la estrategia de la empresa, que son los elementos centrales por los que existe una organización.*

PONTE A PRUEBA 2

La gestión por valores

En los últimos años, Ransdtad ha lanzado la Iniciativa Ransdtad, valores que tienen como objetivo difundir entre las empresas la importancia de la gestión por valores. A través de sus testimonios, los ponentes de estos congresos cuentan cómo los principios éticos y morales les han ayudado a superar las dificultades y a reinventarse. Con ayuda de los documentos propuestos responde:

a) ¿Por qué son importantes los valores en la empresa?

b) Entre los diferentes testimonios que puedes encontrar, elige aquellos que representan para ti los valores más importantes que debe tener una empresa y justifícalo.

Pautas para la resolución:

Consulta la información para responder en los siguientes enlaces:

bit.ly/Valores_randstad_manifiesto

bit.ly/Valores_randstad_testimonios

bit.ly/Importancia_valores_empresa

ACTIVIDADES

19. Entra en la página web corporativa de BBVA y analiza, dentro de su código de conducta, cuáles son los valores éticos que promueve. Comprueba si el citado código es de aplicación a todas las entidades que forman parte del Grupo BBVA.

7. La dirección por valores

¿SABÍAS QUE...?

DpV

El término *dirección por valores* (DpV) aplicado a la dirección de empresas fue acuñado por los profesores Salvador García y Simon Dolan en España, al mismo tiempo que Ken Blanchard y Michael O'Connor hacían lo mismo en EE. UU.

Para García y Dolan, la DpV es «una forma de desarrollo empresarial basada en valores humanos».

La **dirección por valores (DpV)** es una nueva forma de hacer empresa que considera a las personas como **fines**, no como recursos, apuesta por la **confianza** como principio esencial y propone un **equilibrio** entre valores generadores de salud económica, ética y emocional.

La dirección por valores está muy relacionada con la ética y los valores de la empresa y se basa en una serie de elementos clave para alcanzar determinados objetivos, tal como se expone en la Tabla 10.7.

Elementos clave	• La identificación de los **valores esenciales** de la empresa: su integración en la visión y la misión de la organización. • Incluir los valores esenciales en los **objetivos de acción.** • Realizar una **dirección** de personas basada en **valores.**
Objetivos	• Lograr el **equilibrio** entre la salud económica, la salud emocional y la salud ética de la empresa, generando así una mayor felicidad interna, una mejor ventaja competitiva en el mercado y una mejor contribución a un mundo mejor (Fig. 10.11). • Construir una **idea ilusionante** y **ética** de hacia dónde vamos, para qué y con qué compromiso de reglas del juego. • **Humanizar la empresa,** en el sentido de considerar a las personas no como meros recursos. • Potenciar **la legitimación, la cohesión** y **la credibilidad** de la propiedad y del equipo directivo de la empresa ante sí mismos, ante quienes colaboran con él y ante el conjunto de la sociedad.

Tabla 10.7. Elementos y objetivos de la dirección por valores.

Salud económica

Valores económicos: adaptación, anticipación, simplificación, tecnología, resultados, rapidez, etc.

Confianza

Salud emocional

Valores emocionales: alegría, equilibrio, imaginación, serenidad, armonía, estética, reconocimiento emocional, etc.

Salud ética

Valores éticos: respeto, integridad, responsabilidad, honestidad, amor por el ser humano (filantropía), generosidad, amistad, dignidad, etc.

Fig. 10.11. Equilibrio de valores en la empresa.

7.1. Fases de la dirección por valores

La dirección por valores se desarrolla en la empresa en *diversas fases:*

1. Formulación breve de la visión de la empresa, así como de su misión o compromiso de aportaciones a sus diferentes grupos de interés.
2. Legitimación del proyecto por parte de la propiedad de la empresa y de su equipo directivo, que lo han de entender como algo propio y de alta importancia estratégica.
3. Determinación esencial de los valores instrumentales necesarios para alcanzar la visión y la misión de la empresa.
4. Creación de un equipo encargado de gestionar la comunicación de los valores y su traducción en la política de personas.
5. Auditoría de coherencia de valores.

ABC **VOCABULARIO**

Recursos intangibles. Son aquellos recursos inmateriales de la empresa, como la marca, la reputación, la ética, la RSC y la cultura corporativa, que dan valor a la compañía y que no se pueden medir, pero que los grupos de interés reconocen como tal.

7.2. La dirección por valores y los recursos humanos

La dirección por valores debe sustentarse en la política de recursos humanos: los valores de la empresa solo se consolidarán si se ponen en práctica a través de su personal.

Algunas aplicaciones de la dirección por valores en la gestión de recursos humanos son las que aparecen en la Tabla 10.8.

Reclutamiento y selección	Los valores constituyen una dimensión esencial de las competencias profesionales, por lo que podemos hablar de *selección por valores*. Por ejemplo: en una entrevista de trabajo, se pueden plantear cuestiones sobre los principios a la hora de trabajar, cómo hay que comportarse con la clientela, etc.
Formación y desarrollo profesional	Una forma innovadora de aumentar la eficacia de la formación es formularla alrededor de los valores clave de la empresa. La formación es un instrumento necesario para la compañía y para el personal, ya que este debe seguir creciendo en capacidades, conocimientos y motivaciones, tanto en su actual empresa como en las siguientes.
Evaluación del desempeño	En la medida en que los valores son criterios de orientación de la conducta, estos han de ser evaluados y recompensados los esfuerzos que se realizan para traducirlos en acciones concretas. Por tanto, los valores hay que incorporarlos en los sistemas de evaluación del desempeño y dirección por objetivos.

Tabla 10.8. Aplicaciones de la dirección por valores en la gestión de recursos humanos.

CASO PRÁCTICO 7

Organizaciones con dirección por valores

La directora del departamento en el que trabajas ha oído hablar de la dirección por valores como una de las alternativas de definición y gestión que su empresa necesita. En el departamento se comenta que la dirección por valores parece una utopía, un concepto más teórico que práctico. ¿Conoces alguna organización que se esté gestionando por valores?

Solución:

El Hospital Universitario de la Ribera de Alzira, en la provincia de Valencia, implantó la dirección por valores. Este proyecto ha permitido redefinir la misión y la visión de la organización, así como establecer los valores compartidos. Estos valores compartidos son **sostenibilidad, profesionalidad, innovación y transparencia.**

Con la implantación de la dirección por valores, este hospital se convierte en el primer centro sanitario público que incorpora esta herramienta de liderazgo estratégico, dando un papel relevante a todos sus profesionales para que, a través de valores compartidos, garanticen la excelencia, la eficiencia y la sostenibilidad de la organización.

El proyecto de dirección por valores nace como consecuencia de las recomendaciones que formularon los grupos de trabajo derivados de la última encuesta de clima laboral. El objetivo de la implantación de esta herramienta de liderazgo estratégico es ayudar a ganar en eficiencia y competitividad. Además, otorga a las y los profesionales un papel más relevante en su quehacer diario, motivándoles en la toma de decisiones.

8. La ética y su comunicación

¿SABÍAS QUE...?

Activos tangibles e intangibles

En la década de 1980, el 65 % del valor de una compañía dependía de sus activos tangibles y el 35 %, de sus activos intangibles.

Actualmente, los intangibles, como la reputación corporativa, la RSC o el comportamiento ético, suponen el 80 % del valor de una empresa y el 20 % lo constituyen los tangibles.

El modo de comunicación de la empresa ha cambiado debido a un nuevo modelo empresarial que, sin alejarse de sus objetivos como empresa, tiene en cuenta las expectativas de grupos de interés como personal, clientela o la propia ciudadanía.

Esta nueva comunicación pone el énfasis en la gestión de los recursos intangibles de las empresas y su principal objetivo es la **reputación corporativa.**

Las relaciones entre las empresas y sus públicos han cambiado debido, en gran parte, a Internet y las redes sociales. El público es ahora quien valida el comportamiento de una entidad y, por tanto, garantiza su continuidad. Una percepción negativa sostenida en el tiempo puede incluso desplazar a la empresa del mercado donde opera.

8.1. La reputación corporativa y ética

La globalización de los mercados y la irrupción de las TIC están obligando a las empresas a buscar un nuevo camino para garantizar su sostenibilidad en el tiempo y su diferenciación en los mercados. Por ello, dentro de los recursos intangibles, uno de los más valorados actualmente es la *reputación corporativa,* aunque la *imagen corporativa* ha sido el recurso intangible más relevante hasta hace unos años.

- La **imagen corporativa** es la síntesis en la mente de los públicos de la integración del comportamiento, la cultura y la personalidad corporativa.
- La **reputación corporativa** es el reconocimiento que los *stakeholders* de una compañía hacen de su comportamiento corporativo en función del cumplimiento de sus compromisos y de la satisfacción de sus expectativas.

La reputación tiene mucho que ver con los valores, con la ética y con la gestión de la propia reputación corporativa. Fortalecer el comportamiento ético de las empresas no solo redunda en una mejor reputación de estas, sino que existe una **correlación** entre las **empresas éticas** y aquellas que logran obtener **beneficio a largo plazo.**

Imagen corporativa →	• Se basa en percepciones. • Genera expectativas.
Reputación corporativa →	• Se basa en comportamientos. • Genera valor.

Fig. 10.12. Diferencias entre imagen corporativa y reputación corporativa.

La reputación corporativa se ha convertido en un **activo intangible muy importante** para las empresas. La confianza derivada de esta permite *fidelizar a la clientela,* con la consecuente mejora de los beneficios empresariales.

Para evaluar el valor de la reputación corporativa, se pueden utilizar **índices de evaluaciones de la reputación corporativa,** como el Foro de Reputación Corporativa (RepTrak), el Monitor Empresarial de Reputación Corporativa (Merco) o el Índice de Reputación de Marcas (IRMA).

IMPORTANTE

Beneficios de la reputación

- Incrementa el valor bursátil.
- Mejora la oferta comercial porque la hace diferente.
- Atrae y retiene el talento de las organizaciones.
- Mitiga los efectos de cualquier crisis.
- Constituye el primer factor de liderazgo empresarial.

ACTIVIDADES

20. Menciona algún ejemplo de buena reputación en una empresa, indicando si su conducta ética contribuye a esta.

21. Warren Buffett, inversionista y empresario estadounidense, para referirse a la importancia de la reputación de una empresa, dijo que «se necesitan veinte años para construir una reputación y cinco minutos para arruinarla. Si piensas en eso, harás las cosas de manera diferente». ¿Qué opinas de esta cita?

8.2. La comunicación de los comportamientos éticos

La comunicación empresarial es el conjunto de decisiones, materializadas en acciones, con las que una organización alcanza sus objetivos: **más valor** (marca fuerte) y **reconocimiento** (mejor imagen corporativa a corto plazo y mejor reputación corporativa a largo plazo).

Las empresas deben comunicar sus valores éticos al conjunto de grupos de interés con los que se relacionan. El *personal de la empresa* es un grupo de especial importancia, ya que ha de asumir y aplicar los valores éticos en el trabajo diario.

La clientela también es un grupo de interés cada vez más importante, porque mucha gente contrata servicios de las empresas según la forma de actuar de estas.

La política de comunicación de la empresa no debe olvidar la comunicación de los *intangibles,* debido a su reconocimiento como fuente de valor de la empresa. Cuando estos valores intangibles han superado el valor de los tangibles, es imprescindible una **política de comunicación corporativa** basada en estos aspectos:

- Una **dirección de comunicación** que diseñe y ejecute el plan estratégico de comunicación corporativa para velar por el aumento de activos intangibles.
- Una **integración de la comunicación interna en la política de comunicación.** El plan de comunicación es el mayor intangible de una empresa por su capacidad para motivar y generar sentido de pertenencia y credibilidad entre clientela, personal, proveedores y aliados. Este plan se puede ejecutar a través de los elementos definidos en la siguiente tabla:

Difusión de su cultura empresarial	Muchas empresas difunden por escrito los valores que rigen sus comportamientos en la misión y la visión de la empresa.
Formación y sensibilización en valores éticos de la empresa	Esta formación debe generar la incorporación de estos a las actividades cotidianas de la empresa.
Plan de comunicación externa	Acerca a la empresa a los objetivos de reputación corporativa. Se emplean herramientas de *marketing* y publicidad, entre otras.

Tabla 10.9. Elementos de un plan de comunicación de valores éticos.

CASO PRÁCTICO 8

Criterios de evaluación de la reputación corporativa Merco

El Monitor Empresarial de Reputación Corporativa **(merco.info)** mide la reputación de las empresas que operan en España y es uno de los monitores de referencia en todo el mundo.

Explica en qué consiste este índice. ¿Qué áreas variables analiza?

Solución:

El Monitor Empresarial de Reputación Corporativa evalúa la reputación de empresas, líderes, entornos laborales y marcas, siendo uno de los cinco monitores de referencia en todo el mundo. Las seis variables de reputación según Merco son estas: resultados económico-financieros, calidad de la oferta comercial, reputación interna y calidad laboral, ética y responsabilidad corporativa, innovación y presencia internacional.

ACTIVIDADES

22. Una política de comunicación debe hacer llegar sus principios éticos al conjunto de grupos de interés con los que se relaciona. Indica qué grupo tiene para ti especial importancia.

IMPORTANTE

Dimensión de la comunicación de los valores éticos

La comunicación de los valores éticos en la empresa tiene una doble dimensión:

- *Dimensión interna:* comunicar dichos valores a los miembros de la organización (la plantilla).
- *Dimensión externa:* comunicar dichos valores a los grupos de interés que no forman parte interna de la empresa (sociedad en general, administraciones públicas, clientela, proveedores, etc.).

¿SABÍAS QUE...?

Código de ética en comunicación

El código de ética profesional, en general, y relacionado con los medios de comunicación en particular, debe ser producto de cada necesidad específica de actitudes y conductas dentro de la organización. Puede estructurarse teniendo en cuenta los fines de comunicación, la objetividad, la información y la opinión, el deber de quien comunica, el derecho a la información, los derechos de la sociedad y de los particulares, las fuentes, el secreto profesional y las rectificaciones, entre otros aspectos.

1. Completa en un documento aparte el siguiente esquema:

Ética de empresa

- Consiste en: [...] → Surge en [...] durante [...]
- Las razones por las que surge son: → 1.ª [...] 2.ª [...] 3.ª [...]
- Las ventajas que aporta la ética a las empresas son: → 1.ª [...] 2.ª [...] 3.ª [...] 4.ª [...]
- Los ámbitos en los que se aplica la ética en los recursos humanos son: [...]
- Las herramientas para la gestión de la ética son: [...]
- La dimensión de la ética puede ser:
  - [...] y afecta a [...]
  - [...] y afecta a [...]

INVESTIGACIÓN

2. En España, existen instituciones que se dedican a promover la aplicación de la ética en la empresa, como Étnor, EBEN (España) o Forética. Entra en sus páginas web y describe cuáles son los objetivos que persiguen.

3. La Fundación Étnor (para la ética de los negocios y las organizaciones) es una entidad sin ánimo de lucro que se creó en 1994 y, desde entonces, viene trabajando en cuestiones de aplicación de la ética al mundo empresarial.

a) Entra en el enlace **bit.ly/Fundación_Etnor** e indica cuáles son su misión, su visión y sus valores.

b) Localiza las diez sugerencias éticas para tiempo de crisis escritas por Adela Cortina, directora de la Fundación Étnor.

4. Varios años después del inicio de la crisis financiera a nivel mundial, la firma Estafa Online publicó un estudio que muestra los mayores escándalos financieros hasta la fecha. Estas irregularidades pueden afectar a miles de millones de personas que trabajan, consumen y forman parte de la ciudadanía de todo el mundo.

Investiga el importe, la fecha, el lugar y el sector de las estafas. Puedes encontrar información en este enlace: **bit.ly/Fraudes_cooperativos.**

5. La Agenda 2030 y los Objetivos de Desarrollo Sostenible (ODS) unifican por primera vez los grandes problemas globales en un único marco que apela a gobiernos, empresas, universidades y sociedad civil. Una gestión ética de la empresa contribuirá a alcanzar estos objetivos que llevan un enorme componente ético.

Con ayuda del siguiente documento, *Objetivos de Desarrollo Sostenible desde una perspectiva empresarial,* que se puede descargar en la web **bit.ly/Importancia_ODS_empresas,** selecciona un ODS e indica cómo pueden contribuir las empresas a su consecución señalando aquellas acciones que desarrollan compañías españolas y que te parezcan destacables desde el punto de vista de la ética.

6. La farmacéutica Lilly resultó ganadora en la categoría de Buen Gobierno y Medidas Anticorrupción en el II CSR MarketPlace de Forética.

Accede a la página **bit.ly/Libro_rojo_Lilly/** e investiga el marco normativo en el que deben realizarse todas las actividades en Lilly y que ha de ser aceptado por la plantilla.

7. La farmacéutica Almirall registró un crecimiento continuo de sus resultados durante un periodo prolongado y en 2020 ingresó en el IBEX 35.

Accede a la página **bit.ly/Almirall_con_los_empleados** y comprueba cómo esta empresa en su actividad diaria se compromete con la sociedad y es este uno de los objetivos con la salud laboral, la seguridad y el bienestar de su plantilla.

Localiza los principios básicos por los que se rige con respecto a su personal. Busca también en política ambiental por qué principios básicos se guía.

8. Busca en la red a grandes personajes de la historia que se tienen por ideales de la conducta humana y que se opusieron a las leyes injustas de su tiempo. Escribe un breve resumen de sus logros e ideales de cada uno de ellos.

TEST DE REPASO

1. El origen de la ética en la empresa se sitúa en el siglo xx en la década de los:

- (a) Años cincuenta.
- (b) Años setenta.
- (c) Años sesenta.
- (d) Años ochenta.

2. En un país con un alto grado de incumplimiento de normas, ser una empresa ética sería:

- (a) Lo ideal, pero resulta imposible porque la deja fuera del mercado.
- (b) Difícil, pero sería el único camino para el cambio de esa situación.
- (c) Lo que permitiría algún cambio, pero resultaría algo pasajero o temporal.
- (d) Todas las respuestas anteriores son ciertas.

3. Cuando surge un conflicto ético en el ámbito externo con un consumidor, ¿qué es más importante?

- (a) La imagen de la empresa.
- (b) El beneficio de quien consume.
- (c) El perjuicio del conflicto.
- (d) Todas las respuestas anteriores son importantes.

4. Una empresa con comportamientos éticos:

- (a) Gana en rentabilidad.
- (b) Mejora su posicionamiento de imagen.
- (c) Se distingue de su competencia.
- (d) Todas las respuestas anteriores son ciertas.

5. ¿Una empresa debe ofrecer formación en ética empresarial?

- (a) No es una función de la empresa.
- (b) Es inmiscuirse en temas personales.
- (c) Solo en empresas grandes.
- (d) Sí, porque proporciona a la dirección y al personal formación para resolver problemas éticos.

6. El Código Unificado de Buen Gobierno es un conjunto de recomendaciones voluntarias para:

- (a) Las sociedades de capital.
- (b) Las sociedades no cotizadas.
- (c) Todo tipo de sociedades.
- (d) Las sociedades cotizadas.

7. No son prácticas para la gestión ética:

- (a) Los códigos éticos.
- (b) Los comités éticos.
- (c) La dirección por valores.
- (d) La formación ética.

8. Los valores asociados a la misión de la empresa son:

- (a) Valores operativos.
- (b) Valores económicos.
- (c) Valores finales.
- (d) Valores sociales.

9. La dirección por valores es:

- (a) Una forma de dirección basada en objetivos.
- (b) Una forma de dirección basada en instrucciones.
- (c) Una forma de liderazgo.
- (d) Una forma de dirección basada en valores.

10. La dirección por valores busca un equilibrio entre la:

- (a) Salud emocional, económica y ética.
- (b) Salud económica y ética.
- (c) Salud ética y social.
- (d) Salud social, económica y ética.

11. La reputación corporativa:

- (a) Es un recurso tangible de la empresa.
- (b) No es un activo, ya que no se puede medir.
- (c) Es un recurso intangible de la empresa.
- (d) Es un recurso material de la empresa.

12. Son formas de comunicación de los comportamientos éticos empresariales:

- (a) La sensibilización y la formación.
- (b) Los códigos éticos.
- (c) La dirección por valores.
- (d) La difusión de la cultura empresarial.

13. Los valores asociados a hacer cosas en la empresa son:

- (a) Valores operativos e instrumentales.
- (b) Valores económicos.
- (c) Valores finales.
- (d) Valores sociales.

14. La misión de una empresa es:

- (a) La razón de ser de una empresa, lo que hace y cómo lo hace.
- (b) Cómo se ve la empresa proyectada en el futuro.
- (c) Parte de la cultura de empresa.
- (d) Los objetivos de la empresa.

COMPRUEBA TU APRENDIZAJE

1. Explica si es lo mismo la ética de la empresa que la RSC e indica en qué se diferencian.
2. En España, se han producido casos de conductas poco éticas en el ámbito empresarial. Señala alguno que te haya llamado especialmente la atención, indicando sobre quién repercutía la conducta de la empresa.
3. Reflexiona y enumera en qué tareas de administración pueden producirse comportamientos poco éticos, poniendo un ejemplo.
4. Dentro de la actividad empresarial, los problemas éticos pueden ser internos y externos. Indica a qué grupo pertenece cada uno de ellos:

   Desigualdad; *mobbing;* no respetar el medio ambiente; salarios distintos en función de género; vulneración de leyes sobre contratación pública; publicidad engañosa; no transparencia; vulneración de la protección de datos de clientes.
5. A continuación, aparecen algunas consecuencias que puede tener la falta de ética de la empresa:
   - Procesos judiciales.
   - Prohibición de participar en contrataciones públicas.
   - Retirada de productos al no haber seguido los estándares y procedimientos de calidad.
   - Trabajo de limpieza de derrames de desechos tóxicos.
   - Reclamaciones de acoso por la plantilla.
   - Inclusión en listas negras internacionales, nacionales o locales.

   Piensa en positivo y busca algún ejemplo en que la conducta ética de una empresa le haya producido ventajas.
6. Indica si te parecen éticas las siguientes conductas:
   - No pagar a la Seguridad Social para hacer frente a los pagos que se tienen con los proveedores.
   - Aceptar un regalo de un cliente.
   - Pagar una comisión para poder conseguir un contrato.
   - Pagar impuestos en paraísos fiscales.
7. *Comprar, tirar, comprar* es un documental de TVE sobre obsolescencia programada, la reducción deliberada de la vida de un producto para incrementar su consumo. Visualiza el vídeo y comenta las prácticas de algunas empresas desde el punto de vista ético.

   bit.ly/Comprar_tirar_comprar
8. Define qué son los valores de una empresa, indica qué tipos pueden existir y pon un ejemplo de cada uno de ellos.
9. Mercadona busca contribuir a mejorar la calidad de vida de las personas y a innovar para transformar la sociedad a través de una visión conjunta compartida por quienes forman el proyecto Mercadona. Para ello, fomenta un comportamiento responsable y una actitud de transparencia y diálogo que permite a la compañía impulsar medidas que contribuyen a mejorar los entornos en los que desarrolla su actividad.

   Consulta el enlace **bit.ly/Mercadona_modelo_sociedad** y describe cómo esta empresa contribuye al crecimiento compartido y sostenible, compromiso ético, comercio de proximidad, plan de acción social y de qué manera está comprometida con el medio ambiente y la sostenibilidad.
10. Explica en qué consiste, a rasgos generales, la cultura de empresa.
11. Explica en qué consiste la dirección por valores y cuáles son sus objetivos.
12. Investiga en qué consiste la dirección por instrucciones y la dirección por objetivos. Explica con qué tipo de dirección estás más de acuerdo. Realizad un debate en clase con las dos posiciones.
13. Identifica, en los siguientes valores de empresas, a qué ámbito de actuación se refieren:

	Valores finales asociados a la visión	Valores finales asociados a la misión	Valores instrumentales
La calidad es lo primero	[...]	[...]	[...]
Nos ocupamos de la satisfacción de nuestra clientela	[...]	[...]	[...]
Escuchamos a nuestra clientela	[...]	[...]	[...]
Aquí es agradable trabajar	[...]	[...]	[...]
Todo el mundo puede discrepar	[...]	[...]	[...]
Aceptamos que el éxito significa aprender de nuestros errores	[...]	[...]	[...]

14. Indica qué es un código ético o de conducta, cuál debe ser el contenido y qué temas trata.

    Una vez implantado el código ético en una empresa, es necesario formalizar mecanismos que permitan a las organizaciones validar hasta qué punto el código se está cumpliendo. ¿Qué medida crees adecuada que permita recoger el incumplimiento, por cualquier parte interesada, tanto interna como externa, del código ético?

COMPRUEBA TU APRENDIZAJE

15. Entra en la página corporativa de Danone y analiza cuál es la imagen que quiere proyectar a la sociedad y qué acciones lleva a cabo para conseguirlo.

16. Define el concepto de *misión y visión de una empresa.*

17. Volkswagen reconoció evadir las normas de control de la contaminación ambiental que generan los vehículos con motores de combustión diésel. El fraude consistía en la instalación de un dispositivo *software* dentro de estos motores para disimular los niveles contaminantes de las emisiones de los gases de escape cuando el vehículo estaba siendo sometido, por las autoridades ambientales, a la medición de dichas emisiones. En realidad, cuando el vehículo está en circulación, genera unos niveles mucho mayores que los gases medidos anteriormente.

- Señala qué tipo de conducta poco ética ha cometido esta empresa.
- En los primeros días tras conocerse el fraude realizado, la empresa sufrió una importante pérdida de valor de sus acciones. Explica las consecuencias que ha tenido el fraude para esta empresa.

18. Lee el artículo «Los inversores vigilan la ética» del diario digital *CincoDías* y reflexiona sobre cómo la ética puede afectar a las inversiones en las empresas.

bit.ly/Inversores_vigilan_ética

19. Lee el artículo «Los grandes fondos vigilan las políticas éticas, ambientales y sociales de las empresas» del diario digital *Expansión,* **bit.ly/Políticas_éticas_ambientales_sociales_empresas,** y reflexiona cómo estas empresas se están viendo influenciadas por iniciativas relacionadas con los Objetivos de Desarrollo Sostenible de la Agenda 2030 de Naciones Unidas (ODS) y por cuestiones éticas.

20. El documental *No a la venta* analiza algunas consecuencias de la globalización, a la vez que pone de manifiesto algunas conductas empresariales poco éticas en los países en desarrollo. Visualiza el documental, describe en qué consisten estas prácticas y analiza las propuestas que se hacen para evitarlas.

bit.ly/No_a_la_venta

21. Pon ejemplos de empresas que, desde tu punto de vista, están realizado conductas poco éticas dentro del marco de la globalización.

22. La Campaña Ropa Limpia (CRL) es una red internacional de ONG, sindicatos y organizaciones de personas consumidoras que trabaja para mejorar las condiciones de quienes trabajan en la industrial global de la confección. Accede a la página web **ropalimpia.org,** localiza cuáles son los objetivos y qué hacen.

23. Visualiza el vídeo *Nokia, una empresa decente* y señala qué prácticas éticas lleva esta empresa relacionadas con la globalización.

24. Uno de los casos que ocasionó en la década de 1990 un resurgir del interés por la ética empresarial en Europa fue el caso Parmalat. Busca información sobre sus prácticas empresariales poco éticas y las consecuencias que tuvieron para la compañía.

25. El Instituto Ethisfhere **(ethisphere.com)** publica anualmente el ranquin de las empresas más éticas del mundo. Entra en su web, comprueba cuáles son y si existe alguna empresa española.

26. En una empresa de fabricación de vehículos se ha detectado un defecto en el funcionamiento de un modelo. La empresa, temiendo la repercusión que podría tener en las ventas hacer pública esta información, ha decidido ocultarla. Indica con qué problema ético se puede identificar esta actuación, a qué ámbito afecta y los grupos que podrían resultar afectados.

27. Indica por lo menos cinco casos de posibles fraudes en la empresa.

28. Explica cuáles son los pilares de la gestión ética de la empresa.

29. Señala qué instrumentos de aplicación de la ética pueden utilizar las empresas y en qué consisten.

30. Seur dispone de un canal ético para comunicar cualquier posible irregularidad, incumplimiento o comportamiento contrario a la ética, la legalidad y las normas que rigen su organización. Visualiza el siguiente vídeo y explica qué es, cómo funciona y para qué sirve este canal.

bit.ly/Seur_canal_ético

31. Busca el código ético de varias empresas y analiza qué materias tratan y qué *stakeholders* contemplan.

32. Comprueba si alguna de las empresas del IBEX 35 tiene código de buen gobierno y qué aspectos recoge.

33. Explica qué es la reputación corporativa y cómo se crea.

34. Señala cuáles son las herramientas para comunicar los comportamientos éticos de una empresa.

35. Busca información en la página corporativa de Telefónica y analiza algunas de las acciones que realiza y cómo sirven dichas acciones para construir la reputación que quiere conseguir.

36. Indica algún caso que conozcas en el que determinada conducta es legal pero no es ética y cuál es tu proposición para realizar el cambio.

37. En grupos de cinco estudiantes, buscad la información que se indica de las siguientes empresas:

a) Acceded a la página web de Inditex, compañía situada entre las que mejor reputación tienen en nuestro país en el ranquin Merco Empresa, y busca su misión, visión y valores.

b) Acceded a la página web de Mapfre, empresa que también está situada entre las que mejor reputación tienen en nuestro país, y buscad su misión, visión y valores.

c) En el supuesto de que tuvierais una empresa, y siguiendo el ejemplo de estas dos grandes empresas, definid la misión, visión y valores que os gustaría seguir en vuestra compañía.

Debatid los resultados en clase, elegid los mejores de cada grupo y plasmadlos en un panel.

11 UNIDAD La responsabilidad social corporativa

ESTUDIARÁS

- Concepto y principios de la RSC.
- Recomendaciones y normativa internacional y nacional.
- Los grupos de interés o *stakeholders*.
- Dimensión interna y externa de la RSE.
- Políticas de recursos humanos y RSE.
- Sistemas de gestión de la RSC.

Y SERÁS CAPAZ DE

- Contrastar la aplicación de los principios de RSC en las políticas de desarrollo de los recursos humanos de las empresas, valorando su adecuación a las buenas prácticas validadas internacionalmente.
- Caracterizar la empresa como una comunidad de personas, distinguiendo las implicaciones éticas de su comportamiento con respecto a quienes la integran.

La responsabilidad social corporativa (RSC) o empresarial (RSE) es esencial en el desarrollo de la actividad de las empresas que se inclinen por una política de desarrollo sostenible, una política que satisfaga las necesidades presentes, pero respondiendo a las peticiones de la sociedad, pues las empresas son responsables del impacto social y medioambiental, y de sus decisiones y actividades. Estas decisiones han de tomarse de forma ética y transparente.

La Secretaría General de Industria y de la Pequeña y Mediana Empresa tiene disponible en su página web un vídeo en el que explica los principios de la RSE. Para verlo, acude al siguiente enlace: **bit.ly/Responsabilidad_social_empresarial.**

Indica, después de haber visto el vídeo, si las pequeñas empresas que conoces son socialmente responsables.

a) ¿Conoces cuándo se comenzó a hablar en España de la responsabilidad social corporativa?

b) ¿Sabes qué quiere decir que una empresa es socialmente responsable?

c) ¿Conoces algún principio de la responsabilidad social corporativa?

1. Origen y principios de la responsabilidad social corporativa

1.1. Origen de la responsabilidad social corporativa

La **responsabilidad social corporativa** o **responsabilidad social empresarial** (RSC/RSE) es un concepto que ha ido evolucionando desde que, en 1953, se publicara en EE. UU. el libro *Responsabilidades sociales del empresario,* de Howard Rothmann Bowen.

El libro de Bowen se inspiró en la obra *Elección social y valores individuales* (1951), de Kenneth Arrow, en la que declaraba su **teoría de la imposibilidad,** también llamada **paradoja de Arrow.** La teoría determinaba que resulta imposible generar bienestar social a partir de la generación de bienestar individual sin infringir ciertas condiciones mínimas de racionalidad y equidad.

Este libro dio un importante impulso al pensamiento sobre la RSC al plantear la importancia de la responsabilidad social de las empresas. Asimismo, los casos de fraude y corrupción, la explotación infantil o los graves accidentes ambientales, entre otros, fueron factores que potenciaron la idea de responsabilidad social corporativa o empresarial.

> En sus inicios la RSC surge como una **filosofía empresarial** que parte de la idea de **beneficiar a la sociedad como compensación** por los posibles daños que la implantación de la empresa haya podido ocasionarle.

En España, ya en el siglo XIX, surgieron ciertos movimientos cooperativos en distintos sectores empresariales, pero no será hasta la primera mitad del siglo XX —momento en que las empresas empiezan a crecer y a adquirir más poder— cuando se comience a hablar de la responsabilidad social corporativa como un **cambio conceptual filantrópico,** surgiendo con ello una nueva idea de empresa.

IMPORTANTE

Las publicaciones de Kenneth Arrow, Premio Nobel de Economía en 1972, generaron una novedosa corriente económica a partir de la década de 1950, **las teorías de la elección social,** que tratan sobre la toma de decisiones colectivas a partir de las preferencias de los individuos que conforman una sociedad.

1.2. Principios de la responsabilidad social corporativa

En las economías de mercado, las empresas adaptan los bienes para satisfacer las necesidades humanas de su clientela con el objetivo de obtener el máximo beneficio posible. No obstante, la nueva tendencia en la empresa ya no tiene como único objetivo maximizar los beneficios, sino también manifestarse a través de la implantación de la responsabilidad social corporativa en su gestión empresarial.

Esta tendencia se ha desarrollado como parte de un sentimiento nacido en el seno de la sociedad: las sociedades, especialmente las desarrolladas, consideran que la empresa **debe devolver a la propia sociedad parte de los beneficios que logran con sus actividades.**

Así, la empresa manifiesta que, además de tener obligaciones y responsabilidades para con los accionistas, también responde ante los impactos sociales y ambientales de su actividad, particularmente en el espacio laboral. La apuesta por volcar parte de la actividad de las empresas en tareas de responsabilidad social tiene como una de sus principales motivaciones conseguir una **ventaja competitiva,** al **potenciar y reforzar la imagen corporativa.**

En la actualidad, la RSC es esencial en el desarrollo de la actividad de las empresas que se inclinen por una política de desarrollo sostenible, es decir, una política que satisfaga las necesidades presentes, pero respondiendo a las peticiones de la sociedad. Así, podemos decir que **los principios de la RSC** son los siguientes:

- Devolver a la sociedad parte de lo que ella misma aporta a la actividad empresarial.
- Minimizar los impactos negativos en la sociedad.
- Respetar las recomendaciones y directrices internacionales y nacionales en materia de RSC.
- Trabajar a favor del desarrollo de los derechos humanos.

*Fig. 11.1. La sociedad en su conjunto exige cada vez mayor preocupación por el **medioambiente** y el **bienestar** de todas las personas que la integran.*

¿SABÍAS QUE...?

Empresa socialmente responsable

Si una empresa decide voluntariamente ser reconocida como socialmente responsable, debe cumplir ciertos criterios y asumir unos estándares definidos, como mínimo, a escala europea.

IMPORTANTE

ODS 13: Tomar medidas urgentes para combatir el cambio climático y sus efectos.

El cambio climático en sí mismo, la adaptación de los pueblos, los países y los sectores económicos más afectados a estos cambios, y las medidas de mitigación requeridas para reducir el calentamiento global y la transición hacia economías de bajas emisiones de carbono tienen consecuencias de gran alcance para el desarrollo económico y social, para los modelos de producción y consumo y, naturalmente, para el empleo, la productividad y los ingresos.

2. El concepto de responsabilidad social corporativa

La *responsabilidad social corporativa* es un término del que se han realizado numerosas definiciones. Veamos a continuación las más representativas (Tabla 11.1).

Libro Verde de la UE (2001)	La RSC es «la integración voluntaria, por parte de las empresas, de las preocupaciones sociales y medioambientales en sus operaciones comerciales y las relaciones con sus interlocutores. Ser socialmente responsable no significa solamente cumplir plenamente las obligaciones jurídicas, sino también ir más allá de su cumplimiento».
Organización Internacional del Trabajo (OIT)	La RSC es «el conjunto de acciones que toman en consideración las empresas para que sus actividades tengan repercusiones positivas sobre la sociedad y que afirman los principios y valores por los que se rigen, tanto en sus propios métodos y procesos internos como en su relación con los demás actores».
Secretario general de la ONU, Kofi Annan (1999)	La RSC es «una nueva visión de la implicación y la trascendencia de la labor de la empresa en el mundo globalizado en el que vivimos».
Foro de Expertos del Ministerio de Empleo (2005)	La RSC es «la integración voluntaria en su gobierno y gestión, en sus estrategias políticas y procedimientos, de las preocupaciones sociales, laborales y medioambientales y de respeto a los derechos humanos, que surgen de la relación y el diálogo con los grupos de interés, responsabilizándose así de las consecuencias y los impactos que se deriven de sus acciones».
La Comisión Europea (CE) en su Comunicación sobre RSC (2011-2014)	La RSC es «la responsabilidad de las empresas por sus impactos en la sociedad. Las compañías deben contar con un proceso para integrar en sus operaciones comerciales, y en estrecha colaboración con los grupos de interés *(stakeholders)*, los asuntos sociales relativos al medioambiente, la ética, los derechos humanos y las preocupaciones de los consumidores».

Tabla 11.1. Distintas definiciones de la RSC.

Existen leyes, principios y compromisos entre países que tratan de conseguir que cada vez sean más las empresas que se impliquen con estas prácticas, si bien aún hoy día son recomendaciones sin carácter obligatorio. Analizando las definiciones anteriores, se puede señalar que la RSC goza de las siguientes características:

- Es una actividad **voluntaria** que asumen las empresas.
- La RSC se incorpora a todo el proceso de **producción y gestión** de la empresa.
- Se centra fundamentalmente en la **incorporación de valores** en su modelo de gestión que implican un desarrollo sostenible de la sociedad.
- Exige un **compromiso** mayor que el mero cumplimiento de la legalidad.
- Su desarrollo supone la **relación directa con los grupos de interés** con los que la empresa se relaciona.

PONTE A PRUEBA 1

Empresas comprometidas con la RSC

El curso de las empresas ya no tiene como único objetivo maximizar los beneficios, sino reafirmar su compromiso de devolverle a la sociedad parte de lo que la sociedad les ha dado a ellas, implantando tareas de RSC. De este modo obtienen una gran ventaja competitiva, potenciando y reforzando su imagen corporativa.

Pautas para la resolución:

Accede a **bit.ly/Empresas_comprometidas_RSC** para consultar las empresas españolas que han destacado por estar comprometidas con la RSC. Selecciona tres de ellas e indica las principales directrices de su política de RSC, en sus diferentes iniciativas.

2.1. Áreas de trabajo de la responsabilidad social corporativa

El área de trabajo de la RSC afecta a distintos ámbitos de la gestión de la empresa: derechos humanos, prácticas de trabajo y empleo, protección de la salud, cuestiones medioambientales, lucha contra el fraude y la corrupción, intereses de los consumidores, etc.

Las áreas de trabajo más importantes de la RSC son las siguientes:

Responsabilidad social ética	Implica un comportamiento centrado en la justicia de las empresas con los grupos sociales con los que se relaciona.
Responsabilidad social económica	Se refiere a cómo se genera riqueza en la empresa y a cómo se reparte entre los grupos de interés.
Responsabilidad social legal	Implica un compromiso que debe ir más allá del mero cumplimiento de legalidad.

Tabla 11.2. Áreas de trabajo más importantes en la RSC.

Asimismo, los cuatro **ámbitos de intervención** de la RSC son: el **medioambiente**, la **sociedad**, el **clima laboral** y la **credibilidad y confianza** ante la clientela.

ABC VOCABULARIO

Filantropía. Actitud o forma constructiva de ayuda al género humano y a lo concerniente a la humanidad.

La RSC no debe confundirse con la filantropía. Las acciones filantrópicas constituyen solo un medio para conseguir el fin último de incrementar las ventas y los beneficios, mientras que las actividades desarrolladas en el marco de la RSC deben estar vinculadas a la actividad y tener vocación de permanencia.

CASO PRÁCTICO 1

RSC automovilística sobre medioambiente

Una empresa automovilística introduce en el mercado un vehículo híbrido que combina el consumo de combustibles tradicionales con el consumo de energía eléctrica.

¿Cómo crees que puede incorporar la empresa el compromiso medioambiental en su organización con el lanzamiento de este producto?

Solución:

En principio, se deberá ajustar al reglamento existente cada vez más restrictivo. El cuidado del medioambiente lo realizará con la disminución de las emisiones atmosféricas, al lanzar al mercado un producto menos contaminante.

CASO PRÁCTICO 2

RSC sobre medioambiente en educación infantil

La guardería Nenuquines está interesada por las políticas de RSC. Ha decido incorporar algunas medidas de respeto al medioambiente y de conciliación social y laboral. Solicita consejo sobre algunas de las prácticas que podría llevar a cabo. ¿Qué posibles acciones le recomendarías?

Solución:

- En primer lugar, realizar una campaña de sensibilización de todo el personal preparando un coloquio para explicar lo que se espera de este programa.
- En segundo lugar, informar a las familias de que abrirán un periodo de flexibilidad horaria sin coste extra para conciliar mejor la vida familiar con la profesional. Asimismo, aplicarán esta flexibilidad horaria a su plantilla, generando turnos de trabajo.
- En tercer lugar, incorporar medidas reductoras del consumo de agua y colocar contenedores para fomentar el reciclaje, separando los residuos en función de sus características.
- Por último, han cambiado las lámparas tradicionales por otras de led.

Esto ha supuesto una pequeña inversión para la empresa, pero considera que es su manera de contribuir al mantenimiento del planeta.

3. Iniciativas para impulsar la RSC

¿SABÍAS QUE...?

Principios éticos y sociales

La Constitución española de 1978 incorpora el «Estado social y democrático», asumiendo los principios éticos y sociales en su artículo 35, que reconoce la libertad de empresa, y en el artículo 45, que establece que los poderes públicos velarán por la utilización racional de los recursos naturales.

Los Estados y las organizaciones nacionales e internacionales, sensibles a los problemas que presenta el desarrollo empresarial, han desarrollado iniciativas para conseguir que las empresas trabajen desde una perspectiva responsable y comprometida con el mundo en el que viven.

Una de las características más importantes de estos instrumentos es que **no tienen valor obligatorio,** si bien las empresas están incorporando algunas de ellas porque, en parte, de su desarrollo sostenible depende la imagen que proyectan en la sociedad y en los consumidores.

A continuación se muestra la Tabla 11.3 con las iniciativas más importantes en el campo de la responsabilidad social corporativa. En ella se nombran los principales organismos que las han impulsado con la denominación que tenían cuando actuaron en materia de RSC.

Internacionales	• Organización de las Naciones Unidas (ONU). • Organización Internacional del Trabajo (OIT). • Organización para la Cooperación y el Desarrollo Económico (OCDE). • Organización Internacional de Normalización (ISO). • Unión Europea (UE): – Foro Multilateral Europeo sobre la Responsabilidad Social Empresarial. – Alianza Europea para la Responsabilidad Social de la Empresa.
Nacionales	• Ministerio de Empleo y Seguridad Social. • Instituto de Higiene y Seguridad Social en el Trabajo. • Ministerio de Energía y Medioambiente. • Foro de Expertos de la RSE (Ministerio de Trabajo y Asuntos Sociales, 2005). • Consejo Estatal de Responsabilidad Social de las Empresas.

Tabla 11.3. Principales organismos nacionales e internacionales que han actuado en materia de RSC.

3.1. Iniciativas internacionales en materia de RSC

Las iniciativas más significativas en el ámbito internacional han sido desarrolladas por la Organización de las Naciones Unidas (ONU) y por la Organización Internacional del Trabajo (OIT).

A raíz del impulso que estas y otras instituciones, como la Unión Europea (UE) o la Organización Internacional de Normalización (ISO), le han dado a la RSC, se ha ido avanzado en este campo. Veamos las iniciativas más interesantes de estas organizaciones (Tabla 11.4).

ONU		• Pacto Mundial de la Organización de Naciones Unidas (1999). • Global Compact LEAD.
OIT	OIT	Declaración Tripartita de Principios sobre las Empresas Multinacionales y la Política Social (1977).
ODS		Objetivos de Desarrollo Sostenible.
OCDE	OCDE	Líneas Directrices de la OCDE para Empresas Multinacionales (1976).
ISO	ISO	ISO 26000, (2010).
UE	Unión Europea	• Libro Verde sobre RSE (2001, ratificado en Resolución del Consejo Europeo en 2003). • Foro Multilateral Europeo sobre la RSE. • Alianza Europea para la RSE.

Tabla 11.4. Principales iniciativas internacionales en materia de RSC.

A. Organización de las Naciones Unidas

El principal instrumento de esta organización en materia de RSC es el **Pacto Mundial de Naciones Unidas**, que nació en el Foro Económico Mundial de Davos en 1999.

Este pacto mundial recoge **diez principios** que deben tener en cuenta las empresas que se sumen y que son los siguientes:

Derechos humanos	
Principio 1	Las empresas deben apoyar y respetar la protección de los derechos humanos fundamentales internacionalmente reconocidos dentro de su ámbito de influencia.
Principio 2	Deben asegurarse de no ser cómplices en la vulneración de los derechos humanos.
Relaciones laborales	
Principio 3	Las empresas deben apoyar la libertad de afiliación y el reconocimiento efectivo del derecho a la negociación colectiva.
Principio 4	La eliminación de toda forma de trabajo forzoso o realizado bajo coacción.
Principio 5	La erradicación del trabajo infantil.
Principio 6	La abolición de las prácticas de discriminación en el empleo y la ocupación.
Medioambiente	
Principio 7	Las empresas deben mantener un enfoque preventivo orientado al desafío de la protección medioambiental.
Principio 8	Adoptar iniciativas que promuevan una mayor responsabilidad ambiental.
Principio 9	Favorecer el desarrollo y la difusión de tecnologías respetuosas con el medioambiente.
Lucha contra la corrupción	
Principio 10	Las empresas deben luchar contra la corrupción en todas sus formas, incluidas la extorsión y el soborno.

Tabla 11.5. Principios del Pacto Mundial de Naciones Unidas. Fuente: ONU.

Naciones Unidas lanzó, en enero de 2011, una nueva plataforma para el liderazgo en sostenibilidad corporativa llamada **Global Compact LEAD.**

Su objetivo principal es apoyar a líderes de las Naciones Unidas participantes en el Pacto Mundial en sus esfuerzos por lograr mayores niveles de rendimiento de la sostenibilidad corporativa.

B. Organización Internacional del Trabajo

En materia de RSC, la OIT recogió las directrices en una serie de principios que fueron compilados y aprobados en la **Declaración Tripartita de Principios sobre las Empresas Multinacionales y la Política Social** de 1977, que ha sido completada en los años 2000 y 2006.

La OIT insta a los Estados a que regulen las condiciones mínimas que han recogido en sus convenios, ratificando estos para que las empresas respeten y apliquen medidas de política social respecto de su plantilla. Este documento establece directrices en materia de empleo, formación, condiciones de trabajo y de vida, y relaciones de trabajo.

IMPORTANTE

Agenda 2030 de la ONU

En el año 2015, los líderes mundiales adoptaron en el seno de la ONU un conjunto de objetivos globales para erradicar la pobreza, proteger el planeta y asegurar la prosperidad para todos los seres humanos como parte de una nueva agenda de desarrollo sostenible. Estos objetivos de desarrollo sostenible son 17 y entre los más relevantes se encuentran el fin de la pobreza, hambre cero, la reducción de las desigualdades y la acción por el clima. Puedes consultar el anexo, en la página 212, para encontrar más información sobre los ODS.

La Red Española del Pacto Mundial junto con la Secretaría de Estado para la Agenda 2030 se ha reunido con las empresas para articular su contribución al logro de estos objetivos en los próximos diez años.

Fig. 11.2. La OIT trabaja por mejorar las condiciones de vida y trabajo de las personas desde su creación, en 1919.

Fig. 11.3. La OCDE fomenta el desarrollo del espíritu social para lograr un mundo más responsable. Se pueden consultar sus directrices en ***bit.ly/Directrices_OECD.***

Fig. 11.4. Esta norma internacional proporciona orientación sobre RSC a las organizaciones.

Fig. 11.5. En 2011, la CE publicó una Comunicación sobre estrategia en RSC con un plan de actuación de cuatro años, hasta 2014.

C. Organización para la Cooperación y el Desarrollo Económico

La OCDE, en 1976, publicó un documento llamado **Líneas Directrices de la OCDE para Empresas Multinacionales,** que impulsa la idea de la responsabilidad corporativa.

D. Organización Internacional de Normalización. Normas ISO

La organización nace en 1947 con el objetivo de estandarizar las normas de productos y seguridad para las empresas u organizaciones (públicas o privadas) a nivel internacional. La norma **ISO 26000** se publicó en noviembre de 2010. Esta norma sirve de guía a las empresas para trabajar de manera armonizada la responsabilidad social corporativa, pero no sirve para certificarse en este campo, ya que se trata de orientaciones, no de normas que hayan de aceptarse obligatoriamente.

E. Unión Europea

La Unión Europea ha desarrollado sus investigaciones sobre la responsabilidad social empresarial desde finales del siglo xx, pero su primer gran documento fue promovido en el año 2001 por la Comisión Europea y se denominó **Libro Verde sobre Responsabilidad Social Empresarial.**

En este documento se define lo que entiende la Unión Europea por RSE y se menciona el **carácter potestativo** del documento.

El Libro Verde sobre RSE cita, entre sus indicaciones, que la RSE ha de potenciarse no solo entre la grandes corporaciones, sino que es un **instrumento útil de gestión de las pequeñas y medianas empresas;** asimismo, reconoce la importancia de canalizar esta responsabilidad **tanto dentro de la organización como con los sujetos externos** (clientela, proveedores, etc.) con los que se relacionan las empresas.

Además de este documento, la Unión Europea ha creado dos iniciativas que contribuyen al desarrollo de esta materia: el **Foro Multilateral Europeo sobre la Responsabilidad Social Empresarial** y la **Alianza Europea para la Responsabilidad Social de la Empresa.**

Foro Multilateral Europeo sobre la RSE → Fue impulsado por la Unión Europea con el fin de profundizar en el conocimiento de la RSE y fijar unos principios comunes que sirvieran como guía de actuación en este campo.

Alianza Europea para la RSE → Pretende servir de instrumento para compartir información en el campo de la RSE entre empresas de todo tipo y tamaño y los Estados de la Unión Europea. Desarrolla labores de investigación, sensibilización y divulgación en este terreno.

Fig. 11.6. Organismos especializados en materia de RSE promovidos por la UE.

ACTIVIDADES

1. Accede desde tu navegador al resumen de la Declaración Tripartita de Principios sobre las Empresas Multinacionales y la Política Social de la OIT. Tras leer el documento, señala sobre qué aspectos concretos se centra la OIT en el campo de las condiciones de trabajo y vida, y qué convenios relacionados con las condiciones de trabajo se citan en la Declaración.

2. Indica a qué organización pertenecen los siguientes instrumentos en materia de RSC:

- Pacto Mundial.
- Declaración Tripartita de Principios sobre las Empresas Multinacionales y la Política Social.
- Directrices Generales para Empresas Multinacionales.
- Libro Verde.

3. Revisa los diez principios promulgados por el Pacto Mundial:

a) ¿Cuál de ellos está dedicado a la corrupción, la extorsión y el soborno?

b) ¿Y cuál a la erradicación del trabajo infantil?

3.2. Iniciativas españolas en materia de RSC

En España, la responsabilidad social de las empresas se ha ido desarrollando como fruto del impulso dado a esta materia por las instituciones internacionales, de las que nuestro país forma parte. Tanto la Administración central como las administraciones autonómicas llevan a cabo acciones enfocadas a sensibilizar y a difundir los principios de RSC.

En la **Administración central**, los hitos más significativos han estado centrados en el trabajo desarrollado por el Ministerio de Empleo. Las acciones más relevantes son las siguientes:

- Se creó el **Foro de Expertos** del Ministerio de Empleo y Seguridad Social en Responsabilidad Social de la Empresa (2005).
- La Comisión de Trabajo y Asuntos Sociales del Congreso de los Diputados elaboró el **Libro Blanco** sobre RSC y fue aprobado por el Parlamento en 2006.
- El **Instituto Nacional de Seguridad e Higiene en el Trabajo** elaboró tres **notas técnicas preventivas** (NTP 643, NTP 644 y NTP 647) sobre la responsabilidad social de las empresas. Estas notas técnicas son un método para controlar los abusos de responsabilidad social en empresas, especialmente cuando trabajan en países en desarrollo.
- El Ministerio de Energía y Medioambiente aprobó la **Ley 26/2007, de 23 de octubre, de Responsabilidad Medioambiental,** que regula la responsabilidad de las personas de prevenir, evitar y reparar los daños medioambientales.
- El **Real Decreto 221/2008, de 15 de febrero,** creó el Consejo Estatal de Responsabilidad Social de las Empresas (CERSE). El **CERSE** es el órgano asesor y consultivo adscrito al Ministerio competente en materia de políticas públicas de impulso y fomento de la responsabilidad social de las empresas del Gobierno de España.
- Se aprobó la **Ley 2/2011, de 4 de marzo,** de Economía Sostenible, que define, en el título preliminar, el objeto de la ley y el concepto de economía sostenible, y recoge una serie de principios de los poderes públicos.
- Se aprobó la **Ley 19/2013, de 9 de diciembre,** de Transparencia y Acceso a la Información Pública y Buen Gobierno.
- El 24 de octubre de 2014, el Consejo de Ministros aprobó y publicó la **Estrategia Española 2014-2020 de Responsabilidad Social de las Empresas (EERSE).** La EERSE tiene como objetivo ser un instrumento de orientación y apoyo de buenas prácticas en el campo de RSC para que las empresas y organizaciones privadas y las administraciones públicas incorporen las iniciativas de RSC en su cultura y valores.

En la **Administración autonómica** existen diferentes iniciativas en el campo de la responsabilidad social de la empresa. Algunas comunidades autónomas han establecido grupos de estudio e investigación en este campo, el desarrollo de congresos o el establecimiento de premios a empresas socialmente responsables.

Fig. 11.7. El Libro Blanco, aprobado por el Parlamento en 2006, recoge una serie de constataciones y directrices generales, como conclusión al análisis de varios expertos, y contiene 58 recomendaciones dirigidas a las administraciones públicas, empresas y consumidores.

CASO PRÁCTICO 3

Distintivo de Excelencia

En 2015, Delaviuda Alimentación, SAU, filial de Delaviuda Confectionery Group, obtuvo el distintivo de **Excelencia en Igualdad, Conciliación y Responsabilidad Social Empresarial,** premio que concede el Instituto de la Mujer del Gobierno de Castilla-La Mancha cada año. En 2019 este título fue prorrogado. ¿Conoces los objetivos de este distintivo?

Solución:

La distinción tiene como objetivo favorecer y fomentar la igualdad real de oportunidades entre mujeres y hombres en el ámbito laboral de la región. Por esta razón, se le ha dado reconocimiento a los planes de igualdad de Delaviuda Alimentación y su labor por favorecer la conciliación de la vida familiar y profesional.

IMPORTANTE

Líneas de actuación de la EERSE

Las líneas de actuación que marca la EERSE como prioritarias son las siguientes:

- Integración de las RSC en la educación, formación e investigación.
- Buen gobierno y transparencia como instrumentos para el aumento de la confianza.
- Gestión responsable de los recursos humanos.
- Inversión socialmente responsable en I+D+i.
- Relación con los proveedores.
- Consumo responsable.
- Respeto al medioambiente.
- Cooperación al desarrollo.
- Coordinación y participación.

Existen varias **iniciativas privadas** españolas en el campo de la RSE que fomentan la cultura de la gestión ética a nivel nacional. Destacamos las que aparecen en la Tabla 11.6.

El Club de Excelencia en Sostenibilidad **(clubsostenibilidad.org)**	Es una asociación empresarial sin ánimo de lucro, creada en 2002, que tiene como finalidad impulsar la **sostenibilidad** desde el ámbito empresarial, compartiendo y divulgando prácticas empresariales.
El Observatorio de la Sostenibilidad en España (OS) **(sostenibilidad-es.org)**	Nace en diciembre de 2014 con la finalidad de dar continuidad a la labor investigadora e informativa iniciada en 2005 en temas de análisis de sostenibilidad sobre asuntos ambientales, económicos y sociales. Está integrado por profesionales de la universidad, la empresa y la Administración.
El Observatorio de la Responsabilidad Social Corporativa **(observatorioc.org)**	Es una asociación sin ánimo de lucro, creada en 2004, y está integrada por organizaciones representativas de la sociedad civil, entre las que se encuentran ONG, sindicatos y organizaciones de consumidores.
Forética **(foretica.org)**	Forma parte del Consejo Estatal de RSE, como vocal experta. Es una asociación sin ánimo de lucro, con presencia en España y Latinoamérica, que engloba varias organizaciones y profesionales de la RSC. • La **misión** de Forética es fomentar la cultura de la gestión ética y la responsabilidad social, dotando a las organizaciones de conocimiento y herramientas útiles para desarrollar un modelo de negocio competitivo y sostenible. • Es propietaria de la **norma SGE21n**, primer sistema de gestión de la responsabilidad social que permite, de manera voluntaria, alcanzar una certificación.

Tabla 11.6. Algunas iniciativas españolas privadas en materia de RSC.

CASO PRÁCTICO 4

Ventajas de la implantación de la RSC

Dos empresas, dedicadas a la misma actividad, están ubicadas en el mismo polígono industrial. Una de ellas emplea criterios de responsabilidad social corporativa en su empresa, mientras que la otra se limita al cumplimiento de la legislación. Indica qué ventajas le aporta a la primera empresa la implantación de los criterios de RSC.

Solución:

El empleo de los criterios de RSC permitirá a la empresa proyectar una imagen positiva ante los grupos con los que se relaciona. Actualmente, se demandan comportamientos socialmente responsables, dado el cambio en el sistema de valores de la sociedad. Así, la primera empresa se manifiesta como socialmente responsable, eficiente y con un desarrollo sostenible, lo que le proporcionará ventajas respecto a la segunda.

ACTIVIDADES

4. Indica las dos motivaciones fundamentales que tienen las empresas para implantar un sistema de RSC.

5. Casi todas las comunidades autónomas tienen establecidas medidas de fomento de la RSE. Busca en la página web de tu comunidad autónoma algún instrumento establecido para fomentar la responsabilidad social de las empresas. Indica qué aspectos se tratan de potenciar en el ámbito de la RSC con los medios que has encontrado.

6. Accede a la página web **clubsostenibilidad.org** del Club de Excelencia en Sostenibilidad, y busca la misión y visión de esta asociación.

7. La responsabilidad social corporativa ha adquirido una gran relevancia en el mundo en general y en el terreno empresarial en particular. Se han desarrollado infinidad de definiciones. Ahora te toca a ti. A la vista de lo estudiado hasta el momento, realiza tu propia definición de RSC.

4. Los grupos de interés o *stakeholders*

Uno de los grandes retos a los que se enfrentan las empresas en los últimos años es satisfacer las necesidades que demandan las personas y grupos que se relacionan con ellas. Así, dar respuesta a estas necesidades es una de las notas esenciales de la RSC en estos momentos.

> Se denomina ***stakeholders*** o **grupos de interés** a todos los sujetos (públicos o privados, individuos o colectivos) con los que las empresas se relacionan.

Estos sujetos tienen una gran influencia en los comportamientos que las organizaciones desarrollan y, en gran medida, las decisiones que se toman están influidas por estos grupos de interés. Los **grupos de interés** con los que puede relacionarse una empresa son muy diversos y no solo se trata de los accionistas, socios, personal, clientela, proveedores, inversores, sindicatos, asociaciones empresariales, administraciones públicas, empresas de la competencia, etc.

Actualmente, las empresas también tienen puestos sus intereses en las relaciones con **otras instituciones,** como organizaciones no gubernamentales, medios de comunicación, administraciones públicas, otras empresas, agentes sociales y el público en general, aunque no se trate de su clientela.

Una de las razones por las que las empresas tienen tanto interés en establecer lazos con los *stakeholders* es conocer sus opiniones sobre algunas cuestiones de relevancia social, ya que pueden ejercer grandes presiones en el público en general. El esquema de actuación que siguen estos grupos se expone en el siguiente ejemplo.

¿SABÍAS QUE...?

Stakeholder es un término que se utiliza para definir a todas aquellas personas u organizaciones que se ven afectadas por las actividades y las decisiones de una empresa.

Fue en 1984 cuando R. Edward Freeman puso nombre a este concepto con la publicación de su libro *Strategic Management: A Stakeholder Approach.*

EJEMPLO

Una ONG dedicada a la defensa y promoción del medioambiente realiza una campaña de *marketing* en contra de una determinada empresa que no tiene sistemas adecuados de reciclado. La campaña perjudica la imagen pública de la empresa y esta podría perder clientes. Este fue el caso de Greenpeace, que publicó en su página web un informe sobre la incineradora de Serín (Asturias) en el que denunciaba las prácticas de esta empresa respecto al tratamiento de los residuos.

Grupos de interés → Generan presión. → Cambian comportamientos o influyen en la imagen de la empresa.

ACTIVIDADES

8. Una empresa interesada en establecer políticas de conciliación de la vida laboral y familiar abre un periodo de consultas con el grupo de interés, su personal, y les da la opción para que expongan sus opiniones y necesidades al respecto. Como persona trabajadora de esa empresa indica qué medidas mejorarían tu conciliación laboral y familiar.

9. La asociación ecologista Greenpeace suele conseguir sus objetivos de concienciación social. En la página web **bit.ly/Historia_Greenpeace** localiza quiénes son y qué hacen, e indica alguna de las últimas campañas en las que hayan intervenido.

10. Busca en tu navegador un artículo de Michael Ritter titulado «Cuando son los *stakeholders* los que con su presión obligan a tomar medidas de RSE, todo lo demás que la empresa haga resultará poco creíble». Lee el caso de Nike y después debatidlo en clase con la ayuda de vuestro docente.

11. Indica con qué grupo de interés se relaciona una empresa del sector de la moda.

Fig. 11.8. La asociación ecologista Greenpeace suele conseguir sus objetivos de concienciación social con diversas campañas alrededor del mundo, también en España. (Créditos: @Greenpeace, Pedro Armestre.)

Fig. 11.9. Esquema de actuación de los stakeholders.

4.1. La elección de los grupos de interés

Como ya hemos manifestado, existen diversos grupos de interés para una empresa. Unos están relacionados con la **gestión directa** de la empresa (accionistas, socios, plantilla y proveedores) y otros están relacionados con la **gestión externa** (agentes sociales, consumidores, otras empresas de la competencia, Administración pública, organizaciones no gubernamentales, etc.).

Es normal que una empresa no pueda atender al mismo tiempo y con el mismo grado de compromiso a todos los grupos de interés. Debido a ello, la dirección de la empresa será quien tenga que decidir a qué grupos de interés les va a prestar mayor atención en un momento concreto y cómo van a establecerse los mecanismos de diálogo con ellos.

La elección de los grupos de interés depende de multitud de los siguientes factores que pueden condicionar la decisión. Entre ellos, están los recogidos en la Tabla 11.7.

La **influencia** que el grupo pueda ejercer sobre la actividad y los beneficios de la empresa.	**Ejemplo:** la influencia que puedan ejercer los medios de comunicación en la compra o no de un producto de una empresa.
El **grado de dependencia** del grupo con la organización en el momento en que se tome la decisión.	**Ejemplo:** la dependencia que se presenta en el momento en el que haya que pactar un convenio colectivo de empresa con la representación sindical.
Las **normas** que hayan sido aprobadas en un determinado momento.	**Ejemplo:** las medidas de conciliación de la vida laboral y familiar que puedan ser aprobadas en leyes y que hayan de implantarse en las empresas para que las disfrute el personal.

Tabla 11.7. Factores que pueden condicionar la elección de los grupos de interés.

ABC VOCABULARIO

Reputación corporativa. Instrumento que trata de analizar la percepción sobre la empresa de diversos grupos de interés y actuar para mejorar su imagen.

CASO PRÁCTICO 5

Relación con los grupos de interés

Ana, trabajadora por cuenta propia, ha iniciado su actividad hace dos meses. Se dedica a la fabricación de bolsos en una población de 73 000 habitantes. El objetivo principal del equipo de dirección para el primer año es dar a conocer el producto que fabrican y lograr el mayor número de clientes posible. ¿Con qué grupos de interés les interesará establecer contacto?

Solución:

A la empresa le interesará comenzar a relacionarse con el público de la zona en la que esté situada para hacerle llegar sus productos y establecer posibles clientes, así como con algunos medios de comunicación a través de los cuales promocionar sus productos.

ACTIVIDADES

12. Trabajas como administrativo en el departamento de ventas de una empresa dedicada a la fabricación y comercialización de mobiliario para restaurantes y cafeterías. La jefatura ha decidido centrar sus esfuerzos de mejora en las relaciones con su clientela y convocan una reunión general para generar ideas en este sentido. ¿Qué acciones crees que podrían ser relevantes para mejorar la reputación de la empresa en relación con el grupo de interés «clientela»?

13. Una empresa ha decidido abrir una nueva vía de mejora con su plantilla estableciendo nuevos mecanismos para conciliar la vida personal y laboral. Indica qué ventajas tendrá para el personal.

14. Indica qué grupos de interés son parte interesada en el funcionamiento de una empresa y su desarrollo y destacan por su relevancia.

A. Objetivos de la RSC respecto a cada grupo de interés

Los objetivos de la responsabilidad social corporativa para con los grupos de interés se exponen en la Tabla 11.8, tal y como los recoge el **Libro Verde sobre Responsabilidad Social Empresarial** de la Unión Europea.

Accionistas	• Política de dividendos justa. • Transparencia en la información. • Inversiones responsables.
Personal	• Formación y desarrollo profesional. • Conciliación de la vida personal y familiar. • Comunicación. • Salarios justos. • Salud y seguridad en el trabajo.
Clientela	• Aseguramiento de la calidad y la fiabilidad. • Garantía de cumplimiento de derechos humanos, laborales y medioambientales.
Proveedores	• Libre concurrencia y justicia en la elección. • Garantías de cumplimiento de derechos humanos, laborales y medioambientales.
Medioambiente	• Eficiencia energética. • Reducción de la degradación medioambiental. • Generaciones futuras.
Competencia	• Lealtad. • Alianzas.
Administraciones públicas	• Cumplimiento de normativa económica, social y medioambiental.
Sociedad	• Acción social. • Creación de empleo. • Promoción de valores éticos.
Medios de comunicación	• Mejora de imagen. • Confianza.

Tabla 11.8. Objetivos de la responsabilidad social corporativa.

ACTIVIDADES

15. Indica, desde tu punto de vista y teniendo en cuenta los grupos de interés recogidos en la Tabla 11.8, a cuál de ellos deberían dedicar más recursos las empresas. Puntúa cada uno del 1 al 10 en función de la importancia, siendo 1 lo menos importante y 10 lo más importante.

16. Pregunta a las personas trabajadoras de tu entorno si las empresas para las que trabajan les permiten conciliar la vida laboral y familiar.

17. Enumera, desde tu punto de vista en materia medioambiental, cómo podría desarrollar sus actividades una empresa en un contexto de economía inteligente, sostenible e integradora.

ABC VOCABULARIO

Acción social. Supone para la empresa la dedicación de sus recursos humanos, técnicos o financieros a proyectos de desarrollo de la sociedad, gestionados con sentido empresarial, en áreas como educación, asistencia social, salud, formación profesional y empleo.

Consumo responsable. A la hora de elegir sus productos, quien los consume no solo considera su precio y calidad, sino también el proceso de elaboración y comercialización, así como la conducta de las empresas.

B. Instrumentos de relación con los grupos de interés

La RSE es una nueva concepción del modelo de empresa que introduce nuevas fórmulas de administración, organización y actuación.

Una de estas nuevas fórmulas es el *engagement,* que suele traducirse al español como «diálogo activo con los grupos de interés», pero también podría traducirse como «compromiso».

Todo tipo de *engagement* incluye tres conceptos fundamentales:

- **Comunicación:** debido a la gran influencia que los *stakeholders* pueden tener en la actividad empresarial, las organizaciones establecen vías de comunicación con ellos. La comunicación permite a las empresas comprender los intereses y expectativas de estos grupos y organizar sus políticas de RSC en consonancia con los intereses de estos grupos.
- **Colaboración:** implica la participación e interacción entre la empresa y sus grupos de interés con el objetivo de asegurar que lo que se hace, se hace en beneficio de todo el mundo.
- **Compromiso:** principalmente de la empresa para dar respuesta, a través de su actuación, a las demandas de sus *stakeholders.*

El proceso de *engagement* o compromiso se desarrolla en las siguientes fases:

1 Fase estratégica	El objetivo de esta fase es saber las razones para desarrollar el compromiso con los *stakeholders* y cómo estas se alinean con los objetivos estratégicos de la empresa.
2 Identificación de *stakeholders*	Detectando los *stakeholders* de la compañía e identificando aquellos que son clave para el diálogo en función del objetivo y alcance que previamente se ha fijado.
3 Establecimiento de cauces de comunicación	Los mecanismos de comunicación que usan las empresas con los grupos de interés pueden consistir en reuniones directas, toma de datos a través de encuestas, cartas, hojas de sugerencias, espacios de sugerencias en sus páginas web, estudios de mercado, publicaciones especializadas sobre el sector, etc.
4 Compromiso	Como consecuencia del establecimiento de mecanismos de comunicación con los grupos de interés, deben adoptarse y establecerse compromisos que se traduzcan en la interacción entre la empresa y el grupo concreto con el que se interactúa.
5 Implantación y seguimiento	Es necesario hacer uso de las nuevas experiencias, datos y conocimientos, y convertirlos en decisiones, en nuevos planes de acción. El vínculo que se ha desarrollado durante el proceso debe continuar.

Fig. 11.10. Fases del proceso de engagement.

ACTIVIDADES

18. El Foro Económico Mundial Davos 2020, con motivo de su 50 aniversario, se centró en los «*stakeholders* para un mundo cohesionado y sostenible». Como resultado de la reunión se publicó el Manifiesto de Davos 2020, que se basa en el Manifiesto de Davos original de 1973 y en el cual se establece una nueva visión enfocada en el *stakeholder capitalism* que aborda la fiscalidad justa, la tolerancia cero a la corrupción y el respeto de los derechos humanos.

Accede al enlace **bit.ly/Resumen_Davos2020**, comprueba en el citado manifiesto los principios básicos que deben asumir las empresas y elabora un resumen de los principios que expone.

19. Consulta la página de RSC y sostenibilidad de Telefónica en el enlace **bit.ly/Telefónica_RSC** e investiga sus políticas de compromiso y comunicación con los diferentes grupos de interés. Indica varios de los cauces de comunicación que utilizan con ellos.

20. Indica en todo tipo de *engagement* o compromiso qué conceptos básicos incluye y de cuántas fases consta.

5. Dimensión interna y externa de la RSE

El Libro Verde la Unión Europea divide las áreas de responsabilidad social empresarial en dos grandes bloques: interno y externo.

- **Bloque interno o RSC interna:** se refiere a temas relacionados con el personal y aspectos medioambientales vinculados a la gestión de los productos **naturales en la producción.**
- **Bloque externo o RSC externa:** hace referencia a la dimensión externa de la empresa y, dentro de este grupo, la integración en su **entorno** y el **respeto a los derechos humanos.**

En las tablas 11.9 y 11.10 se puede analizar qué aspectos se consideran propios de la dimensión interna y de la dimensión externa de la RSC, según el Libro Verde. En la misma tabla se puede apreciar el conjunto de propuestas sobre las que las empresas pueden trabajar en cada una de las dimensiones que encajan en los bloques interno y externo de la RSC.

Estas medidas de acción empresarial también son una **propuesta** que hace la Unión Europea **a las organizaciones empresariales** para centrar su trabajo en áreas especialmente importantes de la RCS.

Dimensión interna		
	Descripción	**Propuestas para la acción empresarial**
Gestión de los recursos humanos	Se establecen procedimientos en la organización que garanticen: • La atracción y fidelización del personal cualificado. • La conciliación de la vida laboral y social. • La igualdad y no discriminación en la selección, contratación, por razones de género, posición social, discapacidad, diversidad y acción positiva, etc., fomentando normas.	• Ejercitar prácticas responsables de contratación, no discriminatorias. • Realizar medidas de formación y aprendizaje continuos. • Delegar responsabilidades a la plantilla. • Mejorar los canales de información en la empresa. • Implantar medidas de conciliación. • Retribuir y posibilitar el progreso profesional en igualdad de condiciones. • Posibilitar la participación en beneficios o en el accionariado de la empresa. • Fomentar la inserción de colectivos en riesgo de exclusión.
Salud y seguridad en el puesto de trabajo	Garantizar la seguridad y la salud del personal propio y de contratistas y proveedores a los que se haya «fraccionado» la cadena de producción y prestación del servicio.	• Implantar y mejorar continuamente un sistema de prevención, seguridad y salud en la empresa. • Establecer criterios de selección y acreditación de proveedores y subcontratas que contemplen las medidas de salud y seguridad laboral. • Informar de la calidad laboral de los productos y servicios.
Adaptación a los cambios	• Evitar reestructuraciones sectoriales traumáticas en términos de personal e impactos socioeconómicos en la comunidad próxima. • Establecer un planteamiento estratégico del negocio, que fomente la riqueza estructural en la comunidad y la competitividad permanente de la empresa y de los recursos humanos.	• Reestructurar las plantillas considerando el equilibrio de intereses de todos los agentes afectados, identificando los riesgos (económicos, sociales y medioambientales), el cálculo de los costos directos e indirectos, la evaluación de todas las opciones, la transparencia informativa, las consultas abiertas, etc. • Contraer compromisos con el desarrollo local y las estrategias activas de ocupación: fomentando la ocupación local o la inclusión social.

Tabla 11.9. Dimensión interna de la empresa en relación con los recursos humanos, según el Libro Verde sobre Responsabilidad Social Empresarial.

Dimensión externa		
	Descripción	**Propuestas para la acción empresarial**
Comunidades locales	• Integración de las empresas en su entorno local, europeo y mundial en los que operan: creación de puestos de trabajo, salarios, prestaciones, ingresos fiscales, sólida reputación, etc. • El conocimiento de los agentes locales, las tradiciones y los recursos del entorno local es un activo que las empresas deben capitalizar.	• Fomentar la salud, la estabilidad y prosperidad en las comunidades en las que operan. • Sensibilizar a la comunidad en cuestiones medioambientales y problemas sociales. • Ofrecer prácticas en la empresa a instituciones educativas de la comunidad, indicarles las necesidades de capacitación profesional y, en definitiva, interactuar con los centros educativos de la zona y la administración competente. • Colaborar con organizaciones de defensa del medioambiente. • Contratar personal o proveedores procedentes de colectivos con riesgo de exclusión. • Ofrecer o convenir servicios de guardería para el personal.
Derechos Humanos	Respeto de los derechos humanos, sobre todo en lo que respecta a las actividades internacionales (filiales y cadenas de suministro, proveedores y subcontratistas), en este contexto de liberalización de los mercados a nivel planetario.	• Respetar la Declaración Tripartita de la OIT para empresas multinacionales, las Directrices de la OCDE para empresas multinacionales, los principios del Global Compact, etc. • Formar a personal directivo, de gestión, plantilla y comunidades para su cumplimiento. • Establecer y controlar el cumplimiento del código de conducta.

Tabla 11.10. Dimensión externa de la empresa en relación con los recursos humanos, según el Libro Verde sobre Responsabilidad Social Empresarial.

CASO PRÁCTICO 6

Responsabilidad sobre las condiciones laborales

Una empresa tiene dos centros de producción propia y diez centros contratados dependientes de ella.

¿Tiene la empresa responsabilidad de velar por que en sus centros contratados las condiciones laborales sean las adecuadas?

Solución:

Sí. La empresa tiene la responsabilidad de velar por que en sus centros contratados las condiciones laborales sean las adecuadas y cumplan con la normativa nacional e internacional.

ACTIVIDADES

21. Investiga en tu navegador de Internet el significado de los conceptos *inversión socialmente responsable (ISR)* e *inversión sostenible (IS)*, e indica algún ejemplo.

22. Indica si las siguientes propuestas pertenecen a la dimensión interna o externa de la RSC y a qué ámbitos de desarrollo:

a) Mejorar los canales de información en la empresa.

b) Fomentar la inserción de colectivos en riesgo de exclusión.

c) Implantar y mejorar continuamente un sistema de prevención, seguridad y salud en la empresa.

d) Contraer compromisos con el desarrollo local y las estrategias activas de ocupación, fomentando la ocupación local o la inclusión social.

e) Colaborar con organizaciones de defensa del medioambiente.

f) Establecer y controlar el cumplimiento del código de conducta.

5.1. Nuevas tendencias de la RSE

La responsabilidad social empresarial está en continua evolución y desarrollo. A medida que se profundiza en su conocimiento, paulatinamente se van incorporando nuevas temáticas en su configuración y, en paralelo, surgen nuevas áreas de desarrollo sostenible en las que la aportación del mundo empresarial es determinante para su consecución. Estas nuevas temáticas o áreas se consideran **tendencias en RSE**, y cada una de ellas está en distinto nivel de desarrollo, desde simplemente identificadas como de interés hasta integradas en diferente grado dentro de las empresas (Tabla 11.11).

Nuevas áreas	Propuestas de la RSE	Ejemplos
Educación	Las empresas deben participar en los procesos educativos de su entorno, facilitando medios técnicos y humanos, y a nivel de docencia universitaria, formación profesional y de educación básica en diferentes procesos y actividades educativas.	Banco Santander es la institución que más contribuye al ámbito educativo a nivel mundial. Mantiene acuerdos de colaboración con universidades e instituciones de más de 20 países. Más de tres cuartas partes de la inversión de Banco Santander en RSE se destina a las universidades.
Empleo juvenil y fomento del emprendimiento	Las empresas deben crear empleo entre los jóvenes menores de 30 años, que tienen una tasa de desempleo próxima al 50 %.	Mutua Madrileña, a través de su fundación, desarrolla el proyecto *Jóvenes profesionales* junto a la Asociación de Talleres de Madrid y la Fundación Exit. Su objetivo es combatir el fracaso escolar y dar oportunidades de inserción en el mercado laboral a jóvenes con dificultades económicas y sociales, combinando estudios de formación profesional y la práctica en empresas.
Jóvenes con discapacidad	La RSE se debe prestar a la formación y mejora de la empleabilidad de las y los jóvenes con discapacidad, que tienen una tasa de desempleo superior al resto de jóvenes, y, por otra parte, se debe prestar atención a que las grandes y medianas empresas incrementen el empleo de estos jóvenes.	El grupo VIPS, en su programa *Capacidades diferentes,* persigue una mayor empleabilidad de las personas con discapacidad intelectual a través de la formación en hostelería, la oferta de contratos de trabajo indefinidos y la formación/sensibilización del entorno laboral de quienes participan en el programa.
Discapacidad y dependencia	Las empresas deben desarrollar propuestas de RSE relacionadas con la discapacidad y la dependencia.	Bankinter, bajo el proyecto *Un banco para todos,* desarrolla la estrategia inclusiva con la discapacidad y su compromiso de hacer accesibles todos sus canales de relación con sus grupos de interés. Incluye la accesibilidad física, digital y cognitiva. El banco cuenta con un sistema de gestión de la accesibilidad universal, según la norma UNE 170001 de Aenor, en los principales centros de trabajo. Por ejemplo, ofrece una tarjeta de coordenadas en sistema braille para operar a través del teléfono y el extracto mensual en formato audio y de letra grande.
Competencia desleal y abuso dominante	Las empresas deben evitar prácticas mercantiles que puedan conllevar sanciones, multas y condenas y, por otra parte, deben favorecer la competencia leal y no realizar prácticas de abuso desde su posición dominante en el mercado.	El grupo Ebro Foods, SA se compromete a competir lealmente en los mercados en los que está presente, fomentando la libre competencia, cumpliendo la normativa vigente y evitando cualquier conducta que constituya un abuso o restricción de aquella. El grupo prohíbe cualquier actuación que suponga el ejercicio de prácticas de competencia desleal y se compromete a velar por el cumplimiento de las leyes de defensa de la competencia aplicables en los países donde realiza sus actividades.
Fiscalidad responsable	Fomentando un cambio de mentalidad en las empresas que lleve a cada uno a reflexionar si la cantidad de impuestos que paga corresponde a su nivel de actividad económica.	Entre las fortalezas de Endesa, destaca su apartado en la web donde informa, entre otros temas, de su estrategia fiscal, de su política de gestión y control de riesgos fiscales, de sus compromisos en materia de cumplimiento cooperativo o de su contribución fiscal.

Tabla 11.11. Nuevas tendencias en RSC.

6. Políticas de recursos humanos y RSE

Aunque existen unas normas que guían los modelos de RSE en el área de recursos humanos, cada empresa describe sus relaciones laborales de manera diferente, aunque siempre deben cumplir la legislación nacional e internacional sobre la materia.

Las empresas del IBEX facilitan información, en sus memorias anuales, sobre los aspectos de la RSE y —al no existir unas medidas estándares que permitan evaluar a la empresa— describen sus relaciones laborales de distintas formas.

Entre las medidas de responsabilidad social corporativa que se relacionan directamente con la política de recursos humanos, y que ya han incorporado numerosas empresas, destacan las que vemos a continuación.

6.1. Políticas públicas. Conciliación de vida familiar y laboral

Las políticas de conciliación de la vida familiar y laboral son una de las líneas en las que la RSC se ha desarrollado en mayor medida. Cada vez son más las personas que experimentan un conflicto entre trabajo y familia, conflicto que tiene consecuencias negativas en el personal y en la empresa, como insatisfacción laboral, disminución del rendimiento, absentismo, desmotivación o baja productividad, entre otros.

Existen varias modalidades de políticas empresariales que pueden adoptar las empresas para facilitar la conciliación de la vida laboral, personal y familiar. El objetivo principal es **compatibilizar los horarios en los ámbitos personal, laboral y familiar,** introduciendo medidas que faciliten al personal la combinación del trabajo con las responsabilidades familiares como, por ejemplo, un sistema de permisos por razones familiares o de atención a la infancia y a personas dependientes o de edad avanzada.

Desde el punto de vista legislativo, la **Ley de Conciliación de la Vida Personal, Familiar y Laboral** y la **Ley de Igualdad** recogen medidas de conciliación de la vida laboral y familiar para promover la igualdad dentro del ámbito de la empresa. En ellas se remite a la negociación colectiva y a los acuerdos de empresa la posibilidad de adaptar la duración y distribución de la jornada de trabajo para hacer efectivo el derecho a dicha conciliación.

El **Texto Refundido del Estatuto de los Trabajadores** permite a la plantilla reducir su jornada en determinadas circunstancias. Estos derechos se concretan en los convenios colectivos o en los acuerdos entre la empresa y su personal o las personas que lo representan. En caso de no existir acuerdo, la concreción de estos derechos corresponde a la persona trabajadora.

Entre las medidas a adoptar por las empresas, destacan las siguientes:

Medidas de conciliación de la vida laboral y familiar	
Horarios flexibles	Permite al personal determinar libremente el momento de entrada y salida, introduciendo variaciones en función de sus necesidades. Con ello se reducen los retrasos y el absentismo laboral.
Teletrabajo	Permite a las personas empleadas, a través de las nuevas tecnologías, un mayor aprovechamiento de su tiempo.
Semanas laborales reducidas	Permite al personal trabajar más horas, unos días, a cambio de la reducción de días laborales.
Horas por año	Se eligen los días y horas en los que la plantilla desarrolla su trabajo, teniendo en cuenta el cómputo de horas anuales.
Reducción de jornada	Por guarda legal, lactancia, causas económicas, organizativas o de producción.
Trabajo a tiempo parcial	Se ejercen funciones a tiempo parcial.
Reuniones por videoconferencia	Con ello se evitan desplazamientos innecesarios.
Jornada continuada	Posibilidad de realizarla ante situaciones específicas.

Tabla 11.12. Medidas que adoptan las empresas para conciliar la vida laboral y familiar.

IMPORTANTE

Los derechos de conciliación

La regulación de los **derechos específicos de conciliación** está establecida en el Estatuto de los Trabajadores para toda persona trabajadora en el ámbito privado y para el personal al servicio de las administraciones públicas en el Estatuto del Empleado Público.

IMPORTANTE

ODS 5: Igualdad de género

Aunque vivimos en una sociedad avanzada, todavía existen desigualdades de género en las empresas. Por ello, se valora que las empresas tomen medidas para ser inclusivas y terminar con la desigualdad de género.

¿SABÍAS QUE...?

Recursos humanos responsables

Los recursos humanos responsables han de dar respuesta en la actualidad a nuevos conceptos relacionados con la igualdad de oportunidades, la conciliación de la vida personal y profesional, la empleabilidad a través del *outplacement* (recolocación interna o externa), el desarrollo del liderazgo y del talento mediante el *coaching* (desarrollo potencial) y las técnicas de adaptación al cambio, a la gestión del conflicto y la orientación hacia los grupos de interés.

6.2. La retención del personal con talento

Las empresas son conscientes del valor que aportan algunas de las personas que trabajan para ella por su capacidad de innovación y de esfuerzo; por ello, algunas establecen acciones para retener estos perfiles, que proporcionan un importante **valor añadido** en el ámbito de la organización. Algunos de los mecanismos que las empresas utilizan para retener a su personal van desde los incentivos económicos hasta los mecanismos más variados de motivación laboral, como viajes, coches de empresa, flexibilización de jornadas, teletrabajo, participación en el accionariado, etc.

Por encima del dinero, el personal valora cada vez más lo que la empresa puede aportarle en cuanto a formación, no solo la referida a cursos, sino al propio día a día en el trabajo. La formación aumenta la empleabilidad de una persona trabajadora.

La dirección de recursos humanos debe saber cómo retener a estas personas. Si, a pesar de todo, alguna persona con talento decide abandonar la empresa, es conveniente conocer los motivos y mantenerla en contacto con la compañía a través de algún tipo de colaboración.

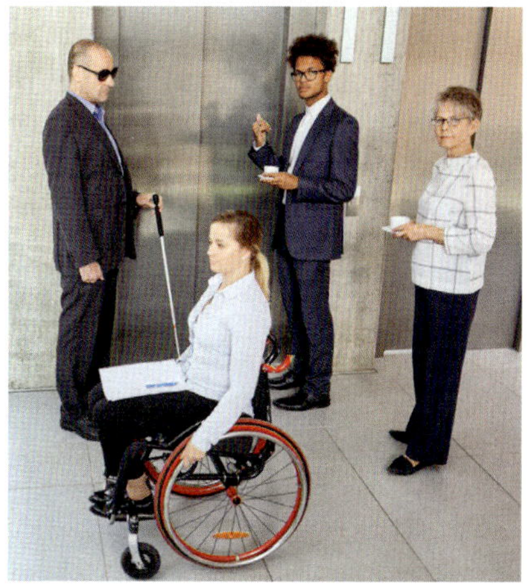

Fig. 11.11. *Aunque la legislación establece ciertos beneficios para las empresas cuando se contrata a alguna persona perteneciente a colectivos con especiales dificultades de acceso al empleo, la realidad manifiesta que es preciso insertar estas políticas entre los objetivos estratégicos de la empresa para que tengan un pleno desarrollo.*

6.3. Políticas de igualdad y no discriminación

La igualdad es un derecho fundamental recogido en el artículo 14 de la Constitución española, **aplicable a todos los seres humanos.**

Algunas empresas establecen políticas de inserción de colectivos con especiales dificultades de acceso al empleo, como personas con discapacidad, inmigrantes, desempleados de larga duración, mayores de 45 años o mujeres en profesiones en las que no se encuentran representadas.

La ley obliga a las empresas de más de cincuenta personas trabajadoras a tener su plan de igualdad. Para el resto, es voluntario, pero resulta ventajoso en la contratación con la Administración pública, licitaciones y subvenciones. Los planes de igualdad deben ser objeto de negociación con la representación de las personas trabajadoras. El distintivo de igualdad es un nuevo indicador de calidad en la gestión de los recursos humanos. A través de este distintivo se reconoce la excelencia y las buenas prácticas acreditadas en material de igualdad.

En el plan de igualdad se deben fijar objetivos concretos que se han de alcanzar, estrategias y prácticas a adoptar para su consecución, así como el establecimiento de sistemas eficaces de seguimiento y evaluación de los objetivos fijados.

En el Real Decreto 901/2020 se regulan los planes de igualdad y su registro. Si accedes a él encontrarás todas las novedades sobre la materia.

6.4. Políticas de seguridad y salud laboral

Las empresas están obligadas a implantar un sistema de prevención de riesgos laborales (Ley de Prevención de Riesgos Laborales, 1995) en el seno de la empresa y en todos sus ámbitos de actuación. El desarrollo de estas políticas de obligado cumplimiento supone la materialización de la responsabilidad de las empresas de mantener a su plantilla sana tanto física como psíquica y socialmente.

PONTE A PRUEBA 2

Planes de igualdad

Una empresa con una plantilla de 55 personas va a implantar el plan de igualdad efectiva entre hombres y mujeres y le gustaría saber:

a) ¿Qué número de personas trabajadoras debe tener la empresa para que la normativa obligue a implantar el citado plan?

b) ¿Qué ventajas aporta a las empresas poseer el distintivo de igualdad?

c) ¿Qué contenido mínimo deberán tener los planes de igualdad?

d) Indica el plazo de vigencia o duración de los citados planes.

Pautas para la resolución:

Para resolver la prueba consulta la unidad y los artículos 8 y 9 del Real Decreto 901/2020 que regulan los planes de igualdad en el siguiente enlace: **bit.ly/RD_901_2020.**

ACTIVIDADES

23. Una empresa se ha dado cuenta del beneficio que supone retener al talento cualificado de su plantilla. Indica qué prácticas podría realizar para conseguir este objetivo.

7. Sistemas de gestión de la RSC

Las empresas que llevan a cabo una política de RSC necesitan, a su vez, mecanismos y herramientas que permitan **definir, evaluar y comunicar** las acciones que llevan a cabo en relación con estos temas. Se puede hablar de cuatro tipos de instrumentos que cada empresa puede desarrollar; los explicamos a continuación.

7.1. Principios y códigos

Son propuestas encaminadas a ofrecer **catálogos de grandes principios** que deberían regir la actuación de las empresas.

ABC **VOCABULARIO**

Economía sostenible. Se desarrollan actividades que sean sostenibles ambiental y socialmente y, al mismo tiempo, que sean financieramente posibles y rentables.

7.2. Normas y estándares

Existe una gran cantidad de estándares externos que cubren uno o más aspectos de la responsabilidad social empresarial, pero solo unos pocos cubren todos los aspectos. Entre ellos, tenemos los que se muestran en la Tabla 11.13.

Norma/Estándar	Autor	Tipología	Descripción
***Global Reporting Initiative* (GRI)**	Ceres, una red estadounidense de inversores, organizaciones ambientales y otros grupos de interés, con el Programa de las Naciones Unidas para el Medio Ambiente **(PNUMA)** como asociado.	• Es una guía. • No es auditable ni certificable.	• Es un estándar internacional para uso voluntario por parte de organizaciones que deseen reportar sobre las dimensiones económicas, medioambientales y sociales de sus actividades, productos y servicios. • La guía GRI es el principal estándar internacional para la elaboración de memorias de sostenibilidad. • La GRI ha elaborado un marco que aporta directrices sobre la elaboración de memorias de RSE, incluyendo los impactos económicos, sociales y ambientales de una empresa.
SGE 21	Forética (España)	Es una norma auditable y certificable por Forética.	SGE 21 es el primer sistema de gestión de la responsabilidad social europeo que permite, de manera voluntaria, auditar procesos y alcanzar una certificación en gestión ética y responsabilidad social.
ISO 26000	ISO	• Es una guía. • No es certificatoria ni regulatoria.	Su objetivo es constituir un primer paso para ayudar a todos los tipos de organizaciones, ya sean del sector público o privado, en la consideración de la aplicación de la norma ISO 26000. La norma ISO 26000 pretende ayudar a las organizaciones a lograr los beneficios requeridos operando en un entorno de manera responsable.
Norma SA 8000	SAI (Social Accountability International) de las Naciones Unidas, publicada en 1997.	Es una norma auditable y certificable.	Es un estándar de gestión voluntario elaborado sobre las condiciones de trabajo y un sistema de control independiente para la producción de bienes y servicios de forma ética, así como con unas condiciones laborales adecuadas.
AA 1000	Instituto AccountAbility	Es una norma no certificable, pero auditable.	Con vocación de integrar la gestión, auditoría y comunicación en los aspectos relativos a la responsabilidad social de las empresas.

Tabla 11.13. Estándares relacionados con RSE.

7.3. Memoria de sostenibilidad

Es un documento donde se comunica a los grupos de interés qué acciones lleva la empresa a cabo en cuestiones medioambientales, económicas y sociales. Su publicación le otorga reconocimiento, buena imagen y reputación.

Los grupos de interés no solo esperan que las empresas tengan en cuenta sus impactos sociales y medioambientales, sino que también quieren estar informados sobre cómo actúan efectivamente en esas áreas. Hoy en día, el modo más utilizado para la comunicación de la información no financiera es la **publicación de memorias de RSE.**

El modelo más utilizado para elaborar memorias de sostenibilidad es la guía ***Global Reporting Initiative* (GRI) G4.** Se trata de un modelo estandarizado que cuantifica la RSE a través de los denominados **indicadores de desempeño.**

Según la *Global Reporting Initiative,* la memoria de sostenibilidad es una herramienta de comunicación sobre los impactos sociales, económicos y ambientales (rendición de cuentas) y con ello construye confianza con los grupos de interés, responde a los deberes éticos y de transparencia, expone los recursos que se tienen para responder a los grupos de interés y ayuda a la organización a conocerse a sí misma, permitiendo la autoevaluación y ayudando al proceso de diálogo con los grupos de interés.

Entre las **razones** que llevan a empresas y organizaciones a elaborar este tipo de memorias, destacamos las siguientes:

- Mejorar su comprensión de los riesgos y las oportunidades a los que se enfrentan.
- Mejorar su reputación y la lealtad a la marca.
- Facilitar a los grupos de interés la comprensión acerca del desempeño y los impactos de sostenibilidad.
- Hacer énfasis en la relación entre el desempeño financiero y no financiero.
- Influir en las políticas y la estrategia gerencial a largo plazo, así como en los planes de negocios.
- Comparar y evaluar el desempeño en materia de sostenibilidad con respecto a lo establecido en las leyes, normativa, códigos, normas de funcionamiento e iniciativas voluntarias.
- Demostrar cómo la organización ejerce influencia y es influenciada por expectativas relacionadas con el desarrollo sostenible.
- Comparar el desempeño internamente a lo largo del tiempo, así como con otras organizaciones.
- Cumplir con normativas nacionales o con requerimientos de las bolsas de valores.

ABC VOCABULARIO

Balance social. Documento que contiene información sobre las prestaciones sociales complementarias, las condiciones de higiene y seguridad en el trabajo, la creación de guarderías, la instalación de dispositivos anticontaminantes, políticas de inserción de determinados colectivos, ayudas para la promoción educativa y cultural, etc.

Fig. 11.12. Guía para la elaboración de memorias de sostenibilidad. Se puede descargar en ***bit.ly/Guia_G4.***

EJEMPLO

El minorista sueco Ikea, con reputación de muebles baratos, realizará un programa global de recompra de muebles no deseados para animar a la clientela a tomar una postura contra el consumo excesivo. «Cualquier artículo que no pueda ser revendido será reciclado o donado a proyectos comunitarios locales», dijo la compañía.

Aunque el programa ha despertado el interés de los amantes de Ikea, no todos sus productos de mobiliario quedan comprendidos dentro de la iniciativa.

La empresa, que fue fundada por el empresario sueco Ingvar Kamprad en 1943 y se ha expandido a más de cuarenta países, también tiene previsto convertirse en **«climáticamente positiva» para 2030**, diciendo que reducirá drásticamente sus emisiones de gases de efecto invernadero y almacenará carbono en la tierra, las plantas y los productos.

El liderazgo de Ikea ha vinculado directamente algunos de los desafíos de sus tiendas con el cambio climático.

En la página web **bit.ly/Ikea_muebles_usados** encontrarás información sobre la recompra de los muebles no deseados.

¿SABÍAS QUE...?

ODS en España

Las compañías españolas presentan un mayor desarrollo de la información en materia de ODS. De los 17 objetivos se muestra una tendencia claramente positiva en cinco de ellos: salud, igualdad de género, gestión del agua, energía y acción climática. Existe el pleno compromiso en la Agenda 2030, que implica la convergencia de las políticas estatales e internacionales en la consecución de los ODS.

7.4. Indicadores

La comunicación no financiera por parte de las empresas se ha desarrollado durante los últimos años y ha llegado a convertirse casi en un requisito obligatorio. Del mismo modo que la gestión en una empresa debe ser medida, también la gestión de la RSE puede y debe ser evaluada.

> Para medir la RSE se pueden utilizar **indicadores**, es decir, un conjunto de valores diseñados para medir ciertas variables específicas, para así poder comprobar que una empresa llega a las metas señaladas en su estrategia.

Los indicadores, por un lado, son útiles para la toma de decisiones en la empresa y, por otro, sirven para comunicar los resultados a los grupos de interés.

EJEMPLO

Por ejemplo, el GRI G4, en la categoría *Desempeño social,* en la evaluación del aspecto *Empleo,* incluye el siguiente indicador:

Aspecto: Empleo

Véanse las referencias 28, 32, 33, 34, 35, 38, 42, 43, 46 y 49.

G4-LA1

NÚMERO Y TASA DE CONTRATACIONES Y ROTACIÓN MEDIA DE EMPLEADOS, DESGLOSADOS POR GRUPO ETARIO, SEXO Y REGIÓN

a. Indique el número y el índice de contrataciones en el periodo objeto de la memoria, desglosados por edad, por sexo y por región.
b. Indique el número y la tasa de rotación de empleados en el periodo objeto de la memoria, desglosados por edad, por sexo y por región.

¿SABÍAS QUE...?

Globalización

El impacto medioambiental de las malas prácticas industriales tiene efectos globales. Los hábitos del exagerado consumismo perjudican el medioambiente y la calidad de vida de muchas personas que sufren las consecuencias.

ACTIVIDADES

24. Busca en tu navegador la GRI G4 en castellano y localiza el indicador, la categoría y la subcategoría relacionados con:

a) El trabajo infantil.

b) La igualdad de retribución entre hombres y mujeres.

c) La diversidad e igualdad de oportunidades.

CASO PRÁCTICO 7

Comunicación a través de las memorias de sostenibilidad

Una empresa dedicada a la fabricación de componentes electrónicos desea comunicar a los grupos de interés lo respetuosa que es con el medioambiente.

a) Indica cómo comunicará su actuación en esta área.

b) ¿Sabes si existe alguna guía para elaborar la memoria?

c) ¿Qué le aportará a la empresa comunicar a los grupos de interés qué hace y cómo lo hace en cuestiones medioambientales?

Solución:

a) La forma más común de comunicar las actuaciones en RSC es elaborar y publicar, anualmente, las memorias de RSE.

b) El modelo más utilizado es la guía GRI, que cuantifica la RSE a través de los denominados *indicadores de desempeño.*

c) Su publicación le otorga reconocimiento, buena imagen y reputación.

7.5. Índices

Los índices éticos son bases de datos proporcionadas por agencias independientes de investigación o calificación ética que ofrecen información al mercado sobre el comportamiento **ético, social y medioambiental.**

Estas agencias contrastan la información enviada por la empresa, recurriendo a terceros agentes independientes (ONG, asociaciones de derechos humanos, de defensa del medioambiente, de defensa del consumidor, sindicatos, etc.).

Los principales índices de **sostenibilidad** del mundo son el **Dow Jones Sustainability Index (DJSI)** y el **FTSE Russel Index.**

82%

MAPFRE ha sido reconocida por su desempeño en sostenibilidad con la inclusión en el *The Sustainability Yearbook* 2020, publicado por S&P Global en colaboración con Robeco SAM y basado en la valoración de las mayores compañías del mundo en la evaluación de sostenibilidad corporativa (CSA) anual de SAM.

S&P ha analizado 4710 empresas de 61 sectores en todo el mundo en materia económica, medioambiental y social, y ha incluido a 31 empresas españolas. En el caso concreto del sector asegurador, se han evaluado 137 firmas, de las que solo se ha incluido a 21 compañías, siendo MAPFRE la única española. «La atención prestada por el sector de los seguros a la gestión racional de los riesgos ha dado lugar a la relativa ausencia de multas y sanciones importantes en comparación con otras esferas de las finanzas», menciona el informe.

Además, MAPFRE fue seleccionada en octubre por el H&K Responsible Investment Brand Index (RIBI) dentro de la categoría de empresa Avant-Gardist (vanguardista), que incluye a las firmas europeas del sector más comprometidas con la inversión socialmente responsable. A su vez, figura en el Dow Jones Sustainability World Index, uno de los barómetros mundiales más importantes para medir el desempeño de las empresas en materia de sostenibilidad y RSC.

También forma parte, por decimotercer año consecutivo, del FTSE4Good, otra referencia elaborada por el grupo FTSE Russell, con una nota superior a la media del sector asegurador en criterios ambientales, sociales y de gobernanza.

ACTIVIDADES

25. Investiga:

a) El número de empresas españolas que han sido reconocidas este año por los índices de sostenibilidad de Dow Jones.

b) Mundialmente, ¿por cuántas empresas está compuesto el citado índice?

¿SABÍAS QUE...?

España y medioambiente

España presenta una clara apuesta por la integración de políticas y estrategias ambientales en los diferentes ámbitos de la actividad económica. Ocupa el cuarto lugar en el ranquin de países con número de certificaciones en la norma ISO 14001 (sistema de gestión ambiental). Destaca el impulso por el desarrollo de las energías renovables.

España también es líder mundial desde 1978 en calificaciones de Bandera Azul, estándar mundial de ecocalidad turístico.

IMPORTANTE

Acuerdo de París

El 12 de diciembre de 2015 fue aprobado el Acuerdo de París por más de 195 países.

El objetivo al que todos se comprometieron es **limitar el aumento de la temperatura media global** en 2 ºC e incluso hacer lo posible para que no supere la cota de los 1,5 ºC, y una hoja de ruta para redirigir las inversiones de la industria de los combustibles fósiles a energías 100 % limpias. Entró en vigor en 2020 y es vinculante y revisable.

1. Completa el siguiente mapa mental sobre la responsabilidad social corporativa:

Responsabilidad social corporativa

- Se concibe como una actividad: [...]
  - Sus características son: [...]
- Su desarrollo ha sido impulsado por instituciones:
  - Internacionales, que son: [...]
  - Nacionales como: [...]
- Uno de sus grandes retos es:
  - Lograr una buena relación con los grupos de interés, que son: [...]
- Posee dos áreas de trabajo:
  - Dimensión externa, que está relacionada con: [...]
  - Dimensión interna, relacionada con: [...]
- Las políticas de recursos humanos:
  - Son un importante campo de su gestión, que son: [...]
- Dispone de sistemas de gestión.
  - Utiliza herramientas para evaluar, como: [...]

INVESTIGACIÓN

2. Con la entrada en vigor de la Ley 11/2018 en materia de información no financiera y diversidad, las empresas de gran tamaño están obligadas a aportar información relevante en materia de sostenibilidad.

A través de un buscador, accede a la citada ley y comprueba el número de personas que tienen que tener en plantilla las citadas empresas para estar obligadas a presentar un informe de información no financiera.

3. Accede al enlace **bit.ly/Ética_Rsc** y visiona el vídeo. Describe la diferencia entre la ética y la RSC.

4. Consulta el enlace **bit.ly/Lista_Forbes_Empresas_España** y revisa la lista de las mejores empresas donde trabajar en España. Comprueba en dos de ellas si aplican técnicas de responsabilidad social en el ámbito de los recursos humanos. Pon por escrito el resultado de tu análisis.

5. Un informe de sostenibilidad debe servir como una herramienta que contribuya a la transparencia de la organización, permitiendo a los grupos de interés conocer de antemano qué esperar de ella.

Descarga en el enlace **bit.ly/Información_GRI4** la versión 4 de la guía GRI. Léela y pon por escrito los aspectos clave de esta normativa de referencia.

6. La Comisión Europea, en su Libro Verde, define la RSC como «la integración voluntaria, por parte de las empresas, de las preocupaciones sociales y ambientales en sus operaciones comerciales y en las relaciones con sus interlocutores».

Accede a la página web **bit.ly/Ejemplos_RSC_España** e investiga varios ejemplos de empresas españolas socialmente responsables. Elabora una lista de las que consideres más interesantes.

7. La Estrategia Española de Responsabilidad Social de las Empresas (EERSE) aspira a impulsar acciones hacia una sociedad y una economía más competitiva, productiva y sostenible. Descarga el siguiente documento elaborado por el Ministerio de Empleo y Seguridad Social de España en el enlace **bit.ly/Estrategia_EERSE** e investiga la visión, principios y objetivos de esta organización. Realiza un breve resumen de los aspectos que consideres más importantes.

8. Los diez principios del Pacto Mundial gozan de consenso universal. Accede al enlace **bit.ly/ODS_10_principios**, enuméralos e investiga en el principio 6 ejemplos de cómo las empresas apoyan y respetan los derechos humanos a través de sus actividades y los beneficios que le aportan.

TEST DE REPASO

1. El origen en España de la responsabilidad social corporativa surge fundamentalmente:

(a) En el siglo XX.
(b) A inicios del siglo XXI.
(c) En el siglo XIX.
(d) A finales del siglo XVII.

2. Según el concepto de responsabilidad social corporativa, esta es de integración:

(a) Obligatoria en la empresa.
(b) Voluntaria en la empresa.
(c) Obligatoria solo para empresas grandes.
(d) Voluntaria solo para pymes.

3. El Pacto Mundial sobre Responsabilidad Social es una iniciativa de:

(a) El Gobierno de España.
(b) La ONU.
(c) La OCDE.
(d) La Unión Europea.

4. La norma ISO que desarrolla la responsabilidad social empresarial es la:

(a) ISO 12000.
(b) ISO 12500.
(c) ISO 26000.
(d) ISO 16000.

5. La norma ISO 26000 que desarrolla la RSE:

(a) No es certificable.
(b) Realiza recomendaciones.
(c) Tiene en cuenta la diversidad social, ambiental y legal.
(d) Todas las respuestas anteriores son verdaderas.

6. El Libro Verde sobre Responsabilidad Social Empresarial es un documento de:

(a) La OCDE.
(b) La Unión Europea.
(c) La OIT.
(d) El Parlamento.

7. Se denomina *stakeholders* a:

(a) Las alianzas de las empresas.
(b) El equipo directivo de las empresas.
(c) Los grupos de interés con los que se relacionan las empresas.
(d) El personal de las empresas.

8. La gestión externa de los *stakeholders* está relacionada con:

(a) La competencia.
(b) Los agentes sociales.
(c) Las administraciones.
(d) Las tres respuestas anteriores son verdaderas.

9. La conciliación de la vida familiar y laboral es un aspecto de la responsabilidad social corporativa que se engloba en:

(a) Las políticas financieras de la empresa.
(b) Las políticas de recursos humanos de la empresa.
(c) Las políticas medioambientales de la empresa.
(d) Las políticas éticas de la empresa.

10. La dimensión interna de la responsabilidad social corporativa engloba:

(a) La responsabilidad medioambiental.
(b) El respeto a los derechos humanos.
(c) Prácticas responsables de contratación.
(d) Todas las anteriores.

11. Entre las políticas de recursos humanos en las que se desarrolla trabajo en la responsabilidad social corporativa se encuentra:

(a) La responsabilidad financiera.
(b) La responsabilidad contable.
(c) La gestión de las políticas de no discriminación.
(d) La gestión de las políticas de medioambiente.

12. La memoria de sostenibilidad es un documento incluido en:

(a) El plan de responsabilidad social corporativa.
(b) El Pacto Mundial de Naciones Unidas.
(c) Las normas de la OIT.
(d) El Libro Blanco del Parlamento.

13. El plan de igualdad en la empresa es obligatorio, siempre que la plantilla ascienda a más de:

(a) 15 personas.
(b) 50 personas.
(c) 45 personas.
(d) 100 personas.

COMPRUEBA TU APRENDIZAJE

1. Señala qué quiere decir que «ser socialmente responsable no significa solamente cumplir plenamente las obligaciones jurídicas, sino también ir más allá de su cumplimiento».

2. Relaciona el matiz que aporta cada definición sobre la responsabilidad social corporativa con el organismo del que procede la definición.

1	La RSC es ir más allá del cumplimiento de las obligaciones jurídicas.	a	OIT
2	La RSC se integra en los propios métodos y procesos internos de la empresa.	b	Foro de Expertos del Ministerio de Trabajo
3	La RSC incorpora en las empresas la defensa de los derechos humanos.	c	Libro Verde de la Unión Europea

3. Las acciones filantrópicas realizadas por la empresa, ¿se pueden considerar acciones relacionadas con la responsabilidad social corporativa? Razona la respuesta.

4. Una empresa da cinco días al año a su personal para actividades de voluntariado (charlas, clases, colaboraciones con ONG, etc.). Indica si estas actividades están relacionadas con la RSC.

5. Indica al menos siete ámbitos de la gestión de la empresa relacionados con la RSC.

6. Relaciona los siguientes hitos sobre responsabilidad social corporativa con el siglo en el que se produjeron:

1	Se publica en EE. UU. el libro *La responsabilidad social del empresario.*	a	Siglo XIX
2	Se crea en España el Consejo Estatal de Responsabilidad Social de las Empresas.	b	Siglo XX
3	Se produce un cambio de concepto filantrópico, surgiendo con ello una nueva idea de empresa.	c	Siglo XXI

7. Indica si la implantación de un sistema de responsabilidad social corporativa en las empresas es obligatorio o voluntario.

8. La Red Española del Pacto Mundial presentó su publicación *ODS Año 5. El liderazgo colectivo de la Agenda 2030.*

   Accede a la página **bit.ly/Tendencias_ODS** y enumera las diez tendencias en el ámbito de la sostenibilidad, recogidas en la publicación *ODS Año 5. El liderazgo colectivo en la Agenda 2030: una década para la acción,* que pueden marcar la hoja de ruta de las empresas hacia el logro de los ODS en la próxima década.

9. La industria automotriz ha sido históricamente perjudicial para el medio ambiente. Indica cómo estas empresas pueden minimizar el impacto medioambiental.

10. ISO 26000 es una norma internacional que ofrece guía y ayuda a las empresas para operar de forma responsable.

    Indica si las compañías pueden certificar su trabajo a través de esta norma o simplemente contiene guías voluntarias.

11. Relaciona cada instrumento sobre responsabilidad social corporativa con el organismo que lo ha publicado.

1	Declaración Tripartita de Principios sobre las Empresas Multinacionales y la Política Social	a	ISO
2	Norma ISO 26000	b	ONU
3	Libro Verde sobre Responsabilidad Social Empresarial	c	OIT
4	Pacto Mundial	d	UE
5	Líneas Directrices Generales para Empresas Multinacionales	e	OCDE

12. Busca en la página web de tu comunidad autónoma algún instrumento que haya sido establecido para fomentar la responsabilidad social de las empresas.

13. Identifica cuál de los grupos de interés citados a continuación se consideran como propios de las tareas de la gestión directa o de la gestión externa de las empresas en su RSC con las administraciones públicas: personal, proveedores, empresas de la competencia, socios, ONG y accionistas.

14. Señala a qué grupos de interés se refiere una empresa que adopta una gestión responsable de los recursos humanos.

15. Indica algún motivo por el que a las empresas les beneficie en el establecimiento de lazos con los grupos de interés.

16. Una empresa automovilística está diseñando una campaña de *marketing* muy costosa con los medios de comunicación para lanzar un vehículo eléctrico y captar nueva clientela.

    Hace unos meses una partida de sus vehículos se fabricó con un importante defecto: emitía gases superiores a los establecidos en la normativa, lo que ha dañado la imagen de la empresa.

    a) Indica a qué grupos de interés ha perjudicado.

    b) ¿Qué factor está condicionando la relación de la empresa con el grupo de interés *medios de comunicación* citado en la campaña publicitaria?

COMPRUEBA TU APRENDIZAJE

17. Entra en la página web de Mercadona **(mercadona.es)** y accede al espacio *Conócenos > Modelo*. Aquí se mencionan informaciones que van dirigidas a varios grupos de interés a los que la empresa dedica especial atención. Señala cuáles son.

18. Señala si la flexibilidad horaria implica trabajar menos horas. Razona la respuesta.

19. Relaciona cada uno de los siguientes grupos de interés con el objetivo que persigue:

1	Competidores	**a**	Creación de empleo
2	Clientela	**b**	Inversiones responsables
3	Medios de comunicación	**c**	Alianzas
4	Accionistas	**d**	Calidad del producto o servicio prestado
5	Sociedad	**e**	Mejora de la imagen
6	Administraciones públicas	**f**	Cumplimiento de la normativa económica, social y medioambiental
7	Proveedores	**g**	Compromisos y garantías de los fondos prestados
8	Agentes financieros	**h**	Libre concurrencia y justicia en la elección
9	Medioambiente	**i**	Fomentar el crecimiento profesional y personal de la plantilla
10	Personal	**j**	Proteger y conservar la riqueza de especies mediante el fomento del consumo de materias primas sostenibles

20. Entra en la página web de Acciona **(acciona.com)** y busca cuáles son los grupos de interés con los que se relaciona. Indica cómo trata la diversidad, igualdad e inclusión con el grupo *personal empleado*.

21. Indica cómo contribuye una empresa como Acciona (acciona.com) con los Objetivos de Desarrollo Sostenible (ODS).

22. Determina para qué grupos de empresas es voluntario, aunque aconsejable, el tener un plan de igualdad según ley. Al no ser obligatorio, indica si estas empresas están obligadas a tomar medidas dirigidas a evitar cualquier tipo de discriminación.

23. Suponiendo que las empresas citadas en la actividad anterior no tuviesen la obligación de elaborar el plan de igualdad, ¿se lo recomendarías? Justifica tu respuesta.

24. Si una empresa quiere medir los beneficios que le aporta la implantación de la responsabilidad social corporativa, ¿qué guía esencial para elaborar informes de sostenibilidad podría seguir?

25. Lee las situaciones siguientes e identifica qué medida de conciliación se ha adoptado en cada caso:

a) Una empresa ha concedido a una trabajadora la posibilidad de prestar sus servicios laborales desde su domicilio.

b) Un trabajador ha solicitado acumular sus horas de trabajo durante cuatro días a la semana a fin de tener tres días libres para estar con sus hijas menores de edad.

c) Una empresa ha establecido en su normativa horaria que el personal podrá entrar a trabajar entre las 7:30 y las 9:00, y que la salida la realizarán entre las 16:00 y las 17:30.

26. Entra en la página web mahou-sanmiguel.com, una de las compañías españolas líder en el sector cervecero, y busca cómo la empresa protege el entorno con la optimización de recursos y con la disminución de residuos y emisiones. Concreta su política medioambiental sobre cómo impulsa el desarrollo sostenible «Ahora 2030» enfocada a la consecución ODS del Pacto Mundial de la ONU.

27. Entra en la página web de Inditex **(inditex.es)** y comprueba, en las cuentas anuales correspondientes al último ejercicio, lo relacionado con:

a) Los grupos de interés con los que se relaciona.

b) El grupo de interés más importante para la empresa.

c) El ODS en el que contribuye la sociedad en el grupo *personas*.

28. Visita la página web de Iberdrola **(iberdola.es)** y comprueba las políticas que la empresa aplica en el ámbito de las relaciones laborales; entre ellas, la política de igualdad de oportunidades y conciliación, que promueve los compromisos de apoyo a las personas trabajadoras con capacidad disminuida, garantizando su ocupación efectiva e igualdad de trato entre hombres y mujeres.

29. Una empresa desea establecer una línea de actuación para retener a las personas trabajadoras con talento.

Por grupos de cinco estudiantes, y desde el punto de vista de cada cual, indicad qué aspectos consideráis más importantes para lograr que las personas innovadoras y con talento no abandonen la empresa.

Dirigidos por el personal docente, exponed vuestra opinión en clase y seleccionad los más importantes.

Proyecto: Agenda de desarrollo sostenible. 17 objetivos para cambiar el mundo

En 2015, la ONU aprobó la Agenda 2030 para el Desarrollo Sostenible, una oportunidad para que los países y sus sociedades emprendan un nuevo camino con el que mejorar la vida de todo el mundo, sin dejar a nadie atrás.

La Agenda cuenta con 17 objetivos de desarrollo sostenible (ODS), que son los siguientes:

1 FIN DE LA POBREZA

Objetivo 1
Poner fin a la pobreza en todas sus formas en todo el mundo.

2 HAMBRE CERO

Objetivo 2
Poner fin al hambre.

3 SALUD Y BIENESTAR

Objetivo 3
Garantizar una vida sana y promover el bienestar para todos en todas las edades.

4 EDUCACIÓN DE CALIDAD

Objetivo 4
Garantizar una educación inclusiva, equitativa y de calidad, y promover oportunidades de aprendizaje durante toda la vida para todo el mundo.

5 IGUALDAD DE GÉNERO

Objetivo 5
Lograr la igualdad entre géneros y empoderar a todas las mujeres y a las niñas.

6 AGUA LIMPIA Y SANEAMIENTO

Objetivo 6
Garantizar la disponibilidad de agua y su gestión sostenible, así como el saneamiento para todo el mundo.

7 ENERGÍA ASEQUIBLE Y NO CONTAMINANTE

Objetivo 7
Garantizar el acceso a una energía asequible, segura, sostenible y moderna.

8 TRABAJO DECENTE Y CRECIMIENTO ECONÓMICO

Objetivo 8
Promover el crecimiento económico inclusivo y sostenible, el empleo y el trabajo decente para todo el mundo.

9 INDUSTRIA, INNOVACIÓN E INFRAESTRUCTURA

Objetivo 9
Construir infraestructuras resilientes, promover la industrialización sostenible y fomentar la innovación.

10 REDUCCIÓN DE LAS DESIGUALDADES

Objetivo 10
Reducir la desigualdad dentro de los países y entre estos.

11 CIUDADES Y COMUNIDADES SOSTENIBLES

Objetivo 11
Lograr que las ciudades sean más inclusivas, seguras, resilientes y sostenibles.

12 PRODUCCIÓN Y CONSUMO RESPONSABLES

Objetivo 12
Garantizar modalidades de consumo y producción sostenibles.

13 ACCIÓN POR EL CLIMA

Objetivo 13
Adoptar medidas urgentes para combatir el cambio climático y sus efectos.

14 VIDA SUBMARINA

Objetivo 14
Conservar y utilizar sosteniblemente los océanos, los mares y los recursos marinos.

15 VIDA DE ECOSISTEMAS TERRESTRES

Objetivo 15
Gestionar sosteniblemente los bosques, luchar contra la desertificación, detener e invertir la degradación de las tierras, detener la pérdida de biodiversidad.

16 PAZ, JUSTICIA E INSTITUCIONES SÓLIDAS

Objetivo 16
Promover sociedades justas, pacíficas e inclusivas.

17 ALIANZAS PARA LOGRAR LOS OBJETIVOS

Objetivo 17
Revitalizar la Alianza Mundial para el Desarrollo Sostenible.

Fuente: Naciones Unidas.

Los objetivos de desarrollo sostenible son importantes. Se trata de propósitos que cambiarán el mundo y para los que será necesaria la cooperación entre los Gobiernos, las organizaciones internacionales y los agentes que lideran el planeta.

Parece imposible que las personas de a pie puedan influir en algo, pero no es así. El cambio empieza por cada una y cada uno de nosotros. Por suerte, hay cosas facilísimas que se pueden introducir en la rutina cotidiana, pequeños cambios que, sumados a los de otros miles y millones de personas, suponen una revolución. Entre todo el mundo, con estas pequeñas acciones, se pueden conseguir grandes logros.

Desde las Naciones Unidas se promueven muchas de estas pequeñas acciones que pueden cambiar el mundo en la web *Guía de los vagos para salvar el mundo.*

Nos organizamos

En grupos de cuatro personas, consultad la *Guía de los vagos para salvar el mundo* en este enlace:

bit.ly/Guía_vagos_salvar_mundo

Recogemos datos

En este enlace, las acciones para salvar el mundo están agrupadas en cuatro niveles:

- Nivel 1. Cosas que puedes hacer desde el sofá.
- Nivel 2. Cosas que puedes hacer en casa.
- Nivel 3. Cosas que puedes hacer fuera de casa.
- Nivel 4. Cosas que puedes hacer en el trabajo.

Leed las acciones de cada uno de los cuatro niveles y reflexionad si alguna de ellas las lleváis a cabo, aunque sea de manera esporádica.

Manos a la obra

Considerad qué acciones de cada nivel podéis realizar de manera más habitual e intentad ponerlo en práctica.

Centraros en el nivel 4, acciones que pueden hacerse desde el centro de trabajo. Intentad encontrar algunas acciones más que no aparezcan en la lista y que se puedan aplicar en vuestro centro de estudio o lugar de trabajo en prácticas.

Obtenemos conclusiones

A partir de vuestras reflexiones, elaborad un decálogo con las acciones que consideréis más importantes de esta categoría.

Exponed ante el resto de la clase el resultado de vuestro trabajo.

bit.ly/Objetivos_desarrollo_sostenible

G

Glosario

A

Absentismo laboral: ausencia de una persona de su puesto de trabajo en horas que correspondan a un día laborable, dentro de la jornada legal de trabajo.

Absentismo presencial o presentismo: se manifiesta cuando una persona acude a su trabajo, pero dedica una parte del tiempo a tareas que no son propias del puesto (consultar redes sociales, usar mensajería instantánea, navegar por Internet, realizar llamadas personales, salir a fumar...).

Actitud: forma en la que las personas abordan a las cosas, a las situaciones o a otras personas.

Acuerdo asertivo o aserción negativa: consiste en responder a una crítica admitiendo que es razonable, que se ha cometido un error o se manifiesta que tiene parte de razón. Se invita a la crítica para obtener información utilizable en la argumentación.

Administración de personal: área de recursos humanos que se ocupa de los trámites administrativos desde que una persona se incorpora a una empresa hasta que deja de formar parte de ella.

Agenda oculta: posible juego sucio que de forma sutil un miembro del equipo puede tratar de realizar para boicotear el trabajo del grupo. La obstaculización del trabajo puede estar ocasionada por falta de implicación, enemistad, envidia, celos profesionales, incompetencia, falta de conocimientos, etc.

Alderfer, Clayton: psicólogo estadounidense que estudió el comportamiento en las organizaciones. Enunció la teoría ERC, en la que definió tres tipos básicos de necesidades: de existencia, de relación y de crecimiento.

Análisis de fallos: método que analiza los defectos producidos en la actividad desarrollada en un puesto de trabajo y su relación con la falta de formación de la persona que lo ocupa.

Análisis de puestos de trabajo: proceso mediante el cual la empresa recopila y analiza la información sobre los puestos con la intención de identificar las tareas, obligaciones y responsabilidades de estos, así como los requerimientos (formación, habilidades, experiencia...) que han de poseer los integrantes de dichos puestos, de tal forma que sirvan para establecer el perfil de las personas que los ocuparán de forma óptima.

Análisis de tendencia: técnica que estudia la serie histórica de la evolución del empleo en los últimos cinco años y se procede a su extrapolación, obteniendo así una estimación de las necesidades de personal para los próximos años.

Aplazamiento asertivo: estrategia de comunicación que consiste en aplazar la respuesta a una crítica o a un desafío hasta tranquilizarse o hasta haber reflexionado los argumentos, momento en el que se es capaz de actuar apropiadamente.

Aptitud: capacidad o habilidad potencial de una persona para realizar una tarea o función concreta.

Archivo del departamento o activo: soporte físico o digital que contiene la documentación actual usada frecuentemente. Los documentos permanecerán en este archivo mientras la persona trabajadora permanezca en la empresa o la utilización del expediente sea frecuente.

Archivo histórico o inactivo: lugar o soporte que contiene documentación que se consulta muy raramente y que constituye la memoria histórica de la empresa.

Archivo intermedio o semiactivo: recibe la documentación transferida por los archivos de los departamentos cuando las trabajadoras y trabajadores han finalizado su relación con la empresa, las necesidades de consulta son esporádicas o ha perdido la vigencia jurídica y administrativa.

Asertividad: conducta que permite expresar opiniones, pensamientos, sentimientos y defender nuestros derechos, respetando los derechos y los sentimientos de los demás.

Assessment center: instrumento de selección que incluye diferentes técnicas, varios agentes evaluadores (personas de la empresa, clientes y consultorías externas) para recoger la máxima información posible sobre las competencias observables en las candidatas y candidatos.

Auditoría de recursos humanos: evaluación sistemática de todas las funciones de recursos humanos con la finalidad de detectar y corregir posibles desviaciones en los objetivos marcados.

B

Balance social: documento que contiene información sobre actuaciones sociales de las empresas como prestaciones sociales complementarias, creación de guarderías, instalación de dispositivos anticontaminantes, políticas de inserción, ayudas para la promoción educativa y cultural, etc.

Banco de niebla o claudicación simulada: reconocer la razón o posible razón que pueda tener otra persona, aceptando las críticas, pero expresando la decisión de no cambiar nuestra conducta.

Barreras del contexto: en las empresas en las que existe desconfianza, amenazas y mal ambiente, los mensajes de la dirección serán vistos con escepticismo y el personal tenderá a replegarse y adoptará una actitud defensiva.

Barreras físicas: interferencias que se producen en el ambiente y que pueden impedir la correcta comprensión del mensaje (ruidos, murmullos, varias personas hablando a la vez, cortes en la línea mientras se navega por Internet, mala iluminación, temperatura inadecuada, etc.).

Barreras personales y psicológicas: en el mundo laboral entran en contacto personas con diferente cultura, valores y hábitos. Esto puede ocasionar que un mismo mensaje se pueda interpretar de diferentes formas.

Barreras semánticas: surgen cuando no se comprende bien el idioma, se utiliza un lenguaje rebuscado o inadecuado o se emplea una terminología muy técnica que desconoce el receptor.

Belbin, Meredith: investigador inglés que en su *Teoría de roles de equipo* (1981) enunció nueve roles que operan a la vez en los equipos con éxito. También afirmó que es deseable que las personas que forman parte de un equipo puedan ejercer estos nueve roles.

b-learning: procesos de enseñanza-aprendizaje semipresenciales que incluyen clases presenciales y actividades *e-learning*.

***Brainstorming* o tormenta de ideas:** técnica de trabajo en equipo que se utiliza para desarrollar la creatividad o buscar soluciones originales e insólitas.

Bypass: ver *puenteo*.

C

Canal: medio a través del cual se difunde el mensaje (cartas, reuniones, revistas, circulares, intranet, correo electrónico, etc.).

Canales éticos: canales formales para la resolución de conflictos o dudas éticas en las empresas, que permiten tanto a los agentes internos (personal, accionistas...) como a los externos (proveedores, clientela...) resolver los conflictos surgidos, comunicar irregularidades o resolver sus dudas desde el punto de vista ético.

Carrera profesional: derecho de las personas a progresar en el desarrollo profesional en cuanto a conocimientos, experiencia en las tareas y cumplimiento de los objetivos de la organización en la cual prestan sus servicios.

Círculos de calidad: equipos que se reúnen voluntariamente, al menos una hora a la semana y dentro del horario laboral, para analizar los problemas específicos de su trabajo. Las reuniones son dirigidas por una persona que elige el mismo equipo. Esta persona ejercerá labores de coordinación, pero carecerá de autoridad jerárquica. Los miembros del círculo eligen el problema a tratar, recogen la información necesaria y la analizan. Las propuestas del círculo se presentan a sus mandos superiores, que decidirán si son aprobadas y llevadas a cabo.

Clima laboral: ambiente de trabajo percibido en la organización, expresado por el personal. El clima influye en la motivación y satisfacción de la plantilla, en la productividad y en los resultados.

Coaching: método de formación que consiste en que una persona, *coach* o entrenador/a, dirige y sigue la formación de otra en determinados campos, normalmente relacionados con el aprendizaje de comportamientos o habilidades sociales.

Cociente emocional (CE): indicador de la inteligencia emocional.

Cociente intelectual (CI): indicador de la inteligencia general.

Código: conjunto de signos, símbolos y reglas conocidas por el emisor y el receptor. El código más utilizado es el lenguaje (oral o escrito), pero también existen otros códigos como la lengua de signos, el braille, los números o las señales.

Código ético: documento en el que se manifiesta el conjunto de valores que guían la conducta de la organización y orientan a sus miembros en la toma de decisiones.

Códigos de buen gobierno corporativo: conjunto de recomendaciones referidas al buen gobierno corporativo emitido por comisiones de personas expertas con el objetivo de analizar los criterios y las pautas a los que deben someterse las sociedades. Pronunciará recomendaciones para mejorar el comportamiento de las organizaciones sobre la transparencia informativa, la composición y el funcionamiento de los órganos de gobierno y su relación con los grupos de interés.

Competencias: conjunto integrado de conocimientos, destrezas, habilidades, aptitudes, actitudes, rasgos de personalidad y motivaciones de una persona que la predisponen para desempeñar con éxito los requisitos y exigencias de un puesto de trabajo en un contexto profesional dado.

Competencias genéricas o *core*: competencias compartidas por diferentes profesiones y distintos puestos de trabajo, independientemente de la estructura de la empresa y de la actividad de esta. En inglés se denominan *core* (centrales).

Competencias transversales: competencias compartidas por un grupo de personas de la empresa.

Comunicación: proceso mediante el cual una persona, llamada *emisor,* transmite a otra, llamada *receptor,* un mensaje (información, opinión, pensamiento o dato) a través de un medio o canal, procurando conseguir el entendimiento de su significado y quedando a la espera de una respuesta.

Comunicación 360°: comunicación integral de la empresa con el personal, la clientela, las empresas proveedoras y el entorno social. Utiliza todos los elementos tradicionales de la comunicación y los integra junto con los de la comunicación digital.

Comunicación ascendente: discurre desde las posiciones jerárquicas inferiores de la empresa hacia las superiores: del personal o mandos intermedios hacia la dirección.

Comunicación descendente: surge cuando se transmite información desde los niveles superiores de la jerarquía, la dirección o mandos intermedios, hasta el personal de niveles inferiores.

Comunicación horizontal o lateral: es la que se produce entre personas del mismo departamento o entre personas de diferentes departamentos del mismo nivel jerárquico.

Comunicación informal: comunicación que surge de forma espontánea entre los miembros de las empresas (amistades, simpatías personales, relaciones fuera del trabajo, etc.). Este tipo de comunicación escapa al control de la dirección, pues no sigue los cauces jerárquicos.

Comunicación no verbal: se realiza a través de signos no lingüísticos. Por medio de la comunicación no verbal, los mandos y el personal pueden expresar sus sentimientos y su estado emocional.

Conciliación laboral y familiar: conjunto de medidas encaminadas a favorecer que el trabajador o trabajadora tenga unas condiciones más beneficiosas a la hora de desarrollar su carrera profesional sin perjuicio de su vida personal y familiar.

Contexto: es la situación en la que se emite el mensaje. Cada contexto puede hacer que el propio mensaje tenga un significado distinto.

Control del personal: proceso mediante el cual se determina si los resultados obtenidos son acordes con lo planificado para, en caso contrario, implantar las medidas correctivas pertinentes para no reincidir en los errores cometidos.

Core: ver *competencias genéricas.*

Cuadernos de bitácora: ver *diario (o agenda) de trabajo.*

Currículum ciego o anónimo: procedimiento para evitar la discriminación que consiste en excluir del currículum cualquier dato personal como la fotografía, la edad, el género, el lugar de residencia y la nacionalidad.

Curva de aprendizaje: diagrama que relaciona el volumen de producción con la necesidad de personal, calculando esta última a partir del tiempo necesario para la ejecución de la producción.

D

Deber del secreto profesional: las personas que intervienen en cualquier fase del tratamiento de los datos de carácter personal están obligadas al secreto profesional respecto de los mismos y al deber de guardarlos. Estas obligaciones subsistirán aun después de finalizar sus relaciones con quien sea titular del fichero o, en su caso, con quien responda del mismo.

Decisión ética en la empresa: es aquella que tiene en cuenta a todas las personas afectadas, quienes darían su consentimiento a la decisión porque persiguen valores universales.

Departamentalización: forma de organizar la empresa con la división del trabajo en unidades más pequeñas, cada una de las cuales se encarga de la realización de una actividad concreta.

Descripción de puestos: documento que recoge la información obtenida por medio del análisis, reflejando el contenido del puesto, así como las responsabilidades, deberes, formación, experiencia requerida y las relaciones con otros puestos.

Destajo: sistema de retribución que se caracteriza por incentivar al personal en función del número de piezas que produce.

Detección de necesidades: proceso que tiene como objetivo fundamental planificar una formación ajustada a las necesidades empresariales.

Diario (o agenda) de trabajo o cuadernos de bitácora: registro que elabora el o la titular del puesto de trabajo en el que se anotan de forma sistemática las tareas del puesto y el tiempo que se dedica a cada tarea.

Dinámica de grupos: reunión con un grupo de personas candidatas que oscila entre diez y catorce. En la reunión se discute sobre un tema de carácter general y quienes participan pueden hacer sus aportaciones.

Dirección de recursos humanos: persona o equipo de personas que tiene la misión de alinear las políticas dirigidas a la plantilla con la estrategia de la empresa y con presencia en el comité de dirección.

Dirección por valores: forma de hacer de la empresa que considera a las personas como fines, no como recursos, apuesta por la confianza como principio esencial y propone un equilibrio entre valores generadores de salud económica, salud ética y salud emocional.

Disco rayado: técnica asertiva que consiste en la negación repetida. Se utiliza una frase que exprese la negación cuantas veces sea necesario. También se puede repetir insistentemente lo que una persona desea hacer, piensa o siente hasta que se pueda llegar a un compromiso razonable.

Dramatización o *role-playing:* técnica para la formación y el desarrollo de equipos que parte de una idea o guion elaborado por los formadores y formadoras, y que consiste en pedir a quienes participan que asuman un papel y que lo desarrollen durante un cierto tiempo. Después de la representación, el equipo comenta cuestiones como las reacciones o los sentimientos de quienes han actuado y analizan cómo se enfrenta cada persona a la situación.

E

Economía sostenible: desarrollo de actividades sostenibles ambiental y socialmente y, al mismo tiempo, financieramente posibles y rentables.

Efecto halo: tendencia a atribuir a una persona una serie de características basándose en la impresión general y casual (favorable o desfavorable) que le produce esa persona.

e-learning: ver *formación on-line*.

Emisor o fuente: persona encargada de lanzar el mensaje.

Empresas de trabajo temporal (ETT): empresas de servicios cuya finalidad es la cesión de trabajadoras y trabajadores, contratados por la ETT, a otras empresas. Cuando una persona es contratada por una ETT, percibe el salario y los complementos que le corresponden según lo establecido en el convenio colectivo aplicable en la empresa usuaria.

Entrevista: herramienta imprescindible en cualquier proceso de selección. Consiste en una conversación formal y en profundidad cuyo objetivo principal es comprobar y valorar si la persona candidata tiene las competencias fundamentales para el desempeño de un puesto de trabajo.

Entrevistas por competencias: modalidad de entrevista en la que se utiliza la técnica STAR, indagándose cómo actuó en el pasado la persona candidata a un puesto de trabajo para deducir cómo actuará en el futuro en relación con las competencias exigibles para el puesto. Las preguntas son concretas y específicas, y permitirán recordar situaciones en las que haya tenido que poner en práctica las competencias que se buscan.

Equipo: conjunto de personas que trabajan juntas de manera coordinada para lograr unas metas comunes.

Equipos autodirigidos o autogestionados: equipos cuyos miembros planifican el trabajo a desarrollar, controlan el ritmo, asignan las tareas, marcan las pausas, toman decisiones sobre el día a día del trabajo, pueden administrar el presupuesto y son responsables de los resultados.

Equipos creativos: se crean para diseñar nuevos productos, servicios o proyectos. En estos equipos prima la libertad creativa, evitando los sistemas de toma de decisiones que entorpezcan el trabajo creativo.

Equipos de la misma área: están integrados por personas de la misma área o departamento de la empresa y de diferente nivel jerárquico que llevan a cabo trabajos muy específicos.

Equipos de proceso: se centran en un proceso específico con el objetivo de mejorarlo, rediseñarlo o cambiarlo totalmente para hacerlo más eficiente. Sus miembros son dirigidos por una persona que está muy relacionada con el proceso en cuestión. Son equipos interfuncionales porque el proceso afecta a varias áreas o departamentos.

Equipos de progreso o de mejora: su objetivo es identificar, analizar y buscar soluciones a problemas concretos que afectan a distintas áreas o departamentos. La composición es multifuncional y multinivel, y quienes participan son seleccionados por sus conocimientos y experiencia.

Equipos de solución de problemas: están formados por entre cinco y doce personas del mismo departamento que se reúnen unas horas a la semana o al mes para tratar asuntos relacionados con el trabajo, como mejorar la calidad, la eficiencia, el entorno, el clima laboral, etc. Los miembros aportan ideas para mejorar las tareas concretas que ellos realizan.

Equipos directivos de planificación: forman el denominado «vértice estratégico» de la empresa y están encargados de la planificación estratégica y de la definición de las principales líneas de actuación a medio y largo plazo para cada función que se desarrolla en la empresa.

Equipos interdisciplinares: están integrados por personas de diferentes áreas de la empresa, pero del mismo nivel jerárquico, que se reúnen para llevar a cabo un trabajo concreto. Sirven para poner en marcha proyectos que sin la colaboración de personas de distintas secciones no serían posibles.

Estereotipo: generalización que se utiliza para clasificar a las personas, apoyándose en la idea que se tiene del grupo al que pertenece.

Estilo agresivo: forma de comunicar de personas que ponen por delante sus opiniones a lo que piensa el resto y hablan en voz alta, retando. Lo que los demás piensan y sienten es menos importante que lo que yo pienso y siento.

Estilo asertivo: consiste en defender los propios derechos respetando los derechos del resto y consiguiendo los objetivos sin herir a nadie. Lo que piensan los demás es tan importante como lo que yo pienso y lo que yo pienso es tan importante como lo que el resto piensa.

Estilo delegación: forma de dirigir que se caracteriza por bajos niveles de comportamiento directivo y de apoyo, debido a que se delega la toma de decisiones en quienes han de ser dirigidas o dirigidos. La persona que lidera delega porque sabe que quienes están bajo su dirección son capaces de realizar las actividades por sí mismos y son responsables del logro de los objetivos.

Estilo dirección: se caracteriza por un alto nivel de comportamiento directivo y un bajo nivel de comportamiento de apoyo. La persona que lidera dice qué tareas se deben realizar, cómo, dónde y cuándo.

Estilo participativo: forma de dirigir que se caracteriza por un nivel alto de comportamiento de apoyo y bajo en comportamiento directivo. Las decisiones se toman conjuntamente con las personas a las que se dirige.

Estilo pasivo: forma de comunicar que manifiesta la necesidad de agradar y no de incomodar, sin pedir ni exigir sus derechos. Piensan más en lo que piensa el resto que en sus propias opiniones.

Estilo persuasión: forma de dirigir caracterizada por altos niveles de comportamiento directivo y de apoyo. Mediante apoyo emocional induce a los colaboradores a lograr los objetivos.

Ética de la empresa: normas y principios bajo los cuales se rigen las actividades de una empresa y que se utilizan para resolver los problemas morales o éticos que pueden surgir en su entorno.

EURES: red europea integrada por los servicios públicos de empleo europeos donde las empresas pueden encontrar personal y las personas que desean trabajar en Europa tienen posibilidades de encontrar empresas que precisan recursos humanos.

Evaluación 360°: sistema de evaluación que realizan quienes rodean a la persona evaluada: mandos inmediatos y los superiores, compañeros y compañeras de trabajo, clientela, personal subordinado e incluso empresas proveedoras.

Evaluación del desempeño: proceso continuo y sistemático que realiza una organización para medir el valor que una persona trabajadora aporta a esta.

Evaluación por objetivos: técnica que se utiliza para medir el grado de consecución del personal de los objetivos fijados por la empresa. Quien evalúa utiliza una encuesta que se puede cumplimentar en una entrevista de trabajo con el personal afectado.

Expediente personal: conjunto de documentos, que reflejan el historial laboral de cada persona empelada en la empresa, su formación, trabajos desempeñados, funciones, altas y bajas, tipos de contratos que ha tenido, etc.

Expurgo: destrucción física de los documentos que han perdido valor administrativo o probatorio y que no se prevea que vayan a tener valor histórico.

Externalización u *outsourcing:* contratación de funciones que eran propias de la empresa para ser realizadas por asesorías o empresas externas a la empresa. La externalización permite a las empresas centrarse en sus procesos clave de negocio sin tener que atender actividades que no le aportan un valor directo.

F

Factores higiénicos: elementos cuya existencia no produce satisfacción laboral, pero su carencia genera insatisfacción.

Factores motivacionales: elementos que ayudan a trabajar más y mejor, ya que están relacionados con el contenido de la tarea y la responsabilidad que se asume, favoreciendo la satisfacción y la motivación.

Feedback: ver *retroalimentación.*

Focus group: reuniones focalizadas en las que una muestra representativa del personal de las distintas áreas de la empresa participa en la elaboración del cuestionario y en el diseño de los planes de acción para mejorar el clima laboral.

Formación de los recursos humanos: proceso por el que el personal actualiza o adquiere las competencias necesarias (capacidades, conocimientos, actitudes y aptitudes) para lograr un óptimo desempeño en su puesto de trabajo.

Formación en el exterior u *outdoor training:* método de formación que permite el aprendizaje de habilidades sociales a través del desarrollo de actividades deportivas o en contacto con la naturaleza. Esta técnica es muy usada para desarrollar comportamientos.

Formación *on-line* o *e-learning:* formación realizada a través de Internet. Tiene la ventaja de la comodidad y de no precisar aulas, pero el inconveniente de que no sirve para trabajos o actividades en los que la formación requiere el manejo de maquinaria.

Formación profesional para el empleo: conjunto de acciones que tienen por objeto impulsar y extender entre las empresas y las personas ocupadas y desempleadas una formación que responda a sus necesidades y contribuya al desarrollo de una economía basada en el conocimiento.

Fuente: ver *emisor.*

Fundación Estatal para la Formación en el Empleo (Fundae): fundación que gestiona fondos públicos para ayudar a las empresas a formar a las personas trabajadoras y facilitar el acceso gratuito a la oferta formativa de calidad a todas las personas, tanto en activo como desempleadas.

G

Gestión de calidad total o TQM: modelo de gestión de la calidad que tiene como objetivo principal lograr un proceso de mejora continua de la calidad gracias a un mayor conocimiento y control de todo el sistema (diseño del producto o servicio, empresas proveedoras, materiales, distribución, etc.), de forma que el producto que reciben quienes lo consumen esté en perfectas condiciones para su uso (cero defectos en calidad).

Gestión y organización de la formación: etapa en la que se desarrollan y ejecutan los trámites necesarios para hacer realidad la formación que se ha planificado.

Globalización: tendencia de los mercados y de las empresas a desarrollarse a escala mundial fuera de sus fronteras nacionales.

Grupos de interés o *stakeholders:* sujetos públicos o privados, individuos o colectivos, con los que las empresas se relacionan.

H

Huella digital: rastro personal que se va dejando con la actividad en Internet.

I

Imagen empresarial o corporativa: conjunto de impresiones que una empresa suscita sobre el público.

Incentivo: medida que favorece a la persona trabajadora y que en cierta medida debe reportar un incremento en la motivación de esta por el trabajo que desarrolla.

Índice ético: base de datos proporcionados por agencias independientes de investigación o calificación ética que ofrece información al mercado sobre el comportamiento ético, social y medioambiental.

Informe de la entrevista: documento que refleja los aspectos más importantes de la persona candidata y la valoración de quien la entrevista. El contenido del documento se corresponderá con la descripción del puesto de trabajo para comparar el perfil del puesto con el de cada candidatura.

Instituto Nacional de Administración Pública (INAP): organismo que gestiona la oferta formativa para la actualización permanente de los recursos humanos de la Administración pública.

Inteligencia emocional: capacidad de reconocer los sentimientos propios y los de los demás para motivar y manejar adecuadamente las emociones, tanto en beneficio propio como en las relaciones.

Inventario de recursos humanos: registro pormenorizado de la información sobre la plantilla de la empresa. Se materializa en una base de datos que recoge múltiples aspectos del personal como la formación, la experiencia y el desempeño laboral, la trayectoria en la empresa y el perfil profesional.

J

Justicia laboral: ver *teoría de la equidad.*

K

Keywords: ver *palabras clave.*

Killer questions: ver *preguntas de filtrado.*

L

Lewin, Kurt: psicosociólogo estadounidense de origen alemán que realizó un estudio en el cual se analizaban cómo respondían niñas y niños de diez años ante tres estilos de liderazgo distintos. Basándose en sus experimentos, identificó tres tipos de liderazgo: autocrático, liberal y democrático.

Líder o lideresa: persona con la capacidad para influir en un colectivo haciendo que este trabaje con entusiasmo en el logro de objetivos comunes.

M

Manual de acogida: documento que se entrega a las personas que se incorporan a la empresa con información sobre la empresa y su política de recursos humanos.

Manual de valoración: documento escrito que refleja los factores que se miden en los puestos de trabajo, así como la aplicación de la ponderación de cada uno y la puntuación que ha de darse en función de esa ponderación asignada a cada factor.

Marketing: herramienta utilizada para difundir la imagen de las organizaciones empresariales y para dar a conocer al público los productos o servicios que presta la empresa.

Maslow, Abraham: psicólogo estadounidense que en su obra *Teoría de las necesidades* (1943) afirmó que la motivación parte de una situación de necesidades. Maslow estableció una jerarquía de cinco niveles de necesidades que toda persona deberá ir alcanzando para obtener la satisfacción o autorrealización como individuo.

Memoria de sostenibilidad: documento mediante el que se comunica a los grupos de interés qué acciones lleva la empresa a cabo en cuestiones medioambientales, económicas y sociales. Su publicación otorga reconocimiento, buena imagen y buena reputación.

Mensaje: es lo que se desea transmitir: ideas, órdenes, pensamientos, sentimientos, datos, hechos, etc. El mensaje tiene que estar codificado de forma que el receptor lo pueda entender.

Mentoring: ver *tutorización*.

Método de estimaciones de los superiores jerárquicos: es la dirección de la empresa quien determina el número y la clase de personal que necesitará en el futuro, basándose en la estrategia de empresa y en los objetivos planteados por esta.

Método Delphi: reunión de personas expertas que dirigen departamentos, jefaturas de área, etc., para estudiar las necesidades futuras de personal. Se les envían cuestionarios para que sean rellenados con sus estimaciones personales. El departamento de recursos humanos resume las respuestas y les expone sus resultados para que vuelvan a realizar sus aportaciones. Este proceso se reitera hasta lograr cierto grado de consenso (tres veces suele ser suficiente).

Modelo 145: documento utilizado para solicitar al personal los datos personales y familiares requeridos para gestionar las retenciones a cuenta del IRPF. La comunicación de estos datos es voluntaria.

Modelo general de actividad: técnica utilizada para prever el número de personas empleadas que requerirá la empresa en un periodo futuro, partiendo de la presunción de que las necesidades de plantilla se relacionan con el nivel de actividad económica general y con la evolución de la productividad.

Motivación en el trabajo: está constituida por todo aquello que impulsa a las personas a realizar su trabajo de manera excelente.

Motivación humana: todo aquello que impulsa a las personas a actuar de una determinada manera.

Movilidad funcional: facultad de la empresa para adaptar temporalmente las funciones del personal a la realidad organizativa de la compañía. Es una decisión unilateral de la empresa que no requiere el consentimiento del personal. Puede ser ascendente, descendente y horizontal.

Movilidad transversal o transferencia: acción que consiste en transferir a una persona a otro puesto dentro de la misma empresa con igual nivel de responsabilidad, salario y posibilidades de promoción.

N

Networking: actividad que consiste en establecer relaciones profesionales con personas que te pueden ayudar en el proceso de búsqueda de empleo.

O

Objetivos de desarrollo sostenible (ODS): conjunto de 17 metas globales para erradicar la pobreza, proteger el planeta y asegurar la prosperidad para todo el mundo como parte de una nueva agenda de desarrollo sostenible. Cada objetivo tiene metas específicas que deben alcanzarse en los próximos quince años.

Organigrama: esquema que representa la estructura formal de las empresas, permitiendo la visualización gráfica simple y directa de la estructura de la organización.

Organización departamental: forma de organización basada en la autoridad. Cada miembro de la organización sabe quién está por encima de él y, por tanto, le manda, y quién está por debajo y le debe obedecer.

Organización divisional: estructura organizativa en la que se combinan varios tipos de divisiones distintas semiautónomas, manteniendo una administración central encargada de diseñar las estrategias de la empresa y el control de la organización.

Organización formal: es la que diseña y planifica de forma consciente la dirección en función de los objetivos que se quieren conseguir y de los medios disponibles.

Organización mixta: surge cuando confluyen productos, mercados y clientela muy diferentes entre sí que han de gestionarse por separado.

Organización pirámide invertida: parte de la idea de que los pilares fundamentales de esta forma de organización son la atención a los clientes y la incentivación del personal del área de ventas.

Organización virtual o en red: sus estructuras virtuales surgen fundamentalmente por la subcontratación. La organización virtual la constituye un pequeño grupo ejecutivo encargado de contratar en el exterior la mayoría o la totalidad de sus actividades, tanto productivas como comerciales y de I+D+i.

Outdoor training: ver *formación en el exterior.*

Outsourcing: ver *externalización.*

P

Palabras clave o *keywords:* conjunto de términos que conforman los criterios de búsqueda de las bases de datos de currículos recibidos o almacenados.

Perfil competencial: es el conjunto de competencias que define los requisitos esenciales para cada puesto de trabajo.

Perfil profesional: conjunto de características que identifican la adecuación de una persona para asumir, en condiciones óptimas, las responsabilidades y tareas de un puesto de trabajo.

Plan de diseño de la imagen corporativa: conjunto de acciones que una empresa planifica y desarrolla para configurar y comunicar su imagen corporativa al conjunto de la sociedad. Este plan incluye la comunicación de los valores éticos de la empresa a los diferentes grupos de interés.

Plan de formación: conjunto de actividades para lograr que la empresa cubra sus necesidades de formación y los recursos que son necesarios para llevar a cabo esas acciones formativas.

Plan de la carrera: actividades que desarrolla una empresa con el personal que forma parte de la organización que tiene el objetivo de cubrir los puestos que quedan libres bien por la salida de algunas personas, bien porque son de nueva creación.

Planes de acogida: actividades de las empresas para facilitar la integración laboral y emocional en la empresa.

Planificación de los recursos humanos: proceso que consiste en elaborar e implantar planes y programas que aseguren un número suficiente de personas empleadas con las competencias necesarias, en los puestos adecuados, en el momento apropiado y al coste preciso.

Políticas de igualdad: conjunto de las decisiones, objetivos y medidas adoptadas por las instituciones públicas y empresas en relación con el fomento de la igualdad entre mujeres y hombres, y con la mejora de la situación socioeconómica, política y cultural de las mujeres.

Precontrato: documento en el que se formaliza una oferta de un puesto de trabajo. En él se indican las condiciones de la incorporación.

Preguntas de filtrado o *killer questions:* preguntas que se realizan en una primera entrevista telefónica o personal, y cuya respuesta elimina o mantiene a la persona entrevistada en el proceso de selección.

Principios y códigos: propuestas encaminadas a ofrecer catálogos de grandes principios que deberían regir la actuación de las empresas.

Profesiograma: representación gráfica del perfil profesional. Su objetivo es representar el perfil gráficamente, determinar las exigencias del puesto y estudiar, a partir de él, el ajuste a dicho perfil de cada posible candidatura para cubrir el puesto de trabajo.

Promoción: se lleva a cabo cuando se cambia a una persona empleada a una posición de nivel más alto, con mejor sueldo y con mayores responsabilidades.

Psicometría: rama de la psicología que se ocupa de cuestiones relacionadas con la medición de aspectos psicológicos del individuo.

Puenteo o *bypass*: emisión de mensajes saltándose la línea jerárquica creyendo que se evita la pérdida de información producida a través de los canales. El puenteo resulta negativo para la empresa, ya que los mandos intermedios lo perciben como un acto de falta de confianza y autoridad.

R

Rasgos de la personalidad: conjunto de características biológicas y socioculturales, permanentes y casi invariables, que modulan el comportamiento humano.

Ratio de proporcionalidad: técnica empleada para calcular las necesidades futuras de personal relacionando el volumen de ventas o el de producción con el número de personas empleadas.

Receptor: destinatario del mensaje. Puede darse el caso de que distintos receptores interpreten un mismo mensaje de forma diferente, dependiendo de su conocimiento del código, de la claridad del mensaje, del medio utilizado, etc.

Reclutamiento: conjunto de actividades cuya finalidad es atraer a un número suficiente de perfiles, potencialmente cualificados, para cubrir los puestos de trabajo vacantes. El proceso de reclutamiento se inicia con la búsqueda de candidaturas y termina al recibir las solicitudes de empleo.

Recursos humanos: conjunto de personas que conforma una empresa.

Reputación corporativa: reconocimiento que los grupos de interés de una empresa hacen de su comportamiento corporativo en función del cumplimiento de sus compromisos y de la satisfacción de sus expectativas.

Responsabilidad social: conjunto de acciones realizadas por las empresas para que sus actividades tengan repercusiones positivas sobre la sociedad y que afirmen los principios y valores por los que se rigen, tanto en sus métodos y procesos internos como en su relación con los demás actores. Esta responsabilidad supone, además del cumplimiento legal, gestionar la empresa de manera voluntaria y responsable con políticas y procedimientos económicos, sociales y medioambientales surgidos de la relación con sus grupos de interés.

Responsabilidad social económica: hace referencia a cómo se genera riqueza en la empresa y a cómo se reparte entre los grupos de interés.

Responsabilidad social ética: comportamiento centrado en la justica de las empresas con los grupos sociales con los que se relaciona.

Responsabilidad social legal: compromiso más allá del mero cumplimiento de legalidad.

Retroalimentación o *feedback*: respuesta del receptor al emisor. La retroalimentación es fundamental en el proceso de comunicación, pues indica la recepción y la comprensión, o no, del mensaje. Si no existe retroalimentación, no existe comunicación, ya que solo se ha producido la transmisión de la información.

Rol: patrón de comportamiento característico de la forma en que cada integrante de un equipo interactúa con los demás integrantes para facilitar el logro de los objetivos del equipo.

Role-playing: ver *dramatización*.

Ruido: cualquier elemento que pueda alterar, distorsionar o perturbar la comunicación. Se manifiesta mediante barreras físicas, psicológicas y semánticas, entre otras.

S

Sinergia: combinación de elementos que hacen que el resultado final del trabajo en equipo sea mayor que la suma de los resultados individuales de cada miembro. Se suele expresar numéricamente como «2 + 2 = 5 o más».

Sistema de escalas gráficas: método utilizado para medir, mediante un cuestionario, factores relativos al trabajo que realiza el personal evaluado con el fin de detectar en qué medida los cumple.

Sistema de lista de comprobación: método de evaluación del desempeño que consiste en elaborar una lista con diferentes indicadores o conductas que se quieren medir de una persona para que quien la evalúa indique, en el mismo documento donde se recoge la lista, si los cumple o no.

Sistema York: sistema de incentivos que consiste en establecer el salario fijo y un incentivo por cada pieza producida.

Staff: personas o departamentos especializados en asesorar, pero que no tienen autoridad sobre el resto de departamentos y personas de la empresa, como asesoría legal o control de calidad.

Stakeholders: ver *grupos de interés.*

STAR: técnica utilizada en las entrevistas por competencias para evaluar el comportamiento y buscar las evidencias conductuales de una competencia concreta. Se realizan preguntas sobre «S», situaciones en las que empleó una competencia requerida; «T», trabajos que se vieron implicados; «A», actuaciones para solucionar la situación, y «R», resultados después de las actuaciones.

T

Técnica del abanico: cuando una entrevista la realizan varias personas, forma de actuar con la mirada de modo que se comienza a responder a la pregunta dirigiéndose a quien la formuló y después se mira a los demás hasta acabar la respuesta volviendo a mirar a quien se atendió inicialmente.

Técnica del faro o radar: durante las presentaciones en público, se reparte la mirada sobre cada persona del auditorio para que todas se sientan atendidas.

Teoría de la equidad o justicia laboral: teoría enunciada por John Stacy Adams en 1963 que sostiene que las personas realizan comparaciones entre las contribuciones que realizan, las retribuciones que obtienen de la empresa y las de sus compañeras y compañeros de trabajo.

Teoría motivacional de Frederick Herzberg: según esta teoría, las personas están influenciadas por dos factores, los higiénicos y los motivacionales. La satisfacción es principalmente el resultado de los factores de motivación.

Teoría X: comportamiento definido en la teoría X e Y de McGregor. Identifica un estilo autoritario en el que la dirección dicta las normas a seguir, señalando a cada cual lo que debe hacer, cómo hacerlo y en cuánto tiempo.

Teoría Y: comportamiento definido en la teoría X e Y de McGregor. Identifica un estilo democrático y participativo en el que la dirección motiva a la plantilla, dando confianza y formación, y facilitando su participación en la toma de decisiones.

Test de aptitudes: pruebas mediante las cuales se evalúan conocimientos o aptitudes mediante cuestionarios en los cuales hay que elegir la respuesta correcta entre varias opciones previamente fijadas. Se realizan con diferentes finalidades; una de ellas es seleccionar a la persona más adecuada en función de los puestos de trabajo que necesitan cubrir las empresas. Existen test de aptitud numérica, espacial, verbal o administrativa.

Test de inteligencia: pruebas mediante las cuales se pretende evaluar la capacidad intelectual de una persona. Estos test aportan una puntuación numérica, el cociente intelectual, que es un indicador de la inteligencia general.

TQM *(total quality management)*: ver *gestión de la calidad total.*

Transferencia: ver *movilidad transversal.*

Tutorización o *mentoring*: técnica de formación que consiste en designar a un tutor o tutora que acompaña a una persona en su proceso de aprendizaje de manera permanente mientras dura la formación. Esta persona enseña a quien tutoriza los conocimientos, competencias o técnicas que precisa.

V

Valoración de puestos de trabajo: proceso sistemático que, con base en la comparación de los puestos de la empresa, permite fijar su valor con relación a las tareas que se desarrollan en cada puesto y las competencias que se exigen para ocupar dichos puestos.

Valores: guías o principios de acción adecuados para conseguir lo que nos proponemos. Orientan las conductas ante el trabajo, las relaciones entre las personas y los resultados a alcanzar. Los valores deben ser claros, igualitarios, compartidos y aceptados por todos los miembros y niveles de la organización para que exista un criterio unificado de actuación.